国家语委“十二五”科研规划项目（项目编号：YB125-161）

通用规范汉字构形属性研究

侯冬梅　著

科学出版社

北　京

内 容 简 介

本书以《通用规范汉字表》的8105字为对象，对通用规范汉字的字形属性进行了全面、系统的考察，提出现代汉字的直观构形理论，构建现代汉字直观构形分析体系，基于该体系构建通用规范汉字构形属性数据库，并在此基础上对通用规范汉字三级构形单位的属性进行量化分析，从统计角度明确了通用规范汉字三级构形单位的系统性和规律性。进而基于上述研究成果，进一步明确了本书的研究意义和应用前景。本书运用理论与实证研究相结合、定量与定性研究相结合的研究方法，提供了大量汉字构形属性分析、描写和统计的图表，为汉字教学和研究提供了方便快捷的资源。

本书可供高等院校中文专业本科生和研究生、中小学语文教师、对外汉语教师和从事中文教育的科研工作者阅读。

图书在版编目(CIP)数据

通用规范汉字构形属性研究/侯冬梅著. —北京：科学出版社，2017.12
ISBN 978-7-03-055100-9

Ⅰ.①通… Ⅱ.①侯… Ⅲ.①汉字-构造-属性-研究 Ⅳ.①H122

中国版本图书馆CIP数据核字(2017)第269371号

责任编辑：张 达/责任校对：邹慧卿
责任印制：张欣秀/封面设计：黄华斌

科学出版社出版
北京东黄城根北街16号
邮政编码：100717
http://www.sciencep.com
北京建宏印刷有限公司印刷
科学出版社发行 各地新华书店经销
*
2017年12月第 一 版 开本：720×1000 B5
2019年 1 月第二次印刷 印张：25
字数：489 000

定价：118.00元

(如有印装质量问题，我社负责调换)

序

冬梅的《通用规范汉字构形属性研究》即将出版，我很高兴。

2013 年 6 月 5 日，国务院公布了《通用规范汉字表》（以下简称《字表》）。《字表》既是贯彻《中华人民共和国国家通用语言文字法》、适应新形势下社会各领域汉字应用需要的重要汉字规范，又是 50 多年来汉字规范整合优化的最新成果。它的公布，对提升国家通用语言文字的规范化、标准化水平，促进教育事业的发展，具有重要的意义。《字表》8105 字，这些字在构形上有些什么特点？能否通过构形的分析，为汉字的教学和信息处理提供有益的帮助和启示？这就是该书所要探讨的问题和现实意义所在。

翻阅书稿，留下三点突出的印象，概括起来，就是三个“讲求”。

第一，讲求创新。冬梅的这部著作，以《字表》的收字为对象，对通用规范汉字的字形属性进行了全面的考察，提出了现代汉字的直观构形理论；并在此基础上，提出了现代汉字的直观构形分析体系。根据这一体系，建构了通用规范汉字构形属性数据库；并基于数据库，对通用规范汉字三级构形单位（整字、部件、笔画）的属性进行了量化分析；基于量化分析的结果，总结出通用规范汉字三级构形单位的系统性和规律性。层层深入，环环相扣，这一系列的工作，无不透露出作者的创新意识。

第二，讲求方法。该书不仅提出了富有创新性的认识，而且在研究方法上也显示出鲜明的特点。研究中，注重理论与实证的结合，定量统计与定性分析的结合。理论认识建立在统计分析的基础之上，这样的认识才富有启发性，才具有实用价值。

第三，讲求务实。该书是冬梅刚刚通过答辩并获优秀的博士论文。冬梅读博三年，但她对这一问题的思考和研究远远不止三年。她学习刻苦，勤于思考，思路清晰，视野开阔，尤其是“板凳甘坐十年冷”的求学精神，在学风日下的今天，显得难能可贵。书中展示了大量的图表，比如：通用规范汉字合体字直观构形树图，通用规范汉字部件表，基础部件的直接组合部件表，合体字基础部件的形变情况表，基础部件笔画、笔顺特征表，合体整字初、高级构形模式统计表，基础部件构字能力表，合体字基础部件分布位置统计表等，这些图表不仅为汉字的教学和研究提供了有用的信息，也反映出作者务实求真的学风。

该书只是冬梅关于汉字构形问题研究的初步结果。我知道冬梅是个一心向学、力求上进的人。我想她不会就此止步，会继续沿着这一路径，开始新的探索。

汪国胜

2017年11月26日

目　录

表 目 录

图 目 录

第1章　引　　论

1.1　研究缘起

近年来有这样几起事件，再次把汉字问题推入了公众视野。

事件一：2008 年全国两会期间，21 位文艺界政协委员联名提出“关于小学增设繁体字教育”的提案，希望借繁体字把中国文化的根传下去。

事件二：2009 年十一届全国人大二次会议期间，全国政协委员潘庆林明确提出“全国用 10 年时间，分批废除简体汉字，恢复使用繁体字”的议案。原因是简化汉字违背了汉字的艺术和科学性；利用电脑处理繁体字已经解决了繁体字的繁难问题；恢复使用繁体字有利于祖国统一。

事件三：网络上风传嘲笑讽刺简化汉字的段子，认为简化汉字“亲（親）不见，爱（愛）无心，产（產）不生，厂（廠）空空，面（麵）无麦，运（運）无车，导（導）无道，儿（兒）无首，飞（飛）单翼，有云（雲）无雨，开关（開関）无门，乡（鄉）里无郎，圣（聖）不能听也不能说，买（買）成钩刀下有人头，仑（侖）成人下有匕首，进（進）不是越来越佳而往井里走……”[①]这些简化字把汉字原有的象征意义也减掉了，许多会意字的意思不再，汉字的基本内涵和魅力一扫而光。

事件四：2014 年 3 月 9 日下午，十二届全国人大二次会议宁夏代表团审议会上，全国人大代表、国家民委副主任吴仕民提议，国家应取消简体字，恢复繁体字，“这样有利于传承传统文化，更有利于国际间文化交流”。

事件五：2015 年 3 月全国两会期间，在政协会议分组讨论中，著名导演冯小刚呼吁恢复部分有文化含义的繁体字。冯小刚举例，如“亲爱的”这几个字非常有含义，“亲”的繁体是左边一个“亲”，右边一个“见”，组成了“親”，“愛”是在“爱”中

---

① 括号内的字为简化字对应的繁体字。

加了一个“心”，这两字的含义是“亲要相见，爱要有心”。结果两个字简化以后却变成了“亲不见、爱无心”。同时他还提出能不能选择 50 个或更多有含义的繁体字，增加到小学课本里，让小学生感受传统文化。

事件六：2005 年 6 月，上海某大学举办汉语言文字大赛，来自韩国、俄罗斯及新加坡的留学生组成的队伍与中国学生同场竞技，结果留学生组竟力拔头筹取得冠军。这件事为汉语文教学敲响了警钟，也引起了国内的高度关注。

事件七：2013 年 CCTV10 科教频道推出大型汉字听写节目《中国汉字听写大会》，立刻掀起了全民汉字听写自检的高潮。在复赛前五期节目播出后，我们发现成年观众连“癞蛤蟆、蜈蚣、蜥蜴、电饭煲、烙饼、荠菜、纽扣、吝啬、扭捏、摩羯座、妖孽”等生活中常见的词都非常容易写错。

事件八：2014 年 9 月 25 日，《光明日报》第七版《“失写症”影响的是文化传承》一文记载了这样一则消息：400 字简历写出 24 个错别字，重庆大学生面试遭拒。文章指出，当今“社会上不少群体都患上了或轻或重‘失写症’”。

归纳起来，这八个事件代表了三种观点。事件一、事件二、事件四、事件五认为：在现代汉字中要恢复或部分恢复繁体字。我们把它称作“繁体字（部分）恢复论”。事件三认为：繁体字优于简体字。我们把它称作“繁体字优越论”。事件六、事件七、事件八认为：现代成年人，包括大学生在内，汉字书写水平严重下降。我们把它称作“成年人失写症”。

进入 21 世纪以来，一方面，繁体字优越论、繁体字（部分）恢复论的声音愈来愈强；另一方面，成年人的汉字书写水平不断下降。这迫使我们不得不去思考：汉字怎么了？成年人的汉字书写水平怎么了？

1.1.1 汉字问题仍困扰着我们

1.1.1.1 21 世纪汉字繁简问题争论愈加激烈

繁体字（部分）恢复论和繁体字优越论并非新论，而是汉字繁简之争的延续。这里的繁体字是未经简化的笔画繁多、结构复杂的楷书汉字，简体字则是与繁体字相对，经过简化的笔画相对较少、结构简单的楷书汉字。

汉字繁简之争始于 20 世纪 30 年代。1935 年 8 月中华民国教育部 11400 号令公布了第一批《简体字表》，在全国推行简体字。但是，由于时任中山大学校长、考试院院长的戴季陶下跪“为字请命”，中华民国教育部不得不于1936年2月收回了推行简化字的命令。在汉字繁简之争的第一回合中繁体字轻松胜出。

中华人民共和国成立后，从1952年2月开始成立中国文字改革研究委员会，着手推进汉字简化工作，历经数年的努力，于1964年5月根据国务院指示发布了《简化字总表》，在全国推广简化字。这次简化汉字运动同样遇到了来自高级知识分子方面的阻力，但是本着从人民大众立场考虑汉字问题的原则，我国政府至今坚决推行简化字。在汉字繁简之争的第二回合中简体字冲破重重阻力取得胜利。

1978年以后，社会用字中繁简字的混用、乱用现象增多。针对这种现象，20世纪80年代后期以及整个90年代，我国文化界开展了一场有关汉字繁简问题的激烈讨论。其中袁晓园“识繁写简”、任继愈“识繁用简”的观点引起了不小的反响。“识繁写简”“识繁用简”都是主张海内外华人既要认识繁体字也要认识简化字，印刷品也用繁体和简化字印刷，而书面语中则可以书写简化字。这一观点一经提出就形成两大旗帜鲜明的阵营，以《汉字文化》杂志为阵营的一批人强烈支持“识繁写简”“识繁用简”的观点。他们的理由是：繁体字能更好地传承中华文化，繁体字表意性强，繁体字有利于海内外同胞交流和祖国统一。一批以《语文建设》、“中国语文现代化学会”为阵营的人坚决反对“识繁写简”“识繁用简”的观点。他们的理由是：“识繁写简、识繁用简”是“崇洋”“崇古”、破坏语文政策、开历史倒车、搞和平演变。双方阵营虽展开了十余年激烈论战却并未真正形成统一意见。为了推动国家通用语言文字的规范化、标准化及其健康发展，保持国家文字政策的稳定性，让汉字更好地发挥其交际工具作用，并解决这次汉字繁简之争中争论最激烈的繁简字使用范围的问题，2000年10月31日《中华人民共和国国家通用语言文字法》（以下简称《通用语言文字法》）颁布，以法律形式认定“国家通用的语言文字是普通话和规范汉字”（规范汉字包含所有的“一简字”）、“国家推广普通话，推行规范汉字”，同时也对繁体字、异体字的六种使用场合和范围进行了专门认定：文物古迹用字，姓氏中的用字，书法、篆刻等艺术作品用字，题词和招牌的手书字，出版、教学、研究中需要使用的字，经国务院有关部门批准的特殊情况用字可以使用繁体字和异体字。《通用语言文字法》的颁布给这场汉字繁简之争的论战画上了暂时的句号。《通用语言文字法》从国家层面上再次肯定了简化字的正字地位。它规定在社会日常通用层面的书面交际中必须以简化字为规范汉字，而在社会特用层面的书面交际中仍可以使用繁体字。这明确表达出国家对繁简字的态度：在我国现代语言生活中，繁简字并非敌对关系，各有其使用范围与生存空间，简化字是正字，繁体字是特殊用字，它们是并存共用的。因此，“识繁写简”“识繁用简”的观点暂时离开了大众的视野。汉字繁简之争的第三回合中，虽然在国家层面上简化字最终胜出，但支持“识繁写简”“识繁用简”的观点从未完全消失。

近年来出现的这些“繁体字优越论”“繁体字（部分）恢复论”可以说是汉字繁简之争第四回合交锋中有代表性的言论。这次繁简之争已经从单纯的学术争鸣变为全民参与的大讨论。像事件一、二、三、四、五等任一有关汉字繁简争论的微博、帖子、提案都会在媒体（主要是网络媒体）上掀起轩然大波。针对当今汉字繁简论战的特殊性，2013 年 7 月 22 日，人民网强国论坛邀请著名语言学家江蓝生和天津市侨联副主席潘庆林，就“汉字简繁之争”与网友在线展开激烈的互动交流。这是专家学者和普通网民的一次正面互动。这次网络互动交流中，江蓝生、潘庆林二位先生本身就代表了两种旗帜鲜明的观点。江先生作为语言专家，其观点既和国家的语言文字政策一致，也代表了学术界大多数人的观点：支持肯定大多数简化字，同意在一定范围内使用繁体字；也承认极少数简化字存在问题，并承诺在未来即将公布的《通用规范汉字表》中对少数有问题的简化字进行修正，恢复部分繁体字、异体字。潘先生则从 2009 年首次提出“恢复使用繁体字”的观点以来，至今坚定不移地致力于恢复繁体字。江、潘两位先生对繁简字的观点针锋相对。潘先生还明确表示即使他提出恢复使用繁体字的观点，也绝没有否定简化字、歌颂繁体字的意味，主要是希望通过这一观点的提出引起全社会对繁体字的重视。而广大网民则通过与两位嘉宾的网络互动，了解了有关的国家语言文字政策和汉字的一些宏观、微观知识，这次网络互动交流取得了良好的效果。讨论一结束人民网随即发表了《专家激辩简繁体字：现在废除简化字不得人心》的文章，全文公布两位嘉宾和网友互动讨论的记录。当天环球网、凤凰网、新浪新闻网等各大网络媒体对人民网《专家激辩简繁体字：现在废除简化字不得人心》一文迅速转载，同时个人博客也对该文迅速转载。鉴于网民对汉字繁简问题的高度关注与积极参与，2013 年 7 月 23 日《人民日报》就这次网络大讨论在第 12 版刊发了题为《汉字什么模样才端正》的文章，通过国家媒体向社会大众客观公布了这次网络讨论中专家对繁简字的看法：江蓝生先生认为“简化字不影响文明传承，由繁入简符合规律”，潘庆林先生则认为“全球化趋势简化字更适用，从孩子抓起逐步用简识繁”。此后几年，网络上关于汉字繁简之争的热度不减。网络上有人主张继续使用繁体字，有人认为还是使用简体字好，一时间争论不休，孰是孰非众说纷纭。就此话题，2015 年 2 月 16 日光明网邀请中国社会科学院近代史研究所党委书记、研究员周溯源从汉字的工具性、汉字的简化史、汉字简化的可能性等角度来解释汉字难学、难写的原因。当天访谈结束后，光明网即以《社科院专家：汉字还有继续简化的空间》为标题发表了这次访谈的实录。同样，这篇报道文章迅速被各大网络媒体转载。2015 年 3 月 6 日，针对两会委员冯小刚提出的建议，围绕“繁体字有没有恢复的必要”这一议题，《现代金报》记者余晓丽采访了几位文化界、教育界的人士：同济大学人文学院副教授、中文系硕士研究生导师汤惟杰认为，推行部分常用繁体字，未来是有可行空间的；宁波市鄞州区某小学语文教师蔡敏意认为，繁体搭上国学热，或可开设小学兴趣课；宁波市鄞州区文联副主席、书法家史晓卿认为，书法中的字形之美，繁体字更有美感；书法爱好者沈小霞认为，推广部分字形优美、内涵丰富的繁体字，可以让人们记住传统文化中的精华。同时，针对专家、媒体的观点，网民在微博或帖子中继续展开讨论，“拍砖”和点赞者乐此不疲。

虽然从20世纪80年代末至今近30年间，学界、国家权威部门投入了不少精力对繁简字的正异关系、优缺点、前途命运、使用规范等问题进行了研讨。在此期间国家也公布了《通用语言文字法》《通用规范汉字表》等权威法规、规范，对有关繁体字和简化字的问题进行了定性与规范。我们也毫不怀疑 “识繁写简”“识繁用简”“繁体字优越论”“繁体字（部分）恢复论”等言论的大部分支持者都怀着强烈的爱国心和民族责任感。但是从这些观点的不断涌现，从近年来全民参与汉字繁简问题讨论的激烈程度来看，无论是在专家学者、知识分子还是普通民众中，都存在不小一部分人有怀疑简化字的心理与意识（虽然他们大部分人都说不反对使用简化字）。不管他们自己承认与否，他们的种种言行已经毫无保留地反映出他们对现代汉字中简化字的顾虑与不完全信任。

1.1.1.2 “繁体字优越论”的危害

事件三“繁体字优越论”的主要理由是：繁体字体现汉字魅力，蕴含汉字文化。相对来说，简化字则破坏了汉字构意，撕裂了汉字与文化的关系。而“繁体字优越论”之所以有越来越多的支持者和追随者，不仅是因为它有广泛的文化认知基础（汉字“六书”理论），而且还有繁体字作为交际工具使用的客观事实（在台湾地区繁体字就是正字），所以极具迷惑性和煽动性，容易引起共鸣。长此以往，这种言论势必会蛊惑人心，导致文化自卑。同时它对简化字的国家通用规范文字的正统地位也会产生较大冲击，甚至会影响社会的安定团结，损害我国的国际形象。因此，无论是从学术研究、信息交流还是从科学普及的角度来说，都需要对“繁体字优越论”的危害性进行揭露和批判。

第一，“繁体字优越论”的推理过程犯了偷换概念的错误，极易混淆视听，蛊惑人心。

我们来看一下这个论点的推理过程。

大前提：“親”“愛”等繁体字的字形能很好地体现汉字构意，“親”正是有了构件“见”才能显示出相见的亲近；“愛”正是有了构件“心”才能体现出发自内心的对人的感情深厚。

小前提：与繁体字相比，简化字“亲”字形减掉了“见”，“爱”字形减掉了“心”，从字形上无法体现汉字的构意。

结论：繁体字优于简化字。

这一推理看似无懈可击，实则犯了偷换概念的逻辑错误。偷换概念是指在思维和论辩的过程中，自觉或不自觉地违反同一律的逻辑要求，用一个概念去替换另一个不同的概念而产生的逻辑错误。简单来说就是把一件事物的本来意义用狡辩的手法换成另外一种看起来也能成立的解释，混淆是非，把假的搞成了真的，转移对方的注意力，以达到某种目的。

“繁体字优越论”就是把汉字形义联系的多项性偷换为必然性。在三段论推理中“‘親’‘愛’等繁体字的字形能很好地体现汉字构意”，“简化字‘亲’字形减掉了‘见’，‘爱’字形减掉了‘心’，从字形上则无法体现汉字的构意”这一论断，就是把“親”“愛”的字形认定为表示“亲近、对人感情深”意义的唯一正确字形，就是把汉字字形和字义之间的联系看作必然唯一的联系。而实际上汉字“一字多形”是一种常态，汉字义、形之间的联系不是一对一，而是一对多的。

汉字发展史已经明确告诉我们汉字不是一成不变的，汉字的形体“跟着时代而变迁”（唐兰，1979：55）。汉字字形的发展趋势就是越来越便于书写、越来越简化。这造就了同一个汉字在不同历史时期有不同的字形。所以，我国传统文字学既可以对汉字进行溯源研究，也可以对汉字进行断代研究。即使是从三国时期楷书字体基本定型后，字形复杂的字在民间仍不断简化，出现了不少的俗体、异体等手头字（也叫简体字）。比如，表示“亲近”“对人感情深”的意义在历史上均有八种以上不同的楷体字形（如图 1.1）①，它们均为“亲”“爱”的繁体字、异体字或俗体字，在我国历史文献典籍中都曾经使用过，其字形都在不同历史时期、从不同角度体现汉字的构意②。

亲 親 媇 寴 [illegible] [illegible] [illegible] [illegible] [illegible] [illegible]

爱 愛 㤅 [illegible] [illegible] [illegible] [illegible] [illegible]

图 1.1　“亲、爱”二字的繁体字和异体字

换言之，从历时角度来看，这些不同的字形都表示相同的意义，历史上并没有过因为某一历史时期某一字形被认定为表示该意义的标准字形，而否定其他字形没有构意的言论。而这些手头字也常常出现在文人的书法作品中，如东晋时期王羲之《兰亭

① 图 1.1 中汉字字形均来自“汉典”，http://www.zdic.net/z/1e/zy/7231.htm。

② 我们所说的“构意”是汉字的民族性在汉字构形中的体现，包括汉字的结构方式、演变方式、构字理据等。

序》中有 1/3 是简体字，颜真卿的楷书作品中也已经出现有心的“愛”和无心的“爱”两种写法（见图 1.2）。可见这些简体的手头字在社会上使用广泛，已被大众接受。因此，表示“亲近”和“对人感情深” 的字义在汉语中对应多个字形。那么，“亲近”和“親”之间、“对人感情深”和“愛”之间的联系不是必然唯一的。而“繁体字优越论”的大前提一开始就把“亲近”和“親”之间、“对人感情深”和“愛”之间的非必然联系偷换为一种必然联系，得出的结论肯定是错误的。“繁体字优越论”就是凭借偷换概念的逻辑错误来混淆大众视听的。

愛 爱

图 1.2 颜真卿楷书作品中不同字形的“爱”字

另外，早在西周时期伯簋上的金文便已有写作无“见”的“亲”，颜真卿楷书作品中也已出现“厂、产、面、飞、儿、云、开、关、乡、圣、买、仓、进”等现代简化汉字的写法（图 1.3）。说明这些现代简化字的写法历史上早已有之，它们的简化与演变是有迹可循的。任何武断地说它们没有文化内涵、不能传承华夏文明的言论都是偏颇的。

厂产面飞儿云开关乡圣买仓进

图 1.3 颜真卿楷书作品中的简化字字形

“繁体字优越论”正是希望用偷换概念的手段，打着海内外华人对汉字共同文化认知基础（“六书”字理）的幌子，达到诋毁简化字的目的。这种观点有极强的蛊惑性，危害性极大，必须果断加以澄清。

第二，“繁体字优越论”极易造成文化自卑。

我们知道“繁体字优越论”存在偷换概念的逻辑错误。但是，这种隐蔽的逻辑错误本身就不容易被识破。这种错误的观点如果任由其发展下去，必然会动摇简化字的正字地位。从 1964 年《简化字总表》公布后，简化字是我国的正字。声称繁体字优于简化字的言论，最直接的危害就是会造成不明真相群众的文化不自信，甚至是文化自卑。为了彰显文化自信，1992 年 7 月 1 日《人民日报》海外版在使用七年繁体字之后，毅然改用简化字。《人民日报》海外版由繁改简，意义重大。因为“每个国家的语言文字都有自己的规范和标准，各种社会交际和对外交往中，都应该遵守和维护。……使用本国政府法定的规范文字，是天经地义的事，也是坚持文化自主原则的表现”。（汪惠迪，1992：16）

第三，“繁体字优越论”极易破坏我国文字政策的稳定性，损害我国的国际形象。早在1986年1月全国语言文字工作会议的《会议纪要》中就指出“在今后相当长的时期，汉字仍然是国家的法定文字，还要继续发挥其作用”。当今简化汉字还是联合国六大工作文字之一，新加坡、马来西亚、泰国等东南亚国家也都使用简化字。从当今我国的发展来看，中华人民共和国成立后的汉字简化运动，不仅极大促进了我国教育的普及，而且打破了几千年来的汉字“神秘”化，加速了汉字向科学化迈进的步伐。（周有光，2004d：262）如果我们国内再掀起对简化字质疑的运动，不但会影响汉字的科学化和稳定性，影响我国的教育进程，更会影响我国的国际声誉、国际形象和国际关系。

其实，汉字繁简之争在很大程度上是包括简化字和传承字的现代汉字从字形上没有被作为一个共时整体来对待。只有加强现代汉字字形的共时系统研究，才能让简化字和传承字在现代能够真正融为一体，使现代汉字更好地发挥其交际工具作用。

1.1.2 成年人汉字书写水平呈断崖式下降

当今，一个不争的事实是：随着电子科技和信息技术的迅猛发展，我国成年公民书写汉字的机会变得越来越少，导致社会公众的写字能力和水平基本呈纺锤形分布，小学生、成年人（包括大学生）在两端，书写能力欠缺；初中生、高中生在中间，书写能力较好。因此，初、高中学习阶段很有可能成为一个人一生中汉字书写能力和水平的巅峰时期。汉字书写能力的非正常态势分布和成年大学生书写水平下降的现状，着实令人担忧。尤其是事件六已经“打了”我国语文教育一记响亮的耳光：我国大学生的汉字书写水平竟然还没有外国留学生的水平高。这种结果既可能是由于外国留学生精心准备、有备而来和我国大学生疏于准备、轻敌大意造成的，更有可能是我国大学生语文水平断崖式下滑的一个表征。如果说事件六只是一个特例、不足为奇的话，事件七中那些成年观众书写常见字词出现的高失误率和事件八中那名大学生书写400字的简历竟有24个错别字的“残酷现实”，则更直观、更真实地反映出我国当代成年人“失写”的严重程度。

当今电脑时代书写工具和方式的变化，[①]大大降低了成年人书写汉字或书写完整汉字形体的机会，提笔忘字和写错别字绝非罕见。2013年，零点指标数据针对北京、上海、广州、淮安、金华、盐城、鸡西、吉林、武汉、昭通、重庆、自贡这12个城

① 现代书写工具由传统的笔、纸逐渐变为键盘、屏幕，书写方式由传统的全字形手写变为部分字形书写的机器自动生成。

市进行的“中国人书法”系列最新调查显示：几乎所有受访者（占94.1%）都曾遇到过提笔忘字的情形，其中26.8%的受访者经常出现提笔忘字的情况。[①]我国当代成年人汉字书写能力退化速度如此之快，简直令人难以置信。难道汉字在“键盘时代”真的难逃沦为我国当代成年人“熟悉的陌生人”的命运吗？

我国当代成年人汉字书写水平断崖式下降导致的直接结果是成年人汉字读、写水平的严重失衡。如果任由这种状况发展下去，长此以往汉语书面语很可能会分化为手写体、机器输入体和印刷体三种形式，汉字书写也可能会分为手写和机器输入两种形式，最终汉字书写的手写形式会被机器输入形式所替代，进而逐渐淡出我们的视野。或许手写体汉字会成为博物馆里陈列的书法（包括软笔和硬笔）艺术品。到那时，很多人不会书写手写体汉字就会像今天很多人不会写毛笔字一样司空见惯，我们今天成年人的“失写”也就不算什么问题了。

但是，无论未来汉字书写向哪种形式发展，当今汉字书写仍以手写形式为主。我们就必须妥善解决越来越严重的成年人失写症问题。这也是我国汉字研究在21世纪必须要面临的一个巨大挑战。

总之，无论是“繁体字优越论”“繁体字（部分）恢复论”还是“成年人失写症”，都是21世纪汉字研究必须面对和解决的问题。简化字正字地位的确立、简化字在我国的成功推行并不意味着汉字改革任务的圆满完成，而是意味着新世纪汉字研究工作的起步与开始。因此，我们选择对现代汉字问题进行研究。

1.2 研究范围

1.2.1 学科范畴——现代汉字学

汉字研究已经有两千多年的历史。中国古代语言学时期，汉字学一直没有成为一门独立的学科，主要是因为《说文解字》一开始就形成了用表义的部首统摄小篆形体，从字形解释字音、字义的传统。所以，中国古代的汉字研究基本上是经学的附庸。直到1934年唐兰在《古文字学导论》一书中才重新界定了汉字学（唐兰称之为“文字学”）的研究范围，唐兰指出“文字的形体的研究是应该成为独立的科学……文字的主体是形体”（唐兰，1979：135）；并在1949年《中国文字学》一书中又明确指出“文字学研究的对象，只限于形体”（唐兰，2005：4）。从而明确提出汉字学研究的

① 见 http://www.360docs.net/doc/info-3936054a3169a4517723a3cf.html。

对象不是字音，不是字义，而是字形。自此以后，以汉字形体结构为研究对象来研究汉字成为汉字学的主流。这种以字形为研究对象的汉字学研究，基本上都是以汉字形体演变和“六书”作为基本框架，或者兼论文字的起源。

周有光分别在1979年的《汉字声旁读音便查·后记》和1980年的《现代汉字学发凡》中提出了“现代汉字学”的概念。他指出，现代汉字学是汉字学的有机组成部分，主要研究现代汉字的特性和问题，目的是为今天和明天的应用服务。（周有光，1980：94）它是以语言学为基础，并结合信息论、统计学、心理学等的交叉学科。是对传统汉字学的现代化和有益补充。（周有光，2004a：12）其研究内容包括字量、字序、字形、字音、字义和汉字教学法六个方面。（周有光，1980：95-102）《现代汉字学发凡》的发表在现代汉字学研究史上具有重要的价值和意义，它标志着现代汉字学的诞生。周先生提出这一设想后，先后发表了《现代汉字中声旁的表音功能问题》《现代汉字中的多音字问题》《现代汉语用字的定量问题》等一系列有关现代汉字研究的论文，亲自进行开创性的研究。在周有光先生带领下，现代汉字学有了较快发展。本书则属于现代汉字学的研究范畴。

1.2.2 研究内容——汉字构形学

1.2.2.1 汉字字形

“繁体字优越论”“繁体字（部分）恢复论”“成年人失写症”涉及的都是现代汉字字形问题。字形是指由字的构件及其组合方式所决定的字的样式。现代汉字本身有许多属性，包括字形、字音、字义、字量、字序、字频等方面。其中字形是文字的根本属性，如果没有字形，文字便失去了它存在的物质形式。（高家莺，1998：91）所以，要解决1.1.1中现代汉字研究面临的难题，必然绕不开现代汉字字形属性的研究。

1.2.2.2 汉字构形[①]

汉字字形分析有造字法和构字法两种分析方法，（苏培成，1994a：71）为了强调字形分析是从字形现状角度的分析，特把立足于这种视角的汉字字形构造叫作汉字的构形。而汉字字形研究涉及内容广泛，包括汉字的字形构造、字形整理、字形简化、

① 这里的“构形”和王宁《汉字构形学讲座》中的“构形”意义不同。我们这里只是借用“构形”这一术语表示立足于字形现状的汉字字形构造的意思。

字形规范化、字形标准化等内容。因此，汉字构形也叫汉字构造，（苏培成，1994b：55）主要研究汉字的字形构造。由于字形构造是字形整理、字形简化、字形规范化、字形标准化研究的基础，所以，在研究汉字字形问题时，我们把研究重点聚焦在汉字构形问题研究上。

汉字构形研究主要是通过对汉字的构形分析与描写，探究汉字的构形单位和构形规律。现代汉字字形属性实际上就是现代汉字的构形属性。它主要研究现代汉字各级构形单位在构造汉字过程中表现出来的特征，通过对这些特征的描写来概括归纳现代汉字构形的规律。

1.2.3 研究对象——《通用规范汉字表》

1.2.3.1 现代汉字

现代汉字学以现代汉字为研究对象。现代汉字这一术语最早出现在 20 世纪 50 年代，（丁西林，1952a：7；黎锦熙，1953：68）它又叫现代汉语用字，是记录现代汉语的字，（王尔康，1961：74；苏培成，1994b：21）也就是现代社会通行的汉字。“五四”白话文运动是现代汉字的起点。（周有光，1984：6）虽然现代汉字和现行汉字有很大的一致性，但由于现行汉字“时间的上限和下限都是十分模糊的”，（费锦昌，1989：23）而现代汉字的上限清晰明了，所以我们使用现代汉字这一术语。《现代汉语词典》（第 6 版）在推广普通话、促进汉语规范化等方面做出了突出贡献，它共收录现代汉字 13000 多个。

简化字是现代汉字的重要标志，（许长安，1995：78）所以研究现代汉字不能不研究简化字。简化字有广、狭义之分。广义上的简化字通常指古今流传下来的俗体字与笔画较少的异体字。狭义上的简化字通常指《汉字简化方案》《简化字总表》中的字，以及《通用规范汉字表》中新公布的类推简化字。本书所说的简化字，指的是狭义简化字。

简化字，又称“简体字”，是中华人民共和国汉字改革运动的重要成果。汉字简化运动始于清末。1909 年，陆费逵在《普通教育应当采用俗体字》一文中最早提出汉字简化问题。该文中所说的俗体字就是民间通行的简化字。因为这种字“易习易记”，便于文化普及。随后他又在 1921 年的《整理汉字的意见》一文中进一步提出通俗用字的范围应限定为两千字左右。后来钱玄同、陈望道、黎锦熙、胡愈之、赵元任、陶行知等人都提倡汉字简化。在他们的倡导与推动下，1935 年 8 月，国民政府教育部公布第一批《简体字表》，把简化的汉字统一称作“简体字”。《简体字表》共收录简体字 324 个。国民政府教育部紧接着又公布了《各省市教育行政机关推行部颁简体字办法》，该办法规定："凡小学，短期小学，民众学校各课本，儿童及民众读物，均应采用部颁简体字"，"自 25 年 7 月起，凡新编之小学课本，短期小学课本及民众学校课本，不用部颁简体字者，不予审定"（苏培成，2001：197）。自此，开始在全国推行简体字。但推行简体字的命令颁布后，以戴季陶为代表的一批政要、名流群起反对推广简体字，"为汉字请命"[①]。迫于压力，国民政府在 1936 年 1 月发布训令："简体字应暂缓推行。"（苏培成，2001：199）这次由国民政府主导的汉字改革最终流产了。

中华人民共和国的汉字简化运动始于抗日战争时期。在抗日根据地和后来的解放区都推行过简化字，如"拥、护、干、产、奋、红、党、苏、劳"等字，这些简化字在当时被称为"解放字"，它们一直沿用至今。（张书岩等，1997：18）中华人民共和国成立后，为了做好文化普及与推广工作，中央人民政府非常重视汉字简化问题，1951 年，成立中国文字改革研究委员会；1956 年 1 月，经国务院正式批准，公布了《汉字简化方案》。该方案共收录简化字 515 个、简化偏旁 54 个。《汉字简化方案》的公布，标志着简化字成为合法、规范的文字，使简化字成了现代汉字的重要标志。1964 年 1 月，中国文字改革委员会、文化部、教育部联合印发《关于简化字的联合通知》，公布了《简化字总表》。《简化字总表》共收录简化字 2274 个，简化偏旁 14 个。1986 年 10 月国家语委经国务院批准重新发布了《简化字总表》，对 1964 年公布的《简化字总表》中的个别字进行了调整，调整后的《简化字总表》共收录简化字 2235 个，简化偏旁 14 个。简化字在我国推行 50 多年来，大大促进了我国教育事业的快速推进与普及。但是随着社会不断发展，一些简化字已经不能更好地满足当今国民语言文字生活的需要。在保持基本语言文字政策不变的情况下，国家对原有的简化字进行了一些微调。2013 年 8 月教育部、国家语委向全社会公布了《通用规范汉字表》。这样，简化字的成果得到了进一步巩固，它也能更好地发挥记录现代汉语的功能。

1.2.3.2 《通用规范汉字表》

《现代汉语词典》（第 6 版）有 13000 多个现代汉字，我们是不是必须全部掌握这些字形呢？当然不是。实际上，我们只需掌握规范汉字字形即可。规范汉字主要是指经过系统整理、由国家发布（或认定）、通行于某一社会时期一般应用领域的标准汉字。具体而言，我们今天所说的规范汉字是指在当代中国通用的主要记录现代汉语服务于日常生活层面的用字。（费锦昌，2008：97）由于汉字的规范化属于正字法范围的问题，所以规范汉字又叫正字或正体字。

---

① 此处所说的汉字是指繁体字。

在我国历史上，每个不同的时期都有自己的规范汉字。我国最早的规范汉字可以追溯到春秋时期。《礼记·中庸》第28章中就有“今天下车同轨，书同文，行同伦”的记载，其中“书同文”就是指当时统一的规范汉字。后来秦始皇统一六国后仍推行“书同文”政策，以国家政令的形式把秦国小篆认定为通行全国的规范文字。汉代的规范文字是隶书，东汉蔡邕上奏皇帝请求正定六经文字。在他的主持下，从东汉灵帝熹平四年（175年）至东汉光和六年（183年）开始了中国历史上最早的一次石经刻制工程，将儒学经典《周易》《尚书》《鲁诗》《仪礼》《公羊传》《论语》《春秋》用隶书体刻于石碑之上，立于太学门外，作为隶书的规范标准，世称“熹平石经”。“熹平石经”在当时引起了很大的社会反响，人们纷纷前往观看摹写，它作为规范汉字的作用非常明显。魏晋南北朝时期，地方割据、南北阻隔，形成了“世易风移，文字改变，篆形谬错，隶体失真”（魏收，1974：1963）的状况，异体别字比比皆是。唐贞观四年（公元630年），为了保证学校教育和科举考试文字书写有统一的标准，太宗命颜师古考订五经文字，[①]撰写《五经定本》，这是自汉武帝以来第一次校订五经字样。贞观七年（公元633年）书成，太宗“颁其所定书（《五经定本》）于天下，令学者习焉”。（吴兢，2009：190）由于安史之乱破坏了经书及其文字的规范，大历十年（公元775年），唐代宗命张参等修订五经，撰写《五经文字》；太和九年（公元835年），为增补《五经文字》，唐文宗命唐玄度校订九经文字，[②]撰写《新加九经字样》。这些经过考订或校订的《五经文字》和《新加九经字样》，用楷书字体刻于国子监廊壁，公布于众，供各级学校教学和儒生书写使用。这样由于唐代政府的提倡和推广，楷体字成为当时的规范用字。宋代十分重视汉字规范工作，在秘书省专门设立“正字”官来“校仇典籍，判正讹谬”（脱脱等，1974：3873），政府还颁布了官修的两部字书《大广益会玉篇》和《类篇》，来规范全国通用的楷书字形。明清两代仍以楷书字形作为规范汉字字形。明洪武八年（公元1375年），太祖命乐韶凤、宋濂等11人编纂的一部官方韵书《洪武正韵》成书。后来这部书颁行天下，在童蒙习字和行政文书中大力推广，成为国家的语音和文字规范。清代张玉书、陈廷敬等人奉旨编纂的《康熙字典》是当时规范性的字书。但是清朝文字规范又推行复古政策，乾隆为《四库全书》钦作的《辩正通俗文字》中更公开说：“俗者，承袭鄙俚……断不可从也！”只是把楷体印刷字体视为“正体字”，视手写字体为“俗体字”，这给文化普及造成了很大的障碍。

民国时期，汉字规范化进程十分缓慢。国民政府虽然在1935年公布了《第一批

---

① 这里的五经指《周易》《尚书》《毛诗》《礼记》《左传》5本经书。

② 这里的九经指《周易》《尚书》《毛诗》《礼记》《周礼》《仪礼》《春秋公羊传》《春秋谷梁传》《左氏春秋传》9本经书。

简化字表》，却由于种种干扰并未在全国推行。当时，汉字字形相当繁乱：同一汉字存在正体、俗体、异体、繁体、简体等多种字形，并且同种字体的同一汉字，其笔画形体也存在差异。这种状况直到中华人民共和国成立后才得到有效的解决。中华人民共和国成立后，国家十分重视汉字规范化工作。1955 年 10 月召开“现代汉语规范问题学术会议”，讨论并部署汉字规范化等问题。1986 年 1 月，全国语言文字工作会议提出了新时期语言文字工作的方针和任务，方针中提出“促进语言文字规范化、标准化”。此后，“写规范字”成了我国语文工作的核心任务之一。[①]中华人民共和国成立以来，发布的一系列有关汉字规范的国家标准有：《常用字表》（1952）、《第一批异体字整理表》（1955）、《汉字简化方案》（1956）、《简化字总表》（1964、1986）、《印刷通用汉字字形表》（1965）、《信息交换用汉字编码字符集・基本集》（1980）、《现代汉语常用字表》（1988）、《现代汉语通用字表》（1988）等。

汉字规范的标准是在不断变化的。（周有光，1984：6）改革开放以来，随着我国政治、经济、文化和科学技术快速发展，人们的语言生活变得更加丰富多彩。社会各领域对汉字的应用也发生了一定变化。《简化字总表》是 1986 年 10 月公布的，《现代汉语常用字表》是 1988 年 1 月公布的，《现代汉语通用字表》是 1988 年 3 月公布的，这些字表的发布时间距今较远，它们已经不能更好地满足社会各领域对汉字应用的需求。于是教育部和国家语委从 2001 年 4 月开始，着手制定新的规范汉字表。历经十余年认真、审慎的调研、制作与修订工作，2013 年 8 月教育部、国家语委正式公布《通用规范汉字表》。它收录现代汉字 8105 个，包含传承字 5675 个，简化字 2430 个。它是贯彻《中华人民共和国国家通用语言文字法》，适应新形势下社会各领域汉字应用需要的重要汉字规范。《通用规范汉字表》公布后，社会一般应用领域的汉字使用应以《通用规范汉字表》为准，原有相关字表停止使用。[②]

可以说，《通用规范汉字表》是对 50 余年来汉字规范整合优化后的最新成果，对提升国家通用语言文字的规范化、标准化水平具有重要意义。因此，我国现阶段的“规范汉字”就是指经过整理简化并由国家以《通用规范汉字表》的形式正式公布的简化字与传承字。[③]鉴于社会通行汉字只有经过整理其构形规律才能显现出来（王宁，2002：21），我们对现代汉字的构形进行研究，必然要以《通用规范汉字表》中的 8105 个汉字为研究对象。

① 新时期我国语文工作的核心任务有二，分别是“说普通话”和“写规范字”。

② 见《国务院关于公布〈通用规范汉字表〉的通知》，国发〔2013〕23 号。

③ 同②。

第 2 章　现代汉字直观构形体系的构建

2.1　现有国家规范对汉字字形认识的分歧

在研究汉字字形构造时人们经常把介于整字和笔画之间的现代汉字结构单位称作部件、字根、字元、字素、形素、构件、组件等。在现代汉字字形结构分析中字理分析占主流地位。目前有关部件的国家标准或国家规范都是依据字理来分析现代汉字字形结构的。比如,《信息处理用 GB13000.1 字符集汉字部件规范(GF3001-1997)》(以下简称《信息处理部件规范》) 的汉字部件拆分原则是“从形出发、尊重理据、立足现代、参考历史”;《现代常用字部件及部件名称规范(GF0014-2009)》(以下简称《常用字部件规范》) 的汉字部件拆分原则是“根据字理、从形出发、尊重系统、面向应用”;《基础教学用现代汉语常用字部件规范(征求意见稿)》(2003)(以下简称《基础教学部件规范》),虽然由于种种原因最终没有正式公布,但也是依据字理,从现代汉字字形现状出发来分析 3500 常用字字形构造的。另外还有《现代常用独体字规范(GF0013-2009)》(以下简称《常用独体字规范》),它虽然没有直接公布对现代汉字部件拆分的结果,但是它的制定也必然要依据现代汉字部件拆分的结果。通过对这四个汉字字形规范的比较,我们发现它们对现代汉字字形的分析存在一定的扭结。

2.1.1　认识的分歧

2.1.1.1　对现代汉字部件数认定的分歧

《信息处理部件规范》拆分出 560 个部件,《常用字部件规范》拆分出 514 个部件。其中两个部件规范共有部件 366 个,前者独有部件 194 个,后者独有部件 148 个。而没有正式公布的《基础教学部件规范》则拆分出部件 540 个。这些国家规范对现代汉字部件数认定的差异导致现代汉字部件至今没有定数,只能说在 500 个左右。

2.1.1.2 对基础部件认定的分歧

《信息处理部件规范》《常用字部件规范》是国家正式公布的部件规范。它们均依据字理和字形现状对相关字集中的现代汉字进行字形结构拆分，所涉及的部件都是基础部件，不涉及合成部件，并且都是由王宁先生主持，基本是同一批专家参与制定的。理论上说，两个部件规范对同一汉字的字形结构分析结果应该是基本一致的。而实际上它们对基础部件的认定并不完全相同。

《信息处理部件规范》《常用字部件规范》虽然都认定最小的、不能再拆分的基础部件有“一丨丿丶大丈礻亻儿⺈𠂉为尺巴豸言象果金食黑”等366个。但是《常用字部件规范》认为“卬百办半卑丙龸叉产辰丞赤出匆囱单亠弟鼎兜斗豆发凡支风高谷龟亥隺后互奂黄击夹叚兼角今堇京韭具龹卡开来老丽隶鬲六卤鹿卵仑马卯么免面南屰鸟农乒乓平妻其欠去壬刃伞色商勺少舌升生失矢首殳鼠术甩龷司丝肃太天头毛卫乌无午勿向辛囟戌穴血卂严夭页义亦庸用尤与鱼云再争直正至朱主隹𡗗尔丯𢎘声夾圣𫩠無烏乇美”等142个都是最小的基础部件，不能再进行拆分。而在《信息处理部件规范》的560个部件中查找上述142个部件，它们都被进行了不同程度的再拆分，如“穴”被再拆分为“宀、八”；“血”被再拆分为“丿、皿”；“风”被再拆分为“几、乂”；“韭”被再拆分为“非、一”。因此，在《信息处理部件规范》中只能找到“宀八丿皿几乂非一”这些部件。也就是说，《常用字部件规范》认定为最小的不能再拆分的“穴血风韭”等142个基础部件在《信息处理部件规范》中则被认定为合成部件，进行了再分析。而从定义上来看，《信息处理部件规范》认为“最小的不再拆分的部件称为基础部件”，“由两个以上的基础部件组成的部件称合成部件”。《常用字部件规范》认为“最小的、按照规则不再拆分的部件”是基础部件，“由多个部件组成的部件”是合成部件。它们对基础部件和合成部件的界定几乎没有什么差异，但在实际操作中对最小的、不能再拆分的理解与认定确实又存在一定的分歧。

那么，它们对基础部件理解的分歧会不会是拆分字集的不同造成的呢？因为《信息处理部件规范》以GB13000.1字符集20902字为拆分对象，而《常用字部件规范》以现代汉语常用字表3500字为拆分对象。要回答这个问题，我们来看《常用字部件规范》和《基础教学部件规范》。①它们都以现代汉语常用字表中3500常用字为字集进行部件分析，分析原则基本相同，拆分结果也是只涉及基础部件，并且制定规范主持人和参与制定的人员也大致相同。理论上它们对基础部件的认定应该几乎没有分歧，而客观上他们对3500常用字的部件拆分结果却存在不小的差异。

① 由于《基础教学用现代汉语常用字部件规范（征求意见稿）》（2003）至今没有正式公布，我们不把它作为规范使用，仅拿来与《现代常用字部件及部件名称规范（GF0014-2009）》做一下简单比较。

《常用字部件规范》拆分出基础部件 514 个，《基础教学部件规范》拆分出基础部件 540 个。两个规范共有部件 477 个，它们分别是“卬凹𠂔八丷巴白半卑宀贝本匕必釆丙秉疒卜不才步卄册𢀖叉产长厂车辰臣丞承尺斥赤虫丑出川巛串垂耒束匆卤寸大歹丹单刀刂勹癶弟丶电刁丁鼎夂东兜斗豆而耳二发凡厂攵支方飞非丰风缶夫市弗甫父丐干甘高戈革个艮更工弓谷瓜夬毌广龟鬼果亥丂禾隺黑一乙乛后乎虍互户凵奂黄火冂灬及几己已巳旡夹甲叚兼柬廴见纟糸角卩㔾疌巾斤今金钅堇京井丩九久韭臼勹巨豕龹开口来老耂乐耒内里力立吏丽隶鬲冫两了罒龙鹿卵仑罒马毛矛卬尸门米免面民皿末母木目乃南内屰年廿鸟牛𠂉农井女爿丬皮片丿乒乓平七妻其气千戋欠且丰丘求曲匚去犬犭壬人亻儿𠂊𠂉日肉月冃入三伞色山彡上勺少舌申身升生尸十石食饣史矢豕士氏示礻世事手扌首殳书鼠丨乚束甩阝彳水氵氺厶司四丝镸肃聿天田门冖凸土屯乇瓦万丸亡王囗韦卫为未文我乌无五午兀勿戊夕𠀍西覀习下乡向象小⺌血心忄辛⺗囟亠穴彐熏卂牙亚𤴓严言讠央羊幺夭也业页衣衤彑夷乂弋义亦尢尹庸龴永用尤由酉又于鱼禺与予雨禹玉聿戉云再乍丈爪爫兆争之止至豸中重舟州竹⺮主专目隹豖子自辶𠂇[illegible]”等；《常用字部件规范》独有的基础部件有“百办丌九击具卡六卤卯么冉刃曰失术太头戌丫曳正直卄[illegible]朱”37 个，《基础教学部件规范》独有的基础部件有“拜北比卉鼻畀兵[illegible]齿商典尔阜共骨鼓[illegible]麻麦黾朩囊齐青商虱[illegible]黍夏香兴行燕邑音舆羽支周走足[illegible]”63 个。也就是说，《常用字部件规范》认为“百办击具卡六卤卯么刃失术太头戌丫正直朱”等 37 个部件是最小的不能再拆分的基础部件，而《基础教学部件规范》则认为它们不是最小的、不能再拆分的基础部件，因此继续对它们进行了拆分。同样，《基础教学部件规范》认为“拜北比卉鼻畀兵[illegible]齿商典尔阜共骨鼓[illegible]麻麦黾囊齐青商虱夏香兴行燕邑音舆羽支周走足[illegible]”等 63 个部件是最小的、不能再拆分的基础部件，而《常用字部件规范》则认为它们不是最小的不能再拆分的基础部件，并继续对它们进行了拆分。这样《基础教学部件规范》和《常用字部件规范》虽然对多数基础部件（477 个）的认定没有分歧，但仍在这 100 个部件是否是基础部件的问题上存在理解与认定的分歧。可见，即使拆分字集相同，部件拆分的结果也不一定会相同。

我们再来比较《信息处理部件规范》和《常用字部件规范》。虽然《信息处理部件规范》比《常用字部件规范》的拆分字集大得多，但是《信息处理部件规范》的字集中超出 3500 常用字的那部分整字所拆分出的基础部件也只有“貝見乜卍[illegible]羲”等 122 个。那么，如果按《信息处理部件规范》的拆分结果，3500 常用字则可以拆分出 438 个基础部件。这和《常用字部件规范》把 3500 常用字拆分为 514 个基础部件的拆分结果仍旧不同。

总之，《信息处理部件规范》和《常用字部件规范》在基础部件的认定上存在分歧。而《信息处理部件规范》《常用字部件规范》却是目前我国现代汉字部件规范的纲领性文件，指导着我国语言生活领域有关部件问题的规范使用。它们目前对基础部件理解和认定的这种分歧必然会给我国语言生活带来不良影响，对这个问题我们不能掉以轻心。

2.1.1.3　对独体字认定存在分歧

《常用独体字规范》把独体字定义为“由笔画组成、不能或不宜再进行拆分、可以构成合体字的汉字”，并在现代汉字范围内确定了 256 个独体字。又因为“最小的、按照规则不再拆分的部件”是基础部件，①我们可以把“由笔画组成、不能或不宜再进行拆分”的构字单位理解为基础部件，那么独体字可以理解为由具有组造合体字能力的成字基础部件直接构成的字。也就是说独体字的判断标准有二：第一，构成独体字的部件必须是成字基础部件；第二，构成独体字的部件必须具备组配合体字的能力。

《常用字部件规范》和《常用独体字规范》是在同一时间发布的国家规范，理论上说它们对独体字的认定标准应该是统一的。而实际上，按照这两条判断标准，《常用独体字规范》的独体字表确定独体整字 256 个。这 256 个独体字中“羌”字并不是 3500 常用字中的字，却被认定为独体字，这说明《常用独体字规范》制定独体字表时所参照的字集并不是 3500 常用字表。而且《常用独体字规范》的独体字表的另外 255 个独体字中，“口日木一土人十又月女贝八大心田禾寸虫止火匕广力尸目山巾立子石车米刀白夕几工斤厂方页儿马王耳门皿小戈户雨矢酉丁干巳丰习鸟弓天犬文衣甫羊见戊且士歹牛里少中手由母亡夭六生而舌臼卜乃云舟开巴用出言鬼己不壬勿正甘龙柬也夫内水斗申乍半自革九上牙气毛予主亦我果七了凡丸尤巨屯仑氏平业电瓜头亚夹亥身兼三才千之长末世甲央必矛更二及于刃父丑玉失永弗西朱产两弟垂肃隶与万川久义叉井专尺办未丙东册臣百禹象下丈无太瓦片爪本丘斥乐民夷肉血州农求来串重刁丐午丹乌为击术史乎匆吏囟卤柬面首”等 228 个字的部件在 3500 常用字中具有组配合体字的能力，“入个么丫已卫飞乡互曰升书卡凸冉凹四甩再曲年严卤事秉承鼠”27 个整字的部件在 3500 常用字中不具备组配合体字的能力。②但是这 27 个整字却出现在独体字表中，说明“常用独体字规范”制定时所参照的字集应该远远大于 3500 常用字。

---

① 见《现代常用字部件及部件名称规范（GF0014-2009）》对基础部件的定义。

② 这些部件是否具备组配合体字的能力是参照《常用字部件规范》的部件构字数表的统计得来的。

虽然《常用字部件规范》没有专门的独体字表，但是如果也按照这两条标准，《常用字部件规范》的成字部件表中符合第一条标准的成字基础部件有 311 个；根据《常用字部件规范》部件构字数表可知，这 311 个成字基础部件中具有组配 3500 常用字的合体字能力的有 270 个，剩余的“入个么丫已卫飞乡互曰升书卡凸冉凹四甩丝再戌曲年竹乒乓伞严丽卤龟事秉承韭兜庸鹿鼎鼠熏”等 41 个成字基础部件构字数为 1，也就是它们不具备组配 3500 常用字的合体字的能力。《常用字部件规范》的成字基础部件表中符合第二条标准的部件就只有 270 个。那么，这 270 个成字基础部件构成的整字就具备了成为独体字的条件，理论上来说它们直接构成的整字都应该是独体字。但是实际上，它们中除了 228 个被《独体字部件规范》认定为独体字外，其余“欠（28）示（28）穴（24）今（22）豆（21）辛（20）皮（15）其（15）鱼（14）直（13）非（12）谷（11）京（11）去（10）勺（9）至（9）免（9）争（7）辰（7）角（7）尹（6）兆（6）高（6）黑（6）风（5）司（5）卑（5）单（5）卯（4）发（4）老（4）向（3）色（3）赤（3）具（3）黄（3）后（2）卵（2）妻（2）金（2）南（2）食（2）”[①]等 42 个符合成为独体字条件的部件构成的整字却并没有被《常用独体字规范》认定为独体字。可见，《常用字部件规范》和《常用独体字规范》对独体字的认定存在分歧。

通过分析我们发现，同一时期颁布的国家规范，所参照的字集也未必是相同的。而制定规范时的参照字集有时并没有在国家规范的使用说明中明确交代，这很容易给规范的使用者带来较大的困扰，从而造成对国家规范的质疑，进而严重影响国家规范的规范性与科学性。这一点需要引起重视。

2.1.2　认识存在分歧的原因

目前，汉字字形规范之所以在对现代汉字字形的认识上存在分歧，主要是由以下五个方面的原因造成的。

2.1.2.1　部件拆分目的不一致

虽然它们用的都是从义部件分析法，但是由于研究目的的不同，它们在具体操作上仍存在以形为主或以义为主的差别。《信息处理部件规范》是为解决汉字信息处理领域部件拆分混乱（万“码”奔腾）现象而制定的，主要适用于汉字信息处理领域的汉字部件拆分的国家标准，偏重以形为主。《常用字部件规范》是为解决汉字教

① 括号中的数字为《常用字部件规范》的部件构字数表中统计的该成字部件的构字数。

学和辞书编纂领域部件使用不规范现象而制定的汉字部件拆分的国家规范，偏重以义为主。因此，前者主要是为中文信息处理领域服务的，要求拆分的部件越小越好，越少越好；后者主要是为语文教育领域服务的，要求拆分的部件越有意义越好。因此，虽然《信息处理部件规范》《常用字部件规范》都是王宁先生主持制定的，但由于拆分目的不同，它们在对“穴血风韭”等 142 个部件的处理意见上出现了分歧。《常用字部件规范》认为它们是最小的部件，《信息处理部件规范》则认为它们不是最小的部件，并进行了再分析。这样，部件拆分的目的不同，自然会导致拆分出的部件数量不同。

2.1.2.2 对部件拆分下限认定的不统一

对于部件拆分的下限这个问题，正式颁布的国家规范和标准都没有明确提及。唯有没有正式颁布的《基础教学部件规范》，在规范使用说明中明确指出“表中所列部件是对汉字拆分下限的规定，教学中对每个汉字分析时，不宜再行拆分”。也就是说，《基础教学部件规范》中的 540 个部件代表了该规范认定的汉字部件拆分下限。《信息处理部件规范》《常用字部件规范》虽然没有提及拆分下限问题，但基本可以认为其部件表中的 560 个和 514 个部件都是基础部件，是它们认可的部件拆分下限。但这三个规范对部件拆分下限并没有完全达成一致性认识。比如，《信息处理部件规范》《常用字部件规范》都不认同《基础教学部件规范》把“拜北比卉鼻畀兵卓 齿商典尔阜共骨鼓亘麻麦黾囊齐青商虱夏香兴行燕邑音舆羽支周走足疋耳 关 阑𧾷 正 厄 迷”46 个部件看作是部件拆分的下限的观点；《信息处理部件规范》也不认同《常用字部件规范》把“印百办半卑丙叉产辰丞赤出匆卤单弟鼎兜”等142个部件认定为部件拆分下限的观点。

就连同时发布、本应对部件认识统一的《常用独体字规范》《常用字部件规范》对部件拆分下限的看法都不统一。《常用独体字规范》的 256 个独体字之所以没有包括《常用成字部件表》中“欠示穴今豆辛皮其鱼直非谷京去勺至免争辰角尹兆高黑风司卑单卯发老向色赤具黄后卵妻金南食”42 个构字数在 2—28 不等的成字部件构成的整字，不大可能是因为它们不能参与组造合体字，[①]最可能的理由是《常用独体字规范》的制定者并不认同《常用成字部件表》把这 42 个成字部件认定为最小的、不能再继续拆分的部件的观点。也就是说，《常用独体字规范》不同意《常用字部件规范》把这 42 个部件认定为部件拆分下限的观点。

① 因为《现代常用字部件及部件名称规范（GF0014-2009）》的“现代常用字部件构字数表”对所有部件的构字数有具体的统计，构字数大于 2 的部件一目了然。

因此，《信息处理部件规范》《常用字部件规范》《常用独体字规范》这些国家正式公布的标准、规范，以及《基础教学部件规范》这一国家未正式公布的部件规范在部件拆分的下限问题上都没有达成完全的共识。正是这一原因直接导致了现有部件规范之间的各种分歧。

2.1.2.3 对有理据字和无理据字的拆分标准不完全统一

《信息处理部件规范》《常用字部件规范》都是用从义部件分析法来分析部件的。对有理据的字进行有理据分析，对无理据的字进行无理据分析，分析原则和思路十分清晰。而在实际操作中，却异常困难。因为目前有理据字和无理据字的外延模糊，至今没有权威的“现代汉字理据字典”可供参考，如“粤”从造字法上说是有理据字，从构字法上说是无理据字。①按有理据字可以拆分为“㓁亏”，按无理据字可以拆分为“囪丂”，拆分结果不同。现有国家规范中并没有说“理据”指的是造字法理据还是构字法理据，从而造成了有理据和无理据字外延的模糊。那么，这两种拆分都不能算错误，《常用字部件规范》对“粤”就采用的是第一种拆分结果，《基础教学部件规范》则采用的是第二种拆分结果。再加上部件拆分下限的认定不统一，所以对有理据的字进行有理据分析，对无理据的字进行无理据分析的规则有时好用，有时则形同虚设，造成拆分混乱。比如，从造字法、构字法来说“愚泳匪”都是有理据的形声字，②《信息处理部件规范》《常用字部件规范》把它们分别拆分为“禺心”“氵永”“匚非”。从造字法和构字法来说“要朋岁”都是无理据字，《信息处理部件规范》《常用字部件规范》都拆分为“覀女”“月月”“山夕”。从造字法来说“高京韭”都是有理据象形字，不再拆分；从构字法来说“高京韭”是无理据的合体记号字，要进行拆分。《常用字部件规范》根据造字理据，没有对其进行拆分；《信息处理部件规范》则根据构字法把“高、京、韭”当作无理据字处理，从分隔沟处把它们分别拆分为“亠口冂口”“亠口小”“非一”。从造字法来说“刃亦寸朱”是有理据指事字，不再拆分；从构字法来说是独体记号字，不再拆分。《信息处理部件规范》对“寸”不再拆分，却把“刃亦朱”分别拆分为“丶刀”“亠𠁣”“丿未”，这既不是完全按照造字法拆分，也不是完全按照构字法拆分。《常用字部件规范》《常用独体字规范》则按照构字法、造字法对“刃亦寸朱”都不再拆分。

即使在同一规范内部，对有理据字和无理据字的处理也并不完全一致。比如，从造字法来说“主凡乂叉太寸勺”中“主凡叉勺”是象形字，“太”是指事字，“寸”为会意字，它们都是有理据字。那么根据字理，“主凡叉勺太”不拆分，“寸”要再拆

① 粤，从造字法来说是会意字，从亏从寀；从构字法来说是合成记号字。

② 造字法的类型采用“六书”说，构字法的类型采用苏培成“新六书”说。

分。“义”是无理据的简化字，可以按照分隔沟拆分。从构字法来说“主凡义叉太寸勺”都是无理据的独体记号字，不能拆分。而实际上只有《常用字部件规范》按构字法对“主凡义叉太寸勺”都没有进行拆分。《信息处理部件规范》把“主凡义叉勺太”依次分别拆分为“丶”和“王几乂又勹大”，“寸”没有拆分；《常用独体字规范》对“主凡义叉太寸”没有进行拆分，而对“勺”进行了拆分。可见，《信息处理部件规范》和《常用独体字规范》这两个规范内部对“主凡义叉太寸勺”的拆分，都既不是完全按照造字法，也不是完全按照构字法。

因此，对汉字部件进行拆分时，各规范都存在有理据和无理据字认定的困惑，而且各规范之间、同一规范内部都存在对有理据字是否按理据拆分、对无理据字是否拆分以及如何拆分的分歧。尤其是对无理据字的拆分除了分隔沟之外，无更好的参考标准。这不可避免地会带来汉字部件拆分时的任意性和随机性，导致现有汉字规范在部件拆分实践方面的混乱，进而造成了各规范在汉字字形的认识方面存在分歧。

2.1.2.4 汉字构形分析过程的不可追溯性

现有部件规范都是只能见到部件和包含这些部件的若干例字，根本无法追溯整字拆分的过程。利用规范对汉字拆分时，有时也只能进行推测，并不能得到直观的结果。比如，《常用字部件规范》有“日王扌八氵由钅丁月”等部件，但是这些部件的例字中都没有“旺扒油钉朋”等字，那么这些字是否被拆分为“日王”“扌八”“氵由”“钅丁”“月月”呢？无法追溯。只能这样推测：因为《常用字部件规范》中有“日王扌八氵由钅丁月”等部件，没有“旺扒油钉朋”等部件，所以，“旺扒油钉朋”很可能被拆分为“日王”“扌八”“氵由”“钅丁”“月月”等部件。同样，《信息处理部件规范》中“杯汉宁认辆虾狐”等常见字的拆分情况，也只能靠推测，无法直接进行追溯。

甚至有时候，我们很难推测出有些字的拆分结果。而这种情况则更容易造成规范之间的分歧，如《信息处理部件规范》中“拜”的部件拆分。由于部件表中没有“拜”，所以《信息处理部件规范》必然对“拜”进行了拆分。560个部件中包含“𠂒”这个部件，“𠂒”的例字有“拜”，可以确定“拜”一定拆分出了部件“𠂒”。那么“拜”是不是最终拆分为“𠂒䒑”两个部件呢？这就难说了。因为我们发现《信息处理部件规范》中没有“䒑”这个部件，但有“一丰”两个部件。并且“一丰”部件的例字中都没有“拜”。这样我们就很难推测到底是《信息处理部件规范》漏掉了一个部件“䒑”，还是把“䒑”拆分成了“一丰”，甚至还有可能另有其他拆分结果。因此我们无法确定《信息处理部件规范》是把“拜”拆分成了“𠂒䒑”，还是“𠂒一丰”，还是其他什么结果。《常用字部件规范》中有部件“手䒑”，“䒑”部件的例字有

“拜”，“手”部件的例字有“掰”，据此可以推测，《常用字部件规范》把“拜”拆分为“手丰”两个部件。再如，《常用字部件规范》中“E 六”部件下例字有“舆”，并且《常用字部件规范》部件表中还有“车”，据此可以推测“E 六车”是“舆”的部件，但是“舆”右上位置的部件是什么，是“手”的形变形式？是“㇆二”的合成部件？还是漏拆了？我们无法确定《常用字部件规范》中“舆”到底包含哪些部件。同样，在《信息处理部件规范》中没有“舆”这个部件，560 个部件的所有例字中也没有“舆”，我们就无法推测《信息处理部件规范》中“舆”是漏拆了，还是被拆分成其他什么部件了。另外，《常用字部件规范》中“蚩虱”，既不在 514 个部件之中，也不在 514 个部件的例字中，到底是《常用字部件规范》漏拆了“蚩虱”的部件，还是把它们拆分为其他部件了，我们无从考证。就连未正式公布的《基础教学部件规范》也存在这样的问题。比如，它以 3500 常用字为部件拆分字集，“曰”是 3500 常用字中的整字，而《基础教学部件规范》的 540 个部件中却没有“曰”这个部件，我们弄不清是它漏拆了“曰”的部件，还是把“曰”拆分为其他部件了。可见，现有规范中汉字构形拆分过程的不可追溯，无形中会扩大规范之间的分歧。

2.1.2.5　部件拆分所参照的字集不同

《信息处理部件规范》《常用字部件规范》拆分汉字部件时参照的字集不同，《信息处理部件规范》以 GB13000.1 字符集中 20902 个汉字为参照字集，《常用字部件规范》以 3500 常用字为参照字集。正是由于参照字集的不同才导致《信息处理部件规范》包含了“貝見乜卍乐羲”等 122 个 3500 常用字中未出现的部件，导致两个规范拆分出来的部件数量不同。但是字集不同并不是导致部件数量不同的主要原因，因为《常用字部件规范》和《基础教学部件规范》虽然都是以 3500 常用字为拆分字集，但是它们拆分出的共同部件只有 477 个，它们仍旧对 100 多个部件的拆分存在分歧。

可以说正是由于对现代汉字构形缺乏系统认识，才导致《信息处理部件规范》《常用字部件规范》《常用独体字规范》《基础教学部件规范》对笔画和部件、部件和整字、笔画和整字、成字部件和独体字之间的关系认识模糊，使本应相辅相成的国家规范之间存在明显分歧。

国家有关汉字字形规范的公布是为了提高汉字教育质量，克服乱拆乱讲汉字的现象，促进中小学信息教育与汉字教学的一致性。而目前这些规范本身尚存在一定的分歧，这不仅是规范自身的“失范”，更会造成规范普及推广的困难，给汉字教育带来不良影响，甚至会适得其反，造成汉字可以随意拆分的假象。面对国家规范之间的分歧，我们该怎么办？首先，我们要不怕分歧，正是由于这种分歧的存在，才为现代汉字提供了新的研究课题，使现代汉字学成为一门生机勃勃的学科。其次，我们要正视分歧。解决分歧的办法有两种，第一种是静观其变，长时期观察社会成员在具体使用过程中如何使用这些国家规范，最后根据使用习惯对分歧规范进行修订。第二种是主动研究，认识分歧、理解分歧，到分歧中去探索规律。（周有光，2004b：236）

总之，现有国家规范对现代汉字构形认识存在分歧的根本原因是现代汉字字形分析理论研究的不足。现代汉字字形分析理论研究不足，导致现代汉字构形研究不成体系；现代汉字构形研究不成体系，导致本应该关系密切的规范制定的时候不能全盘考虑，不同的规范之间存在一定分歧。并且也在一定程度上把现代汉字构形研究中突出的部件拆分标准、拆分下限、构形单位关系、构形分析过程自检等问题掩盖了起来。因此，需要加强现代汉字构形理论及构形体系的研究。

2.2　现有汉字构形理论与构形体系概观

汉字构形理论又称汉字结构理论，是汉字构形研究的理论基础。现代汉字阶段的汉字构形理论研究可谓是百家争鸣，但大部分是以汉字字理为基础的构形理论研究，纯粹以字形为基础的汉字构形理论研究几乎被湮没在以字理为基础的汉字构形理论研究中。“六书”构形理论和“形素”构形理论是我国目前影响力大、系统性强的汉字构形理论，同时期的其他汉字构形理论要么是“六书”的滥觞，要么尚处在构建的初期不够成熟，要么影响范围较小。

2.2.1　“六书”构形理论及其构形体系

汉字构形意识萌芽很早。《左传》就有“止戈为武、皿虫为蛊”的说法，《韩非子•五蠹》也有“背厶谓之公”的说法，《国语》中有“楚庄、齐威俱好隐语”（类似字谜）的记载。但是文字学家认为这些对汉字构形的解读带有很大的随意性，不一定正确。

东汉许慎在《说文解字》中用“六书”构形理论对经过秦朝规范的小篆的字形结构进行了详细解读。许慎在《说文解字・序言》中指出，“独体为文，合体为字”，并根据造字时小篆形、音、义之间的联系，把其构形归结为“象形、指事、会意、形声、转注、假借”六种方法。“象形者，画成其物，随体诘诎，日月是也；指事者，视而可识，察而见意，上下是也；会意者，比类合谊，以见指撝，武信是也；形声者，以事为名，取譬相成，江河是也；转注者，建类一首，同意相受，考老是也；假借者，本无其字，依声讬事，令长是也。”“六书”既是小篆的六种构形方法，也是小篆构形的六种理据。

《说文解字》把小篆字形分为 540 个部首，每个部首都有意义，部首下面类聚一批整字。比如，小篆中部首“丶”是“有所绝止”的意思，是指事的标志；“丶”部还有“主咅”2 个整字。部首“丿”是“右戾也”，是从右向左弯曲的意思；“丿”部还有“乂弗乀（fú）”3 个整字。部首“丨”是“上下通也”，上下贯通的意思；“丨”部还有“中於”2 个整字。部首“一”是万物开始的意思，指事标志；“一”部还有“元天丕吏”4 个整字。这种构形理论以汉字见形知义的特点为分析基础。如图 2.1 分别是小篆中的“月、甘、休、枝”。“月”象形，用圆后变缺的月亮的样子表示月亮的意思；“甘”指事，用嘴里面含有东西的样子来表示美的意思；“休”会意，用人靠在树上表示休息的意思；“枝”形声，从木支声，表示树木另外生长的枝条。从字形都可以联想到字的意义。“六书”构形理论构建的是“部首—整字”的构形体系，以部首为纲统辖整字，在部首下面对包含该部首的整字进行完全列举，并逐一对部首、整字的音与义、造字方法等特征进行描写。

图 2.1　《说文解字》中“月、甘、休、枝”的小篆字形

“六书”构形理论使隐含在小篆内部的汉字构形规律第一次明晰化，对汉字构形萌芽时期对汉字字形结构的任意解读起到了纠正与规范作用。它不仅把人们对汉字构形的认识从感性阶段提高到了理性阶段，（王立军、宋继华、陈淑梅，1991：74）并且还创立了把汉字按构字单位分布统属的原则。（罗卫东，2005：3）虽然“六书”的目的是从小篆字形解释字义，（丁秀菊，2005：58）并非是为了研究汉字字形。但是“六书”构形分析理论却具有划时代的意义，它不仅开创了以部首为汉字定序的先河，更是奠定了东汉后至今汉字字形结构分析的范式——依据字理分析字形。

由于“六书”构形理论是针对小篆构形的理论体系，并不具有普遍适用性，所以随着汉字字形、字体的演变与发展，后代学者对“六书”理论进行了不同程度的发展与改造。清代万光泰在《转注绪言》中提出“四体二用”说，认为象形、会意、指事、形声四种是造字法，转注、假借是用字法。由于这种观点根据汉字的历时发展特点，扬弃了“六书”说中不符合当时汉字实际的内容，很快得到了学界的认可。戴震、段玉裁也都十分支持和推崇“四体二用”说的观点。20 世纪以来又出现了几家汉字构形的“三书”说和新“六书”说。比如，唐兰在《古文字学导论》（1935）、《中国文字学》（1949）中提出汉字有“象形、象意、象声”三种构形方法。陈梦家《殷墟卜辞综述》（1956），刘又辛、方有国《汉字发展史纲要》（2000）提出“象形、假借、形声”三种构形方法；林沄《古文字研究简论》（1986）提出的“以形表义、以形记音、兼及音义”三种构形方法；裘锡圭《文字学概要》（1988）提出的“表意、假借、形声”三种构形方法。詹鄞鑫《汉字说略》（1991）在裘锡圭“三书说”基础上提出了汉字可以分为“象形、指事、象事、会意、形声、变体”六种结构。苏培成《现代汉字的构字法》（1994a）、《现代汉字学纲要》（1994b）、《新六书简论》（2016）在把字符分为意符、音符和记号三种类型的基础上，提出现代汉字可以分为“独体表意字、会意字、形声字、半意符半记号字、半音符半记号字、记号字”六种结构。张玉金、夏中华《汉字学概论》（2001）提出现代汉字可以分为“意符字、音符字、意音字、半记号字、记号字、意音记字”六种结构。潘钧《现代汉字问题研究》（2004）提出新“五书”说，认为汉字有“象形、指事、会意、形声、派生”五种造字方法。余延《20世纪汉字结构的理论研究》（1997）提出“新四书”说，认为汉字有“记号、意符、形体分化、字符结合”四种造字法。可以说，“四体二用”、“三书”、新“六书”、新“五书”、新“四书”说都只是对“六书”理论进行了不同程度的继承、改造和发展，它们和“六书”说是一脉相承的。

汉字在历史演变过程中，其形体发生了较大变化，有的汉字构形理据部分丧失，如“监”上半部分完全变成记号；有的汉字构形理据则完全丧失，如“朋、更、东”构形理据完全丧失。（王宁，2002：29-30）尤其是在中华人民共和国成立后汉字简化运动使1/3的常用汉字已经变为记号字或半记号字。这部分记号字或半记号字无法用“六书”理论进行字形结构分析。因此，“六书”理论不能对现代汉字字形整体进行结构分析，也就无法对现代汉字构形进行系统研究。但是，“六书”构形理论中朴素的系统论思想，汉字按部首分类类聚的做法，以及对所有例字的造字法逐一分析，可以回溯的做法都值得我们在现代汉字构形分析中借鉴。

2.2.2 “形素”构形理论及其构形体系

中华人民共和国成立后，由于“六书”理论对现代汉字的解释力下降，我国学者开始探索新的构形分析理论。王宁《系统论与汉字构形学的创建》（2000）、《汉字构形学讲座》（2002）、《汉字构形学导论》（2015）在继承“六书”构形理论中汉字因意构形的观点和朴素的系统论观点，吸收西方哲学系统论思想，吸收西方结构主义语言学语符分析的方法，并通过小篆构形系统进行验证的基础上，提出了以形素（相当于基础部件）为核心的“形素”构形理论。“形素”构形理论认为汉字构形是成体系的；汉字的构形元素是构件，最小的构形元素是“形素”；汉字构形是分层次的。它是以汉字见形知义的特点为分析基础。“形素”构形理论构建的是“形素——过渡构件——整字”的构形体系，整字构形属性包括构件、结构程序、构形模式三方面。

构件包括构件字样、构件数目、构件置向、构件功能；结构程序包括平面结构、层次结构，层次结构还包括层级数；构形模式包括有理据的 11 种构形模式①。

“形素”构形理论开启了我国科学化、规范化、系统化、现代化汉字构形研究的先河，并在此基础上开启了“汉字构形学”的研究。它不仅为科学的汉字史研究提供了新的理论和方法，而且在“六书”构形理论之后，开创了汉字研究的又一新范式，也开创了利用数据库技术来研究汉字构形系统、进行汉字整理的研究新思路。

“形素”构形理论是纯粹的汉字字形研究。由于“形素”构形理论的构意分析、构件功能、构形模式、字样、构件置向等研究，都是针对有构意字的研究，对于构意半失和构意丧失的字，则不能很好地处理。而现代汉字包含 2430 个简化字，简化字采用同音替代的方法把一些字形不同的繁体字合并为同一简化字形，使繁简体的对应关系出现了一对多的现象，致使简化字多为构意丧失和构意半失的字。据董丹梅（2005：24、28）统计，3500 常用字中部分丧失理据和完全丧失理据的字就多达 820 个。因此，以“形素”构形理论来分析现代汉字构形，并不完全适用。并且，现代汉字研究中，合体字分为整字、部件、笔画三级构形单位的观点已成为学界的共识。那么，汉字构形研究应该是包括整字、部件、笔画三级构形单位的全面研究。而《汉字构形学讲座》（王宁，2002：72）、《汉字构形学导论》（王宁，2015：144）明确指出汉字属性包括构形属性、书写属性、字体风格属性、职能属性和字用属性，书写属性包括笔画数、笔顺、各笔笔形、笔画交重率等内容。“形素”构形理论作为研究汉字构形的理论，主要研究汉字的构形属性，其研究内容当然不包括汉字笔画问题。即使研究笔画问题，也是从汉字书写角度来研究笔画问题，而不是从汉字构形单位角度来研究笔画。在现代汉字字形研究范围内，“形素”构形理论只研究整字、形素（相当于部件）而不研究笔画，或者不把笔画作为构形单位来研究，这就不能说是对汉字字形的全面研究。因此，以“形素”构形理论来研究汉字的构形系统时，不能对现代汉字字形的三级构形单位进行全面研究。但是，“形素”构形理论的系统论思想、结构主义的分析方法、利用数据库技术研究汉字构形的方法都值得我们借鉴。

2.2.3　其他汉字构形理论

在信息技术领域张普《汉字部件分析的方法和理论》（1984）还提出了“汉字结

① “形素”构形理论在把构件根据功能分为表形、表义、表音、标示 4 种类型的基础上，又把汉字构形分为全功能零合成、标形合成、标义合成、会形合成、形义合成、会义合成、无音综合合成、标音合成、形音合成、义音合成、有音综合合成 11 种模式。

构拓扑分析”的理论：即根据汉字部件空间关系和方位关系分析汉字结构，完全不考虑汉字的字理。它是信息技术研究领域有代表性的构形理论。

“汉字结构拓扑分析”理论与文字学研究领域依据字理研究汉字字形的传统不同，是纯粹从字形角度分析现代汉字构形。张普《汉字部件分析的方法和理论》（1984）提出根据汉字字形可以表示为二维几何图形这一事实，把汉字部件的拓扑结构分为空间关系、方位关系两种关系。虽然该理论承认汉字由笔画、部件、整字三级构形单位构成，但由于研究对象的限制并没有对笔画的不同笔形之间的拓扑结构进行分析，①并且也未见作者有关笔画拓扑结构的后续研究成果公布，较为遗憾。刘连元《汉字拓扑结构分析》（1995a）、《汉字拓扑结构分析（续）》（1995b）也基于拓扑学理论提出了汉字拓扑结构分析的理论。指出汉字字形的不变性质和结构就是汉字的拓扑结构，现代汉字拓扑结构分析不仅包括部件拓扑结构分析，也包括笔画拓扑结构分析。笔画、部件的拓扑关系一致，都是组合关系和方位关系。笔画组合关系分为相离、相接、相交三种，方位关系有上下、左右、内外三种；部件组合关系分为相离和嵌套两种，方位关系也分为上下、左右、内外三种。（刘连元，1995a：2-3）从笔画和部件两个层级角度较全面地分析了现代汉字的拓扑结构。虽然“汉字结构拓扑分析”理论研究已经开启，但尚未构建出相应的汉字构形体系。

另外，安子介在《劈文切字集》（1987）、《解开汉字之谜》（1990）中提出汉字的“劈文切字理论”。这种理论是在认定汉字绝大多数都是会意字的基础上产生的汉字构形分析理论。它把汉字构形归纳为“抽象化、以简代繁、比拟、外推、以有明无”五种方法。把现代常用汉字拆分为170多个基本部首，这些部首都是有意义的意符，可以用五种方法，依据170多个部首，通过观念化和哲学化途径推导出一切汉字的构形原因。这一理论曾经在社会上引起过较大反响，但是由于其存在任意解构汉字的瑕疵，所以在学界的认可度相对较低。

总之，“六书”构形理论、“形素”构形理论、“汉字结构拓扑分析”理论都是对汉字构形理论或构形体系的探索与研究。而《信息处理部件规范》《常用字部件规范》《基础教学部件规范》等国家规范中既尊重字理又从字形出发的部件拆分原则告诉我们，在实际的汉字构形分析过程中，并不能单独以某一现有汉字构形理论为依据。为什么呢？这是因为现有汉字构形理论在对现代汉字构形分析的实践应用中均表现出不完全适用的一面，因而各部件规范在制定的时候没有选择哪一种固定的构形理论作为基础理论。并且通过上述分析可知，虽然各部件规范都坚持对有理据字进行有理拆分、对无理据字进行无理拆分的原则，但每个规范在汉字拆分的实践中均难以把这一

① 张普《汉字部件分析的方法和理论》一文把研究对象界定为汉字部件，所以并未涉及笔画问题。

原则贯彻到底。再加上从理和从形两个标准同时执行本来就容易导致汉字部件拆分的混乱，这些规范在制定的时候又都没有明确区分哪些字要从理拆分、哪些字要从形拆分，从形和从理的两个并行标准在执行过程中不可避免地就会变成双重标准，从而使部件拆分过多地受分析者主观干扰，影响分析结果的客观性。这说明现有构形理论在汉字拆分的方法与操作上需要提高科学性和准确性。因此，现有汉字构形理论虽然已经十分丰富，但它们仍不能很好地满足汉字信息化和汉字教学对汉字构形研究的需求，我们需要加强汉字构形理论和构形体系的研究，让新理论更适应现代汉字的特点，对汉字构形分析的标准尽量单一，尽量把主观因素的干扰降到最低。

2.3　现代汉字直观构形理论的提出

汉字的简化使现代汉字中涌现出 2000 多个简化字，虽然简化字比繁体字的笔画大幅减少，提高了书写效率，大大促进了我国的文化普及，但是也导致大量记号字和半记号字出现。再加上汉字字体、字形的演变，汉语语音和语义的演变已经使学界对字理含义的理解出现种种分歧，各种以字理为基础的构形理论分析现代汉字构形时的结果均不完全一致，没有统一标准可以参照。这与信息时代对汉字构形分析的要求距离甚远。于是信息技术领域、文字学研究领域也尝试从字理以外的其他角度来对现代汉字的构形问题进行研究。张普、刘连元把汉字看作二维图形，主张从拓扑学角度对现代汉字构形进行拓扑结构分析；晓东主张纯粹从字形出发来分析现代汉字构形。无论是张普、刘连元的拓扑结构分析理论还是晓东的纯粹从形的构形理论都为现代汉字构形问题的研究提供了新的思路，也完全绕开了现代汉字字形与字音、字义之间联系的纠葛。基于各种汉字构形理论的研究成果，1997 年《信息处理部件规范》公布，它主要为中文信息处理领域的汉字编码设计提供了统一的标准与规范；2009 年《常用字部件规范》《常用独体字规范》公布，它们主要为汉字教育教学中的汉字部件分析提供了标准与规范。但是依据这些规范的构形分析原则去衡量它们的分析结果，我们发现不但这些规范之间存在一定的矛盾分歧，而且其自身仍存在一定的“失范”问题。这促使我们去探讨新的构形理论。

2.3.1　理论假设

直观构形分析理论假设现代汉字构形规律可以直观外显，这种构形规律直观外显主要表现在以下两方面。

2.3.1.1 汉字方块字型、层次构字的外在特征直观可察

汉字从篆书开始就发展成为成熟的长方块形状，隶书则演变为扁方块形状，到了楷书，汉字笔画成熟、定型，才发展成为现代的正方块字形。此后，方块字型成了汉字的型体标志。同时，方块汉字可以利用有限的部件，组配出更多的整字。例如，“雨、木、目”3 个基础部件，可以组配成“雨木目相霜”5 个整字。这是因为汉字可以按层次组配复杂合体字。就像“木目”2 个基础部件可以组配成“相”字，而“相”和“雨”又可以组造成“霜”字。“相”字中部件“木”在第一层次；“霜”字中部件“木”则在第二层次。这样就可以在不增加基础部件数量的情况下利用层次架构组配更多的整字。而这种层次组配在直观上一目了然，可以直接观察。再比如，图 2.2 的字是汉字吗？经过仔细辨认几乎一个字也不认识，它们似乎是很像汉字的字。实际上，这只是徐冰的现代书法作品《析世鉴——天书》中的一部分内容。从 1987 年到 1991 年四年间，徐冰以汉字为型，拉丁文为体，创造了四千多个“伪汉字”，这些字没有一个是可释读的，也就是说全部都是没有意义的。这些“伪汉字”包括徐冰本人在内的任何人，都无法从中读出任何内容来，完全没有交流的功能。1988 年徐冰的《天书》作品在中国美术馆展出，引起了巨大轰动。《天书》并没有记录任何语言，那么是什么让我们认为《天书》中的“伪汉字”看上去特别像汉字？是因为它具备了汉字方块字型和分层构字的特点，而这种特点从直观上是可以直接观察的。

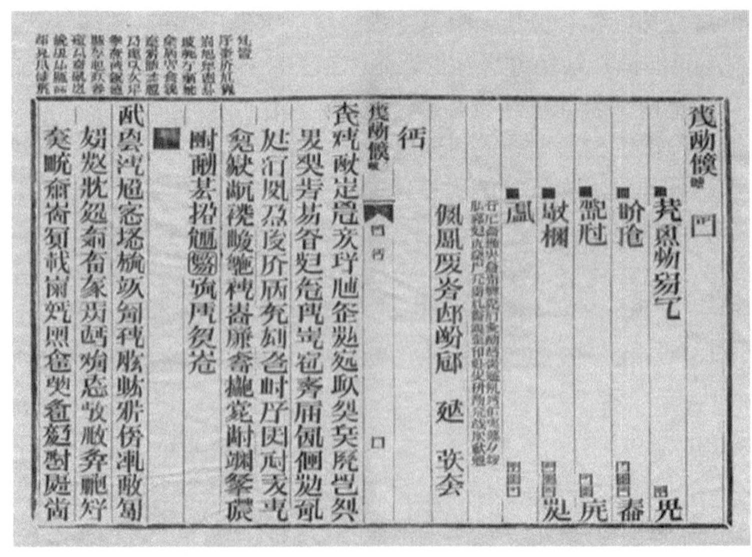

图 2.2　徐冰的书法作品《析世鉴——天书》

2.3.1.2　正字法使现代汉字部件形体、部件位置、部件组合等外在特征直观可察

由于汉字是表意文字，它是形音义的结合体，由字形可以推究字音或字义。所以一般认为依据字理分析汉字构形才是天经地义的，任何不参照字理的汉字构形分析都是破坏汉字传统、破坏汉字文化，是离经叛道的行为。但是统计数据已经表明有近乎一半的现代汉字都不能由形知音或由形知义。并且《信息处理部件规范》《常用字部件规范》等在对汉字构形分析时，都是对有字理的字按字理分析，对无字理的字依形分析。这些规范都已经公布 10 至 20 年左右，并没有见到因对无理据汉字依形分析而引起社会的骚乱或不稳定。为什么“要、朋、执”这样的无理据字可以依据字形进行分析呢？因为受现代汉字正字法意识影响。正字法是使文字的拼写合乎于标准的规则和方法。（彭聃龄，1997：105）比如，“口、木”两个基础部件，从理论上说“口”可以分布在“木”的上下左右 4 个方位，为什么只有“口”分布在“木”的上边和下边两个方位才是现代汉字呢？这主要是正字法决定的。正字法决定了部件的形体、部件和其他部件组合时的位置和分布层次。而这种规则就蕴含在现代汉字字形当中，可以通过字形类聚观察。比如，现代汉字“要”和“贾”等字都包含共同的部件“覀”，并且“覀”又分布在相同的层次和位置上，“贾”字拆分为“覀贝”，所以可以根据类推把“要”拆分为“覀女”。同理“朋”根据和“明”的类聚可以拆分为“月月”；“执”根据和“把”的类聚可以拆分为“扌丸”。而“贾明把”都是有理据字。这样，正字法让整字字形形体相近，同形部件的分布位置、分布层次又一致的字“要贾”“明朋”“把执”类聚在一起，使无理据的字“要朋执”按照有理据的字“贾明把”的拆分结果来类推拆分显得顺理成章。

正是汉字系统内部在字形组造上具有严格的自律性，才使汉字不能无限制地繁衍。《天书》中的符号虽然像汉字，但绝不是汉字；“朋执要”虽然没有理据，但仍旧是汉字。汉字作为一个庞大独特的书面符号系统，有着自身的发展演变的态势和规律。各种抽象的汉字字理和汉字演变的痕迹已经深深蕴藏到具体的汉字字形中去了。所以，正字法的存在使现代汉字的构形可以从直观上进行观测分析，并归纳其规律。

2.3.2　理论内涵

通过上述分析可知，现代汉字的构形分析可以是不考虑汉字形音义联系的纯粹字形分析，毕竟现代汉语词语的学习不必依赖于字形分析，其读音学习可以依靠汉语拼

音辅助，其词义学习可以依靠构词法学习、语境提示和语义场的系联等。在此基础上，我们提出现代汉字的直观构形理论。虽然我们主张对现代汉字字形进行纯粹字形分析，但是并不否认近一半的现代汉字仍有字理，仍可以从字理上进行构形分析。只是希望在分析现代汉字构形时能换一种视角，能坚持一种构形分析标准一贯而至。

这种纯粹从形的汉字构形理论是以一般系统论为基础，采用上下文无关文法的描写方法，以部件、笔画间的拓扑关系为拆分依据，来分析现代汉字构形的理论。由于它从方块汉字可肉眼直观识别的部件、笔画间固化的空间关系和方位关系出发，按层级把整字字符拆分为部件、笔画，并在拆分过程中用系统论思想防止出现流俗文字学分析汉字字形的随意性，所以把它叫作直观构形理论。我们的直观构形理论虽然和晓东《现代汉字部件分析的规范化》（1995）的研究视角相同，都是摒弃字理纯粹从字形分析汉字字形结构，但我们重视理论研究，而后者仅侧重方法探索。我们的直观构形理论虽然与张普、刘连元汉字拓扑结构理论一样，都把现代汉字看作二维几何图形，以汉字构形单位的拓扑结构关系为拆分依据，但是张普《汉字部件分析的方法和理论》（1984）倾向于研究部件拓扑结构，几乎没涉及笔画拓扑结构；并且还研究部件的部位与比例。而我们的直观构形理论则涉及部件和笔画两级构形单位的拓扑结构，并不涉及部件的部位与比例问题。刘连元的《汉字拓扑结构分析》（1995a）、《汉字拓扑结构分析（续）》（1995b）侧重宏观理论研究，较少涉及研究方法。我们的直观构形分析既包括理论研究还涉及方法研究。同时，我们还将在直观构形理论的基础上构建现代汉字直观构形体系，从而全面分析描写现代汉字的构形属性，以便更好地了解现代汉字的构形规律。

2.3.3 理论基础

直观构形理论以一般系统论思想为理论基础。系统论思想由来已久。我国清代文字学家王筠在《文字蒙求》原序中提到“人之不识字也，病于不能分，苟能分一字为数字，则点画不可增减，且易记而难忘矣。苟于蒙童时，先会知某为象形，某为指事，而会意字即合此二者以成之，形声字即合此三者以成之，岂非执简御繁之法乎”。其中就蕴含了朴素的系统论思想。他认为汉字的象形、指事字，可以按规则复合成会意字，象形、指事、会意字又复合成形声字。这是较早的认为汉字构形具有层级性和系统性的表述。

不过，一般系统论被作为一门科学的理论是在20世纪40年代由美籍奥地利理论生物学家冯•贝塔朗菲在《一般系统论：基础、发展和应用》（1987）一书中首先提出的。系统论是研究系统的一般模式、结构和规律的学问，它研究各种系统的共同特征。

所谓系统是指由两个或两个以上的元素（要素）相互作用而形成的整体。系统的一般特征包括集合性、相关性、层次性、环境制约性、整体性和动态性。

集合性是指系统总是由若干元素组成的。单独一个元素不能构成系统。在系统中各元素具有相对独立性，具有可识别的界限或标识。识别系统，必须分析系统的构成元素，如现代汉字构形系统就包括笔画集合、部件集合和整字集合。要认识现代汉字构形系统，必须分析笔画、部件、整字等构形元素。

相关性是指在系统内各元素不是孤立存在的，而是存在这样那样的联系，某一部分的变化会导致另外部分的变化。比如，现代汉字部件“口、十”，如果它们的方位关系从左右关系变为上下关系，它们的构字就从“叶”变为“古”。再如，“横竖”两种笔画的笔形，按照“横横竖”的笔画顺序，如果笔画之间的空间位置不同，它们就能构成不同的部件。如果第一笔和第二笔是相离关系，第一笔、第二笔和第三笔都是垂直相交关系，则可以构成部件“丰”；如果第一笔和第二笔是相离关系，第一笔和第三笔是垂直相接关系，第二笔和第三笔是垂直相交关系，则构成部件“干”；如果仍旧是第一笔和第二笔是相离关系，第一笔和第三笔是垂直相接关系、第二笔和第三笔是垂直相交关系，而第三笔“竖”的笔形发生形变，变为“竖钩”笔形，则构成部件“于”。可见，笔画、部件等构形单位之间都存在一定的空间方位关系，它们之间空间方位关系的变化，甚至是笔形的形变都会导致其组造的更大一级的构形单位的变化。

层次性是指绝大多数系统都有复杂的层次结构。比如，《通用规范汉字表》中 70% 左右的合体字都包含两个以上的层次。

环境制约性是指系统的功能一方面取决于系统内部的结构和联系，所谓系统的结构，是指构成系统的元素的性质、数量、比例、空间排列及时序组合形成的层次；另一方面，系统要受环境的影响和制约。比如，有三个部件“口立阝”要组造一个现代汉字，根据现代汉字构形规律，“口立”上下关系可以组配成合成部件“音”；根据构形规律“阝”既可以放在“音”的左边构成“陪”，也可以放在“音”的右边构成“部”。那么，需要组造的到底是哪个汉字呢？根据现代汉字构形系统内部的结构和联系无法定夺。如果知道了需要组造的汉字构成的是“陪伴”这个词，或者其字音是“péi”。那么，马上就可以断定需要组造的汉字是“阝”放在左边的“陪”。因此，不但构形规律会影响汉字构形，就连字音、汉字出现的构词环境也会影响汉字的构形。

整体性是指系统不是若干元素的机械堆砌，而是存在有机联系的整体。系统整体的性质和功能总是大于构成系统各部分的性质或功能的总和。比如，现代汉字的构形单位有笔画、部件、整字字符。“木口力”是现代汉字的部件，并不是按照任何空间方位关系它们都能构成整字，而是只能按照上（左右）下、左右（左右）、左右（上下）的关系构成“架、枷、枴”三个不同的整字，而且这三个整字的字义都不是“木口力”三个部件意义的简单相加。由此可知，现代汉字部件构形有固定模式，并且整字字义大于各构字部件意义之和。

动态性指系统的状态与功能不是一成不变的。系统不仅作为一个功能实体而存在，而且作为一种运动而存在。系统的内部联系是一种运动，系统与环境的相互作用也是一种运动。比如，汉字构形系统是不断发展变化的，从小篆构形系统发展到现代汉字构形系统，基本构形单位的数量不是一成不变的，据齐元涛《〈说文〉小篆构形系统相关数据的计算机测查》（1996）统计，小篆基础部件414个，这些基础部件的功能是表形、表义或表音；据《常用字部件规范》统计现代汉字基础部件514个，这些基础部件的功能是表义、表音、标示。汉字构形系统的基础部件是在不断发展变化的，其功能也在不断发生变化。其中字体的演变也会导致汉字部件的分化或合并。比如，甲骨文部件“刀”，楷化后在现代汉字构形系统中就分化为三个基础部件“刂刀⺈”；甲骨文基础部件“舟、月、肉”楷化后在现代汉字构形系统中则合并为一个基础部件“月”。因此，随着汉字字体的演变、汉字的简化，汉字构形系统的状态与功能也在不断变化。

总之，汉字构形系统并非一成不变的。但是在某一共时范围内的汉字构形系统又是相对稳固的。现代汉字构形系统是由笔画、部件、整字字符等集合构成的一个层次复杂的稳固系统，其笔画之间、部件之间都存在相对固定的空间和方位关系。

2.3.4 拆分依据

现代汉字的直观构形拆分以汉字的拓扑结构关系为拆分依据。直观构形理论要从直观肉眼可观察的角度对现代汉字字形进行分析。从直观上来看，我们会发现笔画与笔画、部件与部件之间有的相交在一起，有的相接在一起，有的则相离互不接触。如“十重、厂早、三析”，“十”的第一笔“横”和第二笔“竖”垂直交叉在一起，“重”中的“千”第三笔“竖”和“里”第五笔“竖”交重在一起；“厂”第一笔“横”和第二笔“撇”相接在一起，“早”中“日”和“十”相接在一起；“三”中第一笔、第二笔、第三笔“横”均匀平行相离，“析”中“木”和“斤”中间有沟壑把它们分开。我们还常常发现，相同的基础部件却可以构成不同的整字，比如，“口、折”可以构成左右结构的“唽”，也可以构成上下结构的“哲”；“木、隹”可以构成左右结构的“椎”，也可以构成上下结构的“集”；“帝、口”可以构成左右结构的“啼”，也可以构成上下结构的“啻”；“日、京”可以构成左右结构的“晾”，也可以构成上下结构的“景”；“后、土”可以构成左右结构的“垢”，也可以构成半包围结构的“垕”。这些都是因部件的空间位置不同而造成的。所以部件的方位关系也是可以从肉眼上直观观察到的，是具有区分现代汉字字形作用的特征。

上述直观肉眼上就能观察到的这些部件、笔画之间的相离、相接、相交关系，左右、上下、半包围等关系，就是张普《汉字部件分析的方法和理论》（1984）所说的汉字部件的拓扑结构关系——空间关系和方位关系；也是刘连元的《汉字拓扑结构分析》（1995a）所说的汉字形体的不变特征——组合关系和方位关系。汉字的拓扑结构分析理论已经论证了以汉字拓扑结构关系为依据分析汉字构形的可行性，这里不再赘述。我们的现代汉字直观构形分析理论就是以现代汉字拓扑结构关系为拆分依据，对现代汉字的构形进行系统分析。

2.3.5 描写方法

用上下文无关文法来对现代汉字的直观构形进行描写。现代合体汉字都是包含复杂层次的。对它们的构形属性进行分析和描写时必须客观还原其构造层次。把句子分割为成分层次的思想最早出现于实验心理学的奠基人 W. Wundt（温特）的《大众心理学》（1900）一书中，后来这种句子分割成层次的思想被美国语言学家布龙菲尔德引入美国结构主义语言学的研究中，这种研究方法在布龙菲尔德 1933 年出版的《语言论》中被称作“直接成分分析法”。把这种层次成分思想最早进行形式化描述的是美国语言学家 N. Chomsky，1956 年 Chomsky 把这种形式化的层次成分分析语法叫作短语结构语法。

Chomsky 在《语言描写的三个模型》（1956）、《句法结构》（1957）、《有限状态语言》（1958）、《论语法的某些形式特性》（1959）、《语法的形式特性》（1963）等论著中，建立了形式语言理论的完整系统，这种理论基本上是从语言生成的角度来进行研究的。短语结构语法是形式语言理论的主要内容，是自然语言处理中最重要的形式模型。

Chomsky 把形式语法理解为数目有限的规则的集合，这些规则可以生成语言中的合格句子，并排除语言中的不合格句子。形式语法的符号用 G 表示，用语法 G 所生成的形式语言用 L（G）表示。形式语言是一种外延极为广泛的语言，它既可以指自然语言，也可以指各种用符号构成的语言（例如，计算机使用的程序设计语言）。Chomsky 把自然语言和各种符号语言放在一个统一的平面上进行研究，因而，他的理论就更加具有概括性。①

Chomsky 把形式语法 G 定义为四元组：

G=（Vn，Vt，S，P）

其中，Vn 是非终极符号，不能处于生成过程的终点；Vt 是终极符号，只能处于

① 参见冯志伟博客，http://blog.sina.com.cn/s/blog_72d083c70100pkir.html。

生成过程的终点；Vn 与 Vt 不相交，没有公共元素；S 是 Vn 中的初始符号；P 是重写规则，其一般形式为：

$$\phi \rightarrow \psi$$

这里，φ和ψ都是符号串。

Chomsky 根据重写规则的形式，把形式语法分为 0 型语法、上下文有关语法、上下文无关语法、有限状态语法 4 种类型。Chomsky 认为，根据这样的形式语言理论，可以采用有限的规则来描述形式上潜在的无限的句子，达到以简驭繁的目的。①

由于从系统论角度来说，现代汉字是笔画、部件、整字字符等若干集合构成的系统，在系统内部又存在空间、方位等固定的关系。并且冯志伟《用上下文无关语法来描述汉字结构》（2006）、裴亚军和冯志伟《用 CFG 文法研究汉字结构》（2007）都用上下文无关语法分析过汉字的结构，这说明用上下文无关文法来描写现代汉字部件的构形是可行的。在直观构形理论中，我们将用上下文无关文法这种形式化的方法来描写部件生成整字的过程。

由于程序设计语言的语法基本上都是上下文无关文法，因此应用十分广泛。上下文无关文法取名为“上下文无关”的原因就是因为字符 V 总可以被字串 w 自由替换，而无需考虑字符 V 出现的上下文。一个上下文无关文法 G=（Vn，Vt，P，S）的产生式规则都取如下的形式：V→w，其中 V∈Vn，w∈（Vn∪Vt）。上下文无关文法 G 的四元组 Vn、Vt、P、S 分别代表四个集合，Vn 是非终极符号集合，Vt 是终极符号集合，P 是重写规则，S 是初始符号。通用规范汉字表中的每一个合体字 V，不用考虑出现环境，总可以看作是由若干元素构成的字符串 w，且合体字 V 都属于非终极符号集合 Vn，字符串 w 中的字符都属于非终极符号 Vn 和终极符号 Vt 的并集。在通用规范汉字系统中，Vn 是合成部件及其结构方式集合，Vt 是基础部件集合，P 是重写规则，S 是合体字及其结构方式集合。那么通用规范汉字表中“涸”字，用上下文无关文法表示如下：

G =（Vn，Vt，P，S）

Vn={全包围关系（固），上下关系（古）}

Vt={氵、囗、十、口}

S={左右关系（涸）}

P：左右关系→基础部件+全包围关系　　（i）

全包围关系→基础部件+上下关系　　（ii）

上下关系→基础部件+基础部件　　（iii）

① 参见冯志伟博客，http://blog.sina.com.cn/s/blog_72d083c70100pkir.html。

古→基础部件+基础部件（上下关系）　　　（iv）
固→基础部件+古（全包围关系）　　　（v）
涸→基础部件+固（左右关系）　　　（vi）
基础部件→氵，口，十，口　　　（vii）

那么，“涸”字生成的推导过程如下：

左右关系

基础部件 ⌒ 全包围结构　　　（i）

基础部件 ⌒ 上下结构 ⌒ 基础部件　　　（ii）

基础部件 ⌒ 基础部件 ⌒ 基础部件 ⌒ 基础部件　　　（iii）

氵 ⌒ 十 ⌒ 口 ⌒ 口　　　（vii）

氵 ⌒ 十 ⌒ 口（上下结构）⌒ 口　　　（iv）

氵 ⌒ 古 ⌒ 口（全包围结构）　　　（v）

氵 ⌒ 固（左右结构）　　　（vi）

涸

2.4　现代汉字直观构形理论提出的动机

现代汉字有着不同于繁体字和其他历史阶段汉字形体的特点。因此，“研究现代汉字，需要摆脱传统观点”。（周有光，1978：172）现代汉字直观构形理论就是从现代汉字的特点出发，结合现有汉字构形理论研究现状，本着现代汉字构形分析要直观、易学、操作性强的目标提出来的。

2.4.1　汉字构形理论研究的新视角

2.4.1.1　现代汉字构件的表音表义能力下降

现有构形理论除了张普的“汉字结构拓扑分析”理论外，都直接或间接建立在汉字可以“见形知义”的基础之上，只是在各家理论中见形知义的含义有所不同罢了。“六书”构形理论的见形知义是从字形可以联想到造字之初的义项，即本义；“形素”构形理论的见形知义是从字形可以追溯汉字的构意[①]，（王宁，2015：61）苏培成新“六书”构形理论的见形知义是从现代汉字字形联想到现代汉字的字音或字义（即构字法的理据）。而范可育（1988：54）、高家莺（1988：96）等却认为现代汉字有着不同于繁体字和其他历史阶段汉字形体的特点，即不能见形知义。他们所说的现代汉字不能见形知义是现代汉字从字形上不能直接推断出其某一义项。由此，可以说当今学界对现代汉字是否具有见形知义的特点是存在争议和分歧的。

现代汉字绝大多数是形声字（90%以上）。据《关于汉字评价的几个基本问题》（尹斌庸，1988：257、258）对4000个形声字的统计，声旁的预示力为0.54，形旁预示力为0.51，形声字实际的预示力为0.28。也就是说，4000个形声字在认识声旁的情况下，只有一半的形声字根据其声旁能读出整字字音；在认识形旁的情况下只有一半形声字能根据形旁推知整字意义。就形声字整体而言，掌握所有声旁和形旁的情况下，仅30%左右的形声字可以读出字音弄清字义。如果逐步收紧声旁表音的标准，现代形声字的声旁表音率只能达到39%（周有光，1978：173）或26.3%（范可育、高家莺、敖小平，1984：20）。同样，《汉字的重新发现》（史有为，1988：178）对《简化字总表》表一、表二中繁简字的表音度比较发现，表一、表二中简体字（484个）平均表音度为0.324，繁体字（508个）平均表音度为0.598。虽然《现代汉字构件的表义性分析》（周妮，2006：62）把构件表义度分为相同、相类、相关三类，通过对3500常用字表义度的测查认为现代汉字表义性极强，但她认定的“只要构件的某一词义跟被参构字所具有的某一义项相关联”就判定此构件与整字表义度相关，这一标准过于宽泛，是否科学、准确，仍有待于进一步探讨。而她的统计数据——2882个表义构件中和整字意义相同的表义构件只有13个，能表达整字类属意义的表义构件也只有201个，这则恰恰可以说明现代汉字表义构件能表达整字意义和类属意义的功能已经很差了。而《说文解字》小篆的7697个形声字[②]的部首几乎都能准确标明整字的字音或整字的类属意义。因此，可以说现代汉字与繁体字和其他时代的汉字相比其构件的表音和表义能力的确有明显下降。任何简单地认为现代汉字可以见形知义或现代汉字不能见形知义的观点都是不够准确的。客观来说，现代汉字大多数无法见形知义，但仍有一少部分具有见形知义的能力。

① 构意不是从字形本身推导出来的汉字某一具体的义项，而是结合语言意义分析出来的汉字组造意图，即汉字构造理据。

② 根据朱骏声《说文通训定声•说文六书爻列》中统计《说文解字》的形声字有7697个。

2.4.1.2　单纯从字形角度研究现代汉字构形的理论与实践

1. 从形分析汉字构形的理论研究——拓扑结构分析理论

既然现代汉字构件的表音表义能力都是呈大幅度下降趋势，再从字形与字音、字义的关联角度研究现代汉字构形的理论必然会捉襟见肘。汉字除了包含形音义信息之外还包含图形信息。（田人和、李竹怀，1980：615）张普早在《汉字部件分析的方法和理论》（1984）一文中就根据汉字的图形信息提出了汉字结构拓扑分析理论。只是当时并没有引起足够的重视。这一理论完全避开现代汉字构件是否有理据、是否具有表音、表义、表形、表区别等功能这些存在诸多争论和纠结的问题，把现代汉字看作方块的二维图形，从汉字部件的拓扑结构——部件间的空间关系和方位关系来研究现代汉字的构形，并把空间关系分为相交关系、相接关系、相离关系三种，把方位关系分为左右关系、上下关系、外内关系三种。刘连元《汉字拓扑结构分析》（1995a）、《汉字拓扑结构分析（续）》（1995b）对汉字拓扑结构分析理论进行了深入的阐释。指出汉字字形的不变性质和结构就是汉字的拓扑结构，现代汉字拓扑结构分析不仅包括部件拓扑结构分析，也包括笔画拓扑结构分析。笔画、部件的拓扑关系一致，都是组合关系和方位关系。这些研究都从理论上论证了从拓扑学角度研究现代汉字构形的可能性，是单纯从字形角度分析现代汉字构形的理论研究。

2. 从形分析现代汉字构形的实践研究——晓东的现代汉字部件分析

张普、刘连元从字形出发来研究现代汉字构形的理念和晓东《现代汉字独体与合体的再认识》（1994）、《现代汉字部件分析的规范化》（1995）中突破“六书”束缚，不考虑古代字形和造字理据，完全依照现代汉字字形来分析现代汉字构形的观点不谋而合。《现代汉字部件分析的规范化》（晓东，1995：59）按照这种理念对 3500 现代汉语常用字的部件进行了实际拆分，得到最小部件 474 个。

总之，面对现代汉字呈现出的形音、形义关系弱化现象，20 世纪八九十年代在信息处理领域和文字学研究领域，出现了纯粹从字形角度研究现代汉字构形的理论和实践。

2.4.2　从字理角度分析现代汉字字形的缺点

提出纯粹从字形角度研究现代汉字构形也并非空穴来风，因为 20 世纪八九十年代以来，从字理角度分析现代汉字构形的缺点越来越明显地暴露了出来。

2.4.2.1 普通民众对字理的接受难度大

汉字构形研究不是空洞深奥的理论研究，它主要是为汉字字形、部件、笔画的规范化，汉字教学，词典辞书编纂，汉字信息处理等方面的汉字应用服务的。因此，最基本的要求就是要通俗易懂，这样才能便于学习、应用。就对研究现状的分析来看，只要涉及现代汉字的构形分析，就绕不开“字理”这个问题。从字理角度分析现代汉字的构形既是汉字研究的传统也是当今研究的主流。而现代汉字“大多数的字形结构都毫无理据”。（王力，1991：229）王力先生也认为汉字字理教学不利于普通民众提高汉字学习效率。因为字理的专业知识是文字学家终身研究不完的事业，文字学家硬要把需要进行专业学习和研究的字理说成是识字的秘诀，而且用字理教学时，对于汉字中合乎“六书”道理的按“六书”道理讲，把许多隶变后不合乎“六书”道理的字归罪于“隶变”，但是却转而先教我们学习篆书。这种教法必然会增加普通民众汉字学习的难度。（王力，1991：291）既然字理教学法普通民众难以接受，那反过来如果让他们根据字理对现代汉字进行部件拆分，那更是难上加难。比如，要把“眉肝朕”进行部件拆分，普通民众基本上都能分别拆分为“尸目、月干、月关”，但是文字学家从字理方面认为这种拆分完全是错误的。因为从字理角度说，“眉”是象形，不能拆分；“肝”从肉干声，要拆分为“肉干”；“朕”从舟灷（zhuàn）声，要拆分为“舟灷”。而普通民众对于上述拆分结果不但记不住，而且难以理解。

2.4.2.2 专家对字理的认识不统一

文字学研究领域的专家学者对字理的理解也纷纭得很。一种是以“六书”为基础的各种造字法字理，如“六书”所说的字理是从字源角度来说的汉字的六种造字方法，也是我们一般意义上所说的字理，如“肝”从肉干声，就是“肝”的字理。戴震、段玉裁所说的字理是“六书”中前四书的造字方法。唐兰所说的字理是“象形、象意、象声”三种造字方法。陈梦家、刘又辛、方有国所说的字理是“象形、假借、形声”三种造字方法。林沄所说的字理是“以形表义、以形记音、兼及音义”三种造字方法。裘锡圭所说的字理是“表意、假借、形声”三种造字方法。詹鄞鑫所说的字理是“象形、指事、象事、会意、形声、变体”六种造字方法。张玉金、夏中华所说的字理是“意符字、音符字、意音字、半记号字、记号字、意音记字”六种造字法。另一种所说的字理也是以“六书”为基础的构字法字理，如苏培成所说的字理是“独体表意字、会意字、形声字、半意符半记号字、半音符半记号字、记号字”六种构字法。还有一种是字理是王宁所说的构意，相当于汉字的造字方式，如《说文解字》这样解释“美善”：“美”，甘也，从羊从大，羊在六畜主给膳也，美与善同意；“善”，吉也，从詰（jìng），从羊，此与義、美同意。《说文解字》中所说的“同意”，就是相同构意的意思，即美、善和義的构造方式相同，都是会意。它们都是有构意的字。而像楷书中“卿童音执并”等是没有构意的字。（王宁，2002：68）

2.4.2.3　国家规范对字理的处理不统一

正是因为目前专家学者对字理的理解如此纷纭，才导致对同一字符是否有字理、以及字理是什么的认识充满了分歧。《信息处理部件规范》《常用字部件规范》是国家正式公布的部件使用规范，都主张从现代汉字字形出发，尊重字理来拆分部件。比如，“刃朱末本”是“六书”的指事字，苏培成“新六书”的记号字，杨润陆认为是独体会意字。按照“六书”和杨润陆的说法，“刃朱末本”是有字理的字，按照苏培成“新六书”的说法，它们是无理据字。如果把它们认定为指事字或独体会意字，则不能再拆分；如果认定为无理据字，则按字形拆分。而《常用字部件规范》把“刃朱末本”都处理为不能再拆分的基础部件；《信息处理部件规范》则把“刃末本”处理为不能拆分的基础部件，把“朱”拆分为“丿未”。可见，这两个部件规范对同一个字符拆分处理的意见不统一。

再如，仅就“六书”字理来说，“隹鼠要豆高京穴羽”都是可以追溯字源、形源不矛盾的象形字，按“六书”字理都不能再分析。而《信息处理部件规范》对它们全部进行了再分析，《常用字部件规范》只对“要羽”进行了再分析，“隹鼠豆高京穴”都没有进行再分析。“色卑百赤六鼻兵看”是“六书”的会意字，按字理要进行再分析。但是《信息处理部件规范》对它们都进行了再分析；《常用字部件规范》只对“鼻兵看”进行了再分析，“卑百赤六色”没有进行再分析。可见两个规范之间对相同字理的字处理也并不统一。

另外，即使它们都认为是需要再拆分的部件，具体拆分的结果也不一定相同。比如，《信息处理部件规范》《常用字部件规范》都认为要对“兵、典”进行再分析，但其分析的结果却并不相同。《信息处理部件规范》把它们分别分析为“丘八，
曲八”，《常用字部件规范》把它们分析为“斤六、曲六”。这种不统一的结果就很难确定是按字理拆分的不一致造成的，还是在最初认定有理据字和无理据字时的不统一造成的。

目前汉字构形的字理分析在教学上也应用广泛，汉字教学中字理教学法影响较大。《信息处理部件规范》《常用字部件规范》对相同字符拆分结果的分歧必然会给汉字字理教学带来一定的负面影响。但是我们也必须明白，一般人掌握汉字的最终目的不是掌握汉字的字理、提高文字学专业知识，而是通过认读汉字来理解语言。汉字认读只是学习汉语书面语的桥梁与媒介，字理不是非学不可的知识，如果通过其他途径就可以提高学习者对汉语书面语认读和理解的能力，就没有必要学习字理。这也正是王力先生担心汉字字理教学会增加汉字学习难度的主要原因。而现代汉字的双音节化趋势明显，字与词不再是一一对应关系，字形意义也并非都是常用的语素义，甚至同一字符在不同的词语中有时是词根语素、有时是词缀语素。现代汉语书面语学习的基本单元已经从字变成了词。字理对汉语学习的重要性已经大大降低。而无论是母语教学还是对外汉语教学的教材都以分散的随文识字教学为主，更加重视文字和语言的关系，而不是孤立地学习汉字。汉语教学以词语教学为基础的这一事实也再次证明了词语教学、词义教学才是语言教学的中心。如果现代汉字学习中再过分强调字理，则只会增加汉字的学习难度。

2.4.3 现代汉字的特殊性

2.4.3.1 简化字增多并且理据性变弱

我们必须承认现代汉字具有不同于繁体字和历史上其他时代汉字的特点。首先是现代汉字中的简化字增多，一部分简化字简化时并没有考虑理据问题。中华人民共和国成立后一直在推进汉字的简化工作，1986 年《简化字总表》公布简化字 2235 个，《通用规范汉字表》又公布类推简化字 226 个，所以现代汉字中共包含简化字 2461 个。现代汉字从来源上看，包括两类，一类是传承字，一类是简化字。传承字大部分仍有理据。简化字中一部分字形和字音、字义有一定关联，像形声、会意造字法造出的简化字。如“粮（糧）、牺（犧）、认（認）”是用形声法造出的新简化字，“尘（塵）、蚕（蠶）、丛（叢）”是用会意法造出的简化字。这些简化字都有一定的理据。而另一部分像以“保留原字轮廓、草书楷化、保留原字部分特征、符号替代法”等方法简化的字，则不考虑字形结构的理据性，仅从字形外观结构的简化出发，对原有字形加以改造。如“马（馬）、门（門）、龟（龜）”是用保留原轮廓方法造出来的简化字，“专（專）、东（東）、车（車）、书（書）、乐（樂）”是草书楷化法造出来的简化字，“云（雲）、飞（飛）、医（醫）、汇（滙）”是用保留原字部分特征造出来的简化字，“鸡（鷄）、赵（趙）、区（區）”是用符号替代法造出来的简化字。这些简化字形义之间的关联性发生了变化或理据性完全丧失。因此，现代汉字中简化字的增多，无形中弱化了汉字字形的形义关联。其次，现代汉字形、音、义之间的联系不那么直观明确了。几千年来，不但汉字字形在发生演变，字音和字义也在发生不断的演变。字形与字音、字义之间的关联性也不那么明确了。即使传承字，其字形与现代汉语音、义的关系也不一定能依然明确。如“瞥”从造字上说，是形声字从目敝声，但是从构字上说“瞥”在现代汉语中的读音和“敝”相差甚远。“鸿”从造字上说，从鸟江声，但从构字上说，“鸿”在现代汉语中的读音和“江”相差甚远。“日、水”从造字上说，是象形，但从构字上说已经看不出象形的特征了。“上、下”从造字上说，是指事，但从构字上已经看不出指事的特征了。具体来说，据董丹梅《3500 个常用汉字理据测查》（2005：24、28）统计，3500 常用字中部分丧失理据的有 425 个，完全丧失理据的有 395 个。也就是说，23.4%的常用字理据已经很弱了。

正是因为现代汉字字理变弱，更不容易识别。所以连专家学者们对一些现代汉字字理的认识都不统一。致使现有和汉字字形相关的国家标准和规范存在一定的分歧与差异，让本该规范的“规范”自己先“失范”了。

2.4.3.2　部件符号性增强并且字形与字音、字义关系渐行渐远

汉字经历了漫长的发展演变过程。甲骨文、金文、小篆的确可以见形知义。如图 2.1“月、甘、休、枝”的小篆字形，就可以根据字形推知字义。即使是这样，也并不代表所有的小篆都可以从字形上解释字义。因为《说文解字》中就有从字形解释字义时出现谬误的地方，比如，“马头人为长”“人持十为斗”“屈中为虫”，这些从字形上对字义的解释历来被认为是《说文解字》中的谬误之处。而《说文解字》中的这种谬误解释恰恰说明了早在小篆时期，一些像“长、斗、虫”这样极少数的汉字构件已经符号化，单纯从字形角度已经无法解释字义了。并且，汉字演变史也告诉我们，“近古文字（指隶书）已不容易看出字形所代表的意义，到近代文字……文字就渐变成单纯的符号了。”（唐兰，1979：126）也就是说，整体而言，近代汉字系统已经不能因形推义了。而现代汉字是在近代汉字的基础上发展而来的，它的符号性比近代汉字更强。所以，整体而言现代汉字也不能因形推义了。

汉字发展到现代，从字理角度分析汉字构形仍是汉字构形分析的主流。而这些分析理论都是建立在汉字字形和字音、字义之间有密切联系的基础上的。这往往会让我们误认为绝大多数现代汉字仍是可以见形知义、见形知音的。但是 20 世纪八九十年代以来，《现代汉字中的声旁表音功能问题》（周有光，1978：173）统计现代汉字形声字声旁表音率为 39%，《析字教学法》（王学作，1980a：93）统计小学语文课本常用字有理据的字占 50%左右，《论方块汉字和拼音文字的读音规律问题》（范可育、高家莺、敖小平，1984：20）统计现代汉字声旁表音率为 26.3%，《关于汉字评价的几个基本问题》（尹斌庸，1988：257、258）统计现代汉字形声字声旁表音率 54%，形旁表义率为 51%。《汉字的重新发现》（史有为，1988：178）统计简化字比繁体字的表音率低了将近一半。由于部件表音标准松紧的不同，这些统计数据之间会有数值上的差异。但是总体来说，就是以最宽泛的表音标准来衡量，现代汉字部件的表音、表义率也只有 50%左右。这些定量分析的结果反映出现代汉字表音和表义率不高的状况。

因此，现代汉字至少有一半不能见形知音或见形知义，现代汉字字形和字音、字义之间的关系疏远。

汉字最早是图画文字，当汉字象形的图画文字简化得过于简单时，图画就成为一个记号。（唐兰，1979：87）就像小篆中象形字“日、月、人、水、泉、木、火、鸟、象、龟、车、马、鼎、高、角”等经过历代简化发展演变到现代汉字字形，其字形和字音、字义已经没有直接联系，[①]都变成了“记号字”。这种汉字的简化使现代汉字中出现了“马门专东云飞又乂”等诸多记号字。（王耀芳，2013：282）据柳建钰《记号字、半记号字及其在现代汉字中基本情况探讨》（2005）统计，3500 现代汉语常用字中记号字 587 个，占 16.77%；半记号字 777 个，占 22.20%。记号字、半记号字共 1364 个，占 38.97%。据楼兰《现代 3500 常用字中的记号字及半记号字调查》（2005）统计，3500 现代汉语常用字中记号字 630 个，占 18%；半记号字 649 个，占 18.54%。记号字、半记号字共 1279 个，占 36.54%。这表明现代汉字中将近 40%的字都包含记号，现代汉字的符号化明显增强。

2.4.3.3 部首以字形类聚并且部首表义性弱化

东汉许慎在《说文解字》中首创部首类聚汉字的方法，他把义符相同的字归在一起，称为部；每部把共同所从的义符字列在开头，这个字就称为部首。部首这一术语从古到今内涵不断发生演变。《说文解字》把 540 部首按义符类聚，他把同一义符的字归为一类。比如，《说文解字》中“初剪劈剑削利辨”为刀部的字，“肌肤”为肉部的字，“朕服”为舟部的字，“朗朔”为月部的字。到明代梅膺祚《字汇》把 540 部合并为 214 部。《康熙字典》虽采用《字汇》的 214 部来类聚汉字，但对各字的归部情况做了相应的调整。给汉字归部时也不是完全按照义符来类聚，一部分字按照《说文解字》的义符归部，一部分字把原本义符不同而楷化后演变为相同偏旁的字符按字形归为同一部，一部分按照楷书字形的偏旁重新调整归部。部首不再是单纯表示某一个或某一类意义，可能表示多个意义、或者表音、或者只是标示的记号。比如，《康熙字典》把《说文解字》刀部的“初剪劈剑削利刑辨”仍归为刀部，把《说文解字》肉部的字“肌肤”仍归为肉部，把《说文解字》原属舟部和月部的“朕服朗朔”按字形都归为月部，把《说文解字》分属革部、鬲部、立部的“勒融靖”按偏旁字形分别归为力部、虫部、青部。这样《康熙字典》中 “月”部的字并非都是和月亮相关的

① 我们这里所说的字形和字义的“联系”是依形辨义的共时直接联系，而不是字形溯源的历时间接联系。因为目前教学中教授的都是现代汉字字形。即使汉字教学中的“六书”教学法也仅是把“象形、会意、形声”作为传播汉字文化的手段，是帮助学生建立共同汉字认知基础的一种文化熏陶，而非字形教学的主要手段。如果学习一个汉字“月”还要记住甲骨文和金文中“月”的形体，不仅给教师提出了更高的汉字素养要求，而且也会增加学生的学习负担。

字，还包括和舟相关的字；“力”部字“勒”中“力”不是表义而是表音的；“虫”部字“融”中的“虫”是不表义也不表音的记号；“青”部字“靖”中的“青”不是表义而是表音的。《新华字典》（第 10 版）、《现代汉语词典》（第 6 版）都采用《汉字统一部首表（草案）》的 201 部，完全按字形来归部，不再按义符来归并部首。比如，《新华字典》《现代汉语词典》把《说文解字》《康熙字典》刀部的字“初剪劈”仍归为刀部，把《说文解字》《康熙字典》刀部的“剑削利”从字形上归为刂部，把《说文解字》《康熙字典》刀部的“辨”从字形上归为辛部；把《说文解字》分属肉部、舟部、月部，《康熙字典》分属肉部、月部的“肌肤朕服朗朔”从字形上都归为月部。这样《新华字典》《现代汉语词典》“辛”部字“辨”中的“辛”，“月”部字“朕服”中的“月”，“力”部字“勒”中的“力”，“虫”部字“融”中的“虫”都是不表音、义的记号。①现代汉字的部首就成了“可以成批构字的一部分部件。含有同一部件的字，在字集中均排列在一起，该部件作为领头单位排列在开头，成为查字的依据”。②从《说文解字》到《新华字典》部首从查检字义的根据变成了查检字形的根据。因此，现代汉语中的部首概念已经不再是与字音、字义有必然联系的概念，现代汉字的部首同样也出现符号化增强、表义性减弱的特性。

总之，无论是现代汉字的整字、部首还是部件都出现了符号化增强的趋势，现代汉字字形与字音、字义之间的联系日渐疏远，这已是不争的事实。

2.4.4　流俗文字学纯字形的现代汉字解构

《信息处理部件规范》《常用字部件规范》是众多国内文字研究专家学者的共同研究成果。这么多专家学者对 3500 常用汉字字理的认识都没有达成普遍的共识，普通民众更是对现代汉字字理的认识莫衷一是。于是，日常生活中我们经常听到普通民众对汉字字形“杜撰”式的解构，如“三横一竖王”“十八子李”“立早章”。而这些对汉字字形的解构都是违背字理的，是被文字学家批评的。按照字理，“王”不能再分析；“李”从木子声，再分析为“木子”；“章”从音从十，再分析为“音十”。

但是这种汉字构形意识，并非始自今日。早在先秦《左传》就有“止戈为武、皿虫为蛊”的说法，《韩非子•五蠹》有“背厶谓之公”的说法，《国语》中有“楚庄、齐威俱好隐语”（类似字谜）的记载。东汉许慎《说文解字》有“马头人为长”“人持十为斗”“屈中为虫”的说法。宋代王安石《字说》有“一而大天也，二而小者示

① 这里根据苏培成《现代汉字的构字法》一文中的标准来判断部件与整字字音是否有联系。苏培成认为部件和整字在读音上的联系包括两类，一类是声韵调完全相同，一类是声韵相同而调不同。

② 这里采用《汉字部首表（GF0011-2009)》的部首定义。

也”“波者水之皮”的说法。可以说，在系统的“六书”构形理论产生之前就已经产生了汉字构形意识的萌芽。“六书”构形理论之后这种汉字构形解读被冠以“谬误”“杜撰”的称谓。许慎对这种谬误也嗤之以鼻，把这种字形解构称作“俗儒鄙夫”之语。主要是文字学家认为这些对汉字构形的解读带有很大的随意性，不一定正确。

其实，这种构形分析是一种纯粹的形式分析法，只考虑字形，不考虑字形和字音、字义之间的联系，是为了帮助记忆字形而对字形的解构，不是对字义的分析。王学作《析字教学法》（1980）则把类似“马头人为长”说法的这种解构分析称为“字素分析法”，把“六书”分析称为“字源分析”。他认为字源分析和字素分析在分析字体省改不大的汉字时，分析结果基本一致。只是在分析一些字体、字音变化很大的汉字时，两种分析方法会出现很大差异。在汉字教学中，两种分析方法应该兼收并蓄，择其善者而从之，不应该厚此薄彼，独尊一法。并且他认为一些小学老师编的识字字诀比字理讲解更加生动贴切。如“笑”，许慎没有解释笑的意思，徐铉解释为“从竹从夭，竹得风其体夭屈如人之笑”。这种解释让人摸不着头脑。而小学老师自编的字诀 “头戴‘竹’字帽，‘撇’下‘大’声笑”就很好。他还专门指出这种字素分析法不可滥用，使用时必须说明不是字源分析。在目前小学阶段的汉字教学中，这种纯粹从形分析汉字构形的字诀、字谜也很常见。1987 年辛连翔等人开始尝试在小学汉字教学中使用字谜识字法；李青霞（2012）指出小学低年级教师在教授汉字时，经常自编一些字诀、字谜来帮助学生识记字形。比如：

海：海很大每个地方都是水。

修：立人旁一杆枪，冬字投下撇三扬。

六：一点一横、俩眼一瞪。

坐：两个小孩儿在土堆上坐着玩儿。

骂：两口并两肩，马字在下边；两口子为争一匹马而互相对骂。

回：大口包小口。

告：一口咬掉牛尾巴。

尖：一头大，一头小。

攀：树林里有两个树杈，一只大手往上攀。

由于这种根据个人理解对现代汉字形进行重新解构的做法在日常生活、汉字教学中都有了一定的影响，并且由来已久，于是就把它们叫作流俗文字学对汉字字形的解构。孙德华（2007）指出尤其在对外汉字教学实践中，流俗文字学的“新说文解字”在相当程度上被教师使用，而外国学生也乐于接受。伦敦大学的余又兰在 1998 年 1 月通过对法国巴黎第七大学和英国伦敦亚非学院的汉语初学者的调查发现，法国学生特别提出，为了更好地学习汉字，希望教师从汉字字形中编故事来帮助记忆汉字。

流俗文字学对汉字字形的解构并非一无是处，最起码它对汉字字形的直观化、形象化解构就值得我们学习。正是由于这些优点，现阶段在一定范围内流俗文字学纯粹从字形上解构现代汉字的这种做法还是可以被认可和接受的。这种做法，虽然不够科学，但往往通俗易懂能结合实际自圆其说，而且实践证明的确可以提高汉字学习的效率。所以，纯粹从字形上解构汉字已经不再像东汉和宋代时期那样完全被视为“异端”，正开始被越来越多的人接受。但是，这种流俗文字学对汉字字形的解构尚处于尝试阶段，还很不严谨，常常会陷入对汉字字形毫无章法的任意解构。如果流俗文字学真的要成为一门科学，必须加强其理论和字形解构模式方面的研究，逐步走向科学化、系统化，远离任意解构字形的弊病。

总之，随着汉字的演变，整体而言不但字形越来越简化，连部首也从表义概念逐渐变成了表形的概念。可以说，汉字演变史就是汉字形义关系变化史、汉字构件逐渐符号化的历史。现代汉字简化字增多，在一定程度上又加剧了汉字构件的符号化，使现代汉字的形义、形音关系更为疏离。而在这种状况下，不但现代汉字的字理分析结果分歧不断，而且这种追溯字源的汉字字理分析在一定程度上过于深奥、艰涩，普通民众难以接受和掌握，不利于汉字学习兴趣和效率的提高。从字理角度分析现代汉字构形的缺点也越来越多地暴露了出来。与此同时，一直饱受任意解构汉字诟病的流俗文字学却纯粹从字形上解构现代汉字，在小学字形教学和对外汉字教学中取得了一定的效果。这些都告诉我们，可以暂且抛开字理，纯粹从字形上来分析现代汉字字形。再加上，在纯粹从字形上分析现代汉字构形分析方面，张普《汉字部件分析的方法和理论》(1984)、刘连元《汉字拓扑结构分析》(1995a)、《汉字拓扑结构分析(续)》(1995b)已经做了相关的理论研究，晓东《现代汉字字形结构研究的三个平面》(1994)提出了纯粹字形分析的理念，并且在《现代汉字部件分析的规范化》(1995)中还做了纯粹字形拆分的实践研究。这都为我们提出直观构形理论提供了强有力的理据。

2.5　现代汉字直观构形分析体系的构建

2.5.1　构建的目的

2.5.1.1　通过描写现代汉字构形属性来认识现代汉字构形系统的特点和规律

虽然现代汉字包括笔画、部件、整字三级构形单位这一论断基本上得到认可。但往往多限于形式上的认可，在汉字的构形研究中这种汉字构形意识往往得不到很好的贯彻与执行。汉字构形研究多侧重汉字部件的构形属性研究，整字构形研究像整字的构字类型、整字层级、整字各级部件、整字结构方式等有关整字构形属性的研究往往被湮没在汉字部件的构形属性研究中而没有被单列出来。笔画基本上被认定为汉字书写单位，（倪海曙，1966：15；王宁，2002：72）并且笔画研究多是整字的笔形研究、笔画组合关系研究，较少涉及笔画组合成基础部件的特点与规律研究。像邢红兵《现代汉字特征分析与计算研究》（2007）那样既对整字基础部件数量、整字层次研究，又对基础部件构字能力、基础部件位置进行研究，还对基础部件的笔画数、基础部件笔画的结构特征等进行研究的成果并不多。所以，我们构建直观构形分析体系的基本目的就是在该构形体系框架下从整字、部件、笔画三方面来全面描写现代汉字的构形属性，研究现代汉字构形系统的特点与规律。

2.5.1.2 为现代汉字构形系统的优化和形近构形单位的区分提供基础数据

我们构建现代汉字直观构形体系的另一个重要目的是通过对现代汉字整字、部件、笔画构形属性的描写，厘清现代汉字整字的生成过程、构形模式，基础部件及其构字能力、基础部件功能及其分布层级、方位、形变等特征，基础部件的笔形分布、笔画组合、笔形形变等特征。从系统性角度探寻现代汉字的整字构形模式、形变基础部件、形变笔画和笔画组合等的优化与区分问题。比如，现代汉字直观构形体系的构建可以为包围结构的优化问题、“靥唇辱”构形模式的优化问题、“口口”“丸丸”“王 王”形近部件的区分问题、带“钩”笔形如果分布在上下结构上部位是否都变形为不带“钩”字形问题、“虍忄 彡”等部件命名的优化问题提供参考。

2.5.2 体系的内容

现代汉字直观构形分析体系是在现代汉字直观构形理论基础上分析与描写现代汉字构形属性的一个系统。具体来说，直观构形理论下现代汉字的直观构形体系可以概括如图 2.3 所示：

根据现代汉字直观构形体系，现代汉字的构形主要包括以下三个方面属性。

2.5.2.1 现代汉字整字构形属性

现代汉字整字构形属性是以整字作为考察基点，来研究现代汉字整字之间的区别特征。

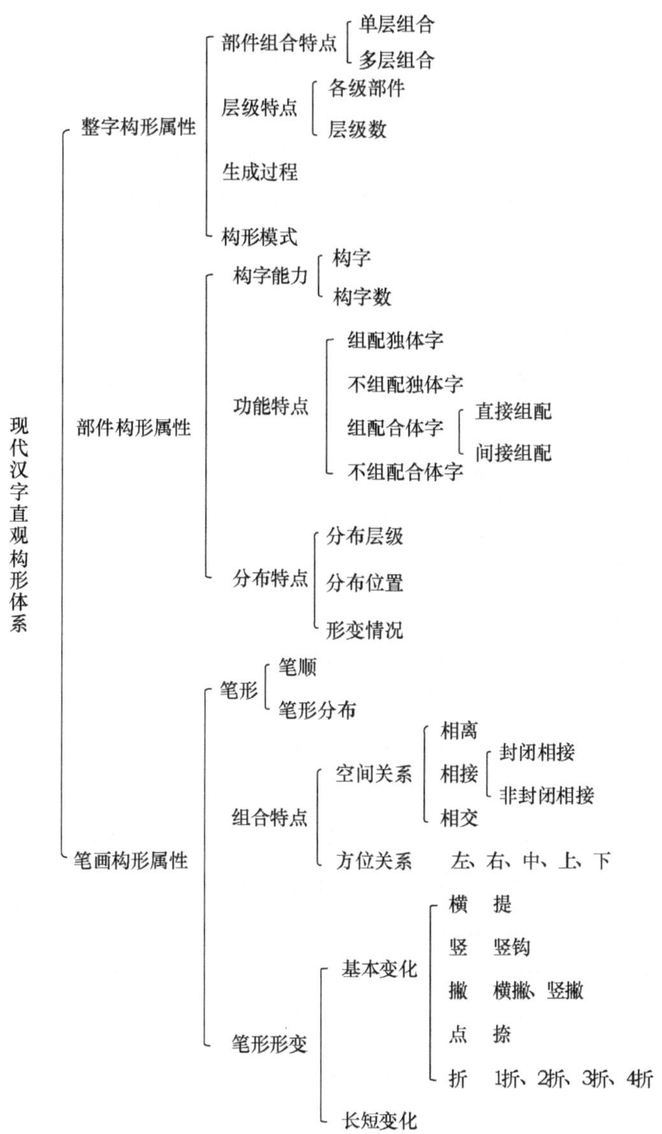

图 2.3　现代汉字直观构形体系

1. 整字部件组合的特点

现代汉字可以分为独体和合体两种类型。独体字是由 1 个基础部件构成的整字，合体字则是由 2 个以上的基础部件构成的整字。从直观构形角度来看现代合体汉字部件都配置在一个二维方块之内，它们按照左右、上下、包围、框架等方位关系组合在一起。它们的组合有两种不同的类型，一种是两个基础部件按方位关系直接组合构成整字，我们称之为单层结构，[①]如“双化召穴厅包团回”就是单层结构。另一种是三个以上的基础部件按照方位关系逐层组合构成整字，我们称之为多层结构，如“侧阀剂姿礴熨藻曝”等就是多层结构。现代合体汉字近 1/3 是单层结构，近 2/3 是多层结构。这一特点是研究整字的构形层级、部件分布特点、部件功能的重要参考。

2. 整字层级的特点

现代合体汉字虽然有单层、多层结构之分，但总体来说合体汉字都可以看作是层级结构。单层结构的字可以看作是有一个层级的字，多层结构可以看作是有两个以上层级的字。这样便于对独体字和合体字进行区分，独体字就是不包含层级的字，合体字就是包含层级的字。当然，单层结构的一级部件和多层结构的一级部件功能还是不同的。虽然一级部件都具有直接组合构成整字的功能，但是单层结构的一级部件是基础部件，多层结构的一级部件肯定有合成部件。比如，“早”只包含一个层级，因而它只有一级部件“日、十”，“早”的一级部件“日、十”是基础部件。“暴”包含四个层级，它就有四级部件。“日、恭”是一级部件，“共、氺”是二级部件，“𠀎、八”是三级部件，“廾、一”是四级部件。“暴”的基础部件是“日、氺、八、廾、一”。整字的层级数和部件所处的层级是区分现代汉字字形、部件功能和字形复杂程度的重要参考。

同时，分布在同一层级具有直接组合关系的部件之间都存在一定的方位关系。比如，“早”的一级部件“日、十”是具有直接组合关系的部件，它们之间是上下关系；“暴”的一级直接组合部件“日、恭”之间是上下关系，二级直接组合部件“共、氺”也是上下关系。这种方位关系是整字部件拆分的依据。

3. 整字的生成过程

现代汉字的生成过程是对现代合体汉字字形的形式化分析。根据上下文无关文法，现代合体汉字构形系统都包括 Vn，Vt，P，S 四个集合。我们可以把每个汉字的生成过程用上下文无关文法描写出来，尤其是用树图的形式，可以直观观察每个汉字的整字构形属性。图 2.4“藻”的生成过程如下，我们可以从树图上看出“藻”是五层结构汉字，第一级部件是“艹、澡”，它们之间的方位关系是上下；第二级部件是“氵、喿”，它们之间的方位关系是左右；第三级部件是“品、木”，它们之间的方位关系是上下；第四级部件是“口、吅”，它们之间的方位关系是上下；第五级部件是“口、口”，它们之间的方位关系是左右。“藻”树图中所有叶子“艹、氵、木、

① 由于采用上下文无关文法来描写整字生成过程，基于 Chomsky 范式文法上的分析树是二叉树，所以我们对现代合体汉字进行直观构形分析时都采用二分法。

口、口、口”就是“藻”的基础部件。现代汉字整字的生成过程是直观观察现代汉字整字构形、抽取现代汉字构形模式的重要参考。

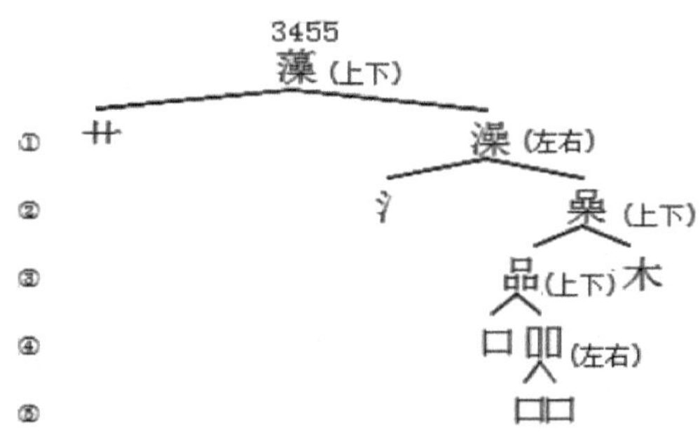

图 2.4　“藻”的树图

4. 整字的构形模式

用上下文无关文法对现代合体汉字的生成过程进行形式化描写后，从中抽象出的树图模型就是现代合体汉字整字的构形模式。现代汉字的构形模式可以根据需要进行初级和高级两个层次的抽象。比如，图 2.5“藻”的构形模式，经过初级抽象，我们可以只保留节点的方位关系，把树图根节点、子节点和叶子节点上的部件都抽象为“0”，那么我们可以得到“藻”构形模式的初级形式。如果对“藻”的构形模式进行高级抽象，我们可以在初级构形模式抽象的基础上对节点的方位关系进行再抽象，不考虑根节点、子节点的方位关系，我们可以得到“藻”的高级构形模式（见图 2.6），并可以从中判断出“藻”是后部件复杂的字。

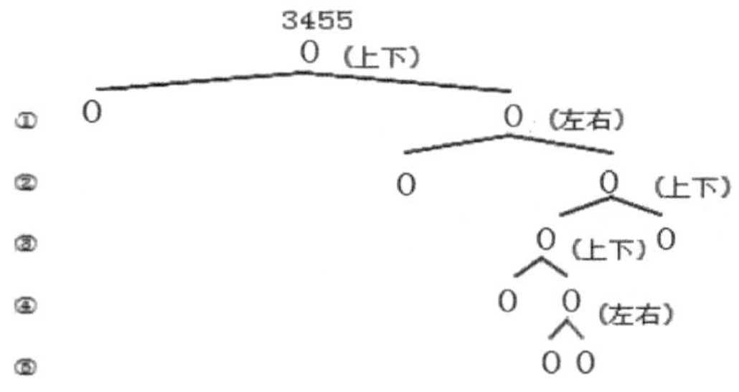

图 2.5　“藻”的初级构形模式

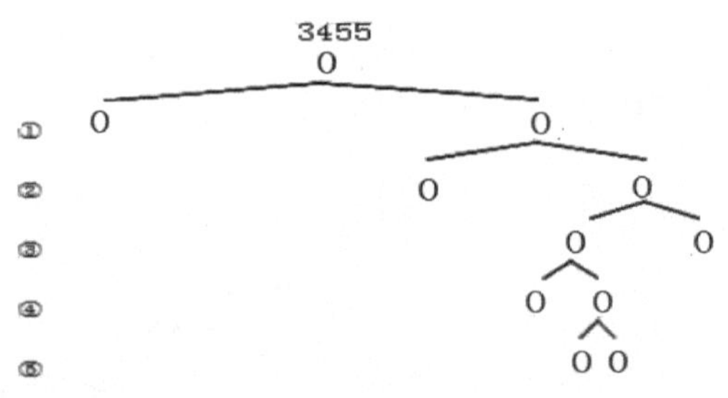

图 2.6 “藻”的高级构形模式

这种两级抽象的构形模式是我们区别现代汉字字形、认识汉字整字构形特点的重要参考。

2.5.2.2 现代汉字部件构形属性

现代汉字部件构形属性就是以基础部件为基点，从基础部件外部组配上来研究它们之间的区别特征。所以现代汉字部件的构形属性也可以称作现代汉字部件的外部构形属性。现代汉字部件包括以下构形属性。

1. 基础部件的构字能力

包含基础部件的字，就是基础部件的构字。比如，“什仆贷附猴靴喃”等整字都包含基础部件“亻”，那么我们把它们都叫作基础部件“亻”的构字。基础部件构成整字多少的能力是基础部件的构字能力，基础部件的构字能力一般用基础部件的构字数来衡量，如“亻”在《通用规范汉字表》的构字数是 337 个，“入”在《通用规范汉字表》的构字数是 3 个。基础部件构字能力是判断基础部件组配汉字能力强弱的重要参考（见附录四）。

2. 基础部件功能

基础部件在组配整字[①]时的功能是有差异的。有的基础部件能直接构成独体整字，如基础部件中的成字部件“人手日月水”等都可以直接构成独体整字；有的基础部件不能直接构成独体整字，如基础部件中的非成字部件“亻氵扌厶艹阝犭饣”都不能直接构成独体整字。有的基础部件有组配其他整字的功能，如“灬木彡厷镸”可以组成“热烈村林衫形雄宏鬓肆”；有的基础部件不具备组配其他整字的功能，如“伞书甩秉承”。有的基础部件直接参与组造合体整字，如“忄口夕夂又”等都可以分布在整字的第一层级；有的基础部件只能间接参与组造合体整字，如“𠀎卅㐅儿廿𠂉罒”等

① 这里所说整字指的是《通用规范汉字表》中的整字。

只能分布在第二层级，不能分布在第一层级。基础部件功能是考察基础部件组配能力的重要参考，也是考察基础部件认知难度的重要参考。[①]

3. 基础部件分布特点

基础部件在整字构形中呈现出的层级、方位、形变等特点就是基础部件的分布特点，如“沙”的基础部件“氵”分布在第一层级、左右关系的左位置上，在整字中没有形体变化。“莎”的基础部件“氵”分布在第二层级、左右关系的左位置上，在整字中没有形体变化。“寺”的基础部件“土”分布在第一层级、上下关系的上位置上，在整字中没有形体变化；“地”的基础部件“土”分布在第一层级、左右关系的左位置上，在整字中有形体变化，整字中“土”最后一笔“横”形变为“提”。基础部件的分布特点是研究基础部件分布位置、分布层次规律，以及基础部件形变规律的重要参考，同时也是考察基础部件认知难度的重要参考。[②]

2.5.2.3　现代汉字笔画构形属性

现代汉字笔画构形属性是以基础部件为基点，从基础部件内部构造上来研究它们之间的区别特征。所以现代汉字笔画构形属性也可以称作现代汉字部件内部构形属性。具体来说，现代汉字笔画包括以下构形属性。

1. 基础部件笔画的笔形和笔顺

笔形是构成楷书汉字字形的最小连笔单位。一般认为汉字的笔画有“横竖撇点折”五种基本笔形。笔顺就是笔画书写时的次序和方向。比如，“亻”的笔顺是“撇竖”，“厂”的笔顺是“横撇”，“千”的笔顺是“撇横竖”，“氵”的笔顺是“点点横”，“儿”的笔顺是“撇折”，“万”的笔顺是“横折撇”。基础部件笔画的笔形和笔顺既是研究基础部件内部构形属性的基础，也是区分基础部件形体的重要参考。

2. 基础部件笔画组合的特点

首先，基础部件的笔画之间存在相离、相接、相交等空间组合关系。[③]基础部件的笔画组合可以分为连续笔画组合和非连续笔画组合两种类型。比如，“下、寸”笔

---

① 从认知角度来说，一般情况下都认为：整体而言非成字部件比成字部件认知难度大；组配合体整字能力差的部件比组配合体整字能力强的部件认知难度大；间接参与组造合体整字的部件比直接参与组造合体整字的部件认知难度大。但是实际上影响汉字认知的因素是多样的，如果我们能厘清影响汉字整字认知的因素，将有利于未来我们对汉字整字认知难度进行量化评价。

② 从认知角度来说，一般情况下认为：整体而言基础部件分布层级高认知难度大，分布位置不固定认知难度大，有形变认知难度大。

③ 由于字号和字体的不同，笔画之间的空间关系会有一定差异。为了保持标准一致，相连基础部件的相离、相接、相交等空间关系，参照王宁主编的《通用规范汉字字典》的字形。

顺都是“横竖点”，但它们相连续笔画的组合关系不同。“下”第一笔“横”与第二笔“竖”是垂直相接关系，“寸”第一笔“横”与第二笔“竖”是垂直相交关系；“下”第二笔“竖”与第三笔“点”是相接关系，“寸”第二笔“竖”与第三笔“点”是相离关系。这样它们是相连笔画之间的组合关系存在差异。“王、丰”笔顺都是“横横竖横”，但它们非连续笔画之间的组合关系不同。“王、丰” 相离的三“横”和“竖”的组合关系不同，“王”的“竖”和第一笔、第四笔“横”是相接关系，和第二笔“横”是相交关系；“丰”的“竖”和第一笔、第二笔“横”是相交关系，和第四笔“横”是相接关系。这样它们是非相连笔画之间的组合关系存在差异。

其次，笔画组合时还存在方位关系的差异，其方位关系差异可以分为左、右、中、上、下等关系，如“丁、亅”的笔顺都是“横竖”，并且第一笔“横”和第二笔“竖”之间都是相接关系。但是“丁”第一笔“横”和第二笔“竖”在“横”笔的中间位置相接，而“亅”第一笔“横”和第二笔“竖”则在“横”笔的右位置相接。这样通过笔画组合时方位关系的不同把“丁、亅”区别开来。但是更多时候需要同时使用笔画之间的空间和方位关系来区分形近笔画，如“厂、ナ、𠂆”的笔顺都是“横撇”，但是“厂、ナ”“𠂆、ナ”可以通过笔画组合空间关系进行区分，“厂、𠂆”第一笔“横”和第二笔“撇”都是相接关系，而“ナ”第一笔“横”和第二笔“撇”则为相交关系。“厂、𠂆”则需要通过笔画组合的方位关系进行区别，“厂”第一笔“横”和第二笔“撇”在横笔的左位置起笔处相接，“𠂆”第一笔“横”和第二笔“撇”在横笔的中间位置相接。

最后，相接关系的笔画之间还有一种特殊关系就是封闭相接和非封闭相接，如“皿、罒”中“皿”最后一笔“横”和第一笔“竖”、第二笔“折”是非封闭相接，“罒”最后一笔“横”和第一笔“竖”、第二笔“折”是封闭相接。所以，基础部件笔画组合时的空间关系和方位关系等是区分笔顺重码基础部件形体的重要参考。

3. 基础部件笔画的笔形变化特点

笔画的五种基本笔形各有数量不等的变形形式。“横”笔最常见的是笔形长短的变化和“横”“提”的变形形式，如“士、土”第一笔和第三笔“横”笔画的长短就不同；“王、王”前者第三笔“横”没有发生形变，后者第三笔“横”发生形变，变为“提”。“竖”笔最常见的是笔形长短的变化和“竖钩”的变形形式。比如，“日、曰”前者第一笔“竖”长，后者第一笔“竖”短；“干、于”前者最后一笔“竖”没有发生形变，后者最后一笔“竖”发生了形变，变成了“竖钩”。“撇”笔最常见的是“横撇”“竖撇”形式，并且“横撇”“竖撇”都有笔形长短的差异，如“片、𠂉”前者第一笔是“竖撇”，后者第一笔是“横撇”；“厂、𠂆”前者第二笔“撇”长，后者第二笔“撇”短。“点”笔最常见的是“捺”的变形形式，如“又、厶”前者第二笔

“点”发生形变，变成了“捺”，后者第二笔“点”没有发生形变。“折”笔最常见的是带“钩”和不带“钩”的变化、“折”笔折数的变化，所以“折”笔的形变最丰富。比如，“⺋、巛”前者“折”笔都带“钩”，后者“折”笔都不带“钩”；“巳、弓”前者第一笔“折”笔 1 折，第三笔“折”笔 2 折，后者第一笔“折”笔 1 折，第三笔“折”笔 3 折。[①]所以，基础部件笔形变化也是区别基础部件形体、考察基础部件认知难度的重要参考。

当然，我们提出纯粹从字形角度分析现代汉字的直观构形理论，绝没有否认一部分现代汉字仍具有理据性的意思。而是在目前对现代汉字字理认识不完全一致的情况下，为避免现代汉字构形分析中字理认识的分歧、字理和字形双重标准之间的分歧，换一个研究视角，纯粹从字形角度对现代汉字的构形系统进行研究。期待找到直观上容易观察到的笔画组成部件、部件组成整字的规律，让汉字构形规律易察、易学。并且几千年来无论汉字字形、字音、字义之间的联系发生怎样的变化，汉字已经形成了一批可以溯源的通用性部件，这些通用性部件之间也已经具有了固化的拓扑结构关系。所以，现代汉字的直观构形分析结果很可能和字理分析结果有一部分是吻合的，有一部分是不吻合的。最起码直观构形分析可以为无理据字的拆分提供参考。我们甚至还可以通过两种分析结果的比较来观察字形、字理，分析异同，探索如何有效协调与化解现代汉字字形、字理之间的纠葛与矛盾。

综上所述，目前有关现代汉字构形理论和构形体系的研究尚不够成熟。针对现有汉字的特点，吸收现有汉字构形研究的优秀成果，克服现有汉字构形研究的不足之处，我们提出了现代汉字的直观构形理论：它是以一般系统论为基础，采用上下文无关文法的描写方法，以部件、笔画间的拓扑关系为拆分依据，分析现代汉字构形的理论，它在拆分过程中用系统论思想防止对汉字字形拆分的随意性。同时，基于该理论我们还提出了一个现代汉字直观构形分析与描写体系。理论上来说，这个现代汉字的直观构形分析与描写体系可以从整字、部件、笔画三级构形单位的角度全面分析与描写现代汉字的构形属性。但是，这种理论和描写体系在现代汉字构形分析实践中是否可行，还需要实践的检验。

① “折”笔折数按照《GB13000.1 字符集汉字折笔规范（GF2001-2001）》的《折笔笔形表》计算。

第 3 章　通用规范汉字构形属性的描写

3.1　现有汉字字形分析方法概观

“方法论基本有两个用途，向上旨在构建理论体系，向下旨在解决具体问题。”（于根元、夏中华，2002：39；于根元，2004：8）在“六书”构形理论和“形素”构形理论的指导下，产生了汉字字形的“六书”分析法与“结构—功能”分析法。另外，由于“六书”说、“四体二用”说、“三书”说分析的对象多是古文字，用它们来分析现代汉字字形并不完全适用。从 20 世纪五六十年代开始，文字学界开始探索新的汉字字形分析方法——部件分析法；从 20 世纪七八十年代开始，信息技术领域也开始探索汉字字形的部件分析法。

3.1.1　“六书”分析法

“六书”分析法是以“六书”构形理论为基础的汉字字形分析方法，它根据“六书”造字法把汉字结构分析为若干部首。《说文解字》是“六书”分析法分析汉字的典型成果，后世有关“说文”注解研究的专著如段玉裁《说文解字注》、桂馥《说文解字义证》、王筠《说文例释》、朱骏声《说文通训定声》、臧克和与王平校订的《说文解字新订》（2002）等，另外还有一些工具书，如阮元《经籍籑诂》、傅东华《字源》（1985）、丁福保《说文解字诂林》（1988）、徐中舒《汉语大字典》（1990）、曹先擢和苏培成《汉字形义分析字典》（1999）、李圃《古文字诂林》（2004）、窦文宇和窦勇《汉字字源》（2005）、高景成《常用字字源字典》（2008）、李学勤《字源》（2012）等，在对汉字字形分析时均沿用“六书”这种分析方法。许慎在《说文解字》中根据“六书”字形分析方法，对 9353 个小篆字形进行分析，共分析出 540 个部首。据朱骏声《说文通训定声•说文六书爻列》统计，《说文解字》中按象形造字法构造的小篆字形有 364 个，占 4%弱；按指事造字法构造的小篆字形有 125 个，占 1%多一点；按会意造字法构造的小篆字形有 1167 个，占 12%强；按形声造字法构造的小篆字形有 7697

个，占 82%强。① 总之，“六书”分析法是传统汉字学分析汉字字形的主要方法。到了现代李孝定《从六书的观点看甲骨文字》（1969）、沈建华和曹锦炎《新编甲骨文字形总表》（2001）、王婷婷《殷墟花园庄东地甲骨文字构形研究》（2014）、江学旺《西周金文研究》（2001）、陈青峰《殷商金文构形分析》（2005）、张静《郭店楚简文字研究》（2002）等仍旧用“六书”分析法来分析甲骨文、金文和楚简等古文字的构形。

但是，用“六书”分析法来分析现代汉字字形却存在一定的问题。

3.1.1.1　分析出来的构造单位——部首并非都是汉字字形的基本字形单位

《说文解字》认为 9353 个小篆是由 540 个部首组合而成的。但有些部首是合体的，仍旧可以再分析为更小的字形单位。比如，《说文解字》认为“玨，二玉相合为一玨”；“告，从牛从口”；“吅，从二口”；“穴，从宀八声”。“玨”部可以再分析为两个玉，“告”部可以再分析为牛、口，“吅”部可以再分析为两个口，“穴”部可以再分析为宀、八。而“玉牛口宀八”又都是《说文解字》的部首。因此，《说文解字》的 540 个部首并不是小篆构成的基本字形单位，有些则是复合字形单位。据统计，《说文解字》中像“玨告吅穴”这样可以再分析的部首竟然多达 200 多个。《说文解字》1/3 强的部首竟然都不是小篆的基本字形单位，这就无形中增加了构形单位的数量。

3.1.1.2　忽视汉字字形的构造层次

由于“六书”分析法依据造字时形音义之间的联系分析汉字字形构造，而只有整字的直接组合单位才和整字的音义有关联，所以“六书”分析法对合体字往往只进行平面分析，不进行层次分析。以《说文解字》为例，部首“教”“从攴从孝”，把“教”分析为“攴、孝”两个构形单位。而“攴”又是部首，“孝”则是“老”部的合体字。部首“攴”“从又卜声”，可以再分析分为“又、卜”；合体字“孝”“从老省，从子”，可以再分析分为“老、子”。而“老”仍是部首，“从人毛匕”，可以再分析分为“人、毛、匕”。而“人、毛、匕”则是独体部首，不能再拆分。那么，根据《说文解字》的分析系统，实际上“教”包含的基本构形单位有“人、毛、匕、子、又、卜”6 个，它们分别分布在 3 个不同的构形层次中，并且它们都是《说文解字》的独立部首。因此，《说文解字》分析出来的部首“攴、孝”则只是小篆的表义单位，而非小篆的最小构形单位。正是由于“六书”分析法忽视汉字字形的构造层次，才使得分析出来的构造单位——部首并非都是汉字字形的基本字形单位。这主要是由《说文解字》字形

① 由于《说文解字》只对转注、假借下了定义，在分析汉字字形时，并未指出哪些是转注字、哪些是假借字。所以《说文通训定声》只对前四种造字法进行了统计。

分析的目的导致的，因为它分析字形是为了从字形上解释字义，而不是从基本构造单位角度弄清楚小篆的构形规律。这是“六书”分析法的先天不足，而这种不足又是它自身无法避免和克服的。

3.1.1.3 分析现代汉字字形时字理拆分原则难以贯彻到底

“六书”分析法本来就是针对小篆形体的字形分析方法，由于汉字字体的演变、汉语语音和语义的演变，汉字的形义、形音关系变化巨大，理据部分丧失、完全丧失的字增多，这种分析方法就不能分析后世出现的一些汉字字形了。比如，“监”甲骨文形体的本义是俯身看盆里自己的面容，后引申为视察的意思。演变为楷书形体后上半部分“𥫗”不再像俯身的人形，其字理完全丧失；下半部分“皿”表示盆子，仍有字理。“要”甲骨文像一人叉腰站立之形，表示身体中间的意思。后来楷化后变为上“覀”、下“女”的形体，而“覀女”既不象形，又与字义无关。这些构字理据部分丧失或完全丧失的字则没法用“六书”分析法进行分析。因为“六书”分析法一般要求分析出来的构形单位都具有意义。而现代汉字中理据完全丧失或部分丧失的字并不在少数，据董丹梅《3500 个常用汉字理据测查》（2005：24、28）统计，3500 常用字中部分丧失理据的有 425 个，完全丧失理据的有 395 个。因此，如果根据“六书”分析法分析现代汉字，则无法将字理拆分原则贯彻到底。势必会产生有理据的字按“六书”分析法分析，无理据的字按其他分析方法分析的结果，这样就无法保证分析出来的汉字构形单位都具有共同的分类特征。

3.1.2 “结构—功能”分析法

“结构—功能”分析法是以“形素”构形理论为基础的汉字分析方法。由于它根据构形—构意统一的原则分析汉字字形，并根据构件的功能把汉字的结构模式分为 11 种类型，所以这种分析方法被称作“结构—功能”分析法。齐元涛《〈说文〉小篆构形系统相关数据的计算机测查》（1996）、郑振峰《论甲骨文字构形系统的特点及其演变》（2004）、杨宏《北魏石刻楷书构形系统的特点及其论析》（2014）等论文就是用“结构—功能”分析法对甲骨文、小篆、北魏石刻楷书等古代文字的形体构造进行分析的；李运富《楚国简帛文字构形系统研究》（1997）、王立军《宋代雕版楷书构形系统研究》（2003）、刘延玲《魏晋行书构形研究》（2004）、罗卫东《春秋金文构形系统研究》（2005）、赵学清《战国东方五国文字构形系统研究》（2005）、易敏《云居寺明刻石经文字构形研究》（2005）、郑振峰《甲骨文字构形系统研究》（2006）、齐元涛《隋唐五代碑志楷书构形系统研究》（2007）等专著也是分别用“结构—功能”分析法对楚国简帛文字、宋代雕版楷书、魏晋行书、春秋金文、战国东方五国文字、云居寺明刻石经文字、甲骨文、隋唐五代碑志楷书等古代不同时期文字形体构造进行分析的。李莉《〈嘉禾吏民田家莂〉文字构形系统研究》（2009）、楼兰《睡虎地秦墓竹简字形系统定量研究》（2006）、代宁《睡虎地秦简文字构形系统研究》（2011）等学位论文也是用“结构—功能”分析法对嘉禾吏民田家莂、睡虎地秦墓竹简等文字的形体构造进行分析的。

据郑振峰（2006）统计，甲骨文共有基础构件 412 个，其中成字构件 278 个，非字构件 134 个；表形功能基础部件 356 个，表义功能基础部件 125 个，标示功能部件 18 个，示音功能部件 113 个。齐元涛（2007）统计，9353 个小篆，共包含 414 个形位，其中成字形位 289 个，非字形位 125 个；构字量在 100 个以上的形位有 77 个；大多数小篆分别为 1—5 个层次组合；小篆构形模式主要涵盖全功能零合成、形义合成、标形合成、会义合成、形音合成、义音合成六种模式。李莉（2006）统计《嘉禾吏民田家莂》708 个字组的字，包括形位 314 个。代宁（2011）统计睡虎地秦简文字包括形位 305 个；楼兰（2006）统计睡虎地秦简文字包括形位 463 个。总之，“结构—功能”分析法是现代古文字研究中影响较大的汉字字形分析方法。

但是，“结构—功能”分析法来分析现代汉字字形也存在一定的问题。

3.1.2.1　形素形体与形素在整字中对应的形体不完全一致

由于“结构—功能”分析法要从构意角度分析汉字字形，所以分析出来的形素是反映该字最初构意的基本单位，而汉字的字体从甲骨文演变到楷书字形发生了较大变化，所以在一定程度上会出现形素在整字中对应形体难以辨认的问题。图 3.1 是用“结构—功能”分析法对“敖、鞭、照”分析的结果。（王宁，2015：90；齐元涛，1996：27）“结构—功能”分析法从构意角度把“傲”分析为“亻、出、方、攵”4 个形素，形素“亻、攵”在“傲”中对应的形体容易直观辨识，而形素“方、出”在“傲”中对应的形体从直观上已经无法辨认；把“鞭”分析为“革、人、丙、又、卜”5 个形素，个形素“革”在“鞭”中对应的形体直观可辨，形素“人”在“鞭”中对应的形体“亻”也基本可辨，形素“丙、又、卜”在“鞭”中对应的形体从直观上则完全无法辨认；把“照”分析为“日、刀、口、灬”4 个形素，形素“日、刀、口、灬”在“照”中对应的形体均直观可辨。

所以，用“结构—功能”分析法分析现代汉字字形，有时候可以从直观上找到形素在整字中的对应形体，有时候则无法从直观上找出形素在整字中的对应形体，这既不利于教学中对现代汉字字形的辨识和书写，又不利于现代汉字构形单位的分析。

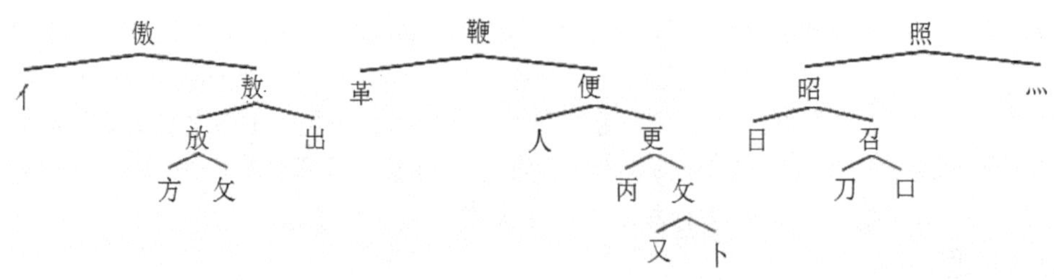

图 3.1 “结构—功能”分析法分析汉字字形实例

3.1.2.2 “构意”的外延模糊导致分析现代汉字字形时构意拆分原则难以贯彻到底

“结构—功能”分析法分析汉字形体时不是依据现代汉字字形，而是要对汉字溯源，按其构意进行拆分。构意是“汉字形体中可分析的意义信息，来自原初造字时造字者的一种主观造字意图”，（王宁，2002：24）不是现代汉字的字义。由于构意追溯的源头是现代汉字的构形模式出现的源头，不是该字造字之初的源头。所以，汉字构意有时要追溯到该字造字之初的甲骨文、金文或小篆字形，有时则要追溯到隶书、楷书时期的字形。那么，就现代汉字个体而言，我们用“结构—功能”分析法分析其字形时，要追溯到哪一历史时期的字形呢？实际操作中这个尺度难以拿捏准确。比如，“更”甲骨文、小篆字形是形声字“从攴丙声”，而“攴”又“从又从卜”，楷化后“又卜丙”构件粘合成为一个没有构意的符号“更”。根据小篆构意“更”要拆分为3个形素，根据楷书构意“更”只包含1个形素，不能再进行拆分。齐元涛《〈说文〉小篆构形系统相关数据的计算机测查》（1996：27）把小篆“更”分析为“卜又丙”3个形素，是根据小篆字形的构意。王立军《宋代雕版楷书构形系统研究》（2003：30）、王宁《汉字构形学讲座》（2002：59）把楷书“更”分析为一个形素，是根据楷化后字形的构意。“傲”小篆字形在人部“从人敖声”，而“敖”在放部“从出从放”，“放”，在放部“从攴方声”，“攴”在攴部“从又卜声”；楷化后“出、放”笔画黏合才演变为“敖”的字形。根据小篆构意“傲”可以分析为“人、出、方、卜、又”5个形素，根据楷化后字形可以分析为“亻、𡈼、攵”3个形素。王宁《汉字构形学导论》（2015）把现代汉字“傲”分析为“亻、出、方、攵”4个形素。这种分析既没有完全按照小篆构意，也没有完全按照楷化后的字形构意。总之，上述对“更、傲”字形构造的分析，无论哪种分析结果都不能说没有道理、不符合构意，而它们所依据的构意却有所不同。可知，“结构—功能”分析法在分析汉字字形，尤其是在分析现代汉字字形时，构意的外延很难准确把握。除非我们对每一个现代汉字的字形演变过程都有系统、清晰的掌握。这要求汉字史研究能提供扎实的成果，而这一要求在目前难以达到。所以，现阶段用“结构—功能”分析法来分析现代汉字字形时，“构意”拆分原则也很难真正贯彻到底。

3.1.3　部件分析法

部件分析法是把汉字字形结构分析为若干部件的字形分析方法，是主要针对现代汉字构形分析的方法。由于文字学领域和信息技术领域对汉字部件的研究目的、研究任务各不相同，部件分析法并没有形成统一的分析标准，即使在文字学和信息技术领域内部也都没有完全统一的标准，仅仅是形成了共同的认知基础：①依据字形现状分析汉字字形；②合体字字形结构可以分为笔画、部件、整字三个层次；③部件是联系笔画和整字的桥梁，是合体字字形结构的核心。

张普《汉字部件分析的方法和理论》（1984）一文指出，各家的部件分析法对汉字进行切分的原则不一，部件分析法分析汉字字形有三种依据：从形切分、从义切分、形义兼顾切分。从形切分就是只考虑现代汉字字形如何切分方便，而不考虑切分后各部件与整字的音义关系；从义切分要使分析出的部件符合造字理据（相当于苏培成所说的造字法分析）；形义兼顾分析则是有时从形有时从义分析汉字字形，而何时从形何时从义分析现代汉字字形，则没有明确的界定。

苏培成《二十世纪的现代汉字研究》（2001）认为张普的三种部件分析依据实际上只有两种，即从形切分和从义切分。“从形切分就是不考虑构字的理据，切分的结果有些和构字的理据相合。从义切分时尽量考虑构字的理据，只有无法考虑时才不得不改为从形。”（苏培成，2001：318）据此，我们认为部件分析法可以分为两种不同的类型：从形部件分析法和从义部件分析法。

3.1.3.1　从形部件分析法

在汉字信息处理领域，部件又叫字根、字元或基本部件、笔画组合、形母等。它们对汉字字形分析时往往采用从形分析法把汉字拆分为若干字根、字元或基本部件，然后依据拆字原则和所拆分出的字根、字元或基础部件对每一个汉字字形编码，设计出不同的汉字形码或形音码的汉字输入法。用计算机处理汉字信息时，必须首先将汉字码化。汉字信息处理领域出现了“万码奔腾”的景象。于是在将汉字码化的过程中，就产生了不同的对汉字形体拆分的方法。国内外出现了几十种汉字拼形编码方案。（张普，1984：37）其中影响较大的编码方案有三种：①支秉彝、钱锋（1978）设计把汉字分解为若干字元（部件或笔画），并发明了“见字识码”编码法。这种编码曾得到一定程度的应用，为建立中文计算机网络和数据库打开了大门，并使建立在电子计算机基础上的照相排版印刷的自动化得以实现。②王永民设计把汉字拆分为130个基本字根。他把汉字“字根”构形分析研究成果应用到计算机汉字形码输入法的研制中，发明了“五笔字型”（又称“王码五笔”）25键4码汉字输入法。该输入法是目前国内应用范围最广的汉字形码输入法，可以在完全不知道汉字读音的情况下实现汉字输入。这种汉字输入法在世界上首破电脑汉字输入每分钟100 字大关，获中、美、英三国专利。③台湾胡立人、张渭源、黄克东设计把汉字分解为300个基本部件符号，发明了“三角编码法”，美国王安电脑公司获得这一专利后，研制成了2200VP中文电脑系统，使用比较广泛。后来朱琪瑶改进了“三角编码法”，把基本部件符号缩减为250个，并进一步合并为196个部首，提高了汉字输入的速度。（冯志伟，1989：19、27）

在汉字研究领域，《现代汉字部件分析的规范化》（晓东，1995：58）认为“分析汉字的部件应该冲破传统“六书”的束缚，完全依照现代汉字字形的规律来认识部件”。他依据从形构形分析法对3500 常用汉字结构进行拆分，拆分出基础部件（晓东称之为“最小部件”）474个，其中成字最小部件（也就是独体字）195个。（晓东，1995：59）

3.1.3.2 从义部件分析法

在汉字研究领域和汉字标准化研究领域对汉字字形分析时多采用从义部件分析法。傅永和《汉字属性字典》（1989）、《汉字的部件》（1991）、苏培成《现代汉字学纲要》（1994b）、《现代汉字部件的切分》（1995）、《汉字部件的拆分》（1997）、高家莺《现代汉字学》（1993）、潘德孚与詹振权《汉字部件的研究》（1995）、韩布新《部件组合——潜在的汉字结构层次》（1995）等论文、著作或工具书在对汉字字形分析时都采用了从义部件分析法。

傅永和《汉字的部件》（1991）对《辞海》（1979）收录的11834 字进行自动分析，得出基础部件648个，其中成字部件327个、非字部件321个。韩布新《部件组合——潜在的汉字结构层次》（1995）指出，对《信息交换用汉字编码字符集》的6763个汉字字形进行拆分，可拆分出部件（包括独体字、部首和最小不可切分单位）567个。费锦昌《现代汉字部件探究》（1996）对3500 常用字进行部件拆分，拆分出部件384个，其中基础部件290个，合成部件94个。《信息处理用GB13000.1字符集汉字部件规范》（1997）对20902个汉字进行字形结构拆分，拆分出基础部件560个。《基础教学用现代汉语常用字部件规范（征求意见稿）》（2003）对3500 常用字进行部件拆分，拆分出基础部件 540 个。《现代常用字部件及部件名称规范》（2009）对 3500 常用字进行部件拆分，拆分出基础部件 514 个。上海交通大学汉字编码组、上海汉语拼音文字研究组编著的《汉字信息字典》（1988）对 13469 个汉字部件进行拆分，拆分出部件（包括独体字、部首和不能再切分的最小单元）623 个。潘钧《现代汉字问题研究》（2004）对 5548 个通常用字的部件进行拆分，拆分出基础部件 526 个，其中成字部件 303 个，非字部件 223 个。

部件分析法虽然是现代汉字构形分析的主要方法，但是由于这种分析方法尚不成熟。目前，用部件分析法来分析现代汉字字形存在以下问题。

1. 理论研究基础相对薄弱并且系统性不强

现有从义部件分析法的成果一般不重视分析方法所依据的理论基础的研究。只有苏培成《现代汉字学纲要》（1994b）、《汉字部件的拆分》（1997）明确提出他的从义部件分析法是以新“六书”理论为基础的分析方法。傅永和《汉字的部件》（1991）、潘德孚和詹振权《汉字部件的研究》（1995）、韩布新《部件组合——潜在的汉字结构层次》（1995）、费锦昌《现代汉字部件探究》（1996）、《信息处理用 GB13000.1 字符集汉字部件规范》（1997）、潘钧《现代汉字问题研究》（2004）、《现代常用字部件及部件名称规范》（2009）、上海交通大学汉字编码组和上海汉语拼音文字研究组编著的《汉字信息字典》等在对现代汉字部件拆分时都仅仅指出是从义的部件拆分，并没有明确指出他们的拆分方法所依据的理论基础。在某种程度上它们都是以“六书”理论为基础的理论的生发。这种状况也充分暴露了从义部件分析法理论基础研究的薄弱。

现有从形部件分析成果也大多不重视部件拆分方法的理论基础研究。只有张普《汉字部件分析的方法和理论》（1984）指出从形部件分析法以部件拓扑结构关系，即汉字部件的空间和方位关系分布为理论基础。而晓东《现代汉字部件分析的规范化》（1995）虽然采用的是从形部件分析法，但并没有明确指出这种分析方法的理论依据。像信息处理领域出现的几十种编码方案中，基本没有一种编码方案明确提出其从形拆分汉字部件所依据的理论基础。

现代汉字的部件分析法所依据的理论基础的研究是相当薄弱的。而理论基础将直接影响到汉字部件拆分的原则与方法的制定，影响到部件拆分结果的一致性。这也是造成目前各家部件拆分结果不一致的一个主要因素。因此，迫切需要加强现代汉字部件分析法的理论基础研究。

2. 部件分析法分析汉字字形时部件拆分的下限不明确

从形部件分析法只说从字形本身出发，并没有对部件分析的下限做明确规定。所以汉字信息处理领域拆分出的部件从 100 多个到 600 多个不等。（张普，1984：37）《现代汉字独体与合体的再认识》（晓东，1994：30）认为“扎孔旧旦幻引亘鱼”等相离的单笔笔画要切分出来，把相离的单笔笔画认定为部件切分的下限。从义部件分析法有理据的字，根据构字的理据分析汉字字形，直至分析到最小的有理据的构件为止；对无理据的字，只笼统地说依形分析，拆分的（部件）下限要大于笔画。（苏培成，2001：325）而至今笔画和部件的界限却仍不明确。比如，《汉字部件分解的原则》（范可育，1990：126）认为除了"一乙"以外，其他的单笔笔画都不是部件，把部件的下限规定为笔画大于 2 画。《现代汉字部件探究》（费锦昌，1996：24）认为相对独立的单笔笔画也是部件，把部件的下限扩大到相对独立的单笔笔画。《现代汉字学纲要》（苏培成，1994b：63）认为笔画一般都小于部件，笔画等于部件是有条件的，附着性的单笔笔画不是部件，独立参与构字的单笔笔画才是部件。他把部件的下限认定为独立参与构字的单笔笔画。那么到底部件分析法的部件拆分下限是什么，至今没有完全弄清楚。

3. 部件分析法分析汉字字形时部件切分依据不明确

《从汉字形体到汉字编码》（叶楚强，1983：11）、《汉字天然部件的研究是字形编码设计的基础》（陈爱文、陈朱鹤，1986：34）认为汉字部件拆分时应以字形的分隔沟为天然标志。而《现代汉字部件探究》（费锦昌，1996：21）则认为汉字字形中分隔沟并非都是部件的天然标志。《现代汉字学纲要》（苏培成，1994b：65）、《信息处理用 GB13000.1 字符集汉字部件规范》（1997）、《基础教学用现代汉语常用字部件规范（征求意见稿）》（2003）、《现代常用字部件及部件名称规范》（2009）都用从义部件分析法分析汉字字形，都认为相离的组合沿分隔沟拆分，相接的组合从接点处拆分。但由于这种切分过于笼统和模糊，导致它们对同一个字的分析结果迥异。比如，同样是"角鹿龟燕"四个字，《现代汉字学纲要》（苏培成，1994b：80）、《信息处理用 GB13000.1 字符集汉字部件规范》（1997）进行了拆分，《基础教学用现代汉语常用字部件规范（征求意见稿）》（2003）、《现代常用字部件及部件名称规范》（2009）则不进行拆分。那么，部件分析法拆分部件时到底依据什么拆分？又怎样确定分隔沟？至今没有一个明确的答案。

4. 从义部件分析法对构字理据的认识不统一

从义部件分析法对有理据汉字根据构字理据进行分析，而对个体汉字的字理认识学界则未达成一致意见。仅就象形字而言，"六书"理论的字理①一般认为象形字为独体字，不做拆分。像"角鹿龟燕"就是小篆的象形字，其字形不能再进行拆分。"形素"理论的构意②一般认为象形字可以分为独体象形和合体象形两种类型。"形素"构

① "六书"构形理论的字理一般都追溯到小篆字形的形义联系。

② "形素"构形理论的构意一般都追溯到某一字形的构形模式出现之初的形义联系。

形理论认为：独体象字是全功能零合字，字形不做拆分；合体象形字是会形合成字，按象形构件的拼合构意来拆分。（王宁，2002：60；罗卫东，2005：137）像“角鹿龟燕”就是小篆的合体象形字，要进行拆分。

苏培成《现代汉字学纲要》（1994b）、《信息处理用 GB13000.1 字符集汉字部件规范》（1997）、《基础教学用现代汉语常用字部件规范（征求意见稿）》（2003）、《现代常用字部件及部件名称规范》（2009）都是采用从义部件分析法分析汉字字形的，都坚持对有构字理据的字按照字理来分析字形的原则。而实际上《基础教学用现代汉语常用字部件规范（征求意见稿）》（2003）、《现代常用字部件及部件名称规范》（2009）以“六书”字理为依据，认为象形字“角鹿龟燕”是最小部件，不能再进行字形拆分；苏培成《现代汉字学纲要》（1994b）以新“六书”为依据，《信息处理用 GB13000.1 字符集汉字部件规范》以“形素”构意为依据，认为“角鹿龟燕”是合体象形字，要进一步拆分为更小的部件。

正是由于部件分析法存在上述不足，再加上拆分字集的不同，才使拆分出来的部件数目差异颇大。据《汉字部件分析的方法和理论》（张普，1984：37）统计，从形部件分析法分析出来的部件数目从 100 多个到 600 多个不等，从义部件分析法分析出来的部件数目从 300 多到 600 多不等，导致至今现代汉字部件没有定数。

3.1.4　其他分析法

李玲璞《说字素》（1993），李圃[①]《甲骨文字字素》（1997）、《字素理论与汉字分析问题》（2001）等还提出了字素构形分析的方法。这种分析方法认为字素是汉字的最小构成单位，也是形音义相结合的最小结合体。这一分析方法影响较小，不再展开论述。

总之，“六书”分析法、“结构—功能”分析法、部件分析法对现代汉字字形的分析，都存在或多或少不尽如人意的地方。虽然部件分析法在现代汉字的构形分析中影响较大，但由于尚不够成熟，文字学范畴内“部件”的意义至今都没有被收录到《现代汉语词典》中。鉴于此种情况，目前仍迫切需要加大对现代汉字部件分析方法的研究力度。

直观构形理论下的直观构形分析法是一种纯粹的从形分析现代汉字字形的部件分析法。它是在厘清现代汉字字形分析依据、部件拆分下限、部件拆分规则的基础上，尽量规范现代汉字部件拆分的操作规程，提高现代汉字字形分析结果的一致性。同样，

① 李圃和李玲璞为同一人，李圃是李玲璞的笔名。

直观构形理论下也将把这种部件拆分的理念贯彻到对现代汉字笔画的拆分中去。

3.2 现代汉字部件的拆分

现代汉字包括整字、部件、笔画三级构形单位。要对通用规范汉字的构形属性进行全面、系统描写，就必须对整字和部件进行拆分。根据直观构形理论，我们可以把现代汉字的整字拆分为部件，再把部件拆分为笔画。

3.2.1 部件的界定

20 世纪上半叶在研究现代汉字字形时，研究人员发现整字和笔画之间存在着中介部分，而这个中介部分对汉字字形的研究又十分重要，需要专门研究。于是有关整字和笔画之间中介部分的研究轰轰烈烈地开展起来。这种介于整字和笔画之间的中介部分在《方块字的怪组织》（杜定友，1954：27）中叫作字根；《偏旁和部件》（倪海曙，1966：15）中叫作部件；《浅谈“见字识码”》（支秉彝、钱锋，1978：351）、《关于汉字编码的研究》（田人和、李竹怀，1980：615）、《汉字编码问题》（李秉彝，1982：7）中叫作字元；《汉字的拆卸与装配》（肖忠义，1978：86）、《析字教学法》（王学作，1980a：91）、《说字素》（李玲璞，1993：12）、《甲骨文字字素》（李圃，1997：30）、《字素理论与汉字分析问题》（李圃，2001：13）中叫作字素；《现代汉字部件分析的规范化》（晓东，1995：57）中叫作笔画块；《同符合体字探微》（陈伟武，1997：106）、《“晢”、“晳”、“晣”辨》（杨宏，1997：44）中叫作构件；《系统论与汉字构形学的创建》（王宁，2000：17）、《汉字构形学讲座》（王宁，2002：36）、《汉字构形学导论》（王宁，2015：87）中叫作形素（形位）。上述部件、字根、字元、字素、构件、形素（形位）的内涵基本相同，但又不完全相同。后来，随着《信息处理用 GB13000.1 字符集汉字部件规范（GF3001-1997）》（以下简称《信息处理部件规范》）、《现代常用字部件及部件名称规范（GF0014-2009）》（以下简称《常用字部件规范》）、《现代常用字独体字规范（GF0013-2009）》（以下简称《常用独体字规范》）等一批国家规范的发布，“部件”才作为指代整字和笔画之间中介部分的专门术语固定下来。

但是到目前为止，对部件的认识还不成熟。因为部件作为现代汉字学术语的意义尚未收录到《现代汉语词典（第 6 版）》中。部件定义也非常纷繁：《偏旁和部件》（倪海曙，1966：15）把部件定义为“比偏旁分析得更细的汉字结构单位”；《现代汉字学》（高家莺、范可育、费锦昌，1993：52）把部件定义为“对汉字进行一次或多次分解后得到的基本结构单位”;《现代汉字学纲要》(苏培成 1994b：63)把部件定义为“介于笔画和整字之间，它大于或等于笔画，小于或等于整字”。直到信息处理部件规范、常用字部件规范、常用独体字规范从汉字字形构造角度按部件的结构和功能把它定义为“由笔画组成的具有组配汉字功能的构字单位”，部件的界定才逐渐稳定下来。

因为根据直观构形理论，现代汉字由整字、部件、笔画三级构形单位构成。所以我们在直观构形理论下仍从结构和功能两个角度来对部件定义进行修正，把部件的定义修正为：由笔画组成的具有组配整字功能的现代汉字构形单位。

3.2.2　部件和偏旁的区分

3.2.2.1　目前对部件和偏旁关系的认识纷繁

传统汉字学分析汉字是以偏旁为基本单位。偏旁一般是指合体汉字的左右两方结构，左方叫偏，右方叫旁。偏旁多为原来的独体字，常常担当表音符号或表意符号。所以，表意的偏旁叫意符，表音的偏旁叫声符。后来偏旁泛指合体字左右、上下、内外任何一方的结构了。(倪海曙，1966：15)现代汉字学分析现代汉字以部件为基本单位。正是因为偏旁和部件都是汉字结构分析的基本单位，所以我们一般认为，这两个概念应该存在千丝万缕的联系。

但是，目前对于部件和偏旁之间关系的认识相当纷繁。杨月蓉《谈现代汉语教材中的“偏旁”和“部件”》(2006)指出仅现代汉语教材对部件和偏旁关系的认识大致有四种观点：一是把部件和偏旁等同起来；二是把偏旁看作一级部件；三是把部件看作介于笔画和偏旁之间的单位，相当于末级部件；四是把部件看作介于笔画和偏旁之间的单位，但不限于是末级部件。

其实，这四种观点都有问题。第三种观点和第四种观点的问题最明显。假定部件是介于笔画和偏旁之间的单位，如果“明”的偏旁是“日、月”，那么“日、月”是不是“明”的部件？如果“萌”的偏旁是“艹、明”,“明”还可以拆分为“日、月”，那么谁是“萌”的部件呢？按照第三、四种观点，“日、月”是“明”的偏旁，在偏旁“日、月”和笔画之间并没有中介单位，因此“明”没有部件；“艹、明”是“萌”的偏旁，在偏旁“艹、明”和笔画之间有中介单位“日、月”，所以“日、月”是“萌”的部件。而“艹”不是“萌”的部件，因为虽然“艹”是末级部件，但它不是介于笔画和偏旁之间的单位。很明显，这种判定结果与事实不符。

第二种观点也有问题。假定把偏旁看作一级部件，第一层“萌”可以拆分为“艹、明”，第二层“明”又可以拆分为“日、月”，那么“萌”的偏旁应该是“艹、明”，这没有任何问题。如果承认一级部件是偏旁“艹、明”，那么我们既可以轻松推导出“萌”是由一级部件“艹、明”、二级部件“日、月”构成的字；然后继续推导出“萌”是由偏旁“艹、明”和部件“日、月”构成的字。第二种推导结果存在明显漏洞，传统文字学中，偏旁“艹、明”已经是构字的基本单位了，既然是构字的基本单位，“明”怎么还可以继续拆分为“日、月”呢？如果再对“萌”的偏旁“明”进行拆分，“明”就不能被称作“萌”的偏旁了，因为这与偏旁的内涵相违背。所以第二种观点也明显与常识不符。

传统文字学把“萌”拆分为偏旁“艹、明”，“艹”表意，“明”表音，所以“萌”的偏旁是“艹、明”。而现代汉字学中按字理把“萌”拆分为“艹、明”之后，仍要把“明”再拆分为“日、月”，所以“萌”的部件是“艹、明、日、月”。“萌”的偏旁和部件明显不是对等关系。那么，第一种观点把偏旁和部件等同起来肯定是与事实不符的。

可以说，现代汉语教材中对部件与偏旁关系的四种认定都有与事实不符的地方，严格来说这四种认识都不够妥当。

3.2.2.2 对部件和偏旁关系认识纷繁的原因

到目前为止对部件和偏旁关系的认识纠结不清，是因为虽然把部件和偏旁都认定为汉字结构的基本单位，部件是现代汉字结构分析的基本单位，偏旁是传统汉字结构分析的基本单位。但是却没有分清楚两个基本结构单位的本质差异。由于偏旁和部件分析的目的不同，偏旁分析的目的是弄清字形与字音、字义的关系，往往对无理据字不进行分析。部件分析的目的是弄清楚字形构造的规律，找出汉字最基本的构字单位，字理只是部件分析的参考依据之一，并且也常出现一个字的前半部分是有理分析、后半部分是无理分析的情况，甚至还有为了字形牺牲字理的做法，像对无理据字的部件拆分就是最典型的例子。所以，偏旁要么表音，要么表义，如“林”的偏旁“木”表义；“箱”的偏旁“相”表音；“敫”的偏旁“白”表义。而按字理依层级拆分出来的部件并不一定都和整字的音或者义相关，如“林”的部件“木”表义，而“箱”的部件“木”则既不表音也不表义，“敫”的部件“放”不表音也不表义。总之，目前偏旁和部件之间的关系纠结不清是因为以字理为基础的汉字分析，没有认清偏旁和部件的本质，在只看到了偏旁和部件都是从字理角度拆分出来的汉字构造基本单位的情况下就以偏概全，武断地认定偏旁和部件一定有某种对应关系。从而造成了对部件和偏旁关系的繁杂认识。

因此，以字理为基础的汉字部件分析，容易忽视部件与偏旁的差异，放大部件与偏旁的关联，造成部件与偏旁关系的认识混乱。

3.2.2.3　直观构形理论对部件、偏旁、部首关系的区分

拆分汉字结构的目的不同，其拆分结果必然不同。汉字部件拆分的最初目的就是为了区分汉字字形、满足计算机给汉字编码的需要，并不是要探讨汉字形义之间的关系。汉字偏旁拆分的最初目的就是弄清楚汉字形义之间的联系，能够通过字形推究字义，提高汉字学习的效率。它们是分属于两个不同层面的概念。我们在没有弄清其异同关系的情况下就强行把它们拉在一块进行比较，比较的结果自然是似是而非、含混不清。要厘清它们之间的关系，首先要先分清偏旁和部件所处的不同层面。

我们的直观构形理论就是纯粹从字形角度研究汉字字形构造规律的。在直观构形理论下，我们更容易厘清部件和偏旁的关系，同时还能弄清它们与部首的纠结。直观构形理论认为部件是构形单位，不表音也不表意，只表示汉字形体构造。偏旁是传统文字学对会意、形声这样的合体字分析时的构字单位，要么表音，要么表意。部首是在字典中字形查检的单位，可以表音、表意，也可以既不表音也不表意。（见 2.4.3.3，此不赘述）汉字构形、构字、查检是汉字字形研究的三个不同层面。汉字构形分析侧重于考虑汉字字形怎样更好地区分；汉字构字分析侧重于考虑汉字形义怎样更好地关联；汉字查检分析侧重于考虑汉字字形怎样最经济地类聚。它们代表了不同历史时期，从不同实用目的对汉字字形分析的结果，不同层面的术语没有必然的可比性。就像是虽然句子分析可以分为语法、语义、语用三个层面一样，我们可以从不同的目的出发，对同一个句子进行多维度认知；但是我们却不能把不同层面上的术语“主谓、动宾”，“施事、受事”，“话题、焦点”等拿来做简单、对应性比较。更像是句子成分和句法成分两种不同目的的分析方法，虽然句子成分分析法中有主、谓、宾等分析单位，句法成分中也有主谓、动宾等分析单位，但是两种分析方法中的主、谓术语却没有必然的对应关系，有时甚至没有任何可比性。所以，在直观构形理论下，部件、偏旁、部首都是汉字字形结构分析单位，它们分别是从构形、构字、字形查检三个不同层面来分析汉字字形结构时的术语，它们各自隶属不同的汉字字形分析系统，虽然在某一范围内或某种特殊情况下它们之间有一定关联性，但它们并没有整体上的简单、必然的对应性关系，我们只需根据实际情况对其特定范围内的关联性描述即可，无须强行对汉字字形研究不同层面上的术语进行比较，更不能用这一层面的术语对另一层面的术语进行解释。

3.2.3 部件拆分的依据

3.2.3.1 字理、字形双重拆分依据的不足

《汉字部件规范的目的和部件拆分标准》（张德劭，2007：229）指出“汉字部件的研究经过了数十年的讨论，在一些主要的方面已经基本达成了共识。在部件拆分标准方面，虽然在理论原则上意见日趋一致，但在部件拆分的具体操作上，还存在着较大的分歧”。我们则认为部件拆分操作的分歧并不是操作方法本身造成的，主要是理论上拆分标准的双重性导致的。现代汉字部件拆分主要是采用字理和字形相结合的原则。比如，信息处理部件规范、常用字部件规范的制定都是采用字理和字形相结合的原则。由于字理、字形相结合的原则本质上是双重标准原则，既然是双重标准必然会有主次之分，所以才出现了信息处理部件规范以字形为主，常用字部件规范以字理为主的汉字部件拆分。可以说，两个部件规范在表面上达成共识，采用字形字理相结合的原则，实际上这种二元标准存在先天不足：第一，现代汉字哪些字有理据，哪些字无理据；哪些字字理、字形矛盾，哪些字字理、字形不矛盾尚未形成统一认识。即使是有理据字，对字理的认识也并不统一。第二，无理据字如何分析，尚未形成统一认识。只有这两方面的问题都形成基本共识，字形、字理双重标准的拆分结果才会减少分歧、达成一致。而实际上，这两个问题在学界至今没有达成共识。

因此，我们将避开字理、字形双重标准，根据直观构形理论，纯粹从字形角度来分析现代汉字的构形。直观构形理论依据现代汉字部件的拓扑结构关系——空间关系和方位关系来拆分部件。

3.2.3.2 直观构形理论下现代汉字部件拆分依据——拓扑结构关系

《汉字部件分析的方法和理论》（张普，1984：39）把汉字部件拓扑结构关系——空间关系分为相离、相接、相交三类。比如，“信认相”两部件之间是相离关系，“吊右妄”两部件之间是相接关系，“夷果东”两部件之间是相交关系。他还把汉字部件拓扑结构关系——方位关系分为上下关系、左右关系、内外关系、独体、框架五大类；内外关系又分为两面包围、三面包围、四面包围三小类；两面包围再分为左上包围、右上包围、左下包围三个次类；三面包围再分为上包围、左包围、下包围三个次类。一共 11 种方位关系。《现代汉字的特点和结构》（高家莺，1987：54）把汉字部件拓扑关系——方位关系叫作汉字的结构方式，把结构方式分为左右结构、上下结构、内外结构、套嵌结构、独体结构五种。《用上下文无关语法来描述汉字结构》（冯志伟，

2006：17）把合体汉字结构方式分为上下结构、上中下结构、左右结构、左中右结构、左上包围结构、右上包围结构、左下包围结构、左上右包围结构、上左下包围结构、左下右包围结构、全包围结构 11 种。所以说部件拓扑结构关系——方位关系基本上可以分为几种到十几种。由于我们要用上下文无关文法来描写现代汉字生成过程，基于 Chomsky 范式的文法上的一个分析树是二叉树，所以我们暂且采用张普的 11 种方位关系。

从《通用规范汉字表》中抽取 0001—0600 号共 600 个整字进行部件拆分的前期调研。根据 11 种方位关系我们来对这 600 个整字进行直观构形分析。我们发现独体[①]、左右关系、上下关系、框架关系都基本没有问题。内外关系存在一定问题。内外关系分类要比左右关系、上下关系、框架关系和独体复杂得多。比如，“厅庆”属于左上包围，“可勾”属于右上包围，“辽旭”属于左下包围，是两面包围；“冈凤”属于上包围，“区匹”属于左包围，“凶”属于下包围，是三面包围；“因回”是四面包围。为什么内外关系这么复杂？通过表 3.1 的比较可以看出，内外关系结构复杂和方位关系本身并没有直接联系，主要是和外部部件的形体有着必然的联系。

表 3.1　汉字结构与部件形体的关系

例字	内外关系类型	外（部）部件	内（部）部件	方位关系命名理由
厅、庆	左上两包围	厂、广	丁、大	根据外部件形体
可、勾	右上两包围	丁、勹	口、厶	根据外部件形体
辽、旭	左下两包围	辶、九	了、日	根据外部件形体
冈、凤	上三包围	冂、几	乂、又	根据外部件形体
区、匹	左三包围	匚、匚	乂、儿	根据外部件形体
凶	下三包围	凵	乂	根据外部件形体
因、回	四包围	囗、囗	人、口	根据外部件形体

“厅庆”叫作左上两包围关系是因为内外结构的外部部件“厂广”的形体在方块字形的左部位、上部位形成包围之势。同样右上两包围、左下两包围、上三包围、左三包围、下三包围、四包围都是因为内外结构外部件的形体在方块字形相应部位形成包围之势。所以，内外结构内部再细分的这些不同类型都是和外部部件形体相关，并非和部件的方位关系相关。因此，左上包围、右上包围、左下包围、上包围、左包围、下包围、四面包围这些内外关系可以优化合并为两种关系，即半包围关系和全包围关

① 直观构形理论下的独体字指的是《通用规范汉字表》中由笔画构成的、不能或不宜再拆分的成字基础部件构成的整字，也就是由 1 个成字基础部件直接构成的整字。

系。其中各种两包围和三包围关系统称为半包围关系，四包围关系改称全包围关系。

通过调研我们还发现框架结构的命名与部件组配的实际不完全相符。比如，我们可以说“噩”是框架结构，“王”先搭下一个框架，接着再往框架“王”里面填充部件“吅”。但是“臿”也是框架结构，如果我们还说是先搭下一个框架“臼”，然后再往框架“臼”里填充部件“千”，这就不够妥当了。因为部件“千”明明不在框架“臼”的内部，而在其上部。所以，我们把框架结构改称为“穿插”结构，可以说“噩”的部件“吅”穿插在部件“王”的内部，“臿”的部件“千”穿插在部件“臼”的上部。

这样，直观构形理论下部件拓扑结构关系——方位关系则由 11 类修正为独体、左右关系、上下关系、半包围关系、全包围关系、穿插关系 6 类。比如，“上卫女手方”是独体字，“比计打叫灯” 是左右关系的字，“冬穴吊旨妄”是上下关系的字，“庆勾旭冈匹凶”是半包围关系的字，“囚回因团”是全包围关系的字，“噩臿斗头”是穿插关系的字。

另外，在前期调研中还发现了对半包围关系的左上两包围和上下关系的认定存在一定分歧。比如，“右左老寿”是什么关系的字呢？有人认为是半包围关系的字，有人认为是上下关系的字。目前国家没有公布对汉字部件结构拓扑关系——方位关系认定的规范，我们只能根据相对权威的工具书和现代汉字上下、半包围关系的特征对“右左老寿”的方位关系进行认定。首先，傅永和《汉字属性字典》（1989）认为“右左老寿”都是左上包孕关系（相当于半包围关系）的字，①唐小平《新课程小学生字典》（2003）认为“右左老寿”是半包围关系的字，②商务国际辞书编辑部《小学生字典》（2011）认为“右左老寿”是半包围关系的字，③李行健主编《小学生规范字典（第四版）》（2015）认为“右左老寿”是半包围关系的字，④其次，现代汉字部件方位关系集合中恰好存在半包围关系的左上两包围和上下关系对立的情况。比如，《通用规范汉字表》中“唇辱”两个字中“辰口”“辰寸”部件方位关系形成了鲜明的对立，其中“辰口”是半包围关系，“辰”的“撇”笔收笔时的尾部在“口”第一笔“竖”起笔位置的左下方；“辰寸”是上下关系，“辰”的“撇”笔收笔时的尾部在“寸”第一笔“横”起笔位置的左上方。“辱”中“辰寸”和“褥”的右部件“辱”中“辰寸”的对立关系尤为突出，“辱”中“辰寸”是上下关系，“辱”中“辰寸”是半包围关

① 见《汉字属性字典》“右”第 928 页，“左”第 1041，“老”第 431 页，“寿”第 696 页。

② 见《新课程小学生字典》“右”第 564 页，“左”第 621，“老”第 280 页，“寿”第 435 页。

③ 见《小学生字典》“右”第 637 页，“左”第 706，“老”第 304 页，“寿”第 489 页。

④ 见《小学生规范字典（第四版）》“右”第 518 页，“左”第 573 页，“老”第 256 页，“寿”第 401 页。

系。通过这些部件间半包围关系的左上两包围和上下关系的对立我们可以认定：半包围关系的左上两包围中“撇”笔收笔时尾部的位置都低于和它直接组合的另一部件第一笔起笔时的位置，上下关系中“撇”笔收笔时尾部的位置都高于和它直接组合的另一部件第一笔起笔时的位置。所以“右左老寿”的两部件“𠂇口”“𠂇工”“耂匕”“𡗗寸”之间是都半包围关系。

还需要特别指出的是我们常说的现代汉字中的“品”字结构的方位关系的归属问题。在直观构形理论下合体字没有平面结构，①它们都是层级结构，像“早”有 1 个层级，是单层结构；“解”有 2 个层级，是多层结构。因此就没有“品”字结构这种结构方式，在直观构形理论下“品”第一层级由上下关系的部件“口吅”构成，第二层级由左右关系的部件“口口”构成。

3.2.3.3　现代汉字部件构形具有层级性、类推性和递归性

在前期调研的过程中我们发现：现代汉字的直观构形系统中，部件的组合具有层级性、类推性和递归性。

1. 部件组合的层级性

根据独体、左右、上下、半包围、全包围、穿插六种关系对 600 个现代汉字进行前期调研。我们发现，一方面“方人十丁牛”从直观上不能分成上下、左右、半包围、全包围或穿插关系的两部分，是独体字。另一方面“从比介”从直观上分别可以分为左右关系的“人人”、左右关系的“⺊ 匕”、上下关系的“人丿丨”。“丛”从直观上先分为上下关系的“从一”，“从”再分为左右关系的“人人”；“毕”从直观上先分为上下关系的“比十”，“比”再分为左右关系的“⺊ 匕”；“阶”从直观上先分为左右关系的“阝 介”，“介”再分为上下关系的“人丿丨”。现代合体汉字构形是分层级的。“从比介”是由两个基础部件直接组合构成的单层结构的整字，“丛毕阶”是由三个基础部件逐层组合构成的多层结构的整字。

2. 部件组合的类推性

部件组合的类推性是指部件组合中功能相同、方位相同的部件可以替换。比如，“打”是左右关系的部件组合，左部位的“扌”可以被和它功能相同的“讠、口、火”等部件替换，分别构成“订、叮、灯”等整字；右部位的“丁”可以被和它功能相同的“卜、乃、彐”等部件替换，分别构成“扑、扔、扫”等整字。“古”是上下关系的部件组合，上部位的“十”可以被和它功能相同的“刀、厶、士、千”等部件替换，

① 我们的观点和王宁《汉字构形学讲座》的观点不同。王宁《汉字构形学讲座》把部件组合分为平面结构和层次结构，并认为像“解”可以一次性拆分为“角刀牛”3 个形素，它是平面结构。

分别构成“召、台、吉、舌”等整字；下部位的“口”可以被和它功能相同的“又、廾”等部件替换，分别构成“支、弃”等整字。

3. 部件组合的递归性

部件组合的递归性是指部件层级组合中相同的方位关系可以重复出现。比如，“鸿”按直观构形分析可以先分为左右关系的“江、鸟”两个部件，合成部件“江”再分为“氵、工”两个基础部件。在“鸿”这个汉字的组造过程中左右方位关系可以重复使用。“竟”按直观构形分析，可以先分为上下关系的“音、儿”两个部件，合成部件“音”再分为上下关系的“立、日”两个基础部件。在“竟”这个汉字的组造过程中上下方位关系可以重复使用。

总之，正是由于现代合体汉字构形系统中部件的组合具有层级性、类推性和递归性，才使现代汉字可以用少量的基础部件，按照有限的方位关系组成成千上万的整字。当然并不是任意基础部件都可以组合在一起构成整字，整字的组构除了受现代汉字构形系统内部规律的影响之外，还受字音、字义、民族性、时代性等外部因素的影响。而这些外部因素的影响都浓缩在汉字的“正字法”中，在汉字的字形上外显出来。

3.2.4 部件拆分的原则

3.2.4.1 现有部件拆分的分歧

现代汉字部件研究以部件的拆分为基础。现代汉字部件拆分存在较大差异，不同拆分方案拆分出的部件数目从100多个到600多个不等。这主要是部件拆分原则的不同造成的。现有部件拆分原则主要存在以下分歧。

1. 依字理拆分还是依字形拆分的分歧

王宁（2002、2015）“结构—功能”分析法主张按照构意（相当于字理）拆分汉字部件，把 “傲”分析为“亻、方、攵、出”4个形素（见图3.1）；信息处理部件规范、常用字部件规范采用字理和字形相结合的方法拆分汉字部件，信息处理部件规范把“傲”拆分为“亻、丰、万、攵”4个部件，常用字部件规范把“傲”拆分为“亻、𠂉、攵”3个部件；张普（1984）、刘连元（1995a、1995b）、晓东（1994、1995、1996）主张纯粹从字形拆分汉字部件。

2. 部件范围的分歧

傅永和《汉字的部件》（1991：4）认为笔画一般不能是部件；彭绪富《汉字部件规范化》（1998：65）认为有理据的单笔画拆分，无理据的单笔笔画不拆分。晓东《现代汉字部件分析的规范化》（1995：58）、信息处理部件规范、常用字部件规范认为单笔笔画可以是部件。比如，他们都认为“旦旧丢良扎”中的笔画“一丨丿丶乚”是单笔部件；但信息处理部件规范、常用字部件规范认定的单笔部件又不相同，信息处理部件规范认为“正天丝卫与鱼再”中的“一”、“么壬升乇失血夭朱”中的第一笔“丿”、“刃勺太术义尤乓”中的“丶”为单笔部件，常用字部件规范则认为它们不是单笔部件，“正天丝卫与鱼再么壬升乇失血夭朱刃勺太术义尤乓”不能再进行拆分。

3. 交重笔画是否拆分的分歧

《汉字部件规范化》（彭绪富，1998：42）、信息处理部件规范、常用字部件规范认为部件拆分要考虑笔画因素。笔画交重的，如“夷秉重”等不再拆分。王永民认为部件拆分可以不考虑笔画因素，笔画交重的可以拆分。比如，王永民五笔字字型把“秉”拆分为“丿、一、彐、小”四个字根，把“重”拆分为“丿、一、日、土”四个字根，把“夷”拆分为“一、弓、人”三个字根。（五笔学习研究会，2007：11、19、175）

4. 字形分析是否按分隔沟拆分的分歧

《从汉字形体到汉字编码》（叶楚强，1983：11），《汉字天然部件的研究是字形编码设计的基础》（陈爱文、陈朱鹤，1986：34）认为汉字部件拆分时应以字形的分隔沟为天然标志。《现代汉字部件分析的规范化》（晓东，1995：57）认为纯粹汉字字形分析可以按分隔沟来拆分，主张把“兆竹非”拆分为两个部件。《现代汉字部件探究》（费锦昌，1996：21）认为不能完全按分隔沟来拆分。有的情况下可以按分隔沟拆分，如“认”按分隔沟拆分为“讠、人”；有的情况下不能按分隔沟来拆分，因为分隔沟并非部件的天然标志，如“二、巛、小、癶”虽然有明显分隔沟，但是不进行拆分。

3.2.4.2　直观构形理论下部件拆分的原则

直观构形分析是纯粹的字形分析，它依据汉字部件的拓扑结构关系——方位关系和空间关系拆分汉字部件。部件之间的方位关系主要有独体、左右关系、上下关系、半包围关系、全包围关系、穿插关系六类；空间关系主要有相离、相接、相交三类。

直观构形分析法分析现代汉字部件时，按层级从大到小逐层拆分。我们先以前期调研中 600 个实验字的拆分为基础来制定初步的拆分原则：根据取成字部件优先，从部件相离、相接处拆分；相交部件不拆分；部件不能拆分出单笔笔画；部件拆分不能违背现代汉字构形的系统性。但是在拆分过程中，遇到了不少部件拆分难题，通过不断扩大实验字的范围发现初步制定的拆分原则过于粗疏，不能很好地解决实际拆分问题，所以对拆分原则不断进行修正，得到了如下具体的拆分原则。

1. 有相离、相接标记的可以在一定条件限制下进行拆分

1）拆分出的两个部件要有拓扑结构关系——方位关系。

根据系统的相关性，系统某一部分的变化会导致另外部分的变化。部件方位关系的变化可能会导致合成部件的差异。所以拆分部件时，必须标注部件的方位关系。同时，标注部件方位关系也可以防止乱拆部件。比如：

另——拆分为“口力”，上下关系（第一层）。

叻——拆分为“口力”，左右关系（第一层）。

叮——拆分为“口丁”，左右关系（第一层）。

囚——拆分为“囗人”，全包围关系（第一层）。

闪——拆分为“门人”，半包围关系（第一层）。

头——拆分为“大⺀”，穿插关系（第一层）。

*朱——不能拆分为“丿未”，因为“丿”“未”之间不能用六种方位关系描述。

*旗——不能拆分为“㫃其”，因为“㫃”“其”之间不能用六种方位关系描述。

2）取成字部件优先原则。（晓东，1995：59）根据相离、相接标记拆分部件时，优先把成字部件拆分出来。同时确保拆分出的部件必须具有某种方位关系。

（1）拆分出两个成字部件。比如：

歹——拆分为“一夕”，上下关系（第一层）。

竟——拆分为“音儿”，上下关系（第一层）；“音”拆分为“立日”，上下关系（第二层）。

时——拆分为“日寸”，左右关系（第一层）。

彬——拆分为“木杉”，左右关系（第一层）；“杉”拆分为“木彡”，左右关系（第二层）。

旭——拆分为“九日”，半包围关系（第一层）。

磨——拆分为“麻石”，半包围关系（第一层）；“麻”拆分为“广林”，半包围关系（第二层）；“林”拆分为“木木”，左右关系（第三层）。

坐——拆分为“土从”，穿插关系（第一层）；“从”拆分为“人人”，左右关系（第二层）。

衙——拆分为“行吾”，穿插关系（第一层）；“行”拆分为“彳亍”，左右关系（第二层）；“吾”拆分为“五口”，上下关系（第二层）。

*敫——不能拆分为“白放”。

*死——不能拆分为“歹匕”。

*颖——不能拆分为“禾顷”。

因为这种拆分结果虽然都是按相离、相接标记拆分的，并且拆分出来的都是成字

部件，但是拆分出的成字部件之间却不能用六种方位关系来描述。

（2）拆分出一个成字部件。比如：

合——拆分为“亼口”，上下关系（第一层）；……

金——拆分为“人㐅”，上下关系（第一层）；“㐅”拆分为“䒑干”，穿插关系（第二层）。

付——拆分为“亻寸”，左右关系（第一层）。

恻——拆分为“忄则”，左右关系（第一层）；“则”拆分为“贝刂”，左右关系（第二层）。

边——拆分为“辶力”，半包围关系（第一层）。

老——拆分为“耂匕”，半包围关系（第一层）。

回——拆分为“囗口”，全包围关系（第一层）。

图——拆分为“囗冬”，全包围关系（第一层）；……

斗——拆分为“十⺀”，穿插关系（第一层）。

卿——拆分为“卯皀”，穿插关系（第一层）。

（3）如果要拆分为两个非成字部件，要么两个非成字部件可以同部位替换，要么至少有一个非成字部件具有构字能力。否则，即使有相离、相接的拆分标记也不进行拆分。

A. 两个非成字部件可以同部位替换，要进行拆分。比如：

条——拆分为“夂朩”，上下关系（第一层）。因为“夂”可以被“乂”替换，和“朩”构成“杀”；“朩”可以被“口”替换，和“夂”构成“各”。

光——拆分为“⺌兀”，上下关系（第一层）。因为“⺌”可以被“戈”替换，和“兀”构成“尧”；“兀”可以被“彐”替换，和“⺌”构成“当”。

纠——拆分为“纟丩”，左右关系（第一层）。因为“纟”可以被“口”替换，和“丩”构成“叫”；“丩”可以被“工”替换，和“纟”构成“红”。

归——拆分为“刂彐”，左右关系（第一层）。因为“刂”可以被“扌”替换，和“彐”构成“扫”；“彐”可以被“巾”替换，和“刂”构成“帅”。

同——拆分为“冂𠮛”，半包围关系（第一层）。因为“冂”可以被“⺁”替换，和“𠮛”构成“后”；“𠮛”可以被“乂”替换，和“冂”构成“冈”。

危——拆分为“⺈㔾”，半包围关系（第一层）。因为“⺈”可以被“厂”替换，和“㔾”构成“厄”；“㔾”可以被“言”替换，和“⺈”构成“詹”。

囱——拆分为“囗乂”，全包围关系（第一层）。因为“囗”可以被“口”替换，和“乂”构成“冈”（“卤”的第二层）；“乂”可以被“夂”替换，和“囗”构成“囱”。

B. 至少有一个非成字部件具有构字能力，要进行拆分。比如：

尧——拆分为“戈兀”，上下关系（第一层）。“兀”具有组配“光杌虺靰髡屼”等整字的能力。

击——拆分为“丰凵”，上下关系（第一层）。“凵”具有组配“缶凶函”等整字的能力。

师——拆分为“刂 帀”，左右关系（第一层）。“刂”具有组配“归帅”等整字的能力。

陋——拆分为“阝 㔽”，左右关系（第一层）。“阝”具有组配“队阵阳阶”等整字的能力。

延——拆分为“廴 正”，半包围关系（第一层）。“廴”具有组配“建廷”等整字的能力。

考——拆分为“耂丂”，半包围关系（第一层）。“耂”具有组配“老孝者耇”等整字的能力。

C. 既不能同部位替换，任一非成字部件又没有构字能力的，即使它们之间有相离、相接的标记，也不进行拆分。比如：

叚、癶、兆、非、卵、竹等均不能再拆分。

因为，拆分出的两部分只能互相组配，除了能构成“叚、癶、兆、非、卵、竹”之外，再也不能构成《通用规范汉字表》中的其他部件或整字。

3）有两个以上的相离或相接标记时，如果采用取成字部件优先的原则仍不能保证拆分唯一时，根据系统论思想，把要拆分的目标字放在《通用规范汉字表》8105字中观察，或者取出构字能力强的部件优先拆分，或者按系统拆分。

（1）构字能力强的部件优先拆分。比如：

查——既可以从上取字拆分为“木旦”，上下关系（第一层）；又可以从下取字拆分为“杳一”，上下关系。这时候把“旦、杳”分别放入《通用规范汉字表》8105字中观察。发现“旦”还可以组构“昼暨但”等字，而“杳”除了它自己再不能组构其他字。所以，把“查”拆分为“木旦”，上下关系（第一层）；“旦”再拆分为“日一”，上下关系（第二层）。

树——既可以从左取字拆分为“木对”，左右关系（第一层）；又可以从右取字拆分为“权寸”，左右关系（第一层）。这时候把“对、权”分别放入《通用规范汉字表》8105字中观察。发现“对”还可以组构“怼”字，而“权”除了它自己再不能组构其他字。所以，把“树”拆分为“木对”，左右关系（第一层）；“对”再拆分为“又寸”，左右关系（第二层）。

（2）按系统类比拆分。比如：

章——既可以从上取字拆分为“立早”，上下关系（第一层）；又可以从下取字拆分为“音十”，上下关系（第一层）。这时候把“章”放入《通用规范汉字表》8105 字中观察。发现“意竟竞”是相同构形模式的字，应该采用相同的拆分方法。如果从上往下取部件，“意竟”则要拆分出两个非成字合成部件，如果从下往上取部件，则不会增加新的非成字合成部件。所以，“章意竟竞”放在一起处理，都从下到上取成字部件拆分，第一层可以分别拆分为“音十、音心、音儿、音儿”，上下关系（第一层）。这样既不增加非成字合成部件的数量，又实现了统一的拆分。

克——既可以从上取成字部件拆分为“十兄”，上下关系（第一层）；又可以从下取成字部件拆分为“古儿”，上下关系（第一层）。这时候把“克”放入《通用规范汉字表》8105 字中观察，发现“辜”是相同构形模式的字，应该采用相同的拆分方法。如果从上往下取部件，“辜”则要拆分出一个非成字合成部件，如果从下往上取字，则不会增加新的非成字合成部件。所以“克辜”放在一起处理，都从下到上取成字部件拆分，第一层可以分别拆分为“古儿、古辛”，上下关系（第一层）。这样既不增加非成字合成部件的数量，又实现了统一的拆分。

翼——既可以从上取部件拆分为一个成字部件和一个非成字部件，也可以从下取部件拆分为一个成字部件和一个非成字部件。这时候把“翼”放入《通用规范汉字表》8105 字中观察。发现“冀糞”是相同构形模式的字，应该采用相同的拆分方法。如果从下往上取部件，“翼冀糞”则要拆分出三个非成字合成部件，如果从上往下取部件，则只会拆分出一个非成字合成部件。所以，我们把“翼冀糞”放在一起处理，采取从上往下取部件的方法，在第一层把它们分别拆分为“羽異、北異、米異”，上下关系（第一层）。这样既不增加非成字合成部件的数量，又实现了统一的拆分。

曼——既可以从上取部件拆分为一个成字部件和一个非成字部件，也可以从下取部件拆分为一个成字部件和一个非成字部件。这时候根据前期调研的实验结果我们发现包含“罒”的字“罒”大多数都分布在上下结构上的位置，如“罗罚罢署置罪罩”等；少数情况下分布在上下结构下的位置，如“曲罒”等。所以，通过类比我们认为“曼”拆分时从上往下取部件拆分为“曰罖”两个部件，上下关系（第一层）。这样既不增加非成字合成部件的数量，又实现了统一的拆分。

另外“俞”可以和“合命”构成系统后互相类比拆分；“高”可以和“享亮京亨”构成系统后类比拆分。

4）当取成字部件优先拆分和系统拆分结果不一致时，取系统拆分的结果。

有时按取成字部件优先和按系统拆分的结果是一致的，如“打抓把捶”“江汁汉污池汝”“她好如妈妙”等按取字优先和按系统拆分的结果是一致的。有时按取成字部件优先和按系统拆分的结果是不一致的。比如：

莫——按取成字部件优先是从下到上取字拆分；但是把“莫幂”放在一起类比，

“莫”只有从上到下拆分，才能减少新造非成字合成部件的数量。所以，“莫”根据系统拆分为“卄旲”，上下关系（第一层）。

吅[①]——按取成字部件优先是从左到右拆分；根据“叕[②]燚”放在一起类比，只有从上到下切分才能减少新造非成字合成部件的数量。所以，“吅”根据系统拆分为“口、口”，上下关系（第二层）。并且这也和“器”的字形一致。

5）当字形与系统的拆分结果不一致时，取字形拆分的结果。

直观构形分析现代汉字构形时，无论按什么标准拆分都要在充分尊重字形的前提下进行。如果系统拆分的结果与字形不一致，则取字形拆分的结果。比如：

㸚[③]——根据“吅叕燚”放在一起类比，应该从上到下切分为“㐅、㐅”，并不会增加新造非成字合成部件的数量。[④]但是“㸚”作为“爽”的第一层非成字合成部件，按字形“爻、爻”分布在“大”的框架中。如果按系统把“㸚”拆分为“㐅、㐅”则会与“爽”的字形不一致。所以，“㸚”按字形，只能拆分为“爻、爻”，左右关系（第二层）。

2. 部件交重一般不拆分（“孝”及其构字除外）

1）部件交重在一起的字一般不再拆分。比如：

*重——不拆分为“千里”。

*秉——不拆分为“禾彐”。

*串——不拆分为“中中”。

*熏——不拆分为“千黑”。

*我——不拆分为“丿扌戈。

*出——不拆分为“山山”。

*更——不拆分为“攵丙”。

*夫——不拆分为“卄屯”。

*果——不拆分为“田木”。

*戢——不拆分为“咠戈”。

2）“孝”及其构字要进行拆分。

孝——拆分为“耂子”，半包围关系（第一层）。

哮教酵涍——这些字中的“孝”拆分为“耂子”，半包围关系（第二层）。

---

① “吅”是“器”的第一层合成部件。

② “叕”是“缀”的第一层合成部件。

③ “㸚”是“爽”的第一层合成部件。

④ “㐅”是“网”的第一层合成部件。

“孝”字字形特殊。因为和“孝”字构形模式相同的“老者考”，部件“耂”的“撇”笔都没有和部件“匕日丂”的“折”笔、“竖”笔、“横”笔交叉在一起，只有“孝”字部件“耂”的“撇”笔和部件“子”的“折”笔明显相交在一起。按照汉字构形的系统性，我们对“孝”及“哮教酵涍”的两个部件“耂子”做拆分处理。

3. 不能拆分到单笔笔画（一、乙除外）

因为汉字构形单位包括笔画、部件、整字三级。并且对单笔笔画能否成为部件的问题一直存在分歧。根据系统的集合性，系统中各元素应该具有可识别的界限或标识。所以，为了减少分歧，让笔画和部件之间的界限更加明晰，我们认定“横竖撇点折”等单笔笔画都不是部件。但是“一、乙”是由单笔笔画构成的特殊部件，这些部件可以直接构成整字。所以我们只认定“一乙”是特殊的单笔部件。除此之外，任何单笔笔画都不能直接构成单笔部件。“旧引候悠在存”中的“竖”笔都不能拆分，“乇朱么失乒乏丢系壬升夭币匆氕角”中的“撇”笔不能拆分，“太主义凡叉刃勺底氐良兔乓尤犬术令鸟卞”中的“点”笔不能拆分，“扎乱孔轧乳札乩虬耴钆乢今司幻局成聑虱丞甚䜌酉买曷”中的“折”笔不能拆分。

另外，“氵冫川 三 二 巛 彡 灬巜儿灬 ⺌ 丷 丷”都不再拆分。因为一旦拆分，必然会拆分出单笔笔画。这与部件“不能拆分到单笔笔画”的拆分原则相违背。

4. 其他不拆分的特殊情况

1）虽然符合部件拆分标准，但是如果进行拆分不但不会减少部件数量，反而会制造出更多的新造非成字合成部件，则不再拆分。比如：

龟象免——如果按规则从上到下拆分，只能拆分出“⺈”和三个新造非成字部件。这样，不但不会减少部件数量，反而会增加出“⺈”下面的三个新造非成字部件。所以“龟象免”不再拆分。

卯印——如果按规则从左到右拆分，只能拆分出“卩”和两个新造非成字部件。这样，不但不会减少部件数量，反而会增加出“卩”左边的两个新造非成字部件。所以“卯印”不再拆分。

同样，“直革堇其典亥羊兼妻卑鬼鼠舆盥兜疐鹿庸鼎黑熏㬎”等也都不再进行拆分。

2）其他特殊的非成字合成部件不进行拆分。比如：

青索甭[1]——根据直观构形分析“壸壶壹壳壳”[2] 分别可以拆分为“声亚、声业、声豆、声车、声禾”，但是“青索甭”和“壸壶壹壳壳”的构形模式并不相同。前者

① “青索甭”分别是“彀縠觳”第一层非成字合成部件。

② “壳壳”分别是“毂榖”的第一层非成字合成部件。

在“𡗗”和下部件“弓糸角”之间都有“一”，后者在“𡗗”和下部件“亚业豆车禾”之间都没有“一”。理论上对这种情况有两种做法，一是对“青素觜”进行拆分，这样至少要增加一个上“𡗗”下“一”的新造非成字合成部件，并且“壶壶壹壶素”和“青素觜”形成构形对立；二是对它们进行整形，把“青素觜”中“𡗗”与“弓糸角”之间的“一”去掉，让它们和“壶壶壹壶素”成为构形模式相同的结构。目前，尚不清楚采用哪种做法更好，因此我们对“青素觜”暂不拆分。

5. 用系统论思想对拆分不恰当的地方进行修正

直观构形分析以一般系统论思想为理论基础，所有部件的直观拆分都要受到系统论制约。由于汉字构形复杂，对一些特殊情况像“龟象免卯印青素觜”等的处理意见不止一种，如《信息处理部件规范》对这些部件都做了拆分；《常用字部件规范》对“龟象免卯印”未做拆分，并且《常用字部件规范》的字集中没有“彀縠觳”等字，也就不存在“青素觜”的拆分问题。而我们则在尽量控制新造非成字部件数量的前提下对“龟象免卯印青素觜”不做拆分。当然，我们承认存在争议的特殊情况的拆分并不唯一，但是主张只可以在系统论基础上对存在争议的特殊情况进行重新分析，不能任意胡乱拆分部件。

总之，直观构形的部件拆分以尊重现代汉字的字形为核心，以现代汉字部件的拓扑结构关系为拆分依据，以取成字部件优先为拆分原则，以系统论为拆分保障，根据现代汉字构造层级从大到小对现代汉字的部件进行拆分。现代汉字字形、部件拓扑结构关系、取成字部件优先可以保障使现代汉字的拆分变得更加容易，系统论可以尽量避免汉字部件的任意拆分、胡乱拆分，从整字到部件的逐级拆分形式可以让汉字拆分变得直观、可追溯。这样现代汉字部件的拆分就变得直观、简单、经济了。

3.2.4.3 直观构形理论下部件拆分的步骤

1. 找出若干实验字，进行部件正式拆分前的调研。

1）根据初步拟定的拆分原则对部件进行拆分，凡有疑问的地方均做特殊标记，暂不拆分。

2）根据拆分结果整理部件拆分中的难题，并初步筛查存在拆分分歧的地方。

3）根据系统的集合性，依据已拆分过的部件把实验字的部件、部件构字、整字生成过程等构形属性简单梳理类聚，归纳实验字集的部件在分布层级、方位、组合方面的倾向性特征。

4）把拆分难题、拆分分歧放入实验字集形成的构形系统中进行类比、比较，寻找解决拆分难题和拆分分歧的原则。

5）再把解决不了的难题、分歧分类、归纳整理。如果一些难以拆分的部件找不到合适的拆分方法，一般暂且不急于拆分。

2. 扩大实验字的范围，重复上述步骤，并把拆分中新出现的问题和以前未解决的难题、分歧放入新实验字集构成的构形系统中进行分析解决。

3. 当实验字集扩大到一定程度，基本能解决部件拆分中的分歧与问题时，不再扩大实验字集。并根据实验结果修正最初拟定的拆分原则。

4. 对《通用规范汉字表》8105 字的部件进行正式拆分时，把前期调研中的实验成果直接拿来使用，并对字表中部件未拆分的字依修正好的部件拆分原则进行拆分。

5. 重复上述步骤，在整理、核查现代汉字部件构形属性的过程中不断修正部件拆分结果，使拆分结果的系统性更强。

3.2.5　部件拆分的下限

部件拆分的下限是汉字拆分过程中一直存在争议的问题。《信息处理部件规范》、《常用字部件规范》最小拆分到“横竖撇点折”等单笔笔画；《现代汉字部件探究》（费锦昌，1996：21）认为部件大于或等于笔画，“旦引乱”中的单笔笔画“横竖折”要进行拆分。《字形辨析和识字》（傅永和，1986：5）、《汉字部件分解的原则》（范可育，1990：126）、《汉字的部件》（傅永和，1991：4）认为汉字部件拆分的下限应该大于笔画（单笔笔画“一乙”除外），“特别是不应该把五种基本笔画列入部件之中”。（傅永和，1991：4）20 世纪 80 年代，文字改革委员会和武汉大学合作用计算机对 1979 年版《辞海》的 11834 字进行自动分析时，把部件的拆分下限认定为必须由两笔或两笔以上的笔画结构构成，只有“一乙”除外。《汉字的部件拆分》（苏培成，1997：12）也指出部件的拆分下限是必须大于笔画，是笔画的组合，“旦旧乱幻”中的“横、竖、折”等单笔笔画不是部件。《现代汉字独体与合体的再认识》（晓东，1994：30）认为部件拆分的下限是由两笔以上笔画组成的笔画块。可以说，就汉字部件拆分的整体而言，关于汉字部件拆分的下限是不是单笔笔画的分歧已经造成了针锋相对的两大阵营。

鉴于现代汉字是由笔画、部件、整字三级构形单位构成的，并且系统的集合性也要求系统中各级元素应该具有明确的界限或标识。所以直观构形理论下我们把现代汉字部件拆分的下限认定为笔画的组合，而不是单笔笔画，这样笔画和部件的界限就明朗了。但是，“一乙”这两个单笔笔画又非常特殊，它们和“丶丿丨亅乛乚”这些单笔笔画不同，可以直接构成整字“一乙”。如果把“一乙”认定为笔画，那必然会得出单笔笔画可以直接构成整字的结论，而这一结论则与我们的笔画组成部件、部件组成整字的假设前提相矛盾；如果把“一乙”认定为部件，又与我们的部件拆分的下限不是单笔笔画这一假设前提相矛盾。因此，我们把“一乙”作为特殊情况来处理，所有的单笔笔画中只把它们认定为特殊的部件。这样，我们就仍旧可以坚持部件拆分的下限是大于或等于两笔的笔画组合，单笔笔画一般不能成为部件；而且还可以说部件“一乙”组成了整字“一乙”；“一乙”虽然字形相同，但在不同的汉字构形层级中其意义是不同的：在笔画层级中“一乙”是笔画“横”和“折”，在部件层级中“一乙”是特殊部件，在整字层级中“一乙”是由部件“一乙”直接构成的独体整字。

3.2.6 部件的判定

3.2.6.1 整字构形二叉树中所有的子节点和叶子节点上的构形单位都是部件

直观构形理论分析汉字部件时，用二叉树形式描述整字的构形过程，整字位于二叉树的根节点上。因此，二叉树中所有子节点（也叫非终端节点）和叶子节点（也叫终端节点）位置上的构形单位都是部件。比如，图 3.2“藻”的二叉树中子节点位置上“澡、喿、品、吅”是部件，叶子节点位置上的“艹、氵、木、口、口、口”也是部件；“嫉”的二叉树中子节点位置上的“疾、矢”是部件，叶子节点位置上的“女、疒、𠂉、大”也是部件。

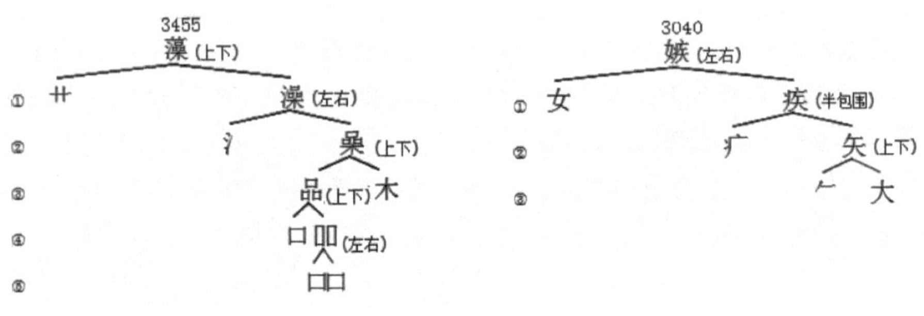

图 3.2 “藻、嫉”的树图

3.2.6.2 能直接构成独体字的笔画组合是部件

直观构形理论分析汉字部件时，有的整字不能再拆分成更小的部件了，它们是独体字。像《通用规范汉字表》中的“乱一日大禾人中个伞死非丽卵妻”等就是独体字。但是我们并不能据此就说独体字是部件或独体字不是部件。因为这样表述不严谨，把本不属于同一层次的概念——部件和整字混同在一起，我们只能说这些独体字不能拆分为两个以上的部件，它是由一个基础部件直接构成的整字，这个基础部件还可以继续分析为若干笔画。这时候这些直接构成独体字的部件比较特殊，它们的形体和整字形体完全相同，但是它们的意义不同。比如，整字“日”是由基础部件“日”直接构成的独体整字，部件“日”可以拆分为“竖、横折、横、横”四个笔画。因此，从部件与整字构造关系的角度我们可以说独体字是由一个基础部件直接构成的整字，合体字是由两个以上部件构成的整字。如图 3.2 中“藻嫉”等能分析成二叉树的整字是合体字，“乱丽死”等不能分析成二叉树的整字是独体字。

据此，直观构形理论下我们可以把能直接构成独体字的笔画组合也认定为部件。那么“日乱伞妻丽死”这样能直接构成独体字的笔画组合也是部件。

同时，直观构形理论下我们认为《常用独体字规范》把独体字定义为“由笔画组成、不能或不宜再进行拆分、可以构成合体字的汉字”，这种表述不够规范。从定义来看，《常用独体字规范》认为：第一，独体字和笔画相关，和部件有没有关系不得而知；第二，独体字是合体字的构成成分，这是“六书”理论下的观念。在直观构形理论下这种独体字的定义并不严谨。主要是没有厘清笔画、部件、整字三种构形单位的关系，一会儿说笔画构成整字，一会儿又说独体整字构成合体整字。因此，我们把独体字的定义修正为：《通用规范汉字表》中由笔画构成的、不能或不宜再拆分的成字基础部件构成的整字是独体字。简言之，就是由 1 个成字基础部件直接构成的整字是独体字。

3.2.6.3　单笔笔画一般不是部件（一、乙除外）

根据 3.2.5 可知，我们认定单笔笔画一般不是部件，但是笔画“横”（一）、“折”（乙）比较特殊，它们能直接构成部件“一乙”，而部件“一乙”又能直接构成《通用规范汉字表》的独体整字“一乙”。所以只有“一乙”这两个部件特殊，它们是由单笔笔画构成的。因此，整体而言直观构形理论下单笔笔画不能成为部件。

3.2.7　部件的分类

根据不同的标准，我们可以对部件进行分类。我们常常可以从部件与笔画的关系、部件功能（部件与整字的关系）、部件分布层级、同层级部件关系等角度对部件进行分类。

3.2.7.1　基础部件和合成部件

根据部件与笔画的关系，我们把由笔画直接构成的部件叫作基础部件，把由两个以上基础部件复合而成的部件叫合成部件。比如，图 3.2 的“藻”叶子节点上的部件“艹、氵、木、口、口、口”是基础部件，子节点上的部件“澡、喿、品、吅”是合成部件；“嫉”子节点位置上的部件“疾、矢”是合成部件，叶子节点位置上的部件“女、疒、𠂉、大”是基础部件。

3.2.7.2 成字部件和非成字部件

由于常用字部件规范对成字和非成字部件的分类没有严格的标准，我们倾向于参照信息处理部件规范的标准，（王汉卫、苏印霞，2012：98）即根据部件能否直接构成参照字集中整字的功能把部件分为成字部件和非成字部件。其中，能直接构成参照字集中整字的部件叫作成字部件，不能直接构成参照字集中整字的部件叫非成字部件。比如，图 3.2“藻”中的部件“木、口、澡、品”分别可以直接构成《通用规范汉字表》中“0087、0038、3378、1503”号整字，所以它们是成字部件；“藻”中的部件“艹、氵、喿、吅”不能直接构成《通用规范汉字表》中的任一整字，所以它们是非成字部件。再如，“幼”可以拆分为“幺、力”两个部件，“豹”可以拆分为“豸、勺”两个部件，“行”可以拆分为“彳、亍”两个部件，而“幺、力、豸、勺、彳、亍”又分别可以直接构成《通用规范汉字表》中“3507、0019、3740、0049、6503、6501”号字，所以，它们都是成字部件。因此，成字部件和非成字部件是一个相对概念，它和字集的大小有关系，同一个部件在不同的字集中有的是成字部件，有的是非成字部件。如《通用规范汉字表》包含现代汉字 8105 个，《现代汉语常用字表》包含现代汉字 3500 个，“幺、豸、彳”在《通用规范汉字表》中是成字部件，而在《现代汉语常用字表》中则是非成字部件。

3.2.7.3 直接构字部件和间接构字部件

根据部件能否直接参与某一整字构造的功能，我们可以把部件分为直接构字部件和间接构字部件。凡是能直接参与组造某一整字的部件叫作这一整字的直接构字部件，凡是不能直接参与组造某一整字的部件叫作这一整字的间接构字部件。如图 3.3“嫉”中“女、疾”两部件以左右关系直接构成整字“嫉”，它们是“嫉”的直接构字部件；“病”中的“疒、丙”两部件以半包围关系直接构成整字“病”，它们是“病”的直接构字部件。而“嫉”中的“疒、矢、𠂉、大”、“病”中的“一、内”不能直接参与“嫉、病”两个整字的构成，所以它们分别是“嫉”和“病”的间接构字部件。

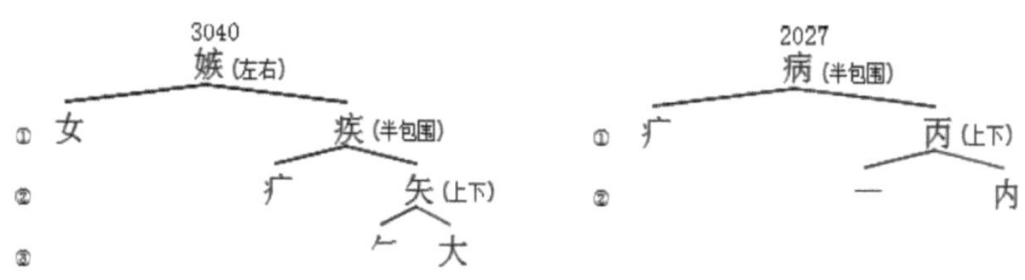

图 3.3　“嫉、病”的树图

3.2.7.4　一级部件、二级部件、三级部件、四级部件和五级部件

根据部件组造整字时分布的层级不同可以把部件从上到下、从大到小分为若干层级。我们把处于最接近根节点位置的部件叫作一级部件，把处于一级部件下面一层级的部件叫作二级部件，以此类推，把处于四级部件下面一级的部件叫作五级部件。直观构形理论下《通用规范汉字表》中合体字最多有 5 个层级。比如，图 3.2“藻”的部件“艹、澡”是一级部件，“氵、喿”是二级部件，“品、木”是三级部件，“口、吅”是四级部件，“口、口”是五级部件。图 3.3 中“嫉”的一级部件是“女、疾”，二级部件是“疒、矢”，三级部件是“𠂉、大”；“病”的一级部件是“疒、丙”，二级部件是“一、内”。

3.2.7.5　直接组合部件和间接组合部件

根据同一层级部件之间能否直接组合，我们把部件分为直接组合部件和间接组合部件。处于同一层级、并且能够直接组配成更大的部件或整字的部件之间互为直接组合部件；虽然处于同一层级、却不能直接组合的部件叫作间接组合部件。如图 3.4，“跑”的一级部件“⻊、包”可以直接组合成整字“跑”，所以它们互为直接组合部件；“跑”的二级部件“口、止、勹、巳”之间的关系就不同，“口、止”“勹、巳”分别可以直接组合成部件“⻊、包”，而“口、勹”却不能直接组合成部件，所以“口、止”“勹、巳”互为直接组合部件，“口、勹”互为间接组合部件。“舔”的一级部件“舌、忝”可以直接组合成整字“舔”，所以它们互为直接组合部件；“舔”的二级组合部件“千、口、天、⺗”中，“千、口”互为直接组合部件，“天、⺗”互为直接组合部件，“千、天”“千、⺗”“口、天”“口、⺗”互为间接组合部件；“舔”的三级组合部件“一、大”也互为直接组合部件。

而且，这些不同类型的部件之间也有一定的关系。基础部件和合成部件还可以分别再分为成字部件和非成字部件，分别叫作成字基础部件、非成字基础部件，成字合成部件、非成字合成部件。比如，“藻”中的“艹、氵”是非成字基础部件，“木、

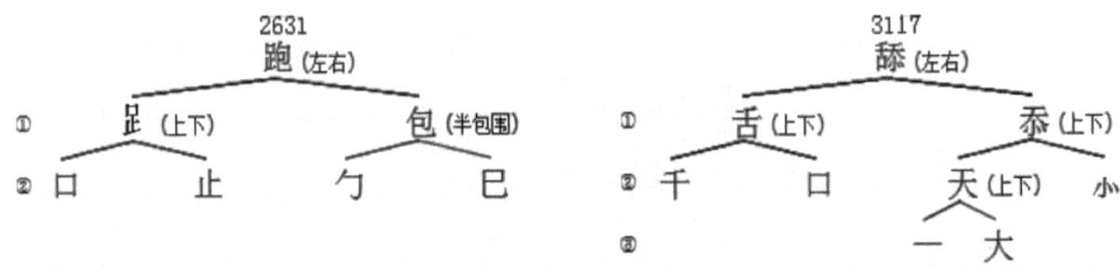

图 3.4　“跑、舔”的树图

口”是成字基础部件；“藻”中的“澡、品”是成字合成部件，“喿、吅”是非成字合成部件。每一层级部件中都有可能包含基础部件或合成部件，成字部件或非成字部件，直接组合部件或间接组合部件等。同一层级的部件或者互为直接组合部件，或者互为间接组合部件。那么，如果以“舔”字为例，我们可以直观地看出现代汉字部件的各种类型之间的关系情况（见图 3.5）。

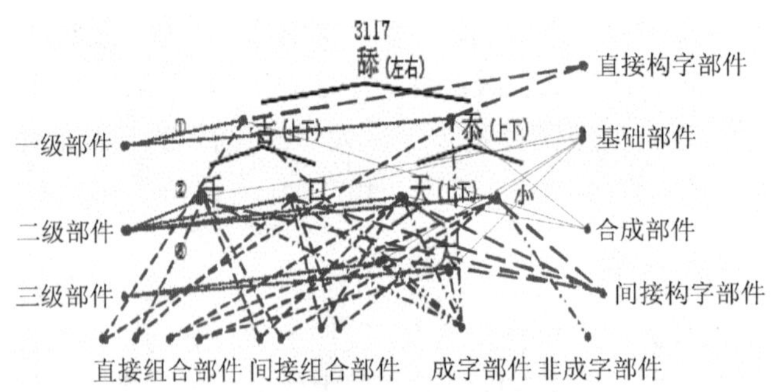

图 3.5　基础部件类型关系图

3.3　现代汉字笔画的拆分

3.3.1　笔画的界定

3.3.1.1　笔画的性质

目前学界对汉字笔画性质的认定存在两种不同的观点。第一种认为笔画是汉字构形单位（傅永和，1986：13；李公宜、刘如水，1988；GF3001-1997；GF3002-1999；GF3003-1999；苏培成，1994：55；苏培成，2001：285；邢福义、汪国胜，2003：33；

邢红兵，2007：15)；第二种认为笔画是汉字书写单位（王宁，2001：72；王宁，2015：77；赵丽明，2000：289)。认为笔画是汉字构形单位的理由是 20 世纪 50 年代以来，在汉字构形分析时发现在整字与笔画之间还有某种中介部分，这个中介部分就是我们所说的部件，因此笔画是汉字构形单位；认为笔画是汉字书写单位的理由是部件是参与汉字构意的，而笔画不参与汉字构意，因此，笔画只是汉字书写的单位。

直观构形理论认为现代汉字包括笔画、部件、整字三级构形单位，所以我们把笔画看作汉字的构形单位。

3.3.1.2　笔画的定义

笔画作为汉字构形单位，其定义并不完全统一。《汉字的笔画》（傅永和，1992：8）把笔画定义为“用笔书写时，笔头在纸上所画的线条”；《现代汉字学纲要》（苏培成，1994b：55）把笔画定义为“构成汉字的线条，是汉字构形的最小单位”；《信息处理部件规范》《GB13000.1 字符集汉字字序（笔画序）规范（GF3003-1999)》（以下简称《字序规范》)、《GF13000.1 字符集汉字笔顺规范（GF3002-1999)》（以下简称《笔顺规范》）把笔画定义为“构成楷书汉字字形的最小连笔单位”；《现代汉字学》（杨润陆，2008：128）把笔画定义为“构成汉字的各种形状的点和线，在工整地书写楷书的时候，从落笔到提笔一次就叫一笔或一画”。

各种定义的分歧主要在于笔画是楷书的构形单位还是汉字的构形单位，整字的笔画是连续的线条还是断开的线条。首先，汉字字体经历了甲骨文、金文、篆书、隶书、楷书的演变，但是早期汉字并没有形成固定的笔画线条，楷书以后汉字的方块型体和各种笔画才逐渐固定下来，具体来说，汉字笔画系统在南北朝时期才开始形成（王贵元，2014：555)。所以，笔画应该是针对楷书字体的。其次，楷书书写时笔画线条有固定的起落姿势，从落笔到起笔为 1 个笔画单位，楷书字体的书写不论工整与否都不允许多笔画直接相连，楷书的整字、笔画与笔画之间是断点式相连的，而不是一笔写成的。所以，楷体字的书写规则本身就要求一笔一画书写，不同笔画之间不能连笔书写。因此，笔画应该是针对楷书字体的，楷体字笔画本身就是断点式连接的，与书写工整与否没有必然联系。而且，我们是从结构和功能两个角度来对“部件”进行界定的，那么对“笔画”的界定也应该采用同样的结构加功能的定义方式。

这样，直观构形理论下我们把笔画的定义修正为笔画是构成楷书汉字字形的最小连笔单位，也是具有直接组配基础部件功能的最小汉字构形单位。那么，在一般情况下，我们可以把“汉字笔画”理解为“楷书汉字笔画”的习惯减省形式。本书也用“汉字笔画”的减省形式来指称“楷书汉字笔画”。

3.3.2 基本笔形与从属笔形

3.3.2.1 基本笔形

笔形是笔画的（具体）形状（《信息处理部件规范》《字序规范》《笔顺规范》），一般情况下笔画是按笔形来定名称说的，所以笔形又被称作汉字笔画的种类。（傅永和，1992：8）晋代卫夫人的《笔阵图》把汉字笔形分为七种，但没有给它们命名；唐代张怀瑾“永字八法”把汉字笔形分为“侧勒努趯策掠啄磔”八种；[①]后来“永字八法”基本上成了汉字楷书笔形书写的基本法则。到现代汉字阶段《印刷通用汉字字形表》(1965)、《现代汉语通用字笔顺规范》(1997)、《笔顺规范》、《字序规范》都把楷书汉字的基本笔形认定为“横竖撇点折”5 种。

3.3.2.2 从属笔形

汉字“横竖撇点折”5 种基本笔形，每种基本笔形均有若干从属笔形（也叫附笔形）。“横”笔的附笔形主要有“提”，“竖”笔的附笔形主要有“竖钩”，“撇”笔的附笔形主要有“横撇、竖撇”，“点”笔的附笔形主要有“捺”，“折”笔的附笔形最多，《GB13000.1 字符集汉字折笔规范（GF2001-2001）》中的“折”笔的附笔形有 25 种。

3.3.2.3 笔形的排列顺序

笔顺是书写每个汉字时笔画的次序和方向（《信息处理部件规范》《字序规范》《笔顺规范》）。笔画的笔形确定之后，按照什么样的先后次序排列呢？最早有“寒来暑往”四字起笔加“折笔”顺序、“江山千古”四字起笔加“折笔”顺序、“木”字笔顺加“折笔”顺序、“点横竖撇”的顺序 4 种笔画排列次序，直到 1964 年汉字查字法整理工作组才把“横竖撇点折”的顺序确定为汉字笔画的规范次序。（傅永和，1992：9）

3.3.3 笔画拆分的依据

汉字笔画的拆分基本没有分歧。1997 年 4 月 7 日国家语言文字工作委员会、中华

① 根据傅永和《汉字的笔画》的说明“侧”现在叫“点”，“勒”现在叫“横”，“努”现在叫“竖”，“趯”现在叫“钩”，“策”现在叫“挑”，“掠”现在叫“撇”，“啄”现在叫“短撇”，“磔”现在叫“捺”。

人民共和国新闻出版署联合下达了“关于发布《现代汉语通用字笔顺规范》的联合通知”，国家语言文字工作委员会标准化工作委员会也于 1997 年 8 月出版了《现代汉语通用字笔顺规范》一书。从此现代汉字的笔画笔顺有了明确的规范。因此，我们与《现代汉语通用字笔顺规范》一样，依据汉字的笔顺对现代汉字的笔画进行拆分。

3.3.4　笔画拆分的方法

由于笔画组成部件，部件组成整字，我们对现代汉字笔画的拆分不是对整字的笔画进行拆分，而是对部件的笔画进行拆分。由于合成部件是由基础部件复合而成的，所以对部件笔画的拆分就具体落实为对基础部件笔画的拆分。基础部件笔画拆分的目的和部件拆分的目的是一样的，都是为了区别汉字构形。部件拆分是为了区别整字字形，笔画拆分是为了区分基础部件的形体。当然，笔画的拆分与部件的拆分有所不同。大多数整字的部件都不完全相同，所以部件在一定程度上有区分整字字形的作用。而汉字基本笔画只有“横竖撇点折”5 种，单纯靠笔画几乎不能对部件的形体进行区分。但是多数基础部件的笔顺并不相同，因此我们可以靠笔顺来区别基础部件的形体。如果基础部件的笔顺相同则要参考相同笔形的附笔形，如果相同笔形的附笔形也没有差别，则参考相同附笔形之间的笔画关系、笔画长短等区别特征。

3.3.4.1　依笔顺拆分到基本笔形

目前，笔顺的表示方式有跟随式、笔画式和序号式三种。《现代汉语通用字笔顺规范》对 7000 通用汉字笔顺描述的时候，同时采用了这三种表示方式，如图 3.6，我们拆分部件笔画时只使用序号式，其中基本笔画“横竖撇点折”分别对应“12345”5 个序号。

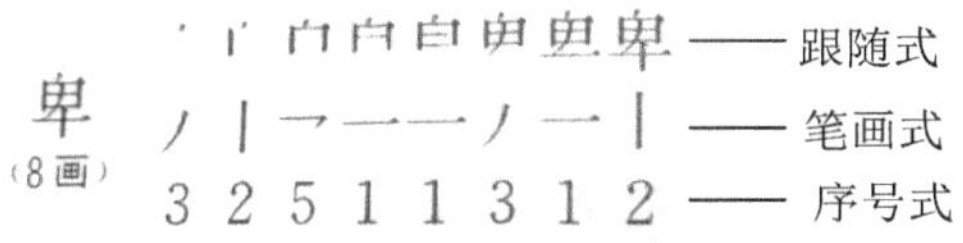

卑（8画）
——跟随式
丿 丨 ㇆ 一 一 丿 一 丨 ——笔画式
3 2 5 1 1 3 1 2 ——序号式

图 3.6　笔顺的三种表示方式

3.3.4.2　笔形的描写方式

通过前期调研，我们发现基本笔形“横竖撇点折”都有附笔形。“折”笔笔形没有必要用 25 种附笔形进行区分，只根据“折”笔的折数进行区分即可，这样“折”

笔的附笔形就成了“1折、2折、3折、4折”等类型。再加上“横”笔的附笔形“提”、“竖”笔的附笔形“竖钩”、“撇”笔的附笔形“横撇和竖撇”、“点”笔的附笔形“捺”，这样5种基本笔形的附笔形一共有9种。

为了方便笔画描写，我们给每一种附笔形指定一个固定的小写英文字母代码。其中“提”用t记录，“竖钩”用g记录，“横撇”用h记录，“竖撇”用s记录，“捺”用n记录，“1折”用o记录，“2折”用p记录，“3折”用q记录，“4折”用w记录。由于在整字中，笔形要么以基本笔形形式出现，要么以附笔形形式出现，为了把笔形形式刻画清楚，笔画的基本笔形用12345这5个数字表示，而附笔形则采用在基础笔形后面添加附笔形代码的形式表示。所以，这样基础部件的笔画就可以按笔顺进行拆分。比如：

一——拆分为1；

卜——拆分为24；

廾——拆分为122；

丰——拆分为1112；

玉——拆分为11214；

凸——拆分为2125q1；

卢——拆分为215o3s15p；

雀——拆分为45o3s2411121。

3.3.4.3 重码的基础部件从笔形组合特点、笔形形变等方面进行区分

按笔顺拆分基础部件的笔画时，有时会遇到两个基础部件的笔顺相同的情况，我们把这种情况叫作基础部件笔顺的重码现象。对于重码的基础部件，我们可以通过笔形组合特点、笔形形变等差异对它们进行区分。通过前期调研我们发现，有些情况下可以通过笔形组合特点、笔形形变等单一特征的差异把部件的形体区别开来。但多数情况下单一笔形组合、笔形形变特征并不能把基础部件的形体区别开来，往往需要多个特征综合在一起，才能把部件形体区别开来。

1. 从笔形形变角度对重码的基础部件进行区分

通过前期调研，我们发现，基本笔形、附笔形的变化可以起到区分同笔顺的基础部件形体的作用。比如：

刂、刂——按笔顺两个部件的笔画都拆分为22。此时，笔顺“22”不能同时把“刂、刂”两个基础部件区别开来。通过直观观察我们发现，“刂、刂”第二笔的笔形不完全相同。“刂”第二笔笔形是“竖”的附笔形“竖钩”，而“刂”第二笔笔形是“竖”笔的基本笔形。这样我们就可以在“刂”笔顺“22”第二笔基础笔形的基础

上附加“竖钩”（g）的附笔形特征，“刂”的笔画就拆分为“22g”。那么，“刂、‖”两个基础部件的笔画就区别开来了，“刂”的笔画拆分为“22g”，“‖”的笔画拆分为“22”。

冫、⺊——两个基础部件的笔画都拆分为 41。此时，笔顺“41”不能把基础部件“冫、⺊”区别开来。通过直观观察我们发现，“冫、⺊”第二笔的笔形不完全相同。“冫”第二笔笔形是“横”笔的附笔形“提”，“⺊”第二笔笔形是“横”笔的基本笔形。那么，“冫”的笔画就拆分为“41t”，“⺊”的笔画拆分为“41”。

木、朩——两个基础部件的笔画都拆分为 1234。此时，笔顺“1234”不能把基础部件“木、朩”区别开来。通过直观观察我们发现，“木朩”第二笔、第四笔的笔形不完全相同。“木”第二笔笔形是“竖”笔的基本笔形，第四笔是“点”笔的附笔形“捺”。“朩”第二笔笔形是“竖”笔的附笔形“竖钩”，第四笔是“点”的基本笔形。那么，“木”的笔画就拆分为“123s4n”，“朩”的笔画拆分为“12g3s4”。

2. 从笔画拓扑关系角度对重码的基础部件进行区分

通过前期调研我们发现，笔画之间的拓扑关系主要是相离、相接、相交的空间关系。对基础部件之间拓扑关系分析时我们以王宁主编的《通用规范汉字字典》（2014）的字形为主要参考。为了方便对笔画进行形式化描述，我们给笔画的各种拓扑关系用大写英文字母进行编码，相离关系用“A”记录，相接关系用“B”记录，相交关系用“C”记录。同时，相接关系还有封闭相接和非封闭相接的区别，我们把封闭相接用“Bf”记录，把非封闭相接用“Bk”记录。这样，可以利用拓扑关系的不同对笔顺重码的基础部件进行笔画拆分。比如：

亻、刂——两个基础部件的笔画都拆分为 32。此时，笔顺“32”不能把基础部件“亻、刂”区别开来。通过直观观察我们发现，“亻、刂”第一笔“撇”和第二笔“竖”之间的拓扑关系不同。“亻”第一笔“竖撇”、第二笔“竖”之间是非封闭相接关系，“刂”第一笔“竖撇”、第二笔“竖”之间是相离关系。这种拓扑关系的不同可以把“亻、刂”区别开来。那么，“亻”的笔画就拆分为“3sBk2”，“刂”的笔画就拆分为“3sA2”。

彐、⺕——两个基础部件的笔画都拆分为 511。此时，笔顺“511”不能把基础部件“彐、⺕”区别开来。通过直观观察我们发现，“彐、⺕”第一笔“横折”、第二笔“横”构成的笔画组和第三笔“横”之间的拓扑关系不同。“彐”第一笔“横折”、第二笔“横”构成的笔画组和第三笔“横”之间是封闭相接关系，“⺕”第一笔“横折”、第二笔“横”构成的笔画组和第三笔“横”之间是非封闭相接关系。这种拓扑关系的不同可以把“彐、⺕”区别开来。那么，“彐”的笔画就拆分为“（5o1）Bf1”，“⺕”的笔画拆分为“（5o1）Bk1”。

3. 从笔画的笔形长短角度对重码的基础部件进行区分

通过前期调研我们发现，笔画的笔形相对的长短有区别部件形体的作用。为了方便对笔画进行形式化描述，我们给笔画的笔形相对长短用小写英文字母进行编码，笔画相对长的用“x”记录，笔画相对短的用“y”记录。这样，可以利用笔形相对长短的不同对笔顺重码的基础部件进行笔画拆分。比如：

未、末——两个基础部件的笔画都拆分为11234。此时，笔顺“11234”不能把基础部件“未、末”区别开来。通过直观观察我们发现，“未、末”第一笔“横”和第二笔“横”笔形之间的长短不同。“未”第一笔“横”短，第二笔“横”长，“末”第一笔“横”长，第二笔“横”短。这种笔形长短的不同可以把“未、末”区别开来。那么，“未”的笔画就拆分为“1y1x234n”，“末”的笔画就拆分为“1x1y234n”。

丷、丬——两个基础部件的笔画都拆分为43。此时，笔顺“43”不能把基础部件“丷、丬”区别开来。通过直观观察我们发现，“丷、丬”第二笔“撇”笔形的长短不同。“丷”第二笔“竖撇”笔形相对较短，“丬”第二笔“竖撇”笔形相对较长。这种笔形长短的不同可以把“未末”区别开来。那么，“丷”的笔画就拆分为“43sy”，“丬”的笔画拆分为“43sx”。

口、囗——两个基础部件的笔画都拆分为251。此时，笔顺“251”不能把基础部件“口、囗”区别开来。通过直观观察我们发现，“口、囗”每一笔笔形相对的长短都不同。“口”第一笔“竖”笔、第二笔“横折”笔、第三笔“横”笔笔形相对较短；“囗”第一笔“竖”笔、第二笔“横折”笔、第三笔“横”笔笔形相对较长。这种笔形长短的不同可以把“口、囗”区别开来。那么，“口”的笔画拆分为“（25o1）y”，“囗”的笔画拆分为“（25o1）x”。

4. 从相连笔画连接位置的角度对重码的基础部件进行区分

通过前期调研我们发现，前后相续笔画的连接位置有区别部件形体的作用。前后相续笔画的连接位置有左、右、中、上、下的区别。为了方便对笔画进行形式化描述，我们给笔画的连接位置用小写英文字母进行编码，连接位置靠左的用“l”记录，连接位置靠右的用“r”记录，连接位置靠中间的用“m”记录，连接位置靠上的用“u”记录，连接位置靠下的用“d”记录。比如：

犬、太——两个基础部件的笔画都拆分为1344。此时，笔顺“1344”不能把基础部件“犬、太”区别开来。通过直观观察我们发现，“犬、太”前三笔形成的笔画组“大”和第四笔“点”连接位置不同。“犬”第四笔“点”在前三笔笔画组“大”的右上方，“太”第四笔“点”在前三笔笔画组“大”的中下方。这种相连笔画位置的不同可以把“犬、太”区别开来。那么，“犬”的笔画就拆分为“（13s4n）ru4”，“太”的笔画拆分为“（13s4n）md4”。

5. 从笔画拓扑关系和笔形形变角度对重码的基础部件进行区分

我们可以利用笔画拓扑关系和笔形形变的差异对重码的基础部件进行区分。比如：

讠、冖——两个基础部件的笔画都拆分为 45。此时，笔顺“45”不能把基础部件“讠、冖”区别开来。通过直观观察我们发现，“讠、冖”第一笔“点”和第二笔“折”拓扑关系不同，第二笔“折”的笔形不同。“讠”第一笔“点”、第二笔“横折提”是相离关系，第二笔“横折提”的笔形是 2 折；“冖”第一笔“点”、第二笔“横钩”是封闭相接关系，第二笔“横钩”的笔形是 1 折。那么，“讠”的笔画就拆分为“4A5p”，“冖”的笔画拆分为“4Bf5o”。

㔾、乜、巛——三个基础部件的笔画都拆分为 55。此时，笔顺“55”不能把基础部件“㔾、乜、巛”区别开来。通过直观观察我们发现，“㔾、乜、巛”第一笔“折”和第二笔“折”拓扑关系不同，第一、二笔“折”的笔形也不同。“㔾”第一笔“横折钩”、第二笔“竖弯钩”是封闭相接关系，第一笔“横折钩”的笔形是“2 折”，第二笔“竖弯钩”的笔形也是“2 折”；“乜”第一笔“横折钩”、第二笔“竖弯钩”是相交关系，第一笔“横折钩”的笔形是“2 折”，第二笔“竖弯钩”的笔形也是“2 折”；“巛”第一笔“撇点”、第二笔“撇点”是相离关系，第一笔“撇点”的笔形是“1 折”，第二笔“撇点”的笔形也是“1 折”。那么，“㔾”的笔画就拆分为“5pBf5p”，“乜”的笔画拆分为“5pC5p”，“巛”的笔画拆分为“5oA5o”。

6. 从笔画拓扑关系和笔形长短角度对重码的基础部件进行区分

我们可以利用笔画拓扑关系和笔形长短的差异对重码的基础部件进行区分。比如：

川、仆——两个基础部件的笔画都拆分为 322。此时，笔顺“322”不能把基础部件“川、仆”区别开来。通过直观观察我们发现，“川、仆”第一笔“撇”和第二笔“竖”拓扑关系不同，第二笔“竖”和第三笔“竖”的笔形长短不同。“川”第一笔“竖撇”、第二笔“竖”是相离关系，“仆”第一笔“竖撇”和第二笔“竖”是非封闭相接关系；“川”第二笔“竖”笔形相对较短，第三笔“竖”笔形相对较长，“仆”第二笔“竖”相对较长，第三笔“竖”相对较短。那么，“川”的笔画就拆分为“3sA2y2x”，“仆”的笔画拆分为“3sBk2x2y”。

八、人、入、乂——四个基础部件的笔画都拆分为 34。此时，笔顺“34”不能把基础部件“八、人、入、乂”区别开来。通过直观观察我们发现，“八、人、入、乂”第一笔“撇”和第二笔“点”拓扑关系不同，笔形长短不同，“八”第一笔“竖撇”、第二笔“捺”是相离关系，“人”第一笔“竖撇”和第二笔“捺”是非封闭相接关系，“入”第一笔“竖撇”、第二笔“捺”是非封闭相接关系，“乂”第一“竖撇”、第二笔“捺”是相交关系；“八”第一笔“竖撇”、第二笔“捺”都比较长，“人”第一笔“竖撇”较长、第二笔“捺”较短，“入”第一笔“竖撇”较短、第二笔“捺”较长，“乂”第一“竖撇”、第二笔“捺”都比较长。那么，“八”的笔画就拆分为“3xA4nx”，“人”的笔画拆分为“3xBk4ny”，“入”的笔画拆分为“3yBk4nx”，“乂”的笔画就拆分为“3xC4nx”。

7. 从笔画拓扑关系、笔形形变和笔形长短角度对重码的基础部件进行区分

我们可以利用笔画拓扑关系、笔形形变和笔形长短的差异对重码的基础部件进行区分。比如：

工、土、士、扌——四个基础部件的笔画都拆分为121。此时，笔顺“121”不能把基础部件“工、土、士、扌”区别开来。通过直观观察我们发现，“工、土、士、扌”第一笔“横”和第二笔“竖”拓扑关系不同，第二笔“竖”和第三笔“横”的拓扑关系不同；“工、土、士”和“扌”第三笔“横”的笔形不同；“土、士”第一笔和第三笔“横”相对长短不同。“工”第一笔“横”和第二笔“竖”是非封闭相接关系，第二笔“竖”和第三笔“横”也是非封闭相接关系；“土、士”第一笔“横”和第二笔“竖”都是相交关系，第二笔“竖”和第三笔“横”都是非封闭相接关系，但是“士”第一笔“横”较长，第三笔“横”较短，“土”第一笔“横”较短，第三笔“横”较长；“扌”第一笔“横”和第二笔“竖钩”是相交关系，第二笔“竖钩”和第三笔“提”是相交关系；“工、土、士”第二笔、第三笔笔形分别是“竖”笔和“横”笔的基本笔形，“扌”第二笔、第三笔则分别是“竖”笔和“横”笔的附笔形“竖钩”和“提”。那么，“工”的笔画就拆分为“1Bk2Bk1”，“土”的笔画拆分为“1yC2Bk1x”，“士”的笔画拆分为“1xC2Bk1y”，“扌”的笔画拆分为“1C2gC1t”。

8. 从笔画拓扑关系、笔形形变和笔画连接位置角度对重码的基础部件进行区分

我们可以利用笔画拓扑关系、笔形形变和笔画连接位置的差异对重码的基础部件进行区分。比如：

十、丁、亅、——三个基础部件的笔画都拆分为12。此时，笔顺“12”不能把基础部件“十、丁、亅”区别开来。通过直观观察我们发现，“十、丁、亅”第一笔“横”和第二笔“竖”拓扑关系不同，“十”和“丁、亅”第二笔笔形不同，“丁”“亅”第一、二笔连接的位置不同。“十”第一笔“横”笔、第二笔“竖”笔是相交关系，“丁、亅”第一笔“横”笔、第二笔“竖”笔是非封闭相接关系；“十”第二笔笔形是“竖”的基本笔形，“丁、亅”第二笔是“竖”笔的附笔形“竖钩”；“丁”第一笔“横”和第二笔“竖钩”在“横”笔的中间位置非封闭相接，“亅”的第一笔“横”和第二笔“竖钩”在“横”笔的偏右位置非封闭相接。那么，“十”的笔画就拆分为

“1C2”，“丁”的笔画拆分为“1Bkm2g”，“亅”的笔画拆分为“1Bkr2g”。

9. 从笔画拓扑关系、笔画长短和笔画连接位置角度对重码的基础部件进行区分

我们可以利用笔画拓扑关系、笔画长短和笔画连接位置的差异对重码的基础部件进行区分。比如：

厂、ナ、ㄏ——三个基础部件的笔画都拆分为 13。此时，笔顺“13”不能把基础部件“厂、ナ、ㄏ”区别开来。通过直观观察我们发现，“厂、ナ、ㄏ”第一笔“横”笔和第二笔“撇”笔拓扑关系不同，“厂、ナ”“ㄏ”第二笔“撇”笔笔画长短不同，“厂”“ナㄏ”第一、二笔笔画连接位置不同。“厂”第一笔“横”笔、第二笔“竖撇”是封闭相接关系，“ナ”第一笔“横”笔、 第二笔“竖撇”是相交关系，“ㄏ”第一笔“横”笔、 第二笔“竖撇”是非封闭相接关系；“厂ナ”第二笔“竖撇”相对较长，“ㄏ”第二笔“竖撇”相对较短；“厂”第二笔“竖撇”和第一笔“横”笔在“横”笔的最左边位置连接，“ナㄏ”第二笔“竖撇”和第一笔“横”笔在“横”笔的中间位置连接。那么“厂”的笔画就拆分为“1Bfl3sx”，“ナ”的笔画拆分为“1Cm3sx”，“ㄏ”的笔画拆分为“1Bkm3sy”。

3.3.5　笔画拆分的步骤

1. 以前期调研中从《通用规范汉字表》前 600 字拆分出的基础部件为实验对象，进行笔画正式拆分前的调研。

1）根据笔顺对基础部件的笔画进行拆分，凡有疑问的地方均不拆分。

2）根据系统性，把笔顺重码的基础部件抽取出来分类观察。

3）通过系统观察，探究能够区分重码基础部件形体的笔画特征。在现有实验基础部件不能满足重码基础部件形体区分的情况下，扩大实验字范围，重复上述实验步骤，直至基本能解决重码基础部件笔画区分问题时不再扩大实验字集。同时用形式化的方式把基础部件笔画的区别特征描写下来。

2. 在对《通用规范汉字表》中全部基础部件的笔画进行正式拆分时，把前期调研中的实验成果直接拿来使用，并用同样的描写方式把基础部件的笔画区别特征描写下来。

3. 重复上述步骤，在核查、整理现代汉字笔画构形属性的过程中不断修正基础部件笔画区别特征的描写方式，确保用最少的笔画区别特征对基础部件的笔形进行区分。

3.4 《通用规范汉字表》整字构形属性的描写

基于前期调研，以《通用规范汉字表》（以下简称《字表》）中前 600 实验字的拆分为例，我们可以从以下几个方面对通用规范汉字的整字构形属性进行描写。

3.4.1 《字表》的独体字和合体字

3.4.1.1 现有独体字和合体字的判断标准的不足

自古以来，对独体字和合体字的判断标准并不统一。许慎在《说文解字》中指出“仓颉之初作书，盖依类象形，故谓之文，其后形声相宜，即谓之字”；段玉裁《说文解字注》指出“独体曰文，合体曰字”。（晓东，1994：28）可见许慎、段玉裁认为独体字主要指象形字；朱骏声《说文通训定声•说文六书爻列》中统计《说文解字》中象形有 364 个，即《说文解字》中独体字大致有 364 个。但是，现代汉字字形上已经看不出“象形”的造字痕迹来了，“象形”也不能再作为独体字与合体字的判断标准了。

目前，对独体字与合体字的界定原则是：从结构上不能再分析、由笔画组成的字是独体字；从结构上还能再分析，由偏旁组成的字是合体字。判断标准大致可以概括为：结构上能否再分析，能分析的是合体，不能再分析的是独体。但是在实际操作中这一标准并不容易操作。比如，按照这一标准，“在线新华字典”公布的“简化汉字独体字表”有独体字 280 个，而《常用独体字规范》的“独体字表”则有独体字 256 个。这两个独体字表中的独体字并不是真包含关系，它们认定的共同的独体字有 240 个，前者认定的独体字还有“乂乜兀彳孑孓幺韦廿卅币欠卞尹夬爿毋示戋氐皮耒曳缶乒乓角兆聿艮豕芈豸系良臾韭禺食象”这 40 个，后者认定的独体字还有“云六击丙卡四囟亦衣卤囱言革首兼鼠”等 16 个。可见，“简化汉字独体字表”和《常用独体字规范》的“独体字表”在“币欠卞示氐皮缶乒乓角兆系良臾韭食象云六击丙卡四囟亦衣卤囱言革首兼鼠”等 56 个字能否再拆分的问题上存在分歧，才导致了它们对独体字的认定不同。而对这些字能否再拆分的分歧恰恰是由于对这些字字理认识的不统一造成的。同样，和《常用独体字规范》同时期公布的《常用字部件规范》的“成字部件表”中有成字部件 311 个，其中符合构成独体字条件的成字部件有 270 个，但是这 270 个成字部件中“欠示穴今豆辛皮其鱼直非谷京去勺至免争辰角尹兆高黑风司卑单卯发老向色赤具黄后卵妻金南食”这 42 个成字部件构成的整字却没有被《常用独体字规范》认定为独体字。可见，《常用独体字规范》认为它的“成字部件表”中的这 270 个部件不全是基础部件，只有 228 个是基础部件，剩余的是合成部件。[①]也就是说，《常用字部件规范》和《常用独体字规范》在“ 欠示穴今豆辛皮其鱼直”等 42 个字从结构上能否再拆分的问题上存在分歧，才导致了它们对独体字的认定不同。而这 42 个字能否再拆分的分歧也是它们对这些字字理认识不统一造成的。总之，对某些汉字字理认识的不统一，导致在对这些汉字结构能否再拆分问题的认识上存在分歧，从而对现代汉字独体字认识的不一致，造成了现代汉字独体字与合体字界限模糊不清的结果。

3.4.1.2　直观构形理论下独体字和合体字的判断标准

直观构形理论下，完全按照字形对现代汉字结构进行拆分，可以在一定程度上避开因字理纠结不清而导致的汉字拆分结果不一致现象。同时为了减少参照字集对独体字判定结果的影响，我们把独体字的定义修正为：《通用规范汉字表》中由笔画构成的、不能或不宜再拆分的成字基础部件构成的整字。简言之，就是《通用规范汉字表》中由 1 个成字基础部件直接构成的整字是独体字。合体字界定为：由两个以上的基础部件（合成部件）构成的整字是合体字。我们可以把独体字与合体字的判断标准概括为：根据整字包含基础部件的数量来区分独体字与合体字。包含 1 个基础部件的整字是独体字，包含两个以上基础部件的整字是合体字。

这样，我们可以根据整字包含基础部件的数量这一判断标准，基于《通用规范汉字表》整字部件的拆分结果，来确定《通用规范汉字表》中的独体字与合体字。

3.4.2　《字表》的基础部件

3.4.2.1　现有基础部件判断标准的不足

目前基础部件的判断标准也不统一。一般认为不能再拆分的部件就是基础部件，而对同一部件能否再拆分，认识并不统一。从义部件分析法分析出的部件数目从 300 多个到 600 多个不等；从形部件分析法分析出的部件数目从 100 多个到 600 多个不等。《信息处理部件规范》拆分出 560 个基础部件，《常用字部件规范》拆分出 514 个基础部件。导致现代汉字基础部件至今没有定数，只能说在 500 个左右。

---

① 另外，《现代常用独体字规范》中“囟羌”两个独体字在 3500 常用字中并未出现；并且“囟”还是《常用字部件规范》中的非成字部件。

基础部件数量的不同和拆分字集的大小有一定关系，但主要是由汉字部件拆分目的、拆分角度、拆分标准的不一致造成的。信息处理领域对汉字部件拆分的目的是方便中文输入法的研究，要求基础部件数量越少越好；这种拆分往往把汉字部件拆分得极为零碎，甚至会拆分出大量的单笔画部件。文字学研究领域对汉字部件拆分的目的是探寻汉字构形的历时演变规律，只注重尊重客观事实，而不过多考虑基础部件的数量；这种拆分往往会导致忽视现代汉字字形现状，其拆分结果也常常令普通民众难以接受。汉字教学领域对汉字部件拆分的目的是方便汉字字形或字义、字音的学习，并不介意拆分出的部件是基础部件还是合成部件；这种拆分也往往伴随着汉字部件拆分不彻底或随意拆分部件的问题。拆分目的的不同决定了拆分角度的不同，信息处理领域往往从字形角度拆分汉字部件；文字学研究往往从字理角度拆分汉字部件；汉字教学领域往往或从字形或从字理角度拆分汉字部件。一方面，由于现代汉字中字理的保留程度有较大差异，有的现代汉字理据性强，有的现代汉字字理变弱，有的现代汉字字理完全丧失。因此，单纯从字理角度来拆分现代汉字，字理强的汉字其拆分基本没有什么分歧，字理弱的、丧失的汉字拆分肯定会存在不少分歧，从而造成拆分结果的不一致。另一方面，从字形角度对现代汉字进行拆分，拆分标准和拆分下限又不统一，因此拆分结果也难以一致。总之，现有汉字部件拆分都不是从方便学习者学习的角度来对汉字部件进行拆分的，要么拆分依据难以一贯而至，要么拆分标准并不完全统一。所以，现有基础部件判定的界限是模糊的，这不但导致现代汉字基础部件的数量不能完全确定，更使合成部件及其数量成谜，部件间的组配规律也难以厘清。

3.4.2.2 直观构形理论下基础部件的判断标准

直观构形理论是从方便学习者学习的角度对现代汉字部件进行直观拆分的，并且拆分结果是可以在一般系统论基础上不断进行修正的。直观构形理论下，部件是整字构形分析的结果，部件的判定标准是：整字构形二叉树中所有的子节点和叶子节点上的构形单位都是部件，能直接构成独体字的笔画组合是部件，单笔笔画一般不是部件（一、乙除外）。这些部件既包括基础部件也包括合成部件。具体来说，基础部件的判定标准是：整字构形二叉树中所有叶子节点上的构形单位都是基础部件，能直接构成独体字的笔画组合是基础部件，“一、乙”是基础部件。

这样，我们可以根据基础部件的判断标准，基于《通用规范汉字表》整字部件的拆分结果，来确定《通用规范汉字表》中的基础部件。

3.4.3 《字表》合体字的部件组合特点

直观构形理论下，合体字的部件组合分为单层结构和多层结构两种类型。由 2 个基础部件直接按照某种方位关系构成的合体字是单层结构，由 3 个以上基础部件按照某种方位关系逐层组构而成的合体字是多层结构。《通用规范汉字表》前 600 实验字中，“亏乞亿天元云艺”等是单层结构，“从动共协夸列毕师同”等是多层结构。

3.4.4 《字表》合体字的层级特点

直观构形理论下，无论是单层结构还是多层结构的合体字都是层级结构。比如，《通用规范汉字表》中前 600 实验字中，单层结构“云、亏”只包含 2 个一级部件，它们的一级部件分别是“二、厶，一、丂”。多层结构“动、污”包含 2 个一级和 2 个二级部件，它们的一级部件分别是“云、力，氵、亏”，二级部件分别是“二、厶，一、丂”。虽然单层结构合体字“云、亏”和多层结构合体字“动、污”都包含部件“二、厶，一、丂”，但它们的功能并不相同。[①]并且包含 2 个层级的合体字“动、污”比只包含 1 个层级的合体字“云、亏”更加复杂。

3.4.5 《字表》合体字的生成过程

直观构形理论为了方便学习者直观了解和学习现代汉字的整字构形，尤其是合体整字的构形，用上下文无关文法把合体整字的生成过程描写下来。基于《通用规范汉字表》整字部件的拆分结果，我们可以用二叉树形式把《通用规范汉字表》合体整字的构形记录下来。比如，《通用规范汉字表》中合体整字“乞亿天元云艺支厅区”的生成过程描写见图 3.7。

3.4.6 《字表》合体字的构形模式

基于《通用规范汉字表》中合体整字的生成过程的描写，我们可以对《通用规范汉字表》合体整字的构形模式进行抽象概括。现代汉字的构形模式可以分为初、高级两个层次的抽象。

---

① “云、亏”中的“二、厶，一、丂”是直接构字部件；“动、污”中的“二、厶，一、丂”是间接构字部件。

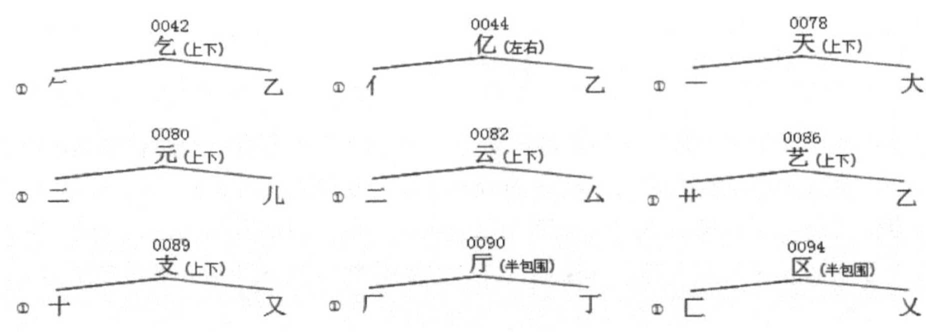

图 3.7 “乞亿天元云艺支厅区”的树图

3.4.6.1 《字表》合体字的初级构形模式

构形模式的初级抽象，我们可以只保留节点的方位关系，把树图所有节点和叶子上的部件都抽象为“0”。那么基于图 3.7 合体整字的生成过程，我们可以抽象出 0042、0044、0078、0080、0082、0086、0089、0090、0094 号合体整字的初级构型模式，具体见图 3.8。

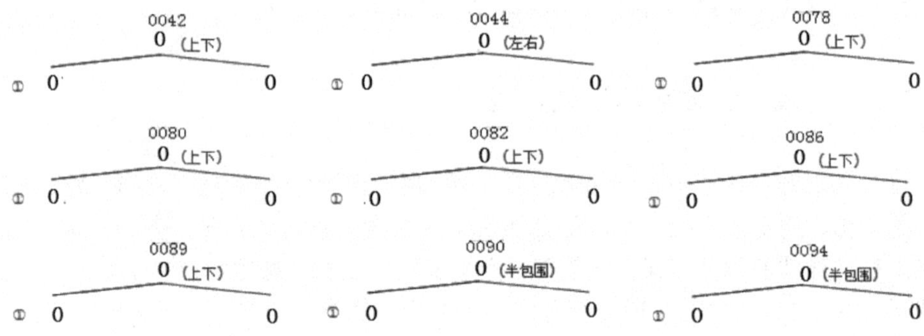

图 3.8 “乞亿天元云艺支厅区”的初级构形模式

这样，这些合体字的构形模式可以概括为 3 种类型，0042、0078、0080、0082、0086、0089 是同一种类型的初级构形模式，0044 是一种类型的初级构形模式，0090、0094 是同一种类型的初级构形模式。

3.4.6.2 《字表》合体字的高级构形模式

构形模式的高级抽象，我们可以在构形模式初级抽象的基础上对节点的方位关系进行再抽象，不考虑节点方位关系。那么基于图 3.8 的初级构形模式，我们可以抽象出 0042、0044、0078、0080、0082、0086、0089、0090、0094 号合体整字的高级构形模式，具体见图 3.9。

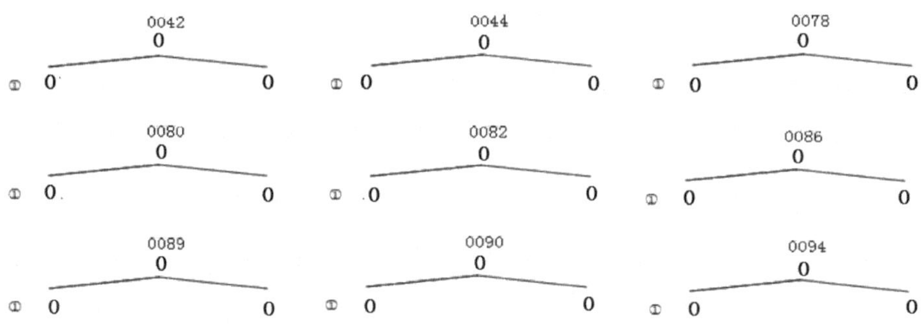

图 3.9　“乞亿天元云艺支厅区”的高级构形模式

这样，“乞亿天元云艺支厅区”等合体字的高级构形模式就是同一种类型。

3.5　《通用规范汉字表》部件构形属性的描写

基于前期的调研，以《通用规范汉字表》中前 600 实验字的拆分为例，我们可以从以下几个方面对通用规范汉字的部件构形属性进行描写。

3.5.1　《字表》基础部件的构字

直观构形体系中，基础部件的构字是包含该基础部件的所有整字的集合。它是考察基础部件构字能力的最直观的指标。通过基础部件的构字我们可以弄清楚基础部件的静态出现频率。通过调研，我们可以以《通用规范汉字表》前 600 字中的 “一、氵、亻、人、厂、工、伞”7 个基础部件为例，来考察基础部件的构字[①]情况。比如：

一——构字有“一亏天歹正丙灭旦丛鸟亚再百共夸列师同后合关污兴”。

氵——构字有“汁汇汉汗污江汛池汝汤”。

亻——构字有“亿仁什仆化仇仍仅付仗代仙们仪仔他伟传休伍伏优伐仲件任伤价伦份华仰仿伙伪伊似”。

① 本章 3.4 中所说的基础部件在《通用规范汉字表》中的构字，仅指该基础部件在《字表》前 600 字中的构字。

人——构字有“人介从仑仓欠认队以因闪全会企众丛价伦似合创”。

厂——构字有“厂厅历厉厌危”。

工——构字有“工巧功左式扛巩江红”。

伞——构字有“伞”。

在《通用规范汉字表》前600字中，相比较而言，“一、氵、亻、人、厂、工、伞”7个基础部件的构字能力明显不同，其构字能力从强到弱依次为“亻、一、人、氵、工、厂、伞”，“亻”的构字最多，“伞”的构字最少。这7个基础部件中“一、人、厂、工、伞”是成字基础部件，“氵、亻”是非成字基础部件。从构字能力的比较可知，并非所有成字部件的构字能力都强于非成字部件的构字能力。我们在研究《字表》部件的构形属性时将平等地对待成字和非成字部件，不偏重于成字部件。

3.5.2 《字表》基础部件的功能

直观构形体系中基础部件的功能包括组配独体字、不组配独体字，组配合体字、不组配合体字；组配合体字又可以分为直接组配合体字、间接组配合体字。仍以《通用规范汉字表》前600字的基础部件“一、氵、亻、人、厂、工、伞”的构字为例，来分析基础部件“一、氵、亻、人、厂、工、伞”的功能。比如：

一——具有组配独体字功能，基础部件“一”可以直接构成《通用规范汉字表》中的整字“一”。具有组配合体字功能，如基础部件“一”可以构成《通用规范汉字表》中的合体整字“亏天歹正丙灭旦丛鸟亚再百共夸列师同后合关污兴”等。在组配合体字时，基础部件“一”可以直接组配合体字，如“亏天歹正丙灭旦丛鸟亚再百”中的基础部件“一”分布在第一层级，直接参与组配合体字；基础部件“一”还可以间接组配合体字，如“共夸列师同后合关污兴”中的基础部件“一”分布在第二层级，间接组配合体字。

氵——不具备组配独体字功能，基础部件“氵”不能直接构成《通用规范汉字表》中的整字。具有组配合体字功能，如基础部件“氵”可以构成《通用规范汉字表》中的合体整字“汁汇汉汗污江汛池汝汤”等。在组配合体字时，基础部件“氵”可以直接组配合体字，如“汁汇汉汗污江汛池汝汤”中的基础部件“氵”分布在第一层级，直接参与组配合体字。

亻——不具备组配独体字功能，基础部件“亻”不能直接构成《通用规范汉字表》中的整字。具有组配合体字功能，如基础部件“亻”可以构成《通用规范汉字表》中的合体整字“亿仁什仆化仇仍仅付仗代仙们仪仔他伟传休伍伏优伐仲件任伤价伦份华仰仿伙伪伊似”等。在组配合体字时，基础部件“亻”可以直接组配合体字，如“亿仁什仆化仇仍仅付仗代仙们仪仔他伟传休伍伏优伐仲件任伤价伦份仰仿伙伪伊似”中的基础部件“亻”分布在第一层级，直接参与组配合体字；基础部件“亻”还可以间接组配合体字，如“华”中的基础部件“亻”分布在第二层级，间接组配合体字。

人——具有组配独体字功能，基础部件“人”可以直接构成《通用规范汉字表》中的整字“人”。具有组配合体字功能，如基础部件“人”可以构成《通用规范汉字表》中的合体整字“介从仑仓欠认队以因闪全会企众丛价伦似合创”等。在组配合体字时，基础部件“人”可以直接组配合体字，如“介从仑仓欠认队以因闪全会企众”中的基础部件“人”分布在第一层级，直接参与组配合体字；基础部件“人”还可以间接组配合体字，如“丛价伦似合众创”中的基础部件“人”分布在第二层级，间接组配合体字。

厂——具有组配独体字功能，基础部件“厂”能直接构成《通用规范汉字表》中的整字“厂”。具有组配合体字功能，如基础部件“厂”可以构成《通用规范汉字表》中的合体整字“厅历厉厌危”等。在组配合体字时，基础部件“厂”可以直接组配合体字，如“厅历厉厌”中的基础部件“厂”分布在第一层级，直接参与组配合体字；基础部件“厂”还可以间接组配合体字，如“危”中的基础部件“厂”分布在第二层级，间接组配合体字。

工——具有组配独体字功能，基础部件“工”能直接构成《通用规范汉字表》中的整字“工”。具有组配合体字功能，如基础部件“工”可以构成《通用规范汉字表》中的合体整字“巧功左式扛巩江红”等。在组配合体字时，基础部件“工”可以直接组配合体字，如“巧功左式扛巩江红”中的基础部件“工”分布在第一层级，直接参与组配合体字。

伞——具有组配独体字功能，基础部件“伞”能直接构成《通用规范汉字表》中的整字“伞”。不具有组配合体字功能，“伞”不能构成《通用规范汉字表》中的任意一个合体整字。

通过对基础部件“一、氵、亻、人、厂、工、伞”等功能的观察我们发现基础部件的功能各不相同，即使同一基础部件在不同的整字中，其功能也存在差异。无论是成字部件还是非成字部件，具有直接组配合体字功能的基础部件在整字中比间接组配合体字的基础部件容易识别。

3.5.3　《字表》基础部件的分布

直观构形体系中，基础部件的分布特点主要表现为基础部件分布层级、分布方位和形变情况。我们仍以《通用规范汉字表》前600字的基础部件“一、氵、亻、人、厂、工、伞”的构字情况为例，来分析这些基础部件的分布特点。

3.5.3.1 基础部件的分布层级

直观构形体系中，基础部件的分布层级指基础部件在合体整字构形中具体分布的层级。同一个基础部件，在不同的整字中分布层级有所不同。比如：

一——基础部件“一”在合体字“亏天歹正丙灭旦丛鸟亚再百”中分布在第一层级，在合体字“共夸列师同后合关污兴”中分布在第二层级。

氵——基础部件“氵”在合体字“汁汇汉汗污江汛池汝汤”中分布在第一层级。

亻——基础部件“亻”在合体字“亿仁什仆化仇仍仅付仗代仙们仪仔他伟传休伍伏优伐仲件任伤价伦份仰仿伙伪伊似”中分布在第一层级，在合体字“华”中分布在第二层级。

人——基础部件“人”在合体字“介从仑仓欠认队以因闪全会企众”中分布在第一层级，在合体字“丛价伦似众创合”中分布在第二层级。

厂——基础部件“厂”在合体字“厅历厉厌”中分布在第一层级，在合体字“危”中分布在第二层级。

工——基础部件“工”在合体字“巧功左式扛巩江红”中分布在第一层级。

通过对基础部件“一、氵、亻、人、厂、工”等在构字中分布层级的观察，我们发现，一般情况下，分布在第一层级的基础部件比分布在第二层级的基础部件更容易识别。

3.5.3.2 基础部件的分布方位

直观构形体系中，基础部件的分布方位指在基础部件出现的某一具体层级中，基础部件在和其直接组合部件组合时上、下，左、右，内、外等的方位分布。比如：

一——基础部件“一”在合体字“亏天歹正丙灭旦丛鸟亚再百”的第一层级中，分别与直接组合部件“丂大夕止内火业冉白”组合成“亏天歹正丙灭亚再百”时分布在上下结构的上位置，分别与直接组合部件“日从”组合成“旦丛”时分布在上下结构的下位置，与直接组合部件“鸟”组合成“鸟”时分布在半包围结构的围内位置。基础部件“一”在合体字“共夸列师同后合关污兴”的第二层级中，分别与直接组合部件“丂夕巾口口大丂”组合成“亏歹币𠮛𠮛天亏”[①]时分布在上下结构的上位置，

① 部件“亏歹币𠮛𠮛天亏”分别是“夸列师同后关污”的第一层级合成部件。

与直接组合部件“龷人⺍”组合成“龷亼⺌”[①]时分布在上下结构的下位置。

氵——基础部件“氵”在合体字“汁汇汉汗污江汛池汝汤”的第一层级中，分别与直接组合部件“十匚又干亏工卂也女𠃓”组合成“汁汇汉汗污江汛池汝汤”时分布在左右结构的左位置。

亻——基础部件“亻”在合体字“亿仁什仆化仇仍仅付仗代仙们仪仔他伟传休伍伏优伐仲件任伤价伦份仰仿伙伪伊似”的第一层级中，分别与直接组合部件“乙二十卜七九乃又寸丈弋山门义子也韦专木五犬尤戈中牛壬𫧇介仑分卬方火为尹以”组合成“亿仁什仆化仇仍仅付仗代仙们仪仔他伟传休伍伏优伐仲件任伤价伦份仰仿伙伪伊似”时分布在左右结构的左位置。基础部件“亻”在合体字“华”的第二层级中，与直接组合部件“七”组合成“化”[②]时分布在左右结构的左位置。

人——基础部件“人”在合体字“介从仑仓欠认队以因闪全会企众”的第一层级中，分别与直接组合部件“川匕㔾王云止从”组合成“介仑仓全会企众”时分布在上下结构的上位置，与直接组合部件“𠂊”组合成“欠”时分布在上下结构的下位置，分别与直接组合部件“讠阝𠃊”组合成“认队以”时分布在左右结构的右位置，与直接组合部件“人”组合成“从”时分布在左右结构的左和右位置，与直接组合部件“囗”组合成“因”时分布在全包围结构的围内位置，与直接组合部件“门”组合成“闪”时分布在半包围结构的围内位置。基础部件“人”在合体字“丛价伦似众创合”的第二层级中，分别与直接组合部件“川匕㔾一”组合成“介仑仓亼”[③]时分布在上下结构的上位置，与直接组合部件“𠃊”组合成“以”[④]时分布在左右结构的右位置，与直接组合部件“人人”组合成“从从”[⑤]时分布在左右结构的左和右位置。

厂——基础部件“厂”在合体字“厅历厉厌”的第一层级中，分别与直接组合部件“丁力万犬”组合成“厅历厉厌”时分布在半包围结构的围外位置。基础部件“厂”在合体字“危”的第二层级中，与直接组合部件“⺈”组合成“𠂆”[⑥]时分布在上下结构的下位置。

工——基础部件“工”在合体字“巧功左式扛巩江红”的第一层级中，分别与直接组合部件“丂力凡”组合成“巧功巩”时分布在左右结构的左位置，分别与直接组合部件“扌氵纟”组合成“扛江红”时分布在左右结构的右位置，分别与直接组合部

① 部件“龷亼⺌”分别是“共合兴”的第一级合成部件。

② 部件“化”是“华”的第一级合成部件。

③ 部件“介仑仓亼”分别是“价伦创合”的第一级合成部件。

④ 部件“以”是“似”的第一级合成部件。

⑤ 部件“从从”分别是“丛众”的第一级合成部件。

⑥ 部件“𠂆”是“危”的第一级合成部件。

件“ナ弋”组合成“左式”时分布在半包围结构的围内位置。

通过对基础部件“一、氵、亻、人、厂、工”分布位置的观察我们发现基础部件“亻、氵、厂”的分布位置相对固定，基础部件“一、人、工”分布位置相对灵活。理论上分布位置相对固定的基础部件位置更容易识记，较少出现部件位置错误的错别字；分布位置相对灵活的基础部件位置识记困难，容易出现部件位置错误的错别字。

3.5.3.3 基础部件的形变

基础部件的形变指的是基础部件在不同的构字中某些笔画的笔形会发生相应的变化，进而造成同一基础部件形体的不同变异形式，这种变异不具有区别基础部件的作用，可以看作某一基础部件的附形形式。弄清基础部件的形变情况有利于掌握基础部件的形变规律。比如：

一、氵、亻、厂、伞——这些基础部件没有形变形式。

人——通过对基础部件“人”的构字“人介从仑仓欠认队以囚闪全会企众丛价伦似合创”的观察我们发现，在“人介仑仓欠认队全会企价伦合”等构字中基础部件“人”的笔形没有发生形变现象，在“从以囚闪众丛似创”等构字中基础部件“人”出现了形变现象，它的第二笔“捺”笔形变化为“点”。从“从众丛创”中基础部件“人”第二笔“捺”的笔形形变可以看出，基础部件“人”、基础部件“人”构成的合成部件“仓”与其直接组合部件组合时都分布在左右结构的左位置；而基础部件“人”没有发生形变的“人介仑仓欠认队全会企价伦合”构字中，“人”与其直接组合部件组合时分布位置均不是左位置，所以我们可以说当基础部件“人”或“人”的合成部件分布在左右结构的左位置时，其第二笔“捺”形变为“点”；从“囚闪”中基础部件“人”第二笔“捺”的笔形形变可以看出，基础部件“人”与其直接组合部件组合时都分布在包围结构的围内位置，并且基础部件“人”没有发生形变的“人介仑仓欠认队全会企价伦合”构字中，“人”与其直接组合部件组合时分布位置均不是围内位置，所以我们可以说当基础部件“人”分布在包围结构的围内位置时，其第二笔“捺”形变为“点”；从“以似”中基础部件“人”第二笔“捺”的笔形形变可以看出，基础部件“人”与其直接组合部件“ㆍ”组合成“以”时发生形变，“人”分布在左右结构的右位置，而基础部件“人”在“认队”构字中虽然也分布在左右结构的右位置，但其第二笔“捺”并没有发生笔形的变化。这说明基础部件“人”分布在左右结构的右位置时一般不发生形变，特殊情况下发生形变。对“以似”中基础部件“人”第二笔发生形变的现象要么作为特例单独识记，要么看作需要整形的例外现象，考虑把“以似”中基础部件“人”第二笔“点”修正为“捺”，而我们则把“以”中“人”的形变看作“人”的特殊形变形式。这样基础部件“人”的形变规律可以概括为：一般情况下，“人”或“人”的合成部件分布在左右结构的左位置及“人”分布在包围结构的围内位置时，其第二笔“捺”笔形变化为“点”；特殊情况下，如“以似”中的基础部件“人”第二笔“捺”笔形变化为“点”。

工——通过对基础部件“工”的构字“工巧功左式扛巩江红”的观察我们发现，在“工左扛江红”等构字中基础部件“工”的笔画没有发生形变现象，在“巧功巩式”等构字中基础部件“工”出现了形变现象，它的第三笔“横”笔形变化为“提”。从“巧功巩”中基础部件“工”第三笔“横”的笔形形变可以看出，基础部件“工”与其直接组合部件组合时都分布在左右结构的左位置，并且基础部件“工”没有发生形变的“工左扛江红”构字中，“工”与其直接组合部件组合时分布位置均不是左位置，所以我们可以说当基础部件“工”分布在左右结构的左位置时，其第三笔“横”形变为“提”；从“式”中基础部件“工”第三笔“横”的笔形形变可以看出，基础部件“工”与其直接组合部件“弋”组合成“式”并且分布在半包围结构的围内位置，而基础部件“工”在“左”构字中虽然也分布在半包围结构的围内位置，但其第三笔“横”并没有发生笔形的变化。这说明基础部件“工”分布在半包围结构围内位置时有时发生形变有时不发生形变，我们把“式”作为基础部件“工”发生形变的一个特例处理。这样基础部件“工”的形变规律可以概括为：一般情况下，“工”分布在左右结构的左位置时其第三笔“横”笔形变化为“提”；“式”中的基础部件“工”第三笔“横”笔形变化为“提”。

通过对基础部件“一、冫、亻、人、厂、工、伞”形变的观察我们发现：“一、冫、亻、厂、伞”不发生形变，“人、工”发生形变，并且基础部件“人、工”的形变都有一定的规律。

3.6　《通用规范汉字表》笔画构形属性的描写

基于前期调研，以《通用规范汉字表》中前 600 实验字的拆分为例，我们可以从以下几个方面对通用规范汉字的笔画构形属性进行描写。

3.6.1　《字表》基础部件的笔画

3.6.1.1　基础部件的笔画

直观构形体系中，我们把整字拆分为部件，把部件拆分为笔画。对现代汉字笔画拆分时只把基础部件拆分为笔画。基础部件的笔画分为“横竖撇点折”5种基本笔形，和“提、竖钩、横撇、竖撇[①]、捺、1折、2折、3折、4折”9种附笔形。（见3.3.4，此不赘述）对于基础部件笔画的描写我们采用以序号式为主，同时参考9种附笔形方式。如果按笔顺拆分基础部件笔画时出现笔顺的重码现象，则在参考附笔形、笔画拓扑关系、笔形长短、笔形连接位置等特征的情况下对重码的基础部件分组、按区别特征进行笔画拆分。因此，我们的基础部件笔画拆分是按笔顺、分组、附加区别特征的笔画拆分。这样，可以确保每一个基础部件都有一组唯一的区别于其他基础部件的代码，以便用笔画特征来区分基础部件形体。比如，《通用规范汉字表》前600字中的基础部件“三扌⺀勿氵 廾车”等的形体可以用以下的笔画区别特征进行区分。

三——笔画拆分为“111”。

扌——笔画拆分为“211t”。

⺀——笔画拆分为“44”。

勿——笔画拆分为“3s5p3s3s”。

氵——笔画拆分为“441t”。

廾——笔画拆分为“13s2”。

车——笔画拆分为“15o12”。

⻋——笔画拆分为“15o21t5p”。

⺮——笔画拆分为“3s123s12g”。

马纟——笔画分别拆分为“5oA5qA1、5oBk5oA1t”。

犬太——笔画分别拆分为“（13s4n）Aru4、（13s4n）Amd4”。

木朩——笔画分别拆分为“123s4n、12g3s4”。

十丁亍——笔画分别拆分为“1C2、1Bkm2g、1Bkr2g”。

厂ナ𠂇——笔画分别拆分为“1Bfl3sx、1Cm3sx、1Bkm3sy”。

口囗——笔画分别拆分为“（25o1）y、（25o1）x”。

未末——笔画分别拆分为“（1y1x）23s4n、（1x1y）23s4n”。

工土士扌——笔画分别拆分为“1Bk2Bk1、1yC2Bk1x、1xC2Bk1y、1C2gC1t”。

3.6.1.2　基础部件的笔形分布

通过对《通用规范汉字表》前600实验字中基础部件笔画拆分的观察我们发现，五种基本笔形在基础部件中不是均等分布的。其中“横”笔最多，“点”笔最少。

① 这里的笔形“横撇、竖撇”是一个相对概念，“竖撇”笔形复杂，像“片白”起笔、“𠂉⺷”第二笔、“木衣”第三笔、“手罒耂”第四笔等这样的都是“竖撇”；“横撇”笔形相对简单，像“罒卯采𠂆”等部件的第一笔都是“横撇”。

3.6.2 《字表》笔画的组合特点

汉字笔画拓扑关系主要包括空间关系和方位关系。空间关系有相离、相接、相交关系，方位关系有上、下、左、右、中等关系。

直观构形体系下笔画的组合关系主要指前后相连笔画之间的关系，特殊情况下指某一笔画前后相连的笔画组与其相连笔画之间的关系。不包括非相连笔画之间的关系。而且我们所说的笔画组合关系分为两类，一类是笔顺不同的基础部件中相连笔画之间的关系，另一类是指具有区别基础部件形体作用的相连笔画之间的拓扑关系，即笔顺重码时具有区别基础部件形体作用的相连笔画之间的拓扑关系。

3.6.2.1 笔画空间关系

1. 笔顺不同的基础部件中相连笔画之间的空间关系

我们以《通用规范汉字表》前 600 字的基础部件“三丬⺀廾卄勿”的笔画拆分来观察笔顺不同的基础部件中相连笔画之间的空间关系。比如：

三——笔画拆分为“111”，第一笔“横”和第二笔“横”是相离关系，第二笔“横”和第三笔“横”也是相离关系。

丬——笔画拆分为“211t”，第一笔“竖”和第二笔“横”是相接关系，第二笔“横”和第三笔“提”是相离关系。

⺀——笔画拆分为“44”，第一笔“点”和第二笔“点”是相离关系。

廾——笔画拆分为“13s2”，第一笔“横”和第二笔“竖撇”是相交关系，第二笔“竖撇”和第三笔“竖”是相离关系。

卄——笔画拆分为“122”，第一笔“横”和第二笔“竖”是相交关系，第二笔“竖”和第三笔“竖”是相离关系。

勿——笔画拆分为“3s5p3s3s”，第一笔“竖撇”和第二笔“2 折”是相接关系，第二笔“2 折”和第三笔“竖撇”是相接关系，第三笔“竖撇”和第四笔“竖撇”是相离关系。

2. 笔顺重码时有区别基础部件形体作用的相连笔画之间的空间关系

我们以《通用规范汉字表》前 600 字的基础部件“马纟、犬太”的笔画拆分来观察笔顺重码的基础部件中相连笔画之间的空间关系。比如：

马纟——笔画分别拆分为“5oA5qA1、5oBk5oA1t”；“马”第一笔“1 折”和第二笔“3 折”是相离关系，第二笔“3 折”和第三笔“横”是相离关系；“纟”第一笔“1 折”和第二笔“1 折”是相接关系，第二笔“1 折”和第三笔“提”是相离关系。

犬太——笔画分别拆分为“（13s4n）Aru4、（13s4n）Amd4”；“犬、太”第一笔“横”和第二笔“竖撇”都是相交关系，第二笔“竖撇”和第三笔“捺”都是相接关系，前三笔构成的笔画组“大”和第四笔“点”都是相离关系。

通过对笔顺不同的基础部件“三丬 冫廾卄勿”和笔顺重码的基础部件“马纟、犬太”笔画拆分的观察我们发现，基础部件相连笔画之间的空间关系有相离、相接、相连 3 种，5 种基本笔画中任意一种笔画相连出现时，除了“折”笔笔画相连出现时既可以是相离关系，也可以是相接关系之外，“横竖撇点”4 种基本笔画任意一种类型笔画相连出现时都只有相离关系。同类型基本笔画相连出现时笔画之间的关系不可能是相交关系。其他非同一类型基本笔画相连出现时，一般可能是相交、相接、相离任意一种关系。可见，相连笔画之间的空间关系也是有一定规律的。另外，不同类型笔画相连出现时很有可能也会出现倾向性的空间关系。

3.6.2.2 笔画方位关系

直观构形体系下按笔顺拆分笔画时，笔顺不同的基础部件笔画拆分时不用考虑基础部件中相连笔画之间的方位关系；某些笔顺重码的基础部件，对其字形进行区分时还要考虑基础部件中相连笔画之间的方位关系的差异。我们以《通用规范汉字表》前 600 字的基础部件“犬太、十丁丁、厂ナ𠂇”的笔画拆分来观察笔顺重码的基础部件中相连笔画之间的方位关系。比如：

犬太——笔画分别拆分为“（13s4n）Aru4、（13s4n）Amd4”；“犬、太”两个基础部件中笔画组“13s4n”和其相连笔画“点”虽然都是相离关系，但“犬、太”两个基础部件中笔画组“13s4n”和“点”的相对方位关系不同。基础部件“犬”的笔画“点”分布在笔画组“13s4n”的右上方象限中，基础部件“太”的笔画“点”分布在笔画组“13s4n”的中间下方象限中。

十丁丁——笔画分别拆分为“1C2、1Bkm2g、1Bkr2g”；其中“丁丁”两个基础部件中第一笔“横”和第二笔“竖钩”的相接位置不同。基础部件“丁”第二笔“竖钩”在第一笔“横”的中间与其相接，基础部件“丁”第二笔“竖钩”在第一笔“横”的右端与其相接。

厂ナ𠂇——笔画分别拆分为“1Bfl3sx、1Cm3sx、1Bkm3sy”；其中“厂𠂇”两个基础部件中第一笔“横”和第二笔“竖撇”相接的位置不同。基础部件“厂”第二笔“竖撇”在第一笔“横”的最左边与其相接，基础部件“𠂇”第二笔“竖撇”在第一笔“横”在中间位置与其相接。

通过对基础部件“犬太、十丁丁、厂ナ𠂇”中相连笔画之间的方位关系的观察我们发现，需要通过方位关系来区分形体的基础部件较少，两个相连笔画（或笔画组）

之间方位关系的描述一般要以靠前的笔画（或笔画组）为参照，相离的笔画之间可以是复合方位关系，相接或相交的笔画之间是单纯方位关系。

3.6.3　《字表》笔画的笔形变化

3.6.3.1　基本笔形和附笔形的变化

我们以《通用规范汉字表》前 600 字的基础部件“干于扌亍、车轧、木朩、竹”的笔画拆分来观察基础部件中的笔形变化情况。比如：

干于扌亍——笔画分别拆分为“11C2、11C2g、（11）C2、11Bk2g”；其中基础部件“干于”的笔顺相同都是“112”，但是“干”第三笔笔形是基本笔形“竖”，“于”第三笔笔形是“竖”的附笔形“竖钩”。

车轧——笔画分别拆分为“15o12、15o21t5p”；其中基础部件“车”和基础部件“轧”前四笔构成的笔画组形体相同，但是基础部件“车”的第四笔笔形是基本笔形“横”，“轧”第四笔的笔形是“横”的附笔形“提”。

木朩——笔画分别拆分为“123s4n、12g3s4”；其中基本部件“木”和“朩”的笔顺相同，都是“1234”，但是“木”第二笔的笔形是基本笔形“竖”，第四笔的笔形是“点”的附笔形“捺”，“朩”第二笔的笔形是“竖”的附笔形“竖钩”，第四笔的笔形是基本笔形“点”。

竹——笔画拆分为“3s123s12g”；它的前三笔和后三笔笔顺相同都是“312”，但是基础部件“竹”第三笔的笔形是基本笔形“竖”，第六笔的笔形是“竖”的附笔形“竖钩”。

通过对基础部件“干于扌亍、车轧、木朩、竹”中笔形变化情况的观察我们发现，基础部件中笔形的变化功能不同，有的笔形变化是基础部件形变，具有区分基础部件形体的作用，如“干于、木朩、竹”这样的笔形变化不能随意改变，否则会造成字形书写错误；有的笔形变化只是为了字形美观，没有区别基础部件形体的作用，如“车”的第四笔“横”和“轧”的第四笔“提”书写时笔形可以互换，而不影响对“车”与“轧”形体的区别，只是它们第四笔笔形互换后形体不美观了。弄清楚基础部件笔形变化的这些差异有利于提高字形辨析的准确度，提高汉字的正确与规范书写水平。

3.6.3.2　笔形长短的变化

我们以《通用规范汉字表》前 600 字的基础部件“口囗、未末、工土士扌”的笔画拆分来观察基础部件中笔形的长短变化情况。比如：

口囗——笔画分别拆分为“（25o1）y、（25o1）x”；它们的笔顺都是“251”，但是比较而言，基础部件“口”相连的“竖、横折、横”三个笔形的长度都短于基础部件“囗”相连的“竖、横折、横”三个笔形的长度。

未末——笔画分别拆分为“（1y1x）23s4n、（1x1y）23s4n”；它们的笔顺都是“11234”，但是比较而言，基础部件“未”第一笔“横”的笔形短，第二笔“横”的笔形长，基础部件“末”第一笔“横”笔形长，第二笔“横”笔形短。

工土士扌——笔画分别拆分为“1Bk2Bk1、1yC2Bk1x、1xC2Bk1y、1C2gC1t”；其中基础部件“土士”笔顺都是“121”，但是比较而言，基础部件“土”第一笔“横”的笔形短，第三笔“横”的笔形长，基础部件“士”第一笔“横”的笔形长，第三笔“横”的笔形短。

通过对基础部件“口囗、未末、工土士扌”中笔画笔形长短的观察我们发现，需要通过笔形长短来区分形体的基础部件较少，笔形长短差异一般存在于同一类型的笔画之间，笔形长短是相对概念，并没有绝对的尺度，靠笔形长短来区别形体的基础部件更容易混淆，很可能比其他基础部件更难学习。

综上所述，我们以直观构形理论为指导，基于《通用规范汉字表》前600实验字的构形分析，在直观构形体系下勾勒出了一个对通用规范汉字的整字、部件、笔画的构形属性进行描写的系统。本章通用规范汉字构形属性的描写，在本质上是第2章现代汉字直观构形体系的实证性实验。最终，通过实验我们明确了以下两点：第一，用直观构形理论来研究通用规范汉字构形属性是可行的；第二，明确了整字、部件的拆分方法和整字、部件、笔画构形属性的描写方法。

当然，我们只有在《通用规范汉字表》8105字构形属性全面描写的基础才能系统归纳通用规范汉字的构形规律。下面我们将依据第3章的实验性研究成果对《通用规范汉字表》8105字的构形属性进行全面、封闭描写。而如果要系统、全面描写《通用规范汉字表》中8105个现代汉字的构形属性，单靠手工分析是无法科学、准确实现的，需要利用计算机技术构建能涵盖通用规范汉字整字、部件、笔画构形属性的资源库，通过对资源库中相关构形属性的定量分析来客观描写、归纳《通用规范汉字表》中整字、部件、笔画的构形属性，进而归纳通用规范汉字的构形规律。

第 4 章　通用规范汉字构形属性数据库的建设

4.1　现有汉字属性数据库研究概观

20 世纪 50 年代中期以前，计算机主要用于科学计算。20 世纪 50 年代后期至 60 年代中期，计算机开始大量用于信息管理。早期的信息管理主要是文件系统阶段的数据管理，从 20 世纪 60 年代后期开始，才逐渐使用数据库技术来进行数据管理。

1968 年世界上诞生了第一个商品化的信息管理系统 IMS（Information Management System）。从此，数据库技术得到了迅猛发展。在互联网日益被人们接受的今天，Internet 又使数据库技术、知识、技能的重要性得到了充分放大。如今数据库已经成为信息管理、办公自动化、计算机辅助设计等应用的主要软件工具之一，帮助人们处理各种各样的信息数据。

整体来说，我国数据库技术起步较晚，直到 1976 年萨师煊教授才将数据库概念引入国内。20 世纪 80 年代数据库技术开始普及；到 20 世纪 90 年代，我国加大数据库技术的研究与投入，开始对数据库进行科学研究与系统开发；21 世纪以来数据库技术在我国各行业的应用日趋广泛与成熟。

4.1.1　大陆汉字属性数据库研究

20 世纪七八十年代，我国开始利用数据库技术进行汉字属性研究。1988 年，上海交大计算机科学系建立"汉字属性信息数据库"，对《信息交换用汉字编码字符集 • 基本集》6763 汉字的属性进行研究，它认为汉字的属性包括拼音、音调、部首、笔顺、组字结构、部件数、结构类型、构词能力、出现次数、频级、频序、频率、国际码、笔画数等 30 个字段。（韩布新，1993：29）其中部首、部件数、结构类型、笔画数等特征属于汉字构形属性。以此数据库为基础上海交通大学汉字编码组、上海汉语拼音文字研究组编著了《汉字信息字典》(1988)，描写了《信息交换用汉字编码字符集·基本集》中 6763 个整字的构形属性，如整字所属部首、结构类型、笔画等特征。此后，不同的研究机构、团体或个人为满足自身科学研究的需要也建立了相应的汉字属性或特征数据库。比如，张再兴《汉字结构统计分析系统》(2002) 所使用的数据库就包括构字元素、平面结构等汉字构形属性。从 2003 年起，教育部语信司获准立项“汉字属性数据库”的建设。该数据库目前正在建设中，设计包括 82 种汉字属性。汉字属性数据库以《信息交换用汉字编码字符集》的 6763 字为核心，以 GBK20902 字为目标，力求对每个字的字形属性、字音属性、字义属性、字际关联属性、序值属性、频率属性进行详尽描述。(靳光瑾、陈晓，2006：302-309；赵彤，2015：123-127) 2015 年 5 月，通用汉字全息数据库建设项目也正式启动，该数据库也正在建设中。这将为我国语言文字的规范化、标准化、信息化以及语言与文化的传承保护提供有力支撑。

4.1.2 台湾地区汉字属性数据库研究

台湾在 1998 年 8 月正式推出“汉字构形资料库”，它是对汉字字形知识的整理；台湾师范大学也建立了以繁体字为研究对象的“ACCESS 全汉字检索系统”[①]，该系统依托的数据库包括整字部首、笔画、平面结构、部件、笔顺笔画等构形信息。

总之，数据库技术在汉字构形研究中发挥着越来越重要的作用，极大地方便了汉字属性的查检，加速了规范化、标准化和信息化进程，还拓展了汉字属性数据库资源的应用范围。

虽然通过数据库技术来研究汉字属性已较为成熟。但是，现有研究成果仍存在以下不足。

1. 数据库信息对现代汉字构形属性描写不系统、不完备

现有汉字属性数据库在汉字构形属性描写方面多侧重于整字构形属性的描写。由于现代汉字包括整字、部件、笔画三级构形单位，所以理论上来说其构形属性应该包括整字、部件、笔画三级构形单位的构形属性。如果在对汉字构形属性描写时只关注整字的构形属性，而忽视部件和笔画的构形属性，就无法对汉字构形属性进行系统的描写。另外，对汉字构形属性进行定量研究时一般都会建立相关的数据库，这些数据库都是根据研究目的对汉字构形某些方面的属性进行描写，要么对整字的笔画数、基础部件、结构类型、笔顺等构形属性进行描写，要么对部件的笔画数、构字能力、分布位置等构形属性进行描写。很少对整字的生成过程、构形模式，部件的组配规律、

① 该系统收录的汉字均为繁体字，和大陆使用的简化字有一定区别。

分布位置规律，笔画间的空间关系、笔画的形变情况进行描写与研究。而缺少了这些内容的研究，就不能全面摸清现代汉字的构形规律。因此，迫切需要探索并开发系统、完备描写现代汉字构形属性的数据库。

2. 现有汉字属性数据库资源查询困难

由于数据库资源共享离不开相关的计算机和网络技术的支持，往往需要多学科通力合作；尤其是后期的数据库维护工作要耗费相当的人力与物力。所以，现有汉字属性数据库成果较难实现资源共享。目前，只有北京语言大学 BCC 语料库“BCC 汉语图典”曾经提供过网络公开的搜索平台，但它包含的汉字属性特征极少，字集中包含汉字数量少。另外，台湾师范大学“ACCESS 全汉字检索系统”主要包含繁体字的构形属性，还开发有网络开放平台，但是这一资源库并不是针对现代简化字的构形研究，并且包含的汉字属性也不完备（见图 4.1）。因此，迫切需要在现有条件下加强有关汉字构形属性的公开数据资源建设，一方面可以提高汉字构形数据库资源的利用率，另一方面可以增强汉字构形属性的规范化、标准化意识。

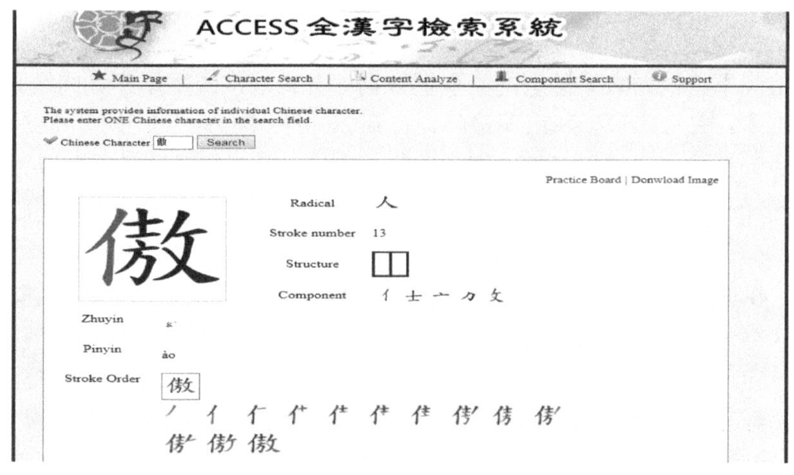

图 4.1　台湾“ACCESS 全汉字检索系统”截图

总之，当今数据库的建设技术已经相当成熟。20 世纪七八十年代以来，文字学研究和现代信息技术相结合，也已经建设了为数不少的汉字属性数据库。可是，不同数据库对汉字属性外延的认定各不相同，既不系统也不全面。比如，1988 年的“汉字属性信息数据库”把汉字属性定义为 30 个字段，在建的“汉字属性数据库”把汉字属性定义为 82 个字段，2015 年开始建设的“汉字全息数据库”尚未向社会公布将把汉字属性定义为多少个字段。这主要是由于 21 世纪的汉字研究已经受到了文字学、信息技术学、心理学、数学（拓扑）、统计学等学科的关注，这就使汉字属性的外延越来越丰富，但是现有各种汉字属性数据库在汉字属性选择方面也没有形成专业领域和通用领域的固定范式。因此，需要分学科体系、研究内容确定汉字属性的外延指标，制定相应指标的标准，进而对各指标与标准进行综合归并与考量，以期尽早形成满足各研究领域需要的相对固定的汉字属性指标，制定汉字属性标准。同时，鉴于知识产权和技术方面的问题，真正被公开使用的数据库屈指可数。这与我国“加强语言资源建设的统筹协调，支持相关语言产业、企业的发展，努力形成‘有序开发、多元投入、社会共享’的语言资源建设与管理机制”的政策不符。[①]因此，加大数据库资源的应用问题研究也迫在眉睫。

4.2 通用规范汉字构形属性数据库的类型

4.2.1 数据库的类型

一般情况下，根据数据模型的类型把数据库分为层次式数据库、网络式数据库、关系式数据库。关系式数据库出现最晚，直到 20 世纪 70 年代才出现。但是关系式数据库已经成为目前应用最广泛的数据库系统。比如，当今使用广泛的小型关系式数据库系统有 Foxpro、Access，[②]大型关系式数据库系统有 Oracle、SQL Server、Informix、Sybase 等。

其中，Access 数据库系统操作方便，特别适合没有编程基础的人。该数据库具有以下优点：第一，数据独立，数据库中的数据独立于应用系统，易于维护；第二，数据可以统一定义、组织和存储，集中管理，避免了不必要的数据冗余，也提高了数据的一致性；第三，便于访问数据，提供了诸如视图、存储过程、触发器、索引等对象；第四，统一的数据保护功能，在多用户数据共享情况下，对用户使用数据有严格的检查，对数据库规定密码或存取权限，拒绝非法用户进入数据库，以确保数据的安全性、一致性。

① 见国家语委《国家语言文字工作委员会关于进一步做好语言文字信息化工作的若干意见》，2014 年。

② 说 Foxpro、Access 数据库是小型数据库是相对 SQL Server 这样的大型数据库而言的。对于普通的静态数据存储而言，Access 数据库的任意一个“表”，都可以存储 20 亿行的数据信息，这一信息容量能满足个体用户的需求。而 SQL Server 这样的大型数据库，对数据的存储一般是没有上限的。

4.2.2 ACCESS 通用规范汉字构形属性数据库

为了全面、准确地描写通用规范汉字的构形属性就必须构建相应的数据库。鉴于 ACCESS 数据库系统的优点，我们确定建立“ACCESS 通用规范汉字构形属性数据库”（以下简称“通用规范汉字构形属性数据库”），这不仅有利于汉字构形信息的系统整理，更方便从不同的角度、根据不同的特征对现代汉字的构形属性进行分类、检索与统计。根据第 3 章对通用规范汉字构形属性的描写，我们明白了通用规范汉字构形属性数据库是以现代汉字直观构形理论为基础，按照现代汉字直观构形体系对通用规范汉字整字、部件、笔画三级构形单位的构形属性进行全面、系统描写的现代汉字构形属性信息数据库。

4.3 通用规范汉字构形属性数据库的设计

当今，由于数据库建库技术已经相当成熟，我们根据“数据库系统需求分析、概念结构设计、逻辑结构设计、物理结构设计、数据库实施、数据库运行和保护”等数据库设计步骤来设计和构建通用规范汉字构形属性数据库。对于该数据库的构建过程不再从技术上详细描述，只对数据库构建过程中的一些关键性的环节进行专门讨论。

4.3.1 关系式数据库的数据结构

通用规范汉字构形属性数据库是关系式数据库，关系式数据库的数据结构是一张规范化的二维表，它由表名、表头、表体三部分构成，表名即二维表的名称，表头决定了二维表的结构（即表中列数及每列的名称、类型等），表体即二维表中的数据。每个二维表又可以称为关系。在关系式数据库中，实体是使用关系来表示的，实体间的联系也是用关系表示的。关系式数据库的数据结构简单、清晰，用户易懂、易用。

4.3.2 关系式数据库数据结构的相关概念

4.3.2.1 关系

一个关系对应一张二维表，一个数据库中有几个表，就有几个关系。

4.3.2.2 元组

二维表格中的一行，就是一个元组。

4.3.2.3 属性

二维表格中的一列就是一个属性。给每一个属性起一个名称就是属性名。一个表中有几列，就说明该表包含几个属性。属性包括名称、类型等特征。

4.3.2.4 域

属性的取值范围就是域。

4.3.2.5 分量

二维表格中每一行对应列的属性值就是分量，也就是说，元组中的一个属性值就是分量。

4.3.2.6 主键

可以唯一标识一个元组的属性或属性集，也称作关键字或主码。主键是关系模型中一个重要概念，一般一个关系中总要设置一个主键，选定以后主键不能随意改变。

4.3.2.7 关系模式

关系模式是对关系的描述，一般表示为：关系名（属性 1，属性 2，……属性 n），关系模式是关系模型的“型”，是关系的框架结构。

4.3.3 关系的性质

数据模型的选择是设计数据库时的一项首要任务。既然我们选择的是 Access 数据库，那么我们选择的数据模型一定是关系模型。在关系模型中，“表”也被称作“关系”。尽管 Access 数据库中的关系与普通的二维表格非常相似，但是在关系模型中已经对关系的性质做了种种限制。第一，关系中的列是同质的。即每一列的分量必须来自同一个域，必须是同一类型数据。第二，关系中不同的列可以来自同一个域，每一列称为属性，不同的属性必须有不同的名字。第三，关系中列的顺序可以互换。但交换时必须连同属性名一起交换。第四，关系中元组的顺序（即行序）可以是任意的，在一个关系中可以任意交换两行的次序。第五，关系中不允许出现相同的元组。第六，关系中每一分量必须是不可分的数据项，即所有的属性值都是原子的，是一个确定的值，而不是值的集合。因此，我们在进行通用规范汉字构形属性数据库表设计时必须满足这些关系性质。

4.3.4　通用规范汉字构形属性数据库的表设计

在当今信息社会，信息是一种资源，是可以存储、加工、传递和再生的。在数据库中信息往往可以用一组数据来表示。比如，有这样一条信息：《通用规范汉字表》中 0256 号字“另”可以根据上下的方位关系拆分为部件“口”和部件“力”，在数据库中我们可以用“另、口、力、上下、0256”这一组数据来记录这一条信息。由于这组数据被赋予了特殊的语义，所以和原始信息对等的，我们可以通过这组数据把原始信息存储下来。这样，数据就成了信息的符号化表示或载体，信息则是数据的内涵，是对数据的语义解释。

基于《通用规范汉字表》前 600 实验字的前期调研，我们已经在第 3 章勾画出了《通用规范汉字表》整字、部件、笔画构形属性描写的系统。通用规范汉字构形属性数据库本质上就是把通用规范汉字整字、部件、笔画蕴含的构形属性信息数据化的设计过程。在这个过程中，必须保证信息的对等，不能在信息转化成数据的过程中造成信息损耗。

由于通用规范汉字构形属性数据库中整字、部件、笔画的大多数构形属性信息都不是直接从现有资源中获取的，需要对《通用规范汉字表》中的字符进行拆分、分类、标注、加工后才能获取。比如，整字构形属性中“合体整字的生成过程”这一构形属性信息就是包含合体字各级部件、部件层级、部件拓扑关系信息的集合。不能从《通用规范汉字表》中直接获取，只能通过对整字的部件拆分才能获取上述信息。所以通用规范汉字构形属性数据库必须包括一个拆分基础信息表，作为整字、部件、笔画等相关构形信息再抽取的基础表。

那么，通用规范汉字构形属性数据库主要包括四个表，分别是拆分基础信息表、整字构形属性表、部件构形属性表、笔画构形属性表。

4.3.4.1　拆分基础信息表设计

拆分基础信息表（Chaifen，简称“C 表”）是通用规范汉字构形属性数据库中其他三个表的基础。该表包括 7 个属性：Cid（序号）、Cduixiang（拆分对象）、Cbujian1（部件 1）、Cbujian2（部件 2）、Cguanxi（部件 1、2 方位关系）、Cgongneng（拆分对象功能）、Czihao（字表整字编号）。其中，“序号”用来记录元组的数量，其数据类型是数字，分量不能为空，长度为 4 字符；“拆分对象”用来记录需要拆分的部件，其数据类型是短文本，分量不能为空，长度为 2 字符；“部件 1、部件 2”用来记录拆分出的部件，其数据类型是短文本，分量可以为空，长度为 2 字符；“部件 1、2 方位关系”用来记录拆分的部件 1 和部件 2 之间的方位关系，其数据类型是短文本，分量可以为空，长度为 6 字符；“拆分对象功能”用来记录部件的组配功能，其数据类型是短文本，分量不能为空，长度为 24 字符；“字表整字编号”用来记录《通用规范汉字表》中整字唯一的编号，其数据类型是短文本，分量可以为空，长度为 4 字符。由于部件拆分表要确保拆分部件不能重复出现，所以把“拆分对象”属性设置为主键。拆分基础信息表的详细结构见表 4.1。

表 4.1　“拆分基础信息表”结构

序号	属性名	数据类型	非空	主键	长度	描述
1	Cid	数字	not null	是	4	序号
2	Cduixiang	短文本	not null	——	2	拆分对象
3	Cbujian1	短文本	null	——	2	部件 1
4	Cbujian2	短文本	null	——	2	部件 2
5	Cguanxi	短文本	null	——	6	部件 1、2 方位关系
6	Cgongneng	短文本	not null	——	24	拆分对象功能
7	Czihao	短文本	null	——	4	字表整字编号

4.3.4.2　整字构形属性表设计

整字构形属性表（Zhengzigouxing，简称“Z 表”）是在拆分基础信息表的基础上，把第 3 章“《通用规范汉字表》整字构形属性的描写”中所涵盖的整字构形属性以数据库表的形式呈现出来。该表包括 16 个属性：Zzihao（《字表》整字编号）、Zzhengzi（整字）、Zjijian（基础部件）、Zjijianshu（基础部件数）、Zcengjishu（层级数）、Zguanxi（方位关系）、Zshengcheng（整字生成过程）、Zyiji（一层基础部件）、Zyifu（一层合成部件）、Zerji（二层基础部件）、Zerfu（二层合成部件）、Zsanji（三层基础部件）、Zsanfu（三层合成部件）、Zsiji（四层基础部件）、Zsifu（四层合成部件）、Zwuji（五层基础部件）。其中“《字表》整字编号”用来记录《通用规范汉字表》中每个字固有的编号，其数据类型是短文本，分量不能为空，长度为 4 字符；“整字”用来记录《通用规范汉字表》中所有的 8105 个整字，其数据类型是短文本，分量不能为空，长度为 2 字符；“基础部件”用来记录整字包含的所有基础部件，其数据类型是短文本，分量不能为空，长度为 34 字符；“基础部件数”用来记录整字包含的所有基础部件的数量，其数据类型是数字，分量不能为空，长度为 2 字符；“层级数”用来记录整字的层级，其数据类型是数字，分量可以为空，长度为 2 字符；“方位关系”用来记录整字拆分过程中各个层级上直接组合部件之间的方位关系，方位关系按树图分叉从左到右、从上到下的顺序记录，其数据类型是短文本，分量不能为空，长度为 80 字符；“整字生成过程”用来记录合体整字的生成过程，按树图分叉从左到右、从上到下的顺序记录，其数据类型是短文本，分量可以为空，长度为 255 字符；“一层、二层、三层、四层、五层基础部件”用来记录合体整字在二叉树图中每相应层级的叶子节点上的部件，按从左到右的顺序依次记录，其数据类型是短文本，分量可以为空，长度为 14 字符；“一层、二层、三层、四层合成部件”用来记录合体整字在二叉树图中相应层级子节点上的部件，按从左到右的顺序依次记录，其数据类型是短文本，分量可以为空，长度为 14 字符。由于整字构形属性表要确保同一整字不能重复出现，所以把“整字”属性设置为主键。整字构形属性表的详细结构见表 4.2。

表 4.2　“整字构形属性表”结构

序号	属性名	数据类型	非空	主键	长度	描述
1	Zzihao	短文本	not null	——	4	《字表》整字编号
2	Zzhengzi	短文本	not null	是	2	整字
3	Zjijian	短文本	not null	——	34	基础部件
4	Zjijianshu	数字	not null	——	2	基础部件数
5	Zcengjishu	数字	null	——	2	层级数
6	Zguanxi	短文本	not null	——	80	方位关系
7	Zshengcheng	短文本	null	——	255	整字生成过程
8	Zyiji	短文本	null	——	14	一层基础部件
9	Zyifu	短文本	null	——	14	一层合成部件
10	Zerji	短文本	null	——	14	二层基础部件
11	Zerfu	短文本	null	——	14	二层合成部件
12	Zsanji	短文本	null	——	14	三层基础部件
13	Zsanfu	短文本	null	——	14	三层合成部件
14	Zsiji	短文本	null	——	14	四层基础部件
15	Zsifu	短文本	null	——	14	四层合成部件
16	Zwuji	短文本	null	——	14	五层基础部件

整字构形属性表的这 16 个属性中“方位关系”属性记录的是整字构形描写中

“《通用规范汉字表》的独体字和合体字（主要是合体字直接组合部件间的方位关系）”这一构形属性；“基础部件、基础部件数”属性记录的是整字构形属性描写中“《通用规范汉字表》的基础部件”这一构形属性；“整字生成过程，方位关系，一层、二层、三层、四层、五层基础部件，一层、二层、三层、四层合成部件”这些属性记录的是整字构形属性描写中“《通用规范汉字表》合体字的生成过程”这一构形属性。另外，如果需要还可以在这个表的基础上添加整字的笔画数、读音等属性。

4.3.4.3 部件构形属性表设计

部件构形属性表（Bujiangouxing，简称“B 表”）是在拆分基础信息表的基础上，把第 3 章“《通用规范汉字表》部件构形属性的描写”中所涵盖的部件构形属性以数据库表的形式呈现出来。该表包括 12 个属性：Bid（序号）、Bbianhao（部件编号）、Bbujian（部件）、Bgouzi（部件构字）、Bzhizujian（直接组合部件）、Bcengji（部件所在层级）、Bguanxi（部件与其直接组合部件的方位关系）、Bweizhi（与直接组合部件组合时部件分布位置）、Bgongneg（部件功能）、Bbianbujian（形变部件）、Bbianweizhi（形变位置）、Bbianbixing（形变笔形）。其中“序号”用来记录元组的数量，其数据类型是数字，分量不能为空，长度为 5 字符；“部件编号”用来记录部件按笔画数、笔形不同的固定排列顺序，其数据类型是数字，分量不能为空，长度为 3 字符；“部件”用来记录《通用规范汉字表》的基础部件，其数据类型是短文本，分量不能为空，长度为 2 字符；“部件构字”用来记录包含基础部件的整字，其数据类型是短文本，分量不能为空，长度为 2 字符；“直接组合部件”用来记录与基础部件直接组合的部件，其数据类型是短文本，分量可以为空，长度为 6 字符；“部件所在层级”用来记录基础部件在某一固定整字中的分布层级，其数据类型是数字，分量可以为空，长度为 1 字符；“部件与其直接组合部件的方位关系”用来记录基础部件与其直接组合部件组合时的方位关系，其数据类型是短文本，分量不能为空，长度为 14 字符；“与直接组合部件组合时部件分布位置”用来记录部件与其直接组合部件组合时的分布方位，其数据类型是短文本，分量可以为空，长度为 14 字符；“部件功能”用来记录基础部件在组配某一具体整字时的功能，其数据类型为短文本，分量不能为空，长度为 24 字符；“形变部件”用来记录在具体整字中发生形体变化的部件，其数据类型为短文本，分量可以为空，长度为 6 字符；“形变位置”用来记录具体整字中发生形体变化的部件的分布位置，其数据类型为短文本，分量可以为空，长度为 30 字符；“形变笔形”用来记录发生形变的部件具体是由哪一笔形的形变引起的，其数据类型为短文本，分量可以为空，长度为 30 字符。由于部件编号、部件、部件构字都有重复，所以把序号设置为主键。部件构形属性表的详细结构见表 4.3。

表 4.3　“部件构形属性表”结构

序号	属性名	数据类型	非空	主键	长度	描述
1	Bid	数字	not null	是	5	序号
2	Bbianhao	数字	not null	——	3	部件编号
3	Bbujian	短文本	not null	——	2	部件
4	Bgouzi	短文本	not null	——	2	部件构字
5	Bzhizujian	短文本	null	——	6	直接组合部件
6	Bcengji	数字	null	——	1	部件所在层级
7	Bguanxi	短文本	not null	——	14	部件与其直接组合部件的方位关系
8	Bweizhi	短文本	null	——	14	与直接组合部件组合时部件分布位置
9	Bgongneg	短文本	not null	——	24	部件功能
10	Bbianbujian	短文本	null	——	6	形变部件
11	Bbianweizhi	短文本	null	——	30	形变位置
12	Bbianbixing	短文本	null	——	30	形变笔形

部件构形属性表的这 12 个属性中“部件构字”属性记录的是部件构形描写中“《通用规范汉字表》基础部件的构字”这一构形属性；“直接组合部件、部件所在层级、部件与其直接组合部件的方位关系、与直接组合部件组合时部件分布位置、形变部件、形变位置、形变笔形”这些属性记录的是部件构形属性描写中“《通用规范汉字表》基础部件的分布特点”这一构形属性；“部件功能”这一属性记录的是部件构形属性描写中“《通用规范汉字表》基础部件的功能”这一构形属性。

4.3.4.4　笔画构形属性表设计

笔画构形属性表（Strokegouxing，简称“S 表”）是在拆分基础信息表的基础上，把第 3 章“《通用规范汉字表》笔画构形属性的描写”中所涵盖的笔画构形属性以数据库表的形式呈现出来。该表包括 8 个属性：Sbianhao（部件编号）、Sbujian（部件）、Sbihuashu（笔画数）、Sxuhaobishun（序号式笔顺）、Schongbishun（重码笔顺区分）、Sbishunqufen（笔顺区分）、Sxingbian（笔形形变）、Stuopuguanxi（区别性拓扑关系）。其中“部件编号”用来记录部件按笔画数、笔形不同的固定排列顺序，其数据类型是数字，分量不能为空，长度为 3 字符；“部件”用来记录《通用规范汉字表》的基础部件，其数据类型是短文本，分量不能为空，长度为 2 字符；“笔画数”用来记录基础部件笔画的笔数，其数据类型是数字，分量不能为空，长度为 2 字符；“序号式笔顺”用序号形式来记录基础部件笔顺，其数据类型是短文本，分量不能为空，长度为 18 字符；“重码笔顺区分”用来记录重码基础部件的区分特征，其数据类型是短文本，分量可以为空，长度为 20 字符；“笔顺区分”用来记录基础部件的笔顺、笔形等区别特征，其数据类型是短文本，分量不能为空，长度为 30 字符；“笔形形变”用来记录基础部件笔形的形变情况，其数据类型是短文本，分量可以为空，长度为 20 字符；“区别性拓扑关系”用来记录基础部件的笔形位置这一区别特征，其数据类型是短文本，分量可以为空，长度为 20 字符。笔画构形属性表的详细结构见表 4.4。

表 4.4　“笔画构形属性表”结构

序号	属性名	数据类型	非空	主键	长度	描述
1	Sbianhao	数字	not null	——	3	部件编号
2	Sbujian	短文本	not null	是	2	部件
3	Sbihuashu	数字	not null	——	2	笔画数
4	Sxuhaobishun	短文本	not null	——	18	序号式笔顺
5	Schongbishun	短文本	null	——	20	重码笔顺区分
6	Sbishunqufen	短文本	not null	——	30	笔顺区分
7	Sxingbian	短文本	null	——	20	笔形形变
8	Stuopuguanxi	短文本	null	——	20	区别性拓扑关系

笔画构形属性表中的这 8 个属性中“序号式笔顺”记录的是“《通用规范汉字表》基础部件的笔画、笔顺”这一构形属性；“重码笔顺区分、笔顺区分、笔形形变”记录的是“《通用规范汉字表》笔形形变”这一构形属性；“重码笔顺区分、区别性拓扑关系”记录的是“《通用规范汉字表》笔画的组合特点”这一构形属性。另外为了给基础部件按笔形排序，特别加入了“笔画数”这一属性。

总之，我们在通用规范汉字构形属性数据库表设计时，用英文字母做属性名，并且在同一个表中所有属性名前都冠以表名的首字母，以此来显示属性的隶属关系。这方便以后的连表查询或把通用规范汉字构形属性数据库中的数据导入 SQL Server 数据库使用。为方便使用，在表设计时对数据类型多选用短文本形式。另外，数据库表结构中的属性长度，是根据前期实验结果暂时拟定的，在数据入库的过程中可以根据实际情况再对某些属性的长度进行微调。

4.4　通用规范汉字构形属性数据的入库

在完成数据库表设计后，我们开始着手把通用规范汉字构形属性信息录入数据库。

4.4.1　汉字字符库设计

4.4.1.1　汉字字符库的需求

通用规范汉字构形属性数据库的数据入库过程中，首先要解决的问题就是《通用规范汉字表》合体整字直观拆分时，拆分出的各级部件计算机录入问题。比如，直观构形理论下 0365 号字“扫”、0366 号字“地”、0367 号字“场”都可以拆分为左右两部分。“扫”的左右两部分“扌彐”、“地”的左右两部分“土也”、“场”的左部分“土”在 CJK（即中日韩统一表意文字）字库中都有收录，所以我们可以利用 CJK 字库在计算机中轻松输入“扌、彐、土、也”这些字符，但是“场”的右部件字符在 CJK 字库中没有收录，因此我们不能在计算机中直接输入“场”右部件这一字符。而且在对《通用规范汉字表》中合体整字的直观构形拆分中像“页欠击占尧坚”的上部分、“介节亦走声步”的下部分、“以北师那玩临制”的左部分、“执报姊拣拖佩”的右部分、“风寿囱岛周”的围外部分、“同网延应辰疟庚”的围内部分，这些字符在 CJK 的字库中没有收录。另外，《通用规范汉字表》中还收录了新的类推简化字 226 个。这些新的类推简化字也有一部分在 CJK 的字库中没有收录。所以，对于在对《通用规范汉字表》合体字直观构形拆分的过程中拆分出的 CJK 字库中没有的字符，以及 CJK 字库中没有收录的新类推简化字，我们必须新造汉字字符库，让它们以字符形式在计算机中呈现。

4.4.1.2　现有字库标准

TTF（TrueType Font）是 Apple 公司和 Microsoft 公司共同推出的字体文件格式，随着 Windows 的流行，已经变成最常用的一种字体文件表示方式。目前，桌面出版系统使用的字库有两种标准，一种是 PostScript 字库标准，另一种是 TrueType 字库标准。这两种字体标准都是采用曲线方式描述字体轮廓，因此都可以输出很高质量的字形。由于汉字不同于西方字体，字符集非常庞大，不能用单字节表示，因此 PostScript 字库不能使用汉字，很多西文软件也不支持汉字。常用的国内字库标准是 TrueType

字库，TrueType 字体是 Windows 操作系统使用的唯一字体标准。因此，我们新造的汉字字符库也选择 TrueType 字体。

4.4.1.3　利用 TrueType 软件或“专用字符编辑程序”软件造新字符

TrueType 软件和“专用字符编辑程序”软件的最大优势就是简单易学。如果在 Windows XP 或 Windows2003 操作系统中，需要安装 TrueType 软件才能制造新的字符；如果在 Windows 7 以上的操作系统中，系统自带了和 TrueType 软件功能相似的“专用字符编辑程序”软件，所以无需再安装 TrueType 软件就可以造新的字符。下面以“专用字符编辑程序”为例，简单介绍一下造新字符的过程。

首先，在“专用字符编辑程序”软件中，按照“文件——字体链接——与选定字体链接——宋体——确定”的路径建立一个扩展名为“tte”的新造字符库文件。这样，所造的新字符都存放在这个文件中。其次，按照“编辑——选择代码——确定；窗口——参照——编辑——保存字符”的路径在 Windows7 字符库的“用户自定义区”造出新字符。

具体来说，制造一个新的字符可以分为以下三个步骤。

第一，在 Windows7“专用字符编辑程序”的“用户自定义区”[①]的任意一个空字符位置选择一个固定的代码。如图 4.2 选择“FAA3”作为“场”右部件这个新造字符的代码。

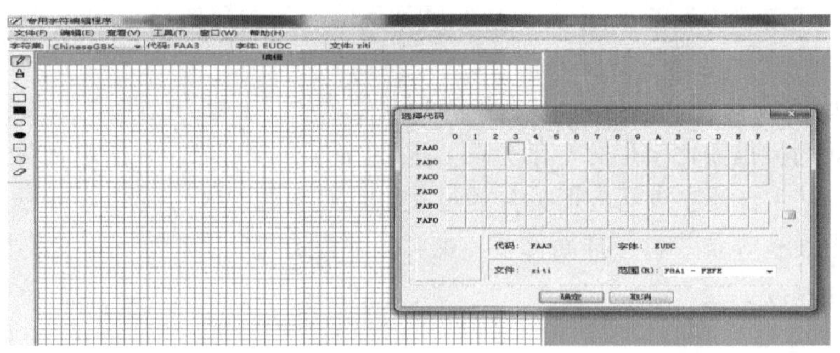

图 4.2　新造字符代码的选择

第二，在 Windows 7 字库中找到参照字。如图 4.3 在 Windows7 的字符库找到参照字“场”。在编辑框中对参照字进行编辑。如图 4.4 把参照字“场”右半部分剪贴

① GBK 库中“用户自定义区”又分为三个区域，分别是一区 AAA1-AFFE，码位 564 个；二区 F8A1-FEFE，码位 658 个；三区 A140-A7A0，码位 672 个。

到编辑框中，并对其进行编辑，只保留“场”的右半部分“ 𠃓”。

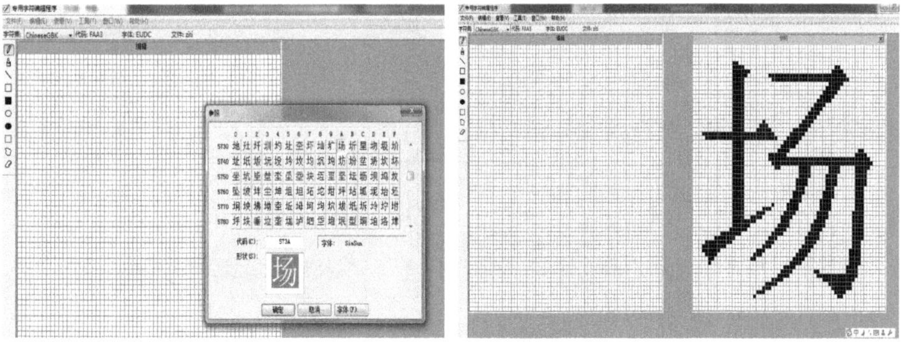

图 4.3　新造字符参照字的选择

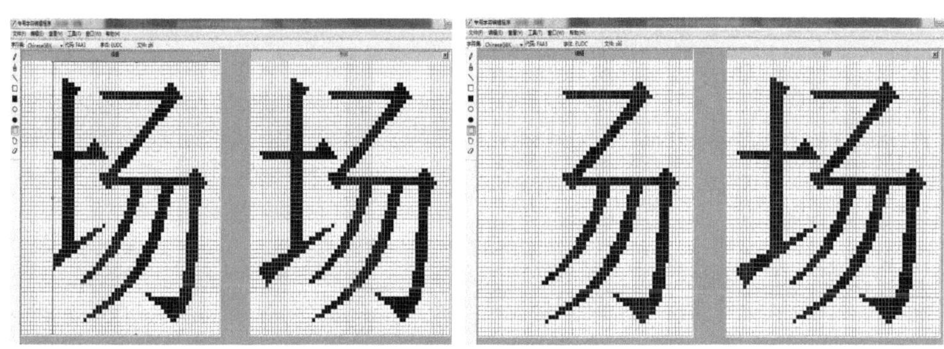

图 4.4　新造字符的编辑

第三，把编辑好的新造字符保存到字库中预先选定的“用户自定义区”的代码位置上。如图 4.5，把新造字符“ 𠃓”保存到事先选定好的代码“FAA3”位置上。用“专用字符编辑程序”软件或 TrueType 软件造出来的新字符都保存在 GBK 字符集的“用户自定义区”，以“EDUC”的字体形式显示出来。这样，按照上述步骤我们可以把需要的新字符都造出来，造出来的新字符就构成了一个小型的新造字符库。这一新造的字符库可以在不同的电脑中以新字体的形式安装在 C 盘“Windows——Fonts”文件下使用。

4.4.1.4　新造字符的输出

新造字符库的根本目的是为了实现计算机现有字库中未收录字符的输出问题。由于 GBK 字符集中的字符都有固定的二进制字符编码（也叫内码或区位码），那么，我

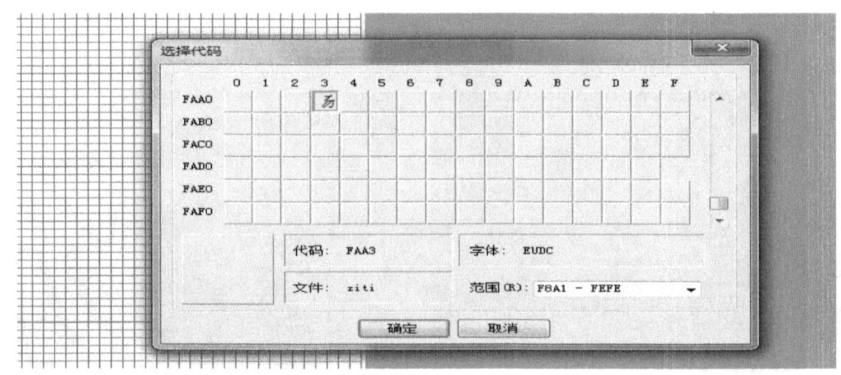

图 4.5　新造字符的存储

们新造的字符库中的字符都有一个固定的区位码。因此，我们可以利用“区位输入法”[①]对新造字符库中的字符进行计算机输入。比如，“场”右部件的区位码是“FAA3”，在区位输入法中只要输入“FAA3”，并且在 Word 文档的“字体”工具栏中选择“EUDC”字体，就会呈现出新造字符“𠃓”。而在 ACCSEE 数据库中无需专门选择字体，只需利用区位输入法输入相应的区位码，用 TrueType 软件或“专用字符编辑程序”造的新字符就可以呈现出来。

4.4.2　整字生成过程信息的抽取

整字构形属性中的“生成过程”信息的抽取较为特殊。因为整字生产过程要以二叉树图的形式描述，所以基于“拆分基础信息表”中“Cduixiang（拆分对象）、Cbujian1（部件 1）、Cbujian2（部件 2）、Cguanxi（部件 1、2 方位关系）”等属性的分量，可以生成《通用规范汉字表》合体整字构形二叉树图。下面介绍二叉树图生成过程时侧重于理论和算法的介绍，具体二叉树图生成代码的计算机程序设计部分则省略不作介绍。

4.4.2.1　数据的存储结构

数据结构是数据存储、组织的方式，是指相互存在特定关系的数据元素的集合。

记为：Data_Structure=（D，R）

其中 D 是数据元素的集合，R 是该集合中所有元素之间的关系的有限集合。

① “区位输入法”是利用区位码进行汉字输入的一种方法。

二叉链表中每个结点包含三个域：数据域、左指针域、右指针域。数据的结构具体如下：

```
typedef struct BiTNode
  { ElemType data;
    struct BiTNode   * lchild, * rchild;
  } BiTNode, * BiTree;
```

如果把《通用规范汉字表》合体整字的构形以树的形式组合成二叉树，需要利用通用规范汉字构形属性数据库“拆分基础信息表”中的数据信息。“拆分基础信息表”中整字及部件拆分信息的数据存储结构见表 4.5。其中“Cduixiang、Cgongneng、Cguanxi”是数据域的信息，“Cbujian1”是左指针域的信息，“Cbujian2”是右指针域的信息。

表 4.5　整字及部件拆分数据存储方式

Cduixiang	Cbujian1	Cbujian2	Cgongneng	Cguanxi
独体整字	——	——	功能	——
合体整字	部件一	部件二	功能	关系
合成部件	部件一	部件二	功能	关系
基础部件	——	——	功能	——
……	……	……	……	……

4.4.2.2　二叉树图的实现算法

构建《通用规范汉字表》合体整字构形二叉树需要使用递归调用算法，使用二叉树先序遍历查找的方法。从根节点开始，沿左子树查找，一直寻找父节点的左孩子，直到找到没有左孩子的节点为止，最后找到的为叶子节点，并将所经节点的数据按顺序放入 list 中，此节点的左子树已访问查找完毕；然后使用层层递归的方式查找右节点，并沿该节点的右子树查找，直到找到没有右孩子的叶子节点为止；此时，该节点的左、右子树都已存储到 list 集合中，这样整个字的二叉树结构构造完成。我们构建的二叉树都是双子的二叉树，不存在只有一个叶子节点的双亲。查找的顺序如图 4.6 所示。

在 list 中的存储格式如下：

{{整字，节点信息，节点信息 }，{若干节点信息}，{……}}

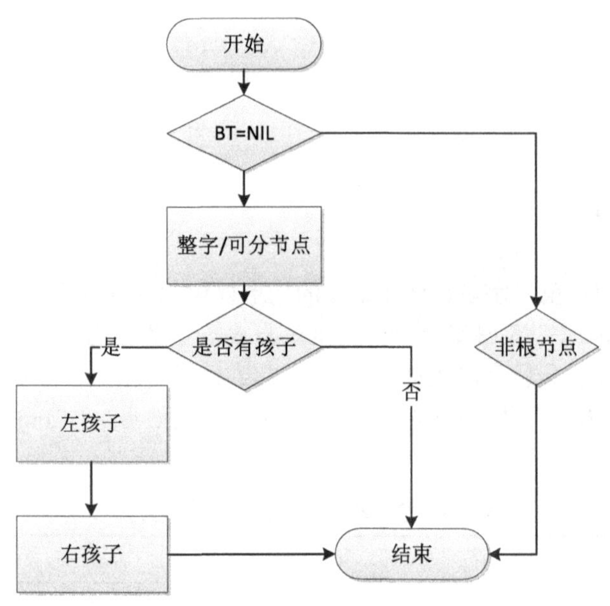

图 4.6　构建二叉树结构的流程

那么，如果以“鑫”为例，使用递归调用函数的方法来构建二叉树的具体搜索过程则如图 4.7 所示。

具体实现《通用规范汉字表》合体整体构形拆分的代码省略。这样，依据二叉树原理、利用递归调用算法我们就可以生成通用规范汉字合体整字构形树图，具体见附录一。

4.4.3　部件构字信息的抽取

部件的构字信息不能从“拆分基础信息表”中直接获取，需要从“拆分基础信息表”中进行抽取。我们以部件“方”构字信息的抽取为例，来讨论一下部件构字信息抽取的步骤。第一，在 Access 数据库中建立“chaifen”（拆分基础信息表）的“查询”，如图 4.8。第二，在“chaifen 查询”的“设计视图”的“Cduixiang”属性中利用“like ‘方’”进行条件查询，来查询一下“方”是否能构成整字。比如，从图 4.9 可以看出部件“方”可以直接构成独体整字“方”。那么独体整字“方”则是部件“方”的构字。第三，在“chaifen 查询”的“设计视图”的“Cbujian1”属性中利用“like ‘方’”

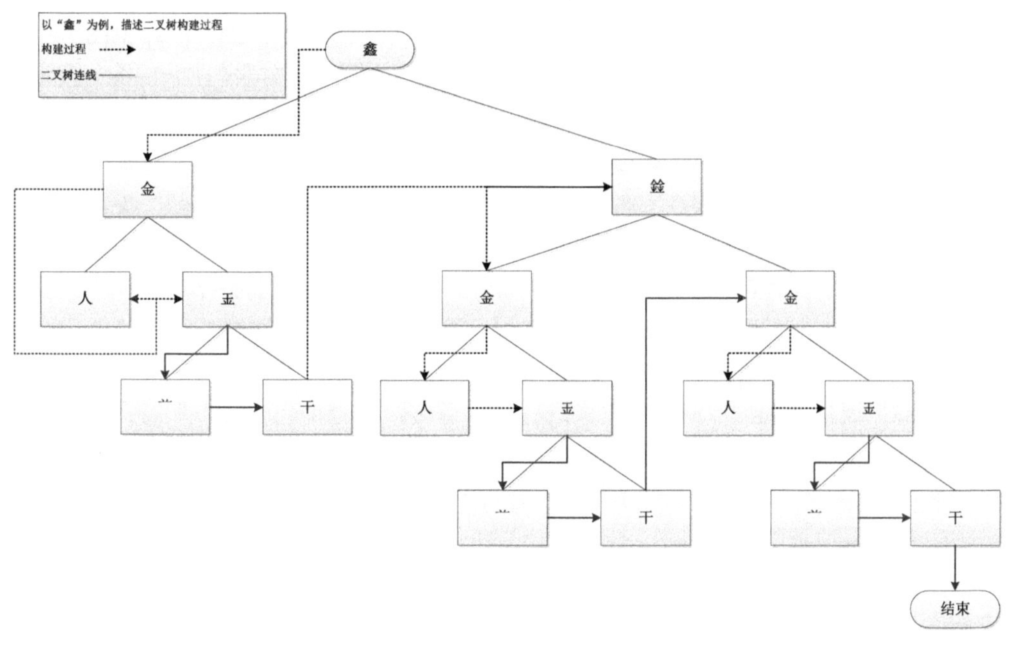

图 4.7　构建二叉树的搜索示意

Microsoft Access

文件　开始　创建　外部数据　数据库工具

所有 Acces...

表

Bujiangouxing

Chaifen

Strokegouxing

Zhengzigouxing

查询

Chaifen 查询

Chaifen 查询

Cid	Cduixi	Cbujiar	Cbujian	Cgongneng	Czihao
1	一			成字、独体、可组、基件	0001
2	乙			成字、独体、可组、基件	0002
3	二			成字、独体、可组、基件	0003
4	十			成字、独体、可组、基件	0004
5	丁			成字、独体、可组、基件	0005
6	厂			成字、独体、可组、基件	0006
7	七			成字、独体、可组、基件	0007
8	卜			成字、独体、可组、基件	0008
9	八			成字、独体、可组、基件	0009
10	人			成字、独体、可组、基件	0010
11	入			成字、独体、可组、基件	0011
12	儿			成字、独体、可组、基件	0012
13	匕			成字、独体、可组、基件	0013
14	几			成字、独体、可组、基件	0014
15	九			成字、独体、可组、基件	0015

图 4.8　部件构字信息的抽取步骤-1

进行条件查询，来查询包含“方”的合体部件和整字。比如，从图 4.10 中可以看到“bujian1”是“方”的合成部件和整字有“放施旅”等 19 个，其中合成部件有“㫃㧍”2 个，整字有“放施旅族旋於旗旆旄旃旌旎旒旖邡旐旞”等 17 个。那么这 17 个整字则是部件“方”的构字。同时根据条件查询表中的“Cgongneng”可以看出 17 个整字中“施旅族旋於”具有再组配其他合体部件或整字的功能，“放旗旆旄旃旌旎旒旖邡旐旞”不具有再组配其他合体部件或整字的功能；2 个合成部件“㫃㧍”都具有组配其他合体部件或整字的功能。这样我们就可以仍在"chaifen 查询"的"设计视图"中利用条件查询来查找"施旅族旋於""斿方"组配整字的情况。第四，在"chaifen 查询"的"设计视图"中利用"like"查询条件分别来查询"施旅族旋於、斿方"的构字情况。比如，从图 4.11 中可以看到"施"构成的整字有"椸"，"旅"构成的整字有"膂"，"族"构成的整字有"鷟簇蔟嗾镞"，"旋"构成的整字有"漩璇暶"，"於"构成的整字有"淤阏瘀"，"施旅族旋於"都没有再构成合成部件。从图 4.12 可以看出合成部件"斿"构成的整字有"游蝣"，"方"构成的整字有"堃"，合成部件"斿方"也没有再构成合成部件。这样"椸膂鷟簇蔟嗾镞漩璇暶淤阏瘀游蝣堃"等 16 个字也都是部件"方"的构字。第五，在"chaifen 查询"的"设计视图"的"Cbujian2"属性中利用"like'方'"进行条件查询，来查询包含"方"的合体部件和整字。比如，从图 4.13 中可以看出，"bujian2"是"方"的合体部件和整字有"仿访防坊芳"等 23 个。其中合成部件有"罗甹 "3 个，整字有"仿访防坊芳妨纺肪房旁彷枋昉钫舫雱鲂牥祊蚄"等 20 个。那么这 20 个整字是部件"方"的构字。同时根据条件查询表中的"Cgongneng"可以看出 20 个整字中"旁"具有可以再组配其他整字或部件的功能，"仿访防坊芳妨纺肪房彷枋昉钫舫雱鲂牥祊蚄"则不具有再组配其他整字或部件的功能；合成部件"罗甹 "都具有组配其他合成部件或整字的能力。第六，在"chaifen 查询"的"设计视图"中利用"like"查询条件分别来查询"旁、罗甹 "的构字情况。从图 4.14 可以看到"旁"构成的整字有"傍谤榜膀磅镑螃蒡滂耪塝搒鳑"13 个；从图 4.15 可以看到合成部件"罗"构成的整字有"愣堮圐楞"，合成部

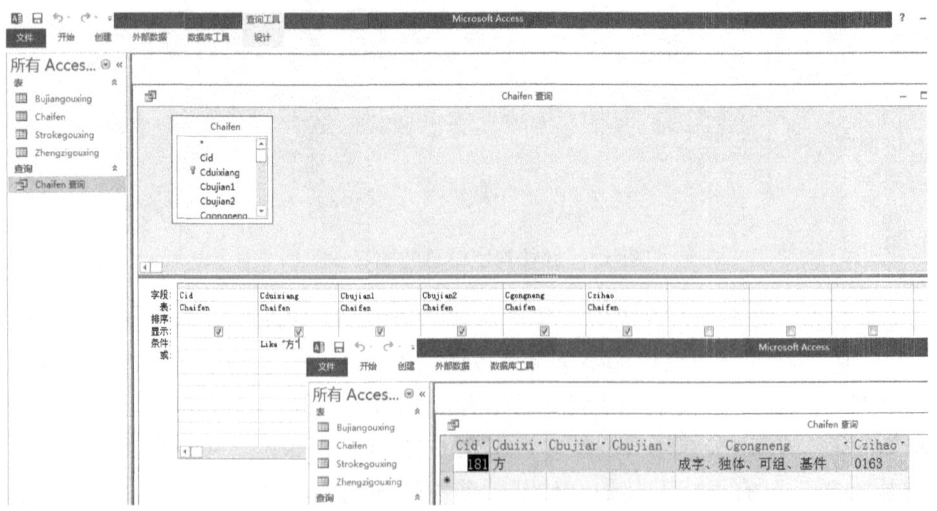

图 4.9　部件构字信息的抽取步骤-2

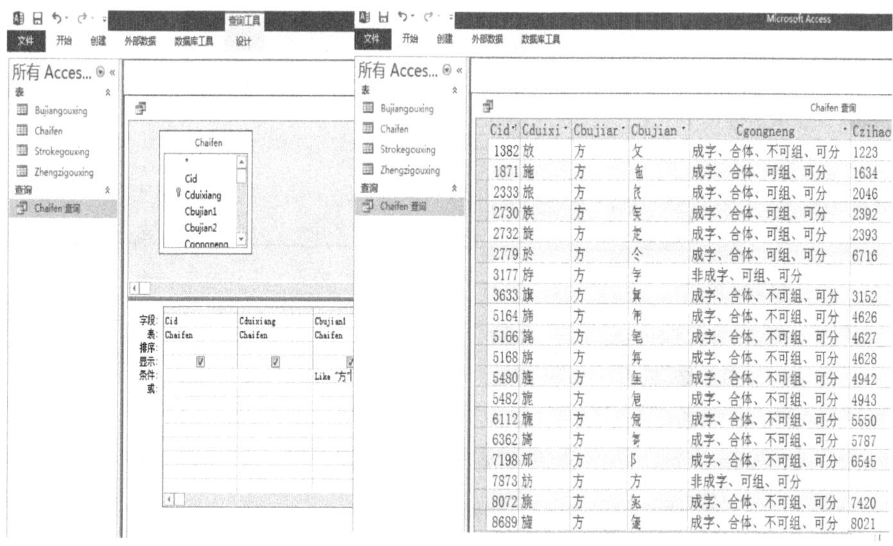

图 4.10　部件构字信息的抽取步骤-3

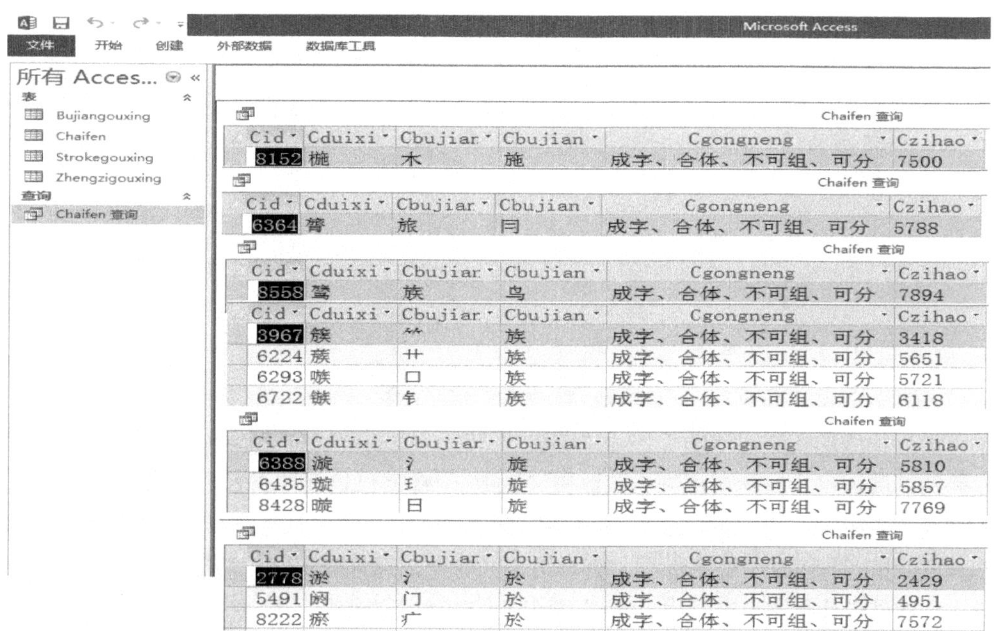

图 4.11　部件构字信息的抽取步骤-4

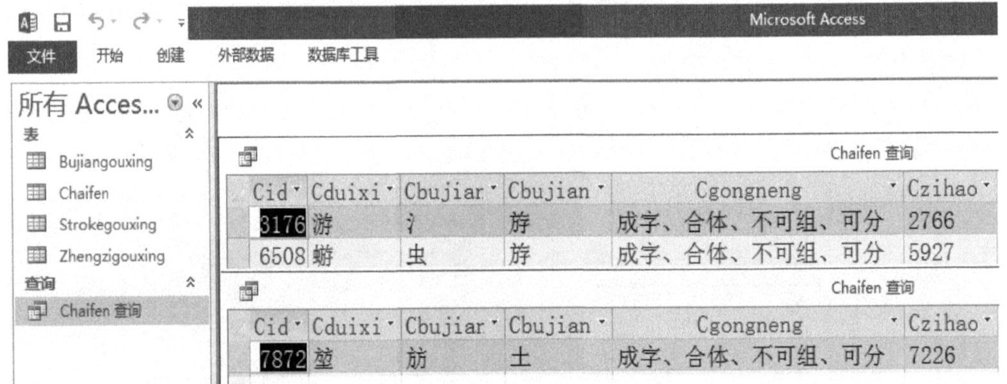

图 4.12　部件构字信息的抽取步骤-5

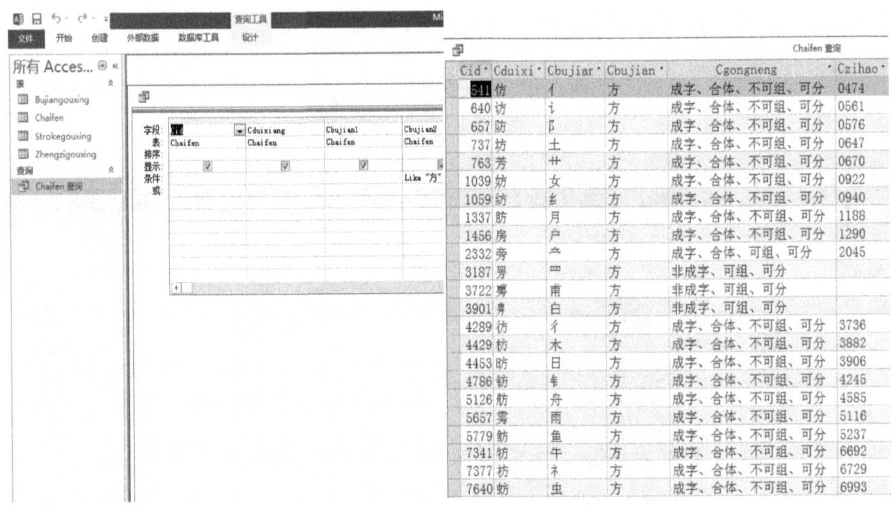

图 4.13　部件构字信息的抽取步骤-6

件“㝑”构成的整字有“敹”，合成部件“㫃”构成的整字有“敫徼”。那么“傍谤榜膀磅镑螃蒡滂耪塝搒鳑愣塄圐楞敹敫徼”这 20 个整字也是部件“方”的构字。同时根据条件查询表中的“Cgongneng”可以看出 20 个整字中“敫”具有可以再组配其他整字或部件的功能，其余 19 个整字都不具有再组配其他合成部件或整字的功能。第七，在“chaifen 查询”的“设计视图”中利用“like”查询条件来查询“敫”的构字情况。从图 4.16 可以看到“敫”构成的整字有“邀激缴檄璬噭”6 个，并且这 6 个字都不具有再组配其他合成部件或整字的能力。那么“邀激缴檄璬噭”这 6 个字也是部件“方”的构字。

Chaifen 查询

Cid	Cduixi	Cbujian	Cbujian	Cgongneng	Czihao
3096	傍	亻	旁	成字、合体、不可组、可分	2696
3212	谤	讠	旁	成字、合体、不可组、可分	2797
3553	榜	木	旁	成字、合体、不可组、可分	3081
3613	膀	月	旁	成字、合体、不可组、可分	3134
3732	磅	石	旁	成字、合体、不可组、可分	3227
3765	镑	钅	旁	成字、合体、不可组、可分	3258
3880	螃	虫	旁	成字、合体、不可组、可分	3347
5947	蒡	艹	旁	成字、合体、不可组、可分	5386
6150	滂	氵	旁	成字、合体、不可组、可分	5584
6617	耪	耒	旁	成字、合体、不可组、可分	6028
8133	塝	土	旁	成字、合体、不可组、可分	7481
8134	搒	扌	旁	成字、合体、不可组、可分	7482
8683	鳑	鱼	旁	成字、合体、不可组、可分	8015

图 4.14　部件构字信息的抽取步骤-7

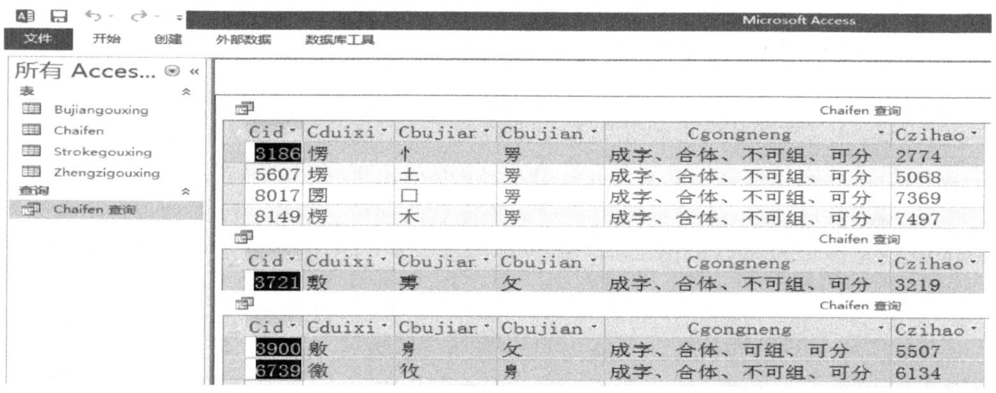

Chaifen 查询

Cid	Cduixi	Cbujian	Cbujian	Cgongneng	Czihao
3186	愣	忄	罗	成字、合体、不可组、可分	2774
5607	塄	土	罗	成字、合体、不可组、可分	5068
8017	罖	囗	罗	成字、合体、不可组、可分	7369
8149	楞	木	罗	成字、合体、不可组、可分	7497

Chaifen 查询

Cid	Cduixi	Cbujian	Cbujian	Cgongneng	Czihao
3721	敷	尃	攵	成字、合体、不可组、可分	3219

Chaifen 查询

Cid	Cduixi	Cbujian	Cbujian	Cgongneng	Czihao
3900	敫	身	攵	成字、合体、可组、可分	5507
6739	徼	彳	身	成字、合体、不可组、可分	6134

图 4.15　部件构字信息的抽取步骤-8

Chaifen 查询

Cid	Cduixi	Cbujian	Cbujian	Cgongneng	Czihao
3899	邀	辶	敫	成字、合体、不可组、可分	3362
3921	激	氵	敫	成字、合体、不可组、可分	3379
3929	缴	纟	敫	成字、合体、不可组、可分	3387
6824	檄	木	敫	成字、合体、不可组、可分	6212
8583	璬	王	敫	成字、合体、不可组、可分	7919
8680	皦	白	敫	成字、合体、不可组、可分	8012

图 4.16　部件构字信息的抽取步骤-9

于是，通过这样的抽取方式，我们把《通用规范汉字表》中部件“方”的所有构字共 80 个都抽取了出来。《通用规范汉字表》中所有部件的构字都可以通过这种抽取方式进行抽取。抽取的部件构字信息可以录入到“Bujiangouxing”表“Bgouzi”属性中。

总之，通用规范汉字构形属性数据库“Zhengzigouxing、Bujiangouxing、Strokegouxing”表中的分量入库时，必须要注意保持信息的准确性和完整性。因为数据库表中大部分分量都不是从现有资料中直接获取的，需要从“Chaifen”表对《通用规范汉字表》8105 字的部件拆分中进行抽取和加工。所以，必须在保证信息准确完整的情况下组织数据库各表的信息入库。

4.5 通用规范汉字构形属性数据库说明

4.5.1 数据库“表”属性的补充与修正

由于通用规范汉字构形属性数据库是针对《通用规范汉字表》8105 字构形属性的封闭研究，《通用规范汉字表》是我国 2013 年最新公布的规范字表，所以为了方便查询使用，我们可以在上述表设计的基础上添加某些属性。首先，由于直观构形分析会拆分出 GBK 字库中没有的新字符，所以“Chaifen”表中需要自造字符库。为了保证新造字符的准确输出，我们需要新添加一项属性“Cquweima”（新造字符的区位码）。在此基础上就可以制作新造字符区位码查询表（见附录二），方便用户使用区位输入法输入新造字符时查询使用。其次，在“Zhengzigouxing”表中，8105 字表三中一些字较为冷僻，为了方便查询，可以添加“Zzhuyin”（注音）和“Zbihuashu”（笔画数）两个属性；最后，在“Bujiangouxing”表中可以添加“Zgouzishu”（构字数）属性，以方便对部件构字能力的区分。

这样，我们对通用规范汉字构形属性数据库的 4 个表设计做了局部调整后，再组织新添加的数据信息入库。入库完成之后，通用规范汉字构形属性数据库的构建工作就完成了。下面我们就可以基于该数据库对通用规范汉字的构形属性进行定量研究。

要利用通用规范汉字构形属性数据库对通用规范汉字的构形属性进行定量研究，必须熟悉该数据库表中各个属性的意义及不同属性之间的关系。下面我们就对通用规范汉字构形属性数据库中这 4 个表的属性进行说明。

4.5.2　“Chaifen”表及其分量说明

通用规范汉字构形属性数据库数据入库后的“Chaifen”表如图 4.17。需要说明的是：

第一，属性 Cbujian1 和 Cbujian2 位置上的分量分别是固定的，不能随意改动，否则在生成整字构形二叉树图时就会出现部件位置的偏差。一般情况下，左右关系两部件，其左部件是 Cbujian1 的分量，右部件是 Cbujian2 的分量；上下关系两部件，其上部件是 Cbujian1 的分量，下部件是 Cbujian2 的分量；半包围、全包围关系两部件，其围外部件是 Cbujian1 的分量，围内部件是 Cbujian2 的分量；穿插关系两部件，其穿插外部件是 Cbujian1 的分量，穿插内部件是 Cbujian2 的分量；由于独体关系的拆分对象不能再进行部件拆分，所以其 Cbujian1、Cbujian2 的分量是空值。

第二，属性“Cgongneng”的分量虽然只有 6 个，分别是成字、独体、不可组、基件，成字、独体、可组、基件；成字、合体、不可组、可分，成字、合体、可组、可分；非成字、可组、基件，非成字、可组、可分。但是，我们在对该属性的数据编码时没有采用数字形式，而是采用了短文本形式，这样便于对数据库表中每一元组中“Cgongneng”分量的观察。

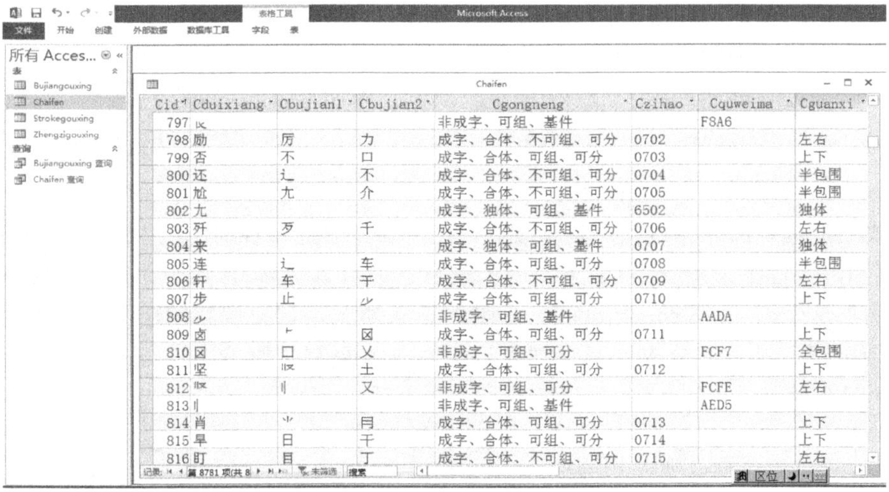

Cid	Cduixiang	Cbujian1	Cbujian2	Cgongneng	Czihao	Cquweima	Cguanxi
797	[illegible]			非成字、可组、基件		F8A6	
798	励	厉	力	成字、合体、不可组、可分	0702		左右
799	否	不	口	成字、合体、可组、可分	0703		上下
800	还	辶	不	成字、合体、不可组、可分	0704		半包围
801	尬	尢	介	成字、合体、不可组、可分	0705		半包围
802	尢			成字、独体、可组、基件	6502		独体
803	歼	歹	千	成字、合体、不可组、可分	0706		左右
804	来			成字、独体、可组、基件	0707		独体
805	连	辶	车	成字、合体、可组、可分	0708		半包围
806	轩	车	干	成字、合体、不可组、可分	0709		左右
807	步	止	少	成字、合体、可组、可分	0710		上下
808	少			非成字、可组、基件		AADA	
809	卤	⺊	[illegible]	成字、合体、可组、可分	0711		上下
810	[illegible]	口	乂	非成字、可组、可分		FCF7	全包围
811	坚	[illegible]	土	成字、合体、可组、可分	0712		上下
812	[illegible]	〢	又	非成字、可组、可分		FCFE	左右
813	〢			非成字、可组、基件		AED5	
814	肖	⺌	月	成字、合体、可组、可分	0713		上下
815	旱	日	干	成字、合体、可组、可分	0714		上下
816	盯	目	丁	成字、合体、不可组、可分	0715		左右

图 4.17　“Chaifen”表的分量截图

第三，属性“Czihao”虽然都是 4 位数字编码，但是我们对该属性的数据编码时也没有采用数字的形式，而是采用了短文本的形式。因为我们采用的是和《通用规范汉字表》一致的从“0001-8105”的编号形式。

第四，属性“Cquweima”是根据数据库使用需求，在“Chaifen”表中新增添的属性，由于区位码都是字母、数字混合的4位编码，所以我们对该属性的数据编码时采用 4 个字符长度的短文本形式。由于“Cquweima”是新造字符的编码，所以该属性的分量可以为空。另外，在 Word 文档中使用新造字符时，需要专门选用“EUDC”字体，字符库中新造字符才能通过区位输入法输出后呈现出来；在 Access 中则无需专门选用“EUDC”字体，字符库中新造字符只通过区位输入法输出就可以呈现出来。

4.5.3 “Zhengzigouxing”表及其分量说明

通用规范汉字构形属性数据库数据入库后的“Zhengzigouxing”表如图 4.18。需要说明的是：

第一，属性“Zshengcheng”位置上的分量用经过改造的上下文无关文法重写规则的形式记录。这里把上下文无关文法的重写规则简化，基础部件直接带入到重写规则中去。比如：4973 号字“涸”的重写规则为

P：左右关系→基础部件+全包围关系（ i ）
全包围关系→基础部件+上下关系（ ii ）
上下关系→基础部件+基础部件（iii）
古→基础部件+基础部件（上下关系）（iv）
固→基础部件+古（全包围关系）（ v ）
涸→基础部件+固（左右关系）（vi）
基础部件→氵，口，十，口（vii）

我们把基础部件直接代入重写规则，把“涸”的重写规则简化为：左右关系→氵+全包围，全包围关系→口+上下，上下关系→十+口。那么，这一简化的重写规则就是“涸”这个整字“Zshengcheng”分量的记录形式。如果整字的层级和方位关系复杂，则采用记录完左分支重写规则再记录右分支重写规则的方法记录。比如，3140 号字“敲”的“Zshengcheng”分量为：左右关系→上下 1+上下 2，上下关系 1→上下 3+半包围，上下关系 3→亠+口，半包围关系→冂+口，上下关系 2→⺊+又。由于部件组合具有递归性，所以当同类的方位关系在一个整字的部件组配中重复出现时，为了把它们区别开来，按同类方位关系出现的前后顺序标上数字区别码。像“上下 1、上下 2、上下 3”中的数字“1、2、3”就是“上下关系”的区别码。而整字生成的二叉树图形式详见附录一。通过这一属性我们可以直观观察整字的构形模式。

第二，属性“Zyifu、Zyiji、Zerfu、Zerji、Zsanfu、Zsanji、Zsifu、Zsiji、Zwuji”位置上的分量分别表示不同层级上的部件。“Zyifu、Zerfu、Zsanfu、Zsifu”的分量

分别表示整字生成二叉树图中第一、第二、第三和第四层级上子节点的合成部件；"Zyiji、Zerji、Zsanji、Zsiji、Zwuji"的分量分别表示整字生成二叉树图中"第一、第二、第三、第四和第五"层级叶子节点上的基础部件。如图 4.18，2329 号字"偎"第一层级的合成部件是"畏"，基础部件是"亻"；第二层级的合成部件是"㽞"，基础部件是"𠄌"；第三层级上的基础部件是"田，一"。通过这一组整字构形属性，我们也可以在数据库中直观观察整字部件组合的特点、层级等特征。

第三，属性"Zbihua、Zzhuyin"是根据数据库使用需求，在"Zhengzigouxing"表中新增添的属性，对"Zbihua"的数据编码时采用数字形式，并且其分量可以为空值。对"Zzhuyin"的数据编码时采用短文本形式，且其分量也可以为空值。对《通用规范汉字表》8105 字注音时声调符号采用标调类形式，一声、二声、三声、四声分别用 1、2、3、4 标注，轻声音节不标注调类；如果多音字的要标注多个音节。①如图 4.18，2337 号字"假"就是多音字，有"jia3、jia4"两个读音。

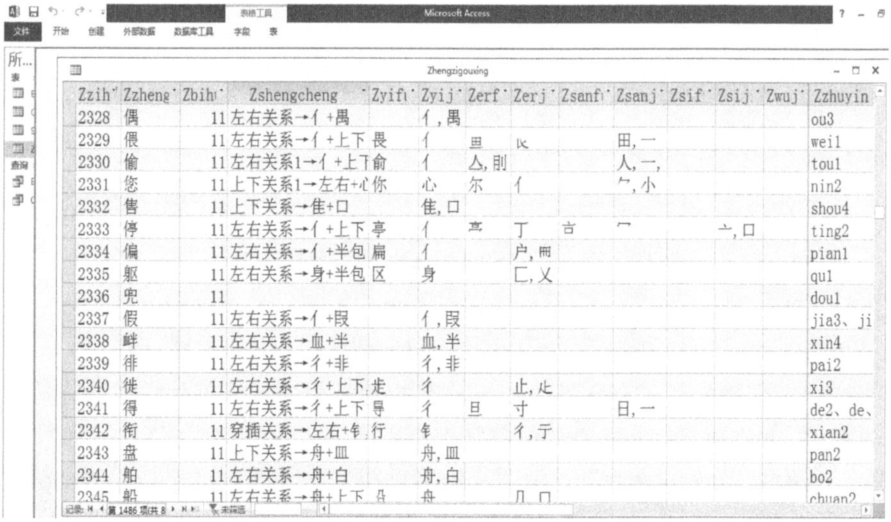

Zzih	Zzheng	Zbihı	Zshengcheng	Zyifı	Zyij	Zerf	Zerj	Zsanfı	Zsanj	Zsif	Zsij	Zwuj	Zzhuyin
2328	偶	11	左右关系→亻+禺		亻,禺								ou3
2329	偎	11	左右关系→亻+上下	畏	亻	㽞	𠄌		田,一				wei1
2330	偷	11	左右关系1→亻+上下	俞	亻	亼,刖			人,一,				tou1
2331	您	11	上下关系1→左右+心	你	心	尔	亻		⺈,小				nin2
2332	售	11	上下关系→隹+口		隹,口								shou4
2333	停	11	左右关系→亻+上下	亭	亻	亭	丁	古	冖		亠,口		ting2
2334	偏	11	左右关系→亻+半包	扁	亻		户,冊						pian1
2335	躯	11	左右关系→身+半包	区	身		匚,乂						qu1
2336	兜	11											dou1
2337	假	11	左右关系→亻+叚		亻,叚								jia3、ji
2338	衅	11	左右关系→血+半		血,半								xin4
2339	徘	11	左右关系→彳+非		彳,非								pai2
2340	徙	11	左右关系→彳+上下	走	彳		止,龰						xi3
2341	得	11	左右关系→彳+上下	㝵	彳	旦	寸		日,一				de2、de、
2342	衔	11	穿插关系→左右+钅	行	钅		彳,亍						xian2
2343	盘	11	上下关系→舟+皿		舟,皿								pan2
2344	舶	11	左右关系→舟+白		舟,白								bo2
2345	船	11	左右关系→舟+上下	㕣	舟		几,口						chuan2

图 4.18　"Zhengzigouxing"表的分量截图

4.5.4　"Bujiangouxing"表及其分量说明

通用规范汉字构形属性数据库数据入库后的"Bujiangouxing"表如图 4.19。需要

① 属性"Zzhuyin"的分量采用《〈通用规范汉字表〉使用手册》的注音。

说明的是：

第一，“Bbianhao”是《通用规范汉字表》中基础部件的编号。基础部件从“Chaifen”表中抽取出来。这些基础部件有的有读音，有的没有读音，所以不能按音序排列；我们采用按笔画笔顺排列的顺序给基础部件排序，“Bbianhao”的分量就是该基础部件的笔画笔顺排列顺序。

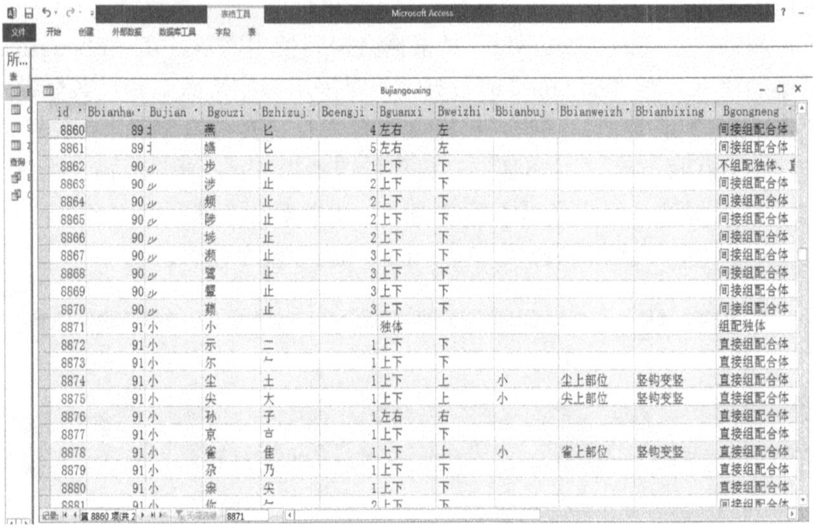

id	Bbianha	Bujian	Bgouzi	Bzhizuj	Bcengji	Bguanxi	Bweizhi	Bbianbuj	Bbianweizh	Bbianbixing	Bgongneng
8860	89	丬	燕	匕	4	左右	左				间接组配合体
8861	89	丬	嬿	匕	5	左右	左				间接组配合体
8862	90	少	步	止	1	上下	下				不组配独体、直
8863	90	少	涉	止	2	上下	下				间接组配合体
8864	90	少	频	止	2	上下	下				间接组配合体
8865	90	少	陟	止	2	上下	下				间接组配合体
8866	90	少	埗	止	2	上下	下				间接组配合体
8867	90	少	濒	止	3	上下	下				间接组配合体
8868	90	少	骘	止	3	上下	下				间接组配合体
8869	90	少	颦	止	3	上下	下				间接组配合体
8870	90	少	蘋	止	3	上下	下				间接组配合体
8871	91	小	小			独体					组配独体
8872	91	小	示	二	1	上下	下				直接组配合体
8873	91	小	尔	⺈	1	上下	下				直接组配合体
8874	91	小	尘	土	1	上下	上	小	尘上部位	竖钩变竖	直接组配合体
8875	91	小	尖	大	1	上下	上	小	尖上部位	竖钩变竖	直接组配合体
8876	91	小	孙	子	1	左右	右				直接组配合体
8877	91	小	京	古	1	上下	下				直接组配合体
8878	91	小	雀	隹	1	上下	上	小	雀上部位	竖钩变竖	直接组配合体
8879	91	小	尕	乃	1	上下	下				直接组配合体
8880	91	小	尜	尖	1	上下	下				直接组配合体
8881	91	小	你	⺈	2	上下	下				间接组配合体

图 4.19 “Bujiangouxing”表的分量截图

第二，属性“Bbianbujian、Bbianweizhi、Bbianbixing”是考察部件形变情况的。其中“Bbianbujian”的分量有的是基础部件本身。比如，图 4.19 中“尘”的“Bbianbujian”分量就是基础部件“小”；有的则是由该基础部件构成的合成部件。如“跑跳趴”的“Bbianbujian”分量就是由基础部件“止”构成的合成部件“⻊”。

第三，属性“Bgongneng”是考察基础部件组配功能的。虽然基础部件的组配功能只有组独、成字、基件，组合、非成字、基件，一级、组合、成字、基件，二级、组合、成字、基件，三级、组合、成字、基件，四级、组合、成字、基件，五级、组合、成字、基件，一级、组合、非成字、基件，二级、组合、非成字、基件，三级、组合、非成字、基件，四级、组合、非成字、基件，五级、组合、非成字、基件等 12 种类型。但为了方便直观观察，我们对该属性的数据编码时也没有采用数字的形式，而是采用了短文本的形式。

4.5.5 “Strokegouxing”表及其分量说明

通用规范汉字构形属性数据库数据入库后的“Strokegouxing”表如图 4.20。需要说明的是：

第一，属性“Sbianhao”的分量和“Bbianhao”的分量一致，都是基础部件按笔画笔顺的排列顺序。

第二，属性“Schongbishun、Sbishunqufen、Sxingbian、Stuopuguanxi”的数据编码时虽然选用短文本形式，但是基础部件笔画之间的关系较为复杂，用纯文字形式描述时占用字符过多，所以我们在对现代汉字笔画构形属性描写时就采用了数字与字母混合的形式化描写方法来表达。

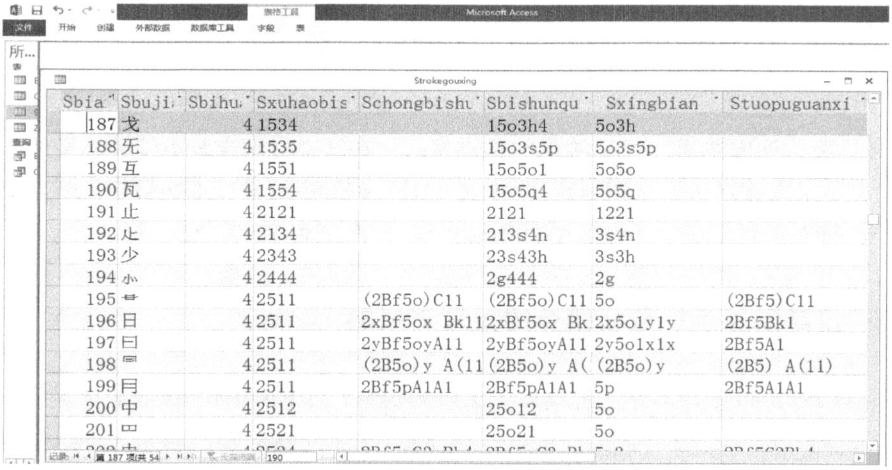

Sbia	Sbuji	Sbihu	Sxuhaobis	Schongbishu	Sbishunqu	Sxingbian	Stuopuguanxi
187	戈	4	1534		15o3h4	5o3h	
188	旡	4	1535		15o3s5p	5o3s5p	
189	互	4	1551		15o5o1	5o5o	
190	瓦	4	1554		15o5q4	5o5q	
191	止	4	2121		2121	1221	
192	𣥂	4	2134		213s4n	3s4n	
193	少	4	2343		23s43h	3s3h	
194	小	4	2444		2g444	2g	
195	[illegible]	4	2511	(2Bf5o)C11	(2Bf5o)C11	5o	(2Bf5)C11
196	日	4	2511	2xBf5ox Bk11	2xBf5ox Bk	2x5o1y1y	2Bf5Bk1
197	曰	4	2511	2yBf5oyA11	2yBf5oyA11	2y5o1x1x	2Bf5A1
198	[illegible]	4	2511	(2B5o)y A(11	(2B5o)y A(	(2B5o)y	(2B5) A(11)
199	冃	4	2511	2Bf5pA1A1	2Bf5pA1A1	5p	2Bf5A1A1
200	中	4	2512		25o12	5o	
201	罒	4	2521		25o21	5o	

图 4.20　“Strokegouxing”表的分量截图

综上所述，我们根据研究需求构建了通用规范汉字构形属性数据库。由于当今 Access 数据库构建技术已经相当成熟，所以对建库技术不再做过多论述，只对通用规范汉字构形属性数据库构建过程中的关键性问题，如数据库表设计、新造字符库设计、数据库中的数据抽取与加工等内容做了论述，并对数据库的 4 个表中的一些属性及其分量特征进行了简单说明。这个数据库将是我们对通用规范汉字的构形属性定量研究的基础。另外，未来还可以根据需要在该数据库的基础上开发网络使用平台，方便用户对通用规范汉字构形资源的使用。

第5章　通用规范汉字构形属性的计量分析

5.1　现有汉字属性定量分析研究概观

5.1.1　汉字属性定量分析研究的萌芽

最早用统计方法研究汉字构形的是许慎，他在《说文解字》中统计小篆的部首为540个。后来朱骏声《说文通训定声•说文六书爻列》中统计《说文解字》的象形字有364个，指事字有125个，会意字有1167个，形声字有7697个。

5.1.2　汉字属性定量分析研究的探索与成熟

直到1921年陈鹤琴开始用统计方法研究白话汉字的字频，编著了中国第一本汉字查频资料《语体文应用字汇》，定量分析的方法才开始回归，后来这种定量研究逐渐受到众多学科的青睐。对汉字属性的定量研究可以分为两个阶段。

第一阶段，探索阶段。20世纪七八十年代，虽然数据库技术尚不成熟，但我国学者已经开始对汉字属性进行定量分析了，如1978年周有光《现代汉字中的声旁表音功能问题》一文就通过对现代汉字形声字声旁的定量分析发现：现代汉字声旁表音功能并不强，现代汉字声旁的有效表音率仅为39%。1979年周有光又在《现代汉字中的多音字问题》一文中对多音字进行定量分析，发现多音字破坏了汉字的表音功能。

第二阶段，成熟阶段。20世纪末至21世纪以来，数据库技术在我国渐趋成熟。在相应的汉字属性数据库上，可以对汉字的各种属性进行定量分析。1984年文字改革委员会和武汉大学合作，用计算机对《辞海》16000多字的部件进行分析统计。主要包括汉字末级部件组字频度、汉字基本笔画使用频度、汉字笔画数、汉字结构方式频度、汉字部件数等信息的统计。教育部、国家语委《现代常用字部件及部件名称规范》

（2009）从文字学角度对基础部件数量、部件笔画数、构字数、构字次数进行了定量分析。韩布新《汉字部件信息数据库的建立——部件和部件组合频率的统计分析》（1994）从文字学角度对基础部件数、部件组合频次进行了定量分析。邢红兵《现代汉语字、词基础部件统计分析》（1998）、《〈（汉语水平）汉字等级大纲〉汉字部件统计分析》（2005），邢红兵、舒华《小学语文教材用字基础部件统计分析》（2008）从文字教学角度对汉字部件进行了定量分析。彭瑞祥《汉字结构的统计分析》（1982）从心理学角度对汉字左上角和右下角笔画结构进行了定量分析。吴建国、俞庆英、吴海辉《汉字笔画若干统计数据的统计方法研究与应用》（2005）从汉字信息处理角度对与汉字笔画相关的多种汉字信息进行了定量分析。齐元涛《〈说文〉小篆构形系统相关数据的计算机测查》（1996）对小篆形位的数量、构字量，整字的构形层次频度、构形模式频度等特征进行了定量分析。王立军《宋代雕版楷书构形系统研究》（2003）对宋代 4856 个楷书字样的直接部件数量、参构次数、参构能度，基础部件的数量，整字的构形层次、构形模式等特征进行了定量分析。罗卫东《春秋金文构形系统研究》（2005）对春秋金文的形位数量、功能，整字构形层次、构形模式进行了定量研究。赵学清《战国东方五国文字构形系统研究》（2005）对五国文字的整字构形模式、构形层次等进行了定量研究。陈青峰《殷商金文构形分析》（2005）对殷商金文无差别构件的数量、频率、分布方位、分布层级、功能等构形属性进行了定量分析。郑振峰《甲骨文字构形系统研究》（2006）对甲骨文基础构件数量、层次，整字构形模式进行了定量研究。楼兰《睡虎地秦墓竹简字形系统定量研究》（2006）对睡简文字的基础构件数量，直接构件数量、功能，整字构形层次、构形模式等特征进行了定量分析。李莉《〈嘉禾吏民田家莂〉文字构形系统研究》（2009）对《嘉禾吏民田家莂》文字的直接构件数量、功能，基础构件数量，整字构形模式、构形层次等构形属性进行了定量研究。代宁《睡虎地秦简文字构形系统研究》（2011）对睡简文字的形素数量，整字构形层次、构形模式等进行了定量研究。竺海燕《甲骨文构件与甲骨文构形系统研究》（2005）对甲骨文构件数量、构字频率、方位、功能、种类、基础构件数量进行了定量分析。王婷婷《殷墟花园庄东地甲骨文字构形研究》（2014）对甲骨文四种造字类型进行了定量分析。陈婷珠《殷商甲骨文字形系统再研究》（2007）对甲骨文无差别构件数量、分布层次、出现次数、频率、独体构件数量等构形属性进行了定量分析。以上对汉字属性的定量分析多是对汉字单一构形属性的定量分析。2016 年初北京语言大学 BCC 语料库的“BCC 汉语图典”对汉字部件、不同笔画数的字在 BCC 语料库中的出现频率进行了定量分析。总之，当今和汉字字形相关的定量研究，不仅受到了文字学的关注，也受到了心理学、计算机科学等越来越多的学科的关注。

虽然现代汉语阶段基于数据库的汉字属性定量研究受到越来越多学科的关注，定量研究的方法也越来越成熟，但由于受现有汉字属性数据库自身不足的影响，现有汉字定量研究多为构形单位的数量、构字数、构字功能、构形模式、结构等方面的单一特征计量，综合特征计量研究较少。比如，只有韩布新《部件组合——潜在的汉字结构层次》（1995）做过部件组合次数和组合频率之间关系的研究。（1995：28）汉字构形属性之间是否存在多边关系，这也需要从综合计量研究得到验证。因此，需要依据系统、完备的现代汉字构形属性数据库，对现代汉字构形属性进行单一特征和综合特征计量，通过定量数据来观测现代汉字的构形规律。

下面我们将基于第 4 章构建的“通用规范汉字构形属性数据库”对通用规范汉字构形属性的统计分布特征进行全面考察。

5.2　通用规范汉字整字构形属性的定量分析

5.2.1　通用规范汉字的独体字与合体字

在直观构形理论下，《通用规范汉字表》中由笔画构成的、不能或不宜再拆分的成字基础部件构成的整字是独体字。简言之，就是《通用规范汉字表》中由 1 个成字基础部件直接构成的整字是独体字，由 2 个以上的基础部件构成的整字是合体字。因此，我们可以根据整字包含基础部件的数量来区分独体字与合体字。包含 1 个基础部件的整字是独体字，包含 2 个以上基础部件的整字是合体字。根据这一判断标准，基于“通用规范汉字构形属性数据库”可以确定《通用规范汉字表》中的独体字有 351 个，占 4.33%。它们分别是“一乙二十丁厂七卜八人入儿匕几九刁了刀力乃又三干于工土士才下寸大丈与万上小口山巾千川个夕久么勺凡丸及广亡门丫义之尸己已巳弓子卫也女刃飞习叉马乡丰王开井夫无专丐扎木五不犬太乂尤车巨牙屯戈互瓦止少曰日中贝内水见牛手气毛壬升夭长片币斤爪今乏月氏勿丹乌方火为户心尺引丑巴孔予书幻玉未末甘世本术石戊龙平轧东凸业旧目且甲申电田由史央冉皿凹生失乍禾丘弋白斥瓜乎令用甩印乐匆册卯主立幺半礼必永司民弗出皮发矛母丝耳臣吏西压戌在存而死成夹夷兀至虫曲肉年朱丢竹乒乓臼印自尹血向彳亍舟兆伞争产夬亥羊米州农买韦严求甫更束豆两酉丽尢来里串我乱氐身谷龟免卵系言良局武其直或事雨妻非具果典垂秉卑乳兔单戋聿肃隶承艮毌曳丞甚革柬面重鬼禹廿耒豕豸隹兼禺兜叚象庸鹿曷鼎黑鬲堇鼠戉熏舆雀爿乜孑孓丏卅卞毋札卮乩虱虬奂羌臾虱彧蚩戬睿盥縣疐氕钆乢甪龙芈”。那么，《通用规范汉字表》的 8105 字中除去这 351 个独体字，剩余的 7754 个字就是合体字，占 95.67%。

5.2.2　通用规范汉字整字组合特点的定量分析

独体字都是由 1 个基础部件直接构成的整字，它们都不是层级结构。所以独体字不存在部件组合问题。

合体字都是层级结构，从部件组合角度可以分为单层结构和多层结构两种类型。由表 5.2“合体整字层级特点统计”可知，《通用规范汉字表》7754 个合体整字中，由 2 个基础部件组合成单层结构的整字有“亏乞亿天元云”等 2289 个，占合体字的 29.52%；由 3 个以上基础部件组合成多层结构的整字有“丛动共协夸列”等 5465 个，占合体字的 70.48%。

5.2.3　通用规范汉字整字层级特点的定量分析

5.2.3.1　整字的部件

基于通用规范汉字构形属性数据库的统计，《通用规范汉字表》包含独体字 351 个、合体字 7754 个。根据表 5.1“整字部件统计”可知，独体字包含基础部件 351 个。合体字包含部件 1954 个，其中基础部件 508 个、合成部件 1446 个。独体字和合体字共有的基础部件有 310 个，独体字独有的基础部件有 41 个[①]，合体字独有的基础部件有 198 个。因此，《通用规范汉字表》共包含部件 1995 个，其中基础部件 549 个，合成部件 1446 个。而整字部件的具体分类情况见附录三：通用规范汉字部件表。根据附录三的统计可知，这 1995 个部件中成字部件有 1319 个，非成字部件 676 个。其中独体整字的 351 个部件都是成字部件，合体整字的 1954 个部件中成字部件有 1278 个，非成字部件有 676 个。

5.2.3.2　合体整字层级特点的定量分析

合体字都是层级结构，它是由若干部件按层次逐级组造而成的。由表 5.2“合体整字层级特点统计”可知，合体字最少包含 1 个层级，最多包含 5 个层级；1 个层级的整字最少包含 2 个基础部件，5 个层级的整字最多包含 9 个基础部件。根据合体字的层级及其包含的基础部件数量，合体字可以分为 2 基础部件 1 层级、3 基础部件 2 层级、4 基础部件 2 层级、4 基础部件 3 层级、5 基础部件 3 层级等 15 种类型，其中 3 基础部件 2 层级合体字数量最多，占 38.01%，其次是 2 基础部件 1 层级的合体字，

① 需要特别注意的是，这 41 个基础部件在《通用规范汉字表》中只能构成独体字，不能参与组构合体字。

表 5.1　整字部件统计

整字＼部件	基础部件		合成部件		合计
	类型	数量	类型	数量	
独体字	独体字独有	41	——	——	——
	独、合体字共有	310	——	——	
小计	——	351	——	——	351
合体字	独、合体字共有	310	合体字独有	1446	——
	合体字独有	198			
小计	——	508	——	1446	1954

占 29.52%，再次是 4 基础部件 3 层级的字，占近 18.13%；包含 2-4 个基础部件的合体字相对较多，占合体字的 89.04%；包含 7-9 个基础部件的合体字最少，占合体字的 0.41%。包含 1-2 个层级的合体字相对较多，占合体字的 70.91%，包含 4-5 层级的合体字相对较少，占合体字的 4.85%。

由于这 7754 个合体字累计包含基础部件 24580 个，再加上 351 个独体字累计包含 351 个基础部件，所以《通用规范汉字表》8105 个整字累计包含基础部件 24931 个。那么，我们可以计算出通用规范汉字的每个整字平均包含 3 个基础部件。[①]

表 5.2　合体整字层级特点统计

层级数	部件数	例字	层级结构类型	字数	比例（%）	累计基件数
1	2	亏乞亿天元云……	单层结构	2289	29.52	4578
2	3	从动共协夸列……	多层结构	2947	38.01	8841
	4	欧殴命鸥尝窃……	多层结构	262	3.38	1048
3	4	供例佩剂卒郊……	多层结构	1406	18.13	5624
	5	乾爽鄂偿偷斜……	多层结构	402	5.18	2010
	6	兢歌敲翰鲸徽……	多层结构	66	0.85	396
	7	鳄罐罄鼙鲙鰶	多层结构	6	0.08	42
4	5	陶掏掷萄停淘……	多层结构	248	3.20	1240
	6	殿翠撰凛擅薇……	多层结构	82	1.06	492
	7	颤歙翳鳐鎏瀚……	多层结构	20	0.26	140
	8	鳣	多层结构	1	0.01	8
	9	鑫	多层结构	1	0.01	9
5	6	擒瀑藻曝爆噙……	多层结构	18	0.23	108
	7	臀癜骥灏襻	多层结构	5	0.07	35
	9	齉	多层结构	1	0.01	9
合计	——	——	——	7754	100	24580

① 整字平均基础部件数=整字累计包含基础部件数÷整字数=24931÷8105≈3。

5.2.4 通用规范汉字整字构形模式的定量分析

为了便于形式化描写，我们把左右、上下、半包围、穿插、全包围五种关系分别记作 A、B、C、D、E。这样，《通用规范汉字表》中合体整字的生成二叉树图都可以用以下形式进行描写。比如：

（1）亿　A（亻，乙）

（2）芝　B（艹，之）

（3）府　C（广，A（亻，寸））

（4）图　E（囗，B（夂，⺀））

（5）衍　D（A（彳，亍），氵）

（6）鹏　A（A（月，月），鸟）

（7）禁　B（A（木，木），B（二，小））

（8）超　C（B（土，龰），B（刀，口））

（9）褒　D（B（亠，𧘇），A（亻，B（口，木）））

（10）圉　E（囗，B（土，B（丷，干）））

（11）鹡　A（B（D（⺌，人），月），C（鸟，一））

（12）慧　B（B（A（丰，丰），彐），心）

（13）邀　C（辶，A（B（白，方），攵））

（14）襄　D（B（亠，𧘇），B（A（口，口），井））

（15）煦　B（A（日，C（勹，口）），灬）

（16）磨　C（C（广，A（木，木）），石）

于是，我们可以对《通用规范汉字表》中合体整字的构形模式进行归类。整字的构形模式有初级和高级两种抽象形式。

5.2.4.1 《字表》合体字的初级构形模式

构形模式的初级抽象是只保留节点的方位关系，把树图根节点、所有子节点和叶子节点上的部件都抽象为“0”。这样根据整字包含基础部件的数量，可以把《通用规范汉字表》合体字的初级构形模式分为 472 类。

1. 包含 2 个基础部件合体字的初级构形模式

《通用规范汉字表》中包含 2 个基础部件的合体字有 2289 个，其初级构形模式可以分为以下 5 类。

1 类．A（0，0）如“亿比切仁什仆化仇仍仅……”等 1528 个字。

2 类．B（0，0）如“芝亏乞天元云艺支歹午……”等 507 个字。

3类. C（0，0）如“句厅区历友匹冈反凶风……”等231个字。

4类. D（0，0）如“亘斗办头威卿”等6个字。

5类. E（0，0）如“困囚四团因回围囤囱国……”等17个字。

这5小类初级构形模式的字都是2部件1层的字，这样的整字有2289个。

2. 包含3个基础部件的合体字的初级构形模式

《通用规范汉字表》中包含3个基础部件的合体字有2947个，其初级构形模式可以分为以下32类。

1类. A（0，A（0，0））如“附似讹批拟彻纵拗咐咖……”等194个字。

2类. A（B（0，0），0）如“动列创刘却劫歼别卦叔……”等152个字。

3类. A（0，B（0，0））如“诗师吃屹伤价伦份次污……”等1256个字。

4类. A（C（0，0），0）如“刚励刨郁刷都教群勐瓯……”等16个字。

5类. A（0，C（0，0））如“构讽抠扼扳均抛呕岖何……”等353个字。

6类. A（0，D（0，0））如“协抖胁科恒蚪料渊插垣……”等21个字。

7类. A（0，E（0，0））如“烟捆泅泗洇洄胭涠掴硇……”等25个字。

8类. B（0，A（0，0））如“众花苑范茄轰昆夜宛茫……”等117个字。

9类. B（A（0，0），0）如“从毕华坚坠努势些肾贤……”等156个字。

10类. B（0，B（0，0））如“草夸会充关壳芥芬苍昊……”等172个字。

11类. B（B（0，0），0）如“共合爷齐交兴吞劳克余……”等143个字。

12类. B（0，C（0，0））如“岗希苛苟若苞画奇齿尚……”等63个字。

13类. B（C（0，0），0）如“盈盔煮耆咎昝耄焘耋”9个字。

14类. B（0，D（0，0））如“苏金实佥宣葳崴萱”8个字。

15类. B（D（0，0），0）如“脊善”2个字。

16类. B（0，E（0，0））如“卤茵菌啬茴”5个字。

17类. B（E（0，0），0）如“恩粤”2个字。

18类. C（0，A（0，0））如“网庇屁厕府阀逊逝逛扇……”等34个字。

19类. C（0，B（0，0））如“同迄后远运医辰尬应迢……”等125个字。

20类. C（B（0，0），0）如“危赴赵赶起越赳趄”8个字。

21类. C（0，C（0，0））如“匈返庭疯匾庵屠遍迥庖……”等23个字。

22类. C（C（0，0），0）如“质贰盾度席彪庶犀飓赓……”等16个字。

23类. C（D（0，0），0）如“哉栽载截”4个字。

24类. C（0，D（0，0））如“函魁庳”3个字。

25类. C（0，E（0，0））如“氤阃”2个字。

26类. D（0，A（0，0））如“巫坐乖幽乘豳”6个字。

27 类. D（A（0，0），0）如“衍班衔粥衡楙衎”7 个字。

28 类. D（0，B（0，0））如“胤”1 个字。

29 类. D（B（0，0），0）如“哀衰衷裹衺裒篹篁”8 个字。

30 类. E（0，B（0，0））如“园固图圆圈囵圄圕圖圐……”等 11 个字。

31 类. E（0，C（0，0））如“囿”1 个字。

32 类. A（A（0，0），0）如“雌邶郴猕”4 个字。

这 32 小类初级构形模式的字都是 3 部件 2 层的字，这样的整字有 2947 个。

3. 包含 4 个基础部件的合体字的初级构形模式

《通用规范汉字表》中包含 4 个基础部件的合体字有 1668 个，其初级构形模式可以分为以下 118 类。

1 类. A（A（0，0），B（0，0））如“豳”1 个字。

2 类. A（A（0，0），C（0，0））如“鸿鹏鸹鹇”4 个字。

3 类. A（B（0，0），A（0，0））如“翻跗踋跐翙翻翩”7 个字。

4 类. A（B（0，0），B（0，0））如“顽颁颂能颅矫辉鼓频跷……”等 79 个字。

5 类. A（B（0，0），C（0，0））如“殉跑鹃韵鸨鸪鸬鹗赧鸹……”等 36 个字。

6 类. A（B（0，0），D（0，0））如“斛斠”2 个字。

7 类. A（C（0，0），A（0，0））如“翮”1 个字。

8 类. A（C（0，0），B（0，0））如“欧殴顾鸵够辟颜颋颟”9 个字。

9 类. A（C（0，0），C（0，0））如“鸥弱鸲鹇鹛鹕虩”7 个字。

10 类. A（D（0，0），B（0，0））如“歃”1 个字。

11 类. B（A（0，0），A（0，0））如“叕琵髭髹鬏”5 个字。

12 类. B（A（0，0），B（0，0））如“紧袋祭紫装絮禁黎整鲞……”等 24 个字。

13 类. B（A（0，0），C（0，0））如“鸳鸷婺鹜鸹鸶鹫鬃鳌”9 个字。

14 类. B（B（0，0），A（0，0））如“命窃翁窍俞窥嘉窿爵蠢……”等 17 个字。

15 类. B（B（0，0），B（0，0））如“尝索爹紊营辜窝窖蒙兖……”等 20 个字。

16 类. B（B（0，0），C（0，0））如“莺爱高爰窘窟篡鸾窎”9 个字。

17 类. B（B（0，0），D（0，0））如“釜”1 个字。

18 类. B（B（0，0），E（0，0））如“窗”1 个字。

19 类. B（C（0，0），A（0，0））如“蠹”1 个字。

20 类. B（C（0，0），C（0，0））如“哥”1 个字。

21 类. C（B（0，0），A（0，0））如“翅翘趣”3 个字。

22 类. C（B（0，0），B（0，0））如“趁趋超詹”4 个字。

23 类. C（C（0，0），B（0，0））如“飕餍麾贴飔飗”6 个字。

24 类．C（D（0，0），B（0，0））如“裁”1 个字。
25 类．C（C（0，0），C（0，0））如“飑”1 个字。
26 类．D（A（0，0），B（0，0））如“斑掰街衙弼徼衍衡”8 个字。
27 类．D（B（0，0），A（0，0））如“亵”1 个字。
28 类．D（B（0，0），B（0，0））如“衮裹”2 个字。
29 类．A（0，A（0，B（0，0）））如“狮倾掀淤游缎搬嗽锻漱……”等 45 个字。
30 类．A（0，A（B（0，0），0））如“例咧浏捌做脚淑湖褂蜘……”等 35 个字。
31 类．A（0，A（0，C（0，0）））如“啊椭储娴锕椿潴”7 个字。
32 类．A（0，A（C（0，0），0））如“涮唰嘟潋巇”5 个字。
33 类．A（0，A（0，D（0，0）））如“蝌晅”2 个字。
34 类．A（0，B（0，A（0，0）））如“混液惋婉棍腋腕滋摄塌……”等 63 个字。
35 类．A（0，B（A（0，0），0））如“哗桦谐揩揽缆楷榄滥槛……”等 61 个字。
36 类．A（B（0，A（0，0）），0）如“剜蒯鄰”3 个字。
37 类．A（B（A（0，0），0），0）如“戳氍鄹酆”4 个字。
38 类．A（0，B（0，B（0，0）））如“垮挎俊误院绘统埃挨唉……”等 236 个字。
39 类．A（0，B（B（0，0），0））如“聪湾愤疏碍辐蜕错腹猿……”等 256 个字。
40 类．A（B（0，B（0，0）），0）如“郑韩朝舒割鲜鲤瓢豁剞……”等 50 个字。
41 类．A（B（B（0，0），0），0）如“副剂郊勃缸叙缺郭效散……”等 24 个字。
42 类．A（0，B（0，C（0，0）））如“恼倚倘脑诺崎淌淆骑椅……”等 55 个字。
43 类．A（0，B（C（0，0），0））如“隋惰嗜绺榅糌醢愭楮”9 个字。
44 类．A（B（0，C（0，0）），0）如“敬敞龄郗剞龇龃龈龋郡……”等 12 个字。
45 类．A（B（C（0，0），0），0）如“戳”1 个字。
46 类．A（0，B（0，D（0，0）））如“俭险捡验检脸喧渲猃涂……”等 19 个字。
47 类．A（0，B（D（0，0），0））如“嵴缮膳蟮墡”5 个字。
48 类．A（B（0，D（0，0）），0）如“剑敛”2 个字。
49 类．A（B（D（0，0），0），0）如“鄯”1 个字。
50 类．A（0，B（0，E（0，0）））如“瑙墙嫱樯穑”5 个字。
51 类．A（0，B（E（0，0），0））如“揌嗯骢璁熜”5 个字。
52 类．A（0，C（0，A（0，0）））如“俯嘛煽橱腑骟嘛”7 个字。
53 类．A（0，C（0，B（0，0）））如“佩垢洞振桐悯调掂据铜……”等 96 个字。
54 类．A（0，C（B（0，0），0））如“诡脆桅樾峗溛婗硊”8 个字。
55 类．A（C（0，B（0，0）），0）如“剧尉雕郾邱鄌”6 个字。
56 类．A（0，C（0，C（0，0）））如“胸随搋褫”4 个字。

57 类．A（0，C（C（0，0），0））如“循渡腻镀楯摭墀樨椟锁……”等 12 个字。
58 类．A（0，C（0，D（0，0）））如“涵崡椷”3 个字。
59 类．A（0，D（0，A（0，0）））如“诬挫唑锉嵊脞”6 个字。
60 类．A（D（0，A（0，0）），0）如“剩觋”2 个字。
61 类．A（0，D（0，B（0，0）））如“僵缰礓”3 个字。
62 类．A（0，D（B（0，0），0））如“榱缞锿”3 个字。
63 类．A（0，E（0，B（0，0）））如“涸堌锢”3 个字。
64 类．B（0，A（0，B（0，0）））如“菇宿蒋落嵌筛蕴薛薄藐……”等 38 个字。
65 类．B（0，A（B（0，0），0））如“寂葫薪巍菽葑薮茢葑蔀”10 个字。
66 类．B（A（0，B（0，0）），0）如“资您盗堡惩照恣婆鹭煲……”等 20 个字。
67 类．B（A（B（0，0），0），0）如“烈智督煞粲髡憩赟螌堼”10 个字。
68 类．B（0，A（0，C（0，0）））如“荷藏菔菏蒟鸪箍蒎鹝”9 个字。
69 类．B（A（0，C（0，0）），0）如“堕煦獴”3 个字。
70 类．B（A（0，D（0，0）），0）如“梁粱”2 个字。
71 类．B（0，B（0，A（0，0）））如“荔蕊箭菀筦葍蕹蕌”8 个字。
72 类．B（0，B（A（0，0），0））如“蓝篮荜筚蒖簪葜蒈”8 个字。
73 类．B（B（0，A（0，0）），0）如“卒垒桑剪煎慈孳缍桀”9 个字。
74 类．B（B（A（0，0），0），0）如“慧夔”2 个字。
75 类．B（0，B（0，B（0，0）））如“冥菱崇葵寞蔓荟莞萘睾……”等 19 个字。
76 类．B（0，B（B（0，0），0））如“景答粪富蓄罩鼻荠茭荸……”等 23 个字。
77 类．B（B（0，B（0，0）），0）如“暮摹寨赛悫棻畲蓦骞罴……”等 21 个字。
78 类．B（B（B（0，0），0），0）如“巷亭亮举恭党拿堂常盒……”等 28 个字。
79 类．B（0，B（0，C（0，0）））如“寄薯箬蕞䓫”5 个字。
80 类．B（0，B（C（0，0），0））如“昬蓍”2 个字。
81 类．B（B（0，C（0，0）），0）如“离惹”2 个字。
82 类．B（0，B（0，D（0，0）））如“签萱莶崟”4 个字。
83 类．B（0，B（0，E（0，0）））如“蔷”1 个字。
84 类．B（0，B（E（0，0），0））如“蒽”1 个字。
85 类．B（0，C（0，B（0，0）））如“南晨崖凿筒蓬震裔篷茼……”等 16 个字。
86 类．B（0，C（B（0，0），0））如“冠”1 个字。
87 类．B（C（0，B（0，0）），0）如“辱感”2 个字。
88 类．B（0，C（0，C（0，0）））如“篪蘧”2 个字。
89 类．B（0，C（C（0，0），0））如“蔗”1 个字。

90 类. B（0，C（0，D（0，0）））如“菡”1 个字。
91 类. B（0，D（0，A（0，0）））如“箂莝”2 个字。
92 类. B（0，D（A（0，0），0））如“蘅”1 个字。
93 类. B（D（0，A（0，0）），0）如“亟”1 个字。
94 类. B（D（A（0，0），0），0）如“懋鐥夔鬻慗”5 个字。
95 类. B（0，D（B（0，0），0））如“蓑”1 个字。
96 类. B（D（B（0，0），0），0）如“率”1 个字。
97 类. B（0，E（0，B（0，0）））如“菌”1 个字。
98 类. C（0，A（0，B（0，0）））如“阔屐阏厥阙屣瘢屦邋癞……”等 13 个字。
99 类. C（0，A（B（0，0），0））如“痴邀”2 个字。
100 类. C（0，A（0，C（0，0）））如“屙”1 个字。
101 类. C（0，B（0，A（0，0）））如“遴孱遢羼阖”5 个字。
102 类. C（0，B（A（0，0），0））如“尴瘛瘿癯”4 个字。
103 类. C（0，B（0，B（0，0）））如“送瘪逡逵阕虞瘼瘰废羞……”等 11 个字。
104 类. C（0，B（B（0，0），0））如“途阅展逼厦遗遣痹遵厝……”等 22 个字。
105 类. C（B（0，B（0，0）），0）如“匙踶”2 个字。
106 类. C（B（B（0，0），0），0）如“剋”1 个字。
107 类. C（0，B（0，C（0，0）））如“匿”1 个字。
108 类. C（0，B（0，D（0，0）））如“麈”1 个字。
109 类. C（0，B（D（0，0），0））如“瘠”1 个字。
110 类. C（C（0，A（0，0）），0）如“腐摩磨瘸靡魔麽麾赝縻……”等 11 个字。
111 类. C（0，C（0，B（0，0）））如“逅魍”2 个字。
112 类. C（C（0，B（0，0）），0）如“唇愿靥赝”4 个字。
113 类. C（0，C（C（0，0），0））如“遮遁”2 个字。
114 类. C（C（C（0，0），0），0）如“麈”1 个字。
115 类. C（0，D（0，A（0，0）））如“座痤”2 个字。
116 类. C（D（0，A（0，0）），0）如“畿”1 个字。
117 类. C（0，E（0，B（0，0）））如“痼”1 个字。
118 类. E（0，B（0，B（0，0）））如“圈”1 个字。

这 118 小类的初级构形模式中，1-28 小类是 4 部件 2 层的字，这样的整字有 262 个；29—118 小类是 4 部件 3 层的字，这样的整字有 1406 个。

4. 包含 5 个基础部件的合体字的初级构形模式

《通用规范汉字表》中包含 5 个基础部件的合体字有 650 个，其初级构形模式可以分为以下 187 类。

1 类．A（0，A（B（0，0），B（0，0）））如“濒懈撷缬獬潞澥璐臌槲”10 个字。

2 类．A（A（B（0，0），0），C（0，0））如“鹕”1 个字。

3 类．A（0，A（B（0，0），D（0，0）））如“槲”1 个字。

4 类．A（0，A（C（0，0），B（0，0）））如“僻噼澼”3 个字。

5 类．A（0，A（C（0，0），C（0，0）））如“溺搦”2 个字。

6 类．A（0，B（A（0，0），A（0，0）））如“缀掇啜辍裰埁惙”7 个字。

7 类．A（B（0，A（0，0）），A（0，0））如“翱”1 个字。

8 类．A（B（A（0，0），A（0，0）），0）如“剟”1 个字。

9 类．A（0，B（A（0，0），B（0，0）））如“愕谬嘴襟谔膀锷缪噤镠……”等 24 个字。

10 类．A（B（A（0，0），B（0，0）），0）如“鄂戮勠”3 个字。

11 类．A（B（0，A（0，0）），B（0，0））如“鼯颞”2 个字。

12 类．A（B（0，0），A（B（0，0），0））如“踯”1 个字。

13 类．A（B（0，0），A（0，B（0，0）））如“蹓”1 个字。

14 类．A（B（0，A（0，0）），C（0，0））如“鹚飙鹍鹳”4 个字。

15 类．A（B（A（0，0），0），C（0，0））如“鹦”1 个字。

16 类．A（0，B（B（0，0），A（0，0）））如“偷喻渝愉榆输嗡瞬嚼谕……”等 21 个字。

17 类．A（B（B（0，0），A（0，0）），0）如“觎毹鄃”3 个字。

18 类．A（B（0，B（0，0）），A（0，0））如“鲫鲋鲥翱鳅鳓鲗鳂鲷”9 个字。

19 类．A（B（0，0），B（0，A（0，0）））如“蹑蹦蹋”3 个字。

20 类．A（B（0，0），B（A（0，0），0））如“耀跸”2 个字。

21 类．A（0，B（B（0，0），B（0，0）））如“偿嗦檬朦哆獴蠓艨潆滘……”等 14 个字。

22 类．A（B（0，B（0，0）），B（0，0））如“乾款疑额欸鲇鲈鲐鲑鲟……”等 29 个字。

23 类．A（B（0，0），B（0，B（0，0）））如“跨踪殡靛蹊髂蹽蹼髋髌……”等 13 个字。

24 类．A（B（0，0），B（B（0，0），0））如“跤舔蹲跻毓踔殪馥蹱酵”10 个字。

25 类．A（B（B（0，0），0），B（0，0））如“颔毂縠醅”4 个字。

26 类．A（0，B（B（0，0），C（0，0）））如“援缓搞暖镐稿谖湲媛瑗……”等 19 个字。

27 类. A（B（0，B（0，0）），C（0，0））如“飘匏鲔鲢鹩鳊鲄鲲鳒”9 个字。

28 类. A（B（B（0，0），0），C（0，0））如“鸽鹊鸦鹑鳟鸡”6 个字。

29 类. A（B（0，0），B（0，C（0，0）））如“躏躇躅髑蠲踦觭”7 个字。

30 类. A（B（B（0，0），C（0，0）），0）如“鄗”1 个字。

31 类. A（0，B（B（0，0），D（0，0）））如“滏”1 个字。

32 类. A（B（0，0），B（0，D（0，0）））如“殓”1 个字。

33 类. A（B（0，0），B（D（0，0），0））如“蹐”1 个字。

34 类. A（B（B（0，0），0），D（0，0））如“斜”1 个字。

35 类. A（B（B（0，0），E（0，0）），0）如“鄙”1 个字。

36 类. A（B（0，0），C（0，A（0，0）））如“蹰”1 个字。

37 类. A（B（0，C（0，0）），A（0，0））如“龇”1 个字。

38 类. A（0，B（C（0，0），B（0，0）））如“醱”1 个字。

39 类. A（B（0，B（0，0）），C（0，0））如“鲍”1 个字。

40 类. A（B（0，0），C（0，B（0，0）））如“踮骺踞蹢”4 个字。

41 类. A（B（0，0），C（B（0，0），0））如“跪”1 个字。

42 类. A（B（0，C（0，0）），B（0，0））如“龊龁韶歆龉龄觊”7 个字。

43 类. A（B（0，0），C（C（0，0），O））如“踱踬”2 个字。

44 类. A（B（0，C（0，0）），C（0，0））如“龅龌”2 个字。

45 类. A（B（0，0），D（O，A（0，0）））如“矬”1 个字。

46 类. A（B（D（0，0），0），C（0，0））如“鹡”1 个字。

47 类. A（0，B（E（0，0），A（0，0）））如“貔媲”2 个字。

48 类. A（0，B（E（0，0），B（0，0）））如“傻”1 个字。

49 类. A（B（0，E（0，0）），C（0，0））如“鹾”1 个字。

50 类. A（0，C（B（0，0），B（0，0）））如“檐赡瞻儋谵澹蟾嶦憺襜……”等 11 个字。

51 类. A（C（0，0），B（0，B（0，0）））如“镬”1 个字。

52 类. A（C（B（0，0），O），B（0，0））如“颀”1 个字。

53 类. A（C（0，B（0，0）），C（0，0））如“鸥”1 个字。

54 类. A（0，C（C（0，0），B（0，0）））如“瀍”1 个字。

55 类. A（C（0，C（0，0）），C（0，0））如“鹛”1 个字。

56 类. A（C（C（0，0），0），C（0，0））如“鹧”1 个字。

57 类. A（C（0，0），D（0，B（0，0）））如“疆”1 个字。

58 类. A（D（O，A（0，0）），C（0，0））如“鸥”1 个字。

59 类. A（0，D（B（0，0），A（0，0））） 如“灌獾瓘爟”4 个字。
60 类. A（0，D（B（0，0），B（0，0））） 如“滚磙”2 个字。
61 类. B（A（0，A（0，0）），C（0，0）） 如“鸷”1 个字。
62 类. B（0，A（B（0，0），B（0，0））） 如“蒜巅露蕹𬞟蕗薢蘐”8 个字。
63 类. B（A（B（0，0），B（0，0）），0） 如“熊赞蟹磬瞽鼙鼟”7 个字。
64 类. B（A（0，0），B（0，B（0，0））） 如“鲨鳖鬓鳌鬃凿罂鬘”8 个字。
65 类. B（A（0，0），B（B（0，0），0）） 如“巽罂曌”3 个字。
66 类. B（A（B（0，0），0），B（0，0）） 如“裂餐繁”3 个字。
67 类. B（A（B（0，0），0），C（0，0）） 如“鸳”1 个字。
68 类. B（A（0，0），B（0，D（0，0））） 如“鉴鋈錾鍪鏊斝鎣”7 个字。
69 类. B（A（C（0，0），B（0，0）），0） 如“劈壁臂璧譬嬖檗擘甓”9 个字。
70 类. B（0，A（C（0，0），B（0，0））） 如“霹薜”2 个字。
71 类. B（0，A（C（0，0），C（0，0））） 如“蒻”1 个字。
72 类. B（A（0，0），D（0，A（0，0））） 如“鬡”1 个字。
73 类. B（B（0，A（0，0）），A（0，0）） 如“翦”1 个字。
74 类. B（0，B（A（0，0），B（0，0））） 如“蔡察寥葶蓼藜爨”7 个字。
75 类. B（B（0，A（0，0）），B（0，0）） 如“叠饔”2 个字。
76 类. B（B（0，0），A（0，B（0，0））） 如“羡蠹”2 个字。
77 类. B（0，B（B（0，0），A（0，0））） 如“嵛蓊”2 个字。
78 类. B（B（B（0，0），A（0，0）），0） 如“愈”1 个字。
79 类. B（B（B（0，0），0），A（0，0）） 如“翕”1 个字。
80 类. B（0，B（B（0，0），B（0，0））） 如“薹”1 个字。
81 类. B（B（0，0），B（B（0，0），0）） 如“窑萻”2 个字。
82 类. B（B（0，0），B（0，B（0，0））） 如“鼍纂”2 个字。
83 类. B（B（0，B（0，0）），B（0，0）） 如“寡褰蹇”3 个字。
84 类. B（B（B（0，0），0），B（0，0）） 如“裳膏”2 个字。
85 类. B（0，B（B（0，0），C（0，0））） 如“蒿嵩篙曼”4 个字。
86 类. B（B（0，B（0，0）），C（0，0）） 如“骞”1 个字。
87 类. B（B（0，0），B（0，D（0，0））） 如“蓥銮”2 个字。
88 类. B（B（0，0），C（0，B（0，0））） 如“裔”1 个字。
89 类. B（B（0，0），D（A（0，0），0）） 如“赢羸嬴蠃”4 个字。
90 类. B（0，B（E（0，0），A（0，0））） 如“蓖篦”2 个字。
91 类. B（B（0，E（0，0）），B（0，0）） 如“禀亶”2 个字。

92 类. B（0，C（B（0，0），B（0，0）））如“寇”1 个字。

93 类. B（C（0，B（0，0）），B（0，0））如“蹩鳖”2 个字。

94 类. B（0，D（A（0，0），B（0，0）））如“彘”1 个字。

95 类. B（D（A（0，0），B（0，0）），0）如“樊”1 个字。

96 类. B（D（B（0，0），A（0，0）），0）如“赍”1 个字。

97 类. C（0，A（B（0，0），B（0，0）））如“邂廨癞”3 个字。

98 类. C（0，A（C（0，0），B（0，0）））如“避癖”2 个字。

99 类. C（0，B（A（0，0），B（0，0）））如“廖瘵瘳”3 个字。

100 类. C（B（0，0），A（B（0，0），0））如“趔”1 个字。

101 类. C（B（0，0），A（0，B（0，0）））如“趑”1 个字。

102 类. C（0，B（B（0，0），A（0，0）））如“逾”1 个字。

103 类. C（B（0，0），B（A（0，0），0））如“趯”1 个字。

104 类. C（0，B（B（0，0），B（0，0）））如“邃”1 个字。

105 类. C（B（0，B（0，0）），B（0，0））如“题”1 个字。

106 类. C（B（0，0），B（0，C（0，0）））如“趟”1 个字。

107 类. C（C（0，A（0，0）），B（0，0））如“縻”1 个字。

108 类. C（C（0，A（0，0）），C（0，0））如“鹰”1 个字。

109 类. C（0，D（A（0，0），B（0，0）））如“瘢”1 个字。

110 类. D（A（0，0），B（A（0，0），0））如“衢”1 个字。

111 类. D（0，A（B（0，0），B（0，0）））如“爽奭”2 个字。

112 类. D（A（B（0，0），B（0，0）），0）如“辨辩辫瓣”4 个字。

113 类. D（A（0，0），B（B（0，0），0））如“微徵溦黴”4 个字。

114 类. D（0，B（A（0，0），A（0，0）））如“噩”1 个字。

115 类. D（B（A（0，0），A（0，0）），0）如“器嚣”2 个字。

116 类. D（B（0，0），A（0，B（0，0）））如“褒“1 个字。

117 类. D（B（0，0），B（A（0，0），0））如“襄”1 个字。

118 类. D（B（B（0，0），0），B（0，0））如“齑”1 个字。

119 类. A（0，A（0，B（0，B（0，0））））如“嗾镞濮”3 个字。

120 类. A（0，A（0，B（B（0，0），0）））如“滁嗬”2 个字。

121 类. A（0，A（B（0，B（0，0）），0））如“掷嘲潮”3 个字。

122 类. A（0，A（B（B（0，0），0），0））如“渤撒墩撤澈辙徹嗷礅镦……”等 16 个字。

123 类. A（0，A（0，B（0，C（0，0））））如“漪”1 个字。

124 类．A（0，A（B（0，C（0，0）），0））如“儆璥”2 个字。

125 类．A（0，A（B（0，D（0，0）），0））如“潋”1 个字。

126 类．A（B（0，A（0，A（0，0）））, 0）如“鄙”1 个字。

127 类．A（0，B（0，A（0，B（0，0））））如“缩礴榑”3 个字。

128 类．A（0，B（A（B（0，0），0），0））如“璨”1 个字。

129 类．A（0，B（0，A（0，C（0，0））））如“嗬”1 个字。

130 类．A（0，B（A（0，D（0，0）），0））如“墚”1 个字。

131 类．A（0，B（B（0，A（0，0）），0））如“悴碎嗓粹醉操噪澡臊燥……”等 21 个字。

132 类．A（0，B（B（A（0，0），0），0））如“攫玃蠼”3 个字。

133 类．A（0，B（0，B（0，B（0，0））））如“溟暝瞑螟潆朦”6 个字。

134 类．A（0，B（0，B（B（0，0），0）））如“塔搭谣摇嗒徭旒瑶褡慉……”等 19 个字。

135 类．A（0，B（B（0，B（0，0）），0））如“谱撸噜橹噻滷湝镥镨”9 个字。

136 类．A（0，B（B（B（0，0），0），0））如“停港撑膛嚎傥婷榉噔嫦……”等 25 个字。

137 类．A（B（0，B（B（0，0），0）），0）如“影劓斛蹊劄勳”6 个字。

138 类．A（0，B（0，B（0，C（0，0））））如“旖”1 个字。

139 类．A（0，B（B（0，C（0，0）），0））如“漓璃缡螭摛醨”6 个字。

140 类．A（0，B（0，C（0，B（0，0））））如“橘喃楠腩谲蝻婻潏燏旞……”等 11 个字。

141 类．A（0，B（C（0，B（0，0）），0））如“撼憾嫕”3 个字。

142 类．A（B（0，C（0，B（0，0）））, 0）如“献”1 个字。

143 类．A（0，B（0，D（0，A（0，0））））如“噬”1 个字。

144 类．A（0，B（D（A（0，0），0），0））如“瓔”1 个字。

145 类．A（0，B（D（B（0，0），0），0））如“摔蟀”2 个字。

146 类．A（0，C（0，A（0，B（0，0））））如“撅噘獗橛镢灏”6 个字。

147 类．A（C（0，A（0，B（0，0）））, 0）如“劂”1 个字。

148 类．A（0，C（0，B（0，A（0，0））））如“潺骣”2 个字。

149 类．A（0，C（0，B（B（0，0），0）））如“陶掏淘辗碾谴啕缱鞫绹……”等 12 个字。

150 类．A（0，C（C（0，A（0，0）），0））如“嫝糖醣”3 个字。

151 类．A（0，C（C（0，B（0，0）），0））如“褥溽缛耨傉”5 个字。

152类．A（0，C（0，C（0，B（0，0））））如“擿”1个字。

153类．B（0，A（0，B（0，B（0，0））））如“簇蔟葰藫”4个字。

154类．B（0，A（0，B（B（0，0），0）））如“寖蔬藉覆籍蕻”6个字。

155类．B（0，A（B（0，B（0，0）），0））如“蓟藓”2个字。

156类．B（0，A（B（B（0，0），0），0））如“霰[illegible]”2个字。

157类．B（A（0，B（B（0，0），0）），0）如“[illegible]塗”2个字。

158类．B（A（B（B（0，0），0），0），0）如“熟塾”2个字。

159类．B（A（B（0，C（0，0）），0），0）如“擎警檠鳖”4个字。

160类．B（0，A（B（0，D（0，0）），0））如“菝”1个字。

161类．B（0，A（C（0，B（0，0）），O））如“蔚霨”2个字。

162类．B（A（C（0，B（0，0）），0），0）如“慰熨蝨”3个字。

163类．B（0，B（0，A（0，B（0，0））））如“蓿”1个字。

164类．B（0，B（A（0，B（0，0）），0））如“彝”1个字。

165类．B（B（0，A（0，B（0，0））），0）如“孽蘖糵”3个字。

166类．B（0，B（B（0，A（0，0）），0））如“萃崒”2个字。

167类．B（0，B（B（A（0，0），0），0））如“囊”1个字。

168类．B（0，B（0，B（0，B（0，0））））如“萛”1个字。

169类．B（0，B（B（B（0，0），0），0））如“暴葶”2个字。

170类．B（0，B（B（0，C（0，0）），0））如“禽篱蓠”3个字。

171类．B（0，B（0，C（0，B（0，0））））如“罱莆”2个字。

172类．B（0，B（0，C（B（0，0），0）））如“蔻”1个字。

173类．B（B（0，D（A（0，0），0）），0）如“燕”1个字。

174类．B（0，C（0，A（0，B（0，0））））如“蕨”1个字。

175类．B（0，C（0，A（B（0，0），0）））如“阙”1个字。

176类．B（0，C（0，B（B（0，0），0）））如“蔔薳”2个字。

177类．B（C（0，B（0，C（0，0））），0）如“慝”1个字。

178类．B（0，C（C（0，A（0，0）），0））如“蘑蘼蘼”3个字。

179类．B（0，C（C（0，B（0，0）），0））如“蓐”1个字。

180类．C（0，A（0，B（B（0，0），0）））如“履瘾”2个字。

181类．C（0，A（B（0，B（0，0）），0））如“癣”1个字。

182类．C（0，A（B（B（0，0），0），0））如“廓”1个字。

183类．C（0，B（B（0，A（0，0）），0））如“癌瘁”2个字。

184类．C（0，B（0，B（B（0，0），0）））如“遥瘩廙”3个字。

185 类．C（0，B（B（0，B（0，0）），0））如“氇氆”2 个字。

186 类．C（0，B（B（0，C（0，0）），0））如“魑”1 个字。

187 类．C（0，B（0，C（0，B（0，0））））如“通”1 个字。

这 187 小类的初级构形模式中，1-118 小类是 5 部件 3 层的字，这样的整字有 402 个；119-187 小类是 5 部件 4 层的字，这样的整字有 248 个。

5. 包含 6 个基础部件的合体字的初级构形模式

《通用规范汉字表》中包含 6 个基础部件的合体字有 166 个，其初级构形模式可以分为以下 98 类。

1 类．A（A（C（0，0），B（0，0）），C（0，0））如“鹇”1 个字。

2 类．A（B（A（0，0），B（0，0）），B（0，0））如“颚”1 个字。

3 类．A（B（A（0，0），B（0，0）），C（0，0））如“鹗鹨”2 个字。

4 类．A（B（0，0），B（A（0，0），B（0，0）））如“髎”1 个字。

5 类．A（B（0，B（0，0）），A（0，B（0，0）））如“鰤鳉”2 个字。

6 类．A（B（B（0，0），A（0，0）），C（0，0））如“鹟”1 个字。

7 类．A（B（0，B（0，0）），B（0，A（0，0）））如“翰鳞鲲鳎”4 个字。

8 类．A（B（0，B（0，0）），B（A（0，0），0））如“鳇鳛”2 个字。

9 类．A（B（0，B（0，0）），B（0，B（0，0）））如“鲩鲮鳀鳔鳗鲙鳠鳍”8 个字。

10 类．A（B（0，B（0，0）），B（B（0，0），0））如“鲸鲚鲛鲼鳟鲹鳊鲲鳝”9 个字。

11 类．A（B（B（0，0），0），B（0，B（0，0）））如“赣”1 个字。

12 类．A（B（B（0，0），0），B（B（0，0），0））如“兢”1 个字。

13 类．A（B（0，B（0，0）），B（C（0，0），0））如“鳍”1 个字。

14 类．A（B（0，0），B（B（0，0），C（0，0）））如“叆”1 个字。

15 类．A（B（B（0，0），B（0，0）），C（0，0））如“鹳”1 个字。

16 类．A（B（0，B（0，0）），B（0，D（0，0）））如“斡”1 个字。

17 类．A（B（0，B（0，0）），B（D（0，0），0））如“鳝”1 个字。

18 类．A（B（0，B（0，0）），C（0，B（0，0）））如“鲷鲖鲘”3 个字。

19 类．A（B（0，B（0，0）），C（B（0，0），0））如“鲍”1 个字。

20 类．A（B（B（0，0），C（0，0）），B（0，0））如“敲”1 个字。

21 类．A（B（0，B（0，0）），E（0，B（0，0）））如“鲴”1 个字。

22 类．A（B（0，C（0，0）），B（A（0，0），0））如“龊”1 个字。

23 类．A（B（0，C（0，0）），B（0，C（0，0）））如“龉”1 个字。

24类. A（B（0，0），C（C（0，0），B（0，0）））如“躔”1个字。
25类. A（B（C（0，0），C（0，0）），B（0，0））如“歌”1个字。
26类. A（D（B（0，0），A（0，0）），B（0，0））如“颧”1个字。
27类. A（D（B（0，0），A（0，0）），C（0，0））如“鹳”1个字。
28类. B（A（B（0，0），0），B（0，B（0，0）））如“鳖”1个字。
29类. B（A（B（0，0），B（0，0）），B（0，0））如“馨飧”2个字。
30类. B（A（0，0），B（B（0，0），C（0，0）））如“罴”1个字。
31类. B（A（B（0，0），B（0，0）），C（0，0））如“鹭”1个字。
32类. B（A（B（0，0），0），B（0，D（0，0）））如“鋈”1个字。
33类. B（A（B（0，0），C（0，0）），B（0，0））如“饕”1个字。
34类. B（A（C（0，0），B（0，0）），B（0，0））如“襞”1个字。
35类. B（A（0，C（0，0）），B（0，D（0，0）））如“鍪”1个字。
36类. B（B（0，A（0，0）），B（B（0，0），0））如“罍”1个字。
37类. B（B（A（0，0），B（0，0）），B（0，0））如“鼍”1个字。
38类. B（B（0，0），B（B（0，0），A（0，0）））如“裔”1个字。
39类. B（B（B（0，0），0），B（B（0，0），0））如“羹”1个字。
40类. D（A（0，0），B（B（0，0），B（0，0）））如“徽”1个字。
41类. D（B（A（0，0），A（0，0）），B（0，0））如“嚣”1个字。
42类. D（B（B（0，0），0），A（0，A（0，0）））如“龠”1个字。
43类. A（0，A（B（0，B（0，0）），B（0，0）））如“凝擀墘”3个字。
44类. A（0，A（B（B（0，0），0），B（0，0）））如“瀫”1个字。
45类. A（0，B（A（B（0，0），B（0，0）），0））如“攒缵瓒臜”4个字。
46类. A（0，B（A（0，0），B（B（0，0），0）））如“撰馔僎噀”4个字。
47类. A（0，B（A（B（0，0），0），B（0，0）））如“瀣”1个字。
48类. A（B（0，0），A（B（0，B（0，0）），0））如“踯”1个字。
49类. A（B（0，0），A（B（B（0，0），0），0））如“蹴蹵”2个字。
50类. A（B（A（B（0，0），B（0，0）），0），0）如“鄭”1个字。
51类. A（0，B（0，B（A（0，0），B（0，0））））如“擦嚓镲檫”4个字。
52类. A（B（0，0），B（0，A（0，B（0，0））））如“蹢”1个字。
53类. A（B（B（0，A（0，0）），0），B（0，0））如“颡”1个字。
54类. A（0，B（B（B（0，0），0），A（0，0）））如“爚”1个字。
55类. A（B（0，0），B（B（0，A（0，0）），0））如“躁”1个字。
56类. A（0，B（B（0，0），B（0，B（0，0））））如“攮”1个字。

57 类．A（B（0，0），B（B（B（0，0），0），0））如“蹚”1 个字。

58 类．A（B（0，B（B（0，0），0）），B（0，0））如“颢”1 个字。

59 类．A（0，B（0，B（B（0，0），C（0，0））））如“嚅”1 个字。

60 类．A（B（0，B（B（0，0），0）），C（0，0））如“鹞鮈鱧”3 个字。

61 类．A（0，B（B（0，0），D（A（0，0），0）））如“瀛”1 个字。

62 类．A（B（0，0），B（D（0，A（0，0）），0））如“殛”1 个字。

63 类．A（B（0，0），B（D（A（0，0），0），0））如“躞”1 个字。

64 类．A（0，B（B（0，E（0，0）），B（0，0）））如“澟擅檀澶嬗檩膻馆懔璮”10 个字。

65 类．A（B（B（0，0），C（0，B（0，0））），0）如“鄜”1 个字。

66 类.A（B（0，0），C（0，A（0，B（0，0））））如“蹶”1 个字。

67 类．A（B（0，0），C（0，B（C（0，0），0）））如“髓”1 个字。

68 类．A（B（0，C（0，B（0，0））），C（0，0））如“鹬”1 个字。

69 类．A（C（0，B（B（0，0），0）），B（0，0））如“殿”1 个字。

70 类．A（0，D（0，A（B（0，0），B（0，0））））如“褲”1 个字。

71 类．A（0，D（B（0，0），B（A（0，0），0）））如“壤嚷镶攘骧襶穰儴瀼缞……”等 11 个字。

72 类．A（D（B（0，0），B（A（0，0），0）），0）如“瓤”1 个字。

73 类．B（A（0，0），B（B（0，A（0，0）），0））如“翠”1 个字。

74 类．B（0，A（B（0，B（0，0）），B（0，0）））如“嶷薿”2 个字。

75 类．B（A（0，0），B（0，B（B（0，0），0）））如“冀翼”2 个字。

76 类．B（A（0，B（0，B（0，0））），C（0，0））如“鸷”1 个字。

77 类．B（A（B（B（0，0），0），0），C（0，0））如“鸶”1 个字。

78 类．B（A（B（B（0，0），0），D（0，0）），0）如“鋆”1 个字。

79 类．B（A（0，B（C（0，0），0）），B（0，0））如“骠”1 个字。

80 类．B（0，B（A（B（0，0），0），B（0，0）））如“蘩”1 个字。

81 类．B（B（0，0），B（B（0，A（0，0）），0））如“窣”1 个字。

82 类．B（B（0，B（B（0，0），C（0，0））），0）如“藁”1 个字。

83 类．B（0，B（0，C（B（0，0），B（0，0））））如“蔻”1 个字。

84 类．B（B（D（A（0，0），B（0，0）），0），0）如“攀”1 个字。

85 类．B（0，D（A（0，0），B（B（0，0），0）））如“薇”1 个字。

86 类．B（0，D（B（0，0），B（A（0，0），0）））如“曩囊”2 个字。

87 类．C（0，B（B（0，E（0，0）），B（0，0）））如“廪”1 个字。

88 类. C（D（0，0），B（0，B（B（0，0），0）））如“戴”1 个字。

89 类. A（0，A（B（0，C（0，B（0，0））），0））如“譀巘瓛”3 个字。

90 类. A（0，B（0，B（B（A（0，0），0），0）））如“攮囔馕”3 个字。

91 类. A（0，B（0，B（0，B（B（0，0），0））））如“瀵”1 个字。

92 类. A（0，B（0，B（B（B（0，0），0），0）））如“瀑曝爆”3 个字。

93 类. A（0，B（0，B（B（0，C（0，0）），0）））如“擒噙檎”3 个字。

94 类. A（0，B（B（0，D（A（0，0），0）），0））如“嬿”1 个字。

95 类. A（0，B（0，C（0，A（B（0，0），0））））如“濁”1 个字。

96 类. B（0，A（0，B（B（0，A（0，0）），0）））如“藻”1 个字。

97 类. B（0，A（0，C（C（0，B（0，0）），0）））如“薅”1 个字。

98 类. B（0，B（A（B（0，B（0，0）），0），0））如“蘸”1 个字。

这 98 小类的初级构形模式中，1-42 小类是 6 部件 3 层的字，这样的整字有 66 个；43—88 小类是 6 部件 4 层的字，这样的整字有 82 个；89—98 小类是 6 部件 5 层的字，这样的整字有 18 个。

6. 包含 7 个基础部件的合体字的初级构形模式

《通用规范汉字表》中包含 7 个基础部件的合体字有 31 个，其初级构形模式可以分为以下 29 类。

1 类. A（B（0，B（0，0）），B（A（0，0），B（0，0）））如“鳄鳔”2 个字。

2 类. A（B（0，B（0，0）），B（B（0，0），B（0，0）））如“鲶”1 个字。

3 类. A（B（B（0，0），0），D（B（0，0），A（0，0）））如“罐”1 个字。

4 类. B（A（B（0，0），B（0，0）），B（B（0，0），0））如“罄”1 个字。

5 类. B（A（C（0，0），B（0，0）），B（0，D（0，0）））如“鐾”1 个字。

6 类. A（0，A（B（0，B（0，0）），B（0，A（0，0））））如“瀚”1 个字。

7 类. A（B（0，0），B（A（B（0，0），B（0，0）），0））如“躜”1 个字。

8 类. A（B（0，B（0，0）），A（C（0，B（0，0）），0））如“鳚”1 个字。

9 类. A（B（B（0，0），0），B（A（0，B（0，0）），0））如“懿”1 个字。

10 类. A（B（B（B（0，0），0），A（0，0）），B（0，0））如“歙”1 个字。

11 类. A（B（0，B（0，0）），B（0，B（B（0，0），0）））如“鳐”1 个字。

12 类. A（B（0，0），B（B（0，0），C（0，B（0，0））））如“艨”1 个字。

13 类. A（B（0，B（0，0）），B（C（0，B（0，0）），0））如“鳡”1 个字。

14 类. A（B（B（0，E（0，0）），B（0，0）），B（0，0））如“颤”1 个字。

15 类. A（B（0，B（0，0）），C（0，A（0，B（0，0））））如“鳜”1 个字。

16 类. A（B（B（0，E（0，0）），B（0，0）），C（0，0））如“鹯”1 个字。

17 类．A（0，D（B（B（0，0），0），A（0，A（0，0））））如“瀹爚”2 个字。

18 类．A（D（B（B（0，0），0），A（0，A（0，0）））），0）如“龢”1 个字。

19 类．B（A（B（B（0，0），0），B（0，B（0，0））），0）如“戆”1 个字。

20 类．B（A（0，B（B（0，0），0）），B（0，D（0，0）））如“鋈”1 个字。

21 类．B（A（C（0，B（0，0）），B（0，0）），A（0，0））如“翳”1 个字。

22 类．B（A（C（0，B（0，0）），B（0，0）），B（0，0））如“繄”1 个字。

23 类．B（0，D（B（B（0，0），0），A（0，A（0，0））））如“籥”1 个字。

24 类．C（B（0，0），B（A（B（0，0），B（0，0）），0））如“趱”1 个字。

25 类．A（0，A（B（0，B（B（0，0），0）），B（0，0）））如“灏”1 个字。

26 类．A（0，B（A（0，0），B（0，B（B（0，0），0））））如“骥”1 个字。

27 类．A（0，B（B（D（A（0，0），B（0，0）），0），0））如“襻”1 个字。

28 类．B（A（C（0，B（B（0，0），0）），B（0，0）），0）如“臀”1 个字。

29 类．C（0，A（C（0，B（B（0，0），0）），B（0，0）））如“癜”1 个字。

这 29 小类的初级构形模式中，1—5 小类是 7 部件 3 层的字，这样的整字有 6 个；6—24 小类是 7 部件 4 层的字，这样的整字有 20 个；25—29 小类是 7 部件 5 层的字，这样的整字有 5 个。

7. 包含 8 个基础部件的合体字的初级构形模式

《通用规范汉字表》中包含 8 个基础部件的合体字有 1 个，其初级构形模式分为 1 类。

1 类．A（B（0，B（0，0）），B（B（0，E（0，0）），B（0，0）））如“鳣”1 个字。

这一小类初级构形模式的字是 8 部件 4 层的字，这样的整字有 1 个。

8. 包含 9 个基础部件的合体字的初级构形模式

《通用规范汉字表》中包含 9 个基础部件的合体字有 2 个，其初级构形模式分为以下 2 类。

1 类．A（B（0，B（B（0，0），0）），B（0，B（B（A（0，0），0），0）））如“齉”1 个字。

2 类．B（B（0，D（0，0）），A（B（0，D（0，0）），B（0，D（0，0））））如“鑫”1 个字。

这 2 小类的初级构形模式中，1 小类是 9 部件 4 层的字，这样的整字有 1 个；2 小类是 9 部件 5 层的字，这样的整字有 1 个。

5.2.4.2　《字表》合体字的高级构形模式

在整字初级构形模式抽象的基础上，可以在不考虑节点方位关系的情况下继续对二叉树图中节点的方位关系进行抽象，从而得到整字的高级构形模式。这样根据整字包含基础部件的数量，可以把《通用规范汉字表》合体字的高级模式分为76种。

1. 包含2个基础部件合体字的高级构形模式

包含2个基础部件的合体整字的这5小类初级构形模式可以抽象为1种高级构形模式。

1种．0（0，0）

2. 包含3个基础部件合体字的高级构形模式

包含3个基础部件的合体整字这32小类初级构形模式可以抽象为以下2种高级构形模式。

1种．0（0（0，0），0）

2种．0（0，0（0，0））

3. 包含4个基础部件合体字的高级构形模式

包含4个基础部件的合体整字这118小类初级构形模式可以抽象为以下5种高级构形模式。

1种．0（0（0，0），0（0，0））

2种．0（0（0（0，0），0），0）

3种．0（0（0，0（0，0）），0）

4种．0（0，0（0（0，0），0））

5种．0（0，0（0，0（0，0）））

4. 包含5个基础部件合体字的高级构形模式

包含5个基础部件的合体整字这187小类初级构形模式可以抽象为以下14种高级构形模式。

1种．0（0（0（0，0），0），0（0，0））

2种．0（0（0，0（0，0）），0（0，0））

3种．0（0（0（0，0），0（0，0）），0）

4种．0（0（0，0），0（0（0，0），0））

5种．0（0（0，0），0（0，0（0，0）））

6种．0（0，0（0（0，0），0（0，0）））

7种．0（0（0（0（0，0），0），0），0）

8种．0（0（0（0，0（0，0）），0），0）

9种．0（0（0，0（0（0，0），0）），0）

10种．0（0（0，0（0，0（0，0））），0）

11种．0（0，0（0（0（0，0），0），0））

12 种．0（0，0（0（0，0（0，0）），0））
13 种．0（0，0（0，0（0（0，0），0）））
14 种．0（0，0（0，0（0，0（0，0））））

5. 包含 6 个基础部件合体字的高级构形模式

包含 6 个基础部件的合体整字这 98 小类初级构形模式可以抽象为以下 31 种高级构形模式。

1 种．0（0（0（0，0），0（0，0）），0（0，0））
2 种．0（0（0，0），0（0（0，0），0（0，0）））
3 种．0（0（0（0，0），0），0（0（0，0），0））
4 种．0（0（0，0（0，0）），0（0，0（0，0）））
5 种．0（0（0（0，0），0），0（0，0（0，0）））
6 种．0（0（0，0（0，0）），0（0（0，0），0））
7 种．0（0（0（0（0，0），0（0，0）），0），0）
8 种．0（0（0（0（0，0），0），0（0，0）），0）
9 种．0（0（0（0，0），0（0（0，0），0）），0）
10 种．0（0（0（0，0），0（0，0（0，0））），0）
11 种．0（0（0，0（0（0，0），0（0，0））），0）
12 种．0（0（0（0（0，0），0），0），0（0，0））
13 种．0（0（0（0，0（0，0）），0），0（0，0））
14 种．0（0（0，0（0（0，0），0）），0（0，0））
15 种．0（0（0，0（0，0（0，0））），0（0，0））
16 种．0（0，0（0，0（0（0，0），0（0，0））））
17 种．0（0，0（0（0（0，0），0（0，0）），0））
18 种．0（0，0（0（0（0，0），0），0（0，0）））
19 种．0（0，0（0（0，0（0，0）），0（0，0）））
20 种．0（0，0（0（0，0），0（0（0，0），0）））
21 种．0（0，0（0（0，0），0（0，0（0，0））））
22 种．0（0（0，0），0（0（0，0（0，0）），0））
23 种．0（0（0，0），0（0（0（0，0），0），0））
24 种．0（0（0，0），0（0，0（0（0，0），0）））
25 种．0（0（0，0），0（0，0（0，0（0，0））））
26 种．0（0，0（0，0（0（0（0，0），0），0）））
27 种．0（0，0（0（0（0，0（0，0）），0），0））

28种．0（0，0（0（0，0（0（0，0），0）），0））

29种．0（0，0（0（0，0（0，0（0，0）））），0））

30种．0（0，0（0，0（0（0，0（0，0）），0）））

31种．0（0，0（0，0（0，0（0（0，0），0））））

6．包含7个基础部件合体字的高级构形模式

包含7个基础部件的合体整字这29小类初级构形模式可以抽象为以下20种高级构形模式。

1种．0（0（0（0，0），0（0，0）），0（0（0，0），0））

2种．0（0（0（0，0），0（0，0）），0（0，0（0，0）））

3种．0（0（0（0，0），0），0（0（0，0），0（0，0）））

4种．0（0（0，0（0，0）），0（0（0，0），0（0，0）））

5种．0（0（0（0（0，0），0），0（0，0（0，0））），0）

6种．0（0（0（0（0，0），0），0（0，0）），0（0，0））

7种．0（0（0（0，0（0，0）），0（0，0）），0（0，0））

8种．0（0（0，0（0（0，0），0）），0（0，0（0，0）））

9种．0（0（0，0），0（0（0（0，0），0（0，0）），0））

10种．0（0（0，0（0，0）），0（0（0，0（0，0）），0））

11种．0（0（0，0（0，0）），0（0，0（0（0，0），0）））

12种．0（0（0（0，0），0），0（0（0，0（0，0）），0））

13种．0（0（0，0（0，0）），0（0，0（0，0（0，0））））

14种．0（0（0，0），0（0（0，0），0（0，0（0，0））））

15种．0（0，0（0（0（0，0），0），0（0，0（0，0））））

16种．0（0，0（0（0，0（0，0）），0（0，0（0，0））））

17种．0（0（0（0，0（0（0，0），0）），0（0，0）），0）

18种．0（0，0（0（0（0（0，0），0（0，0）），0），0））

19种．0（0，0（0（0，0（0（0，0），0）），0（0，0）））

20种．0（0，0（0（0，0），0（0，0（0（0，0），0））））

7．包含8个基础部件合体字的高级构形模式

包含8个基础部件的合体整字这1小类初级构形模式可以抽象为1种高级构形模式。

1种．0（0（0，0（0，0）），0（0（0，0（0，0）），0（0，0）））

8．包含9个基础部件合体字的高级构形模式

包含9个基础部件的合体整字这2小类初级构形模式可以抽象为以下2种高级构

形模式。

1 种．0（0（0，0（0（0，0），0）），0（0，0（0（0（0，0），0），0）））

2 种．0（0（0，0（0，0）），0（0（0，0（0，0）），0（0，0（0，0））））

总之，7754 个合体整字的 472 类初级构形模式可以再抽象为 76 种高级构形模式，《通用规范汉字表》合体整字构形模式的统计，具体见表 5.3“合体整字构形模式统计表”。由表 5.3 可知，有 90%的合体整字都是以下 8 种高级构形模式的字。它们分别是：3 部件 2 种构形模式的合体字 2420 个，占 31.21%；2 部件 1 种构形模式的合体字 2289 个，占 29.52%；4 部件 5 种构形模式的合体字 697 个，占 8.99%；3 部件 1 种构形模式的合体字 527 个，占 6.80%；4 部件 4 种构形模式的合体字 478 个，占 6.17%；4 部件 1 种构形模式的合体字 262 个，占 3.38%；5 部件 6 种构形模式的合体字 167 个，占 2.16%；4 部件 3 种构形模式的合体字 153 个，占 1.97%。这 8 种高级构形模式的直观二叉树图形式分别为：

（1）3 部件 2 种

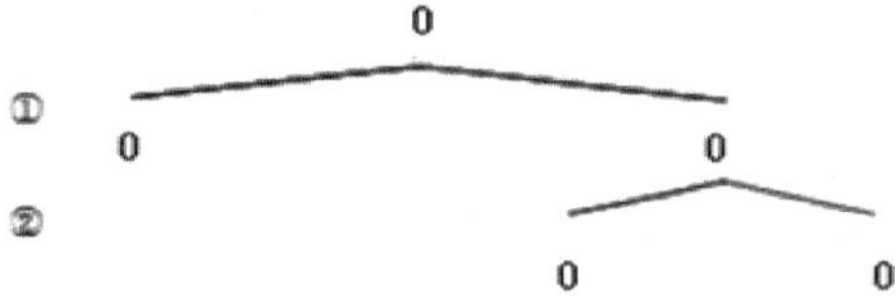

（2）2 部件 1 种

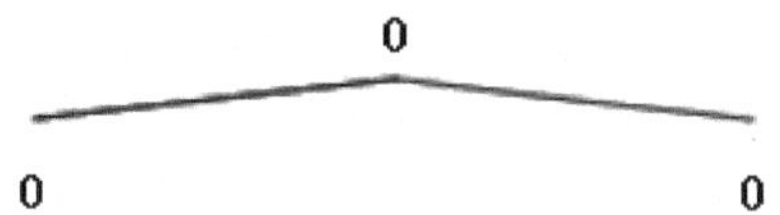

（3）4 部件 5 种

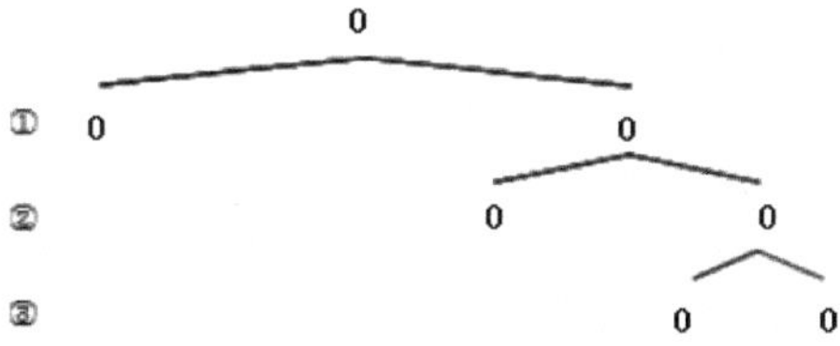

（4）3 部件 1 种

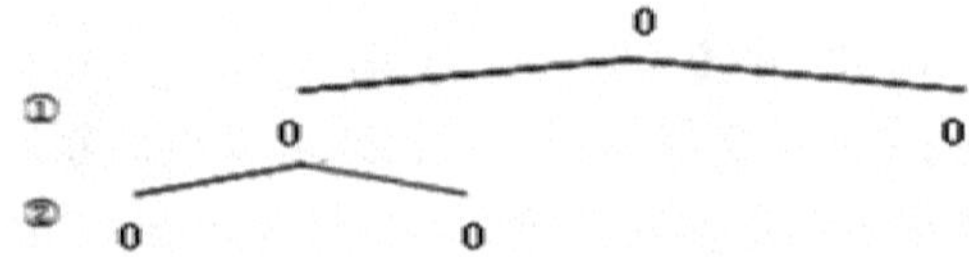

（5）4 部件 4 种

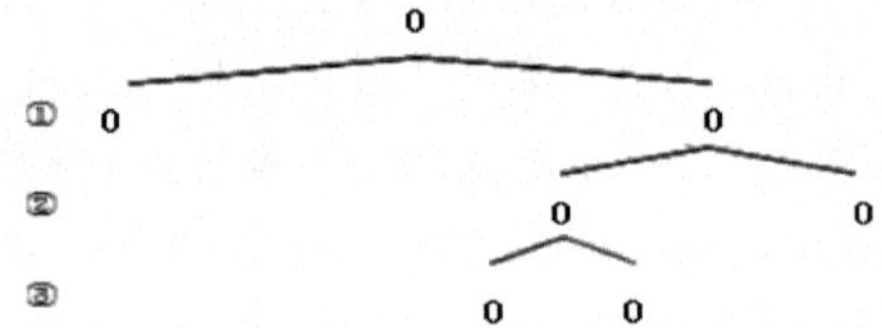

（6）4 部件 1 种

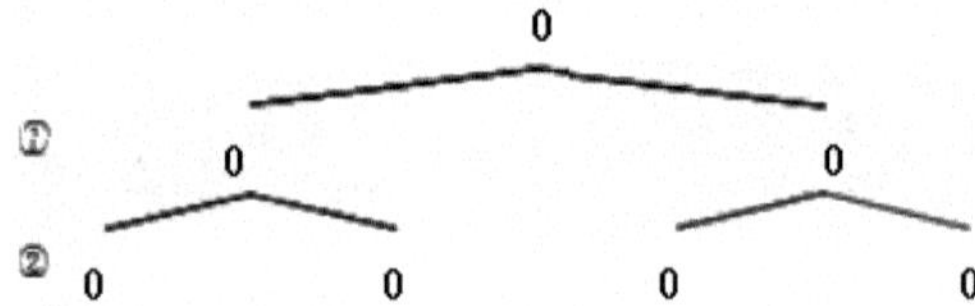

（7）5 部件 6 种

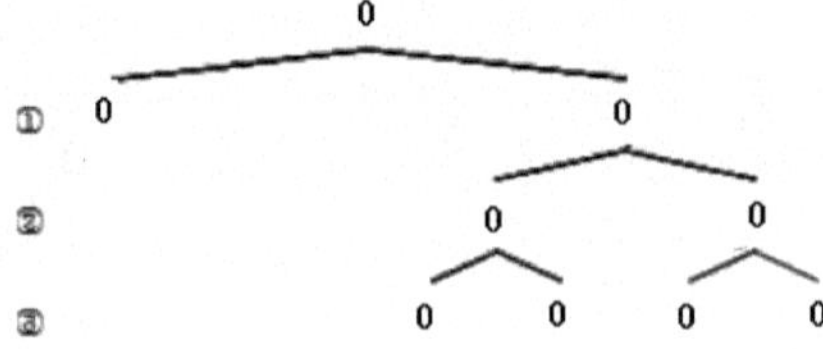

（8）4 部件 3 种

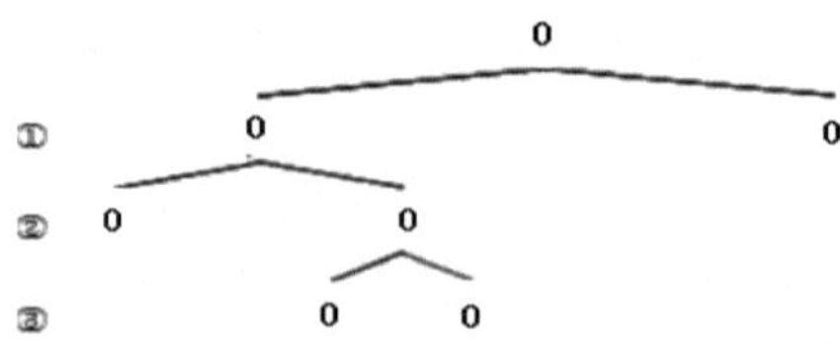

表 5.3　合体整字构形模式统计①

序号	高级构形模式类型	初级构形模式		包含整字数	比例（%）
		类型	类数		
1	2 部件 1 种	1/2/3/4/5 类	5	2289	29.52
2	3 部件 1 种	2/4/9/11/13/15/17/20/22/23/27/29/32 类	13	527	6.80
3	3 部件 2 种	1/3/5/6/7/8/10/12/14/16/18/19/21/24/25/26/28/30/31 类	19	2420	31.21
4	4 部件 1 种	1/2/3/4/5/6/7/8/9/10/11/12/13/14/15/16/17/18/19/20/21/22/23/24/25/26/27/28 类	28	262	3.38
5	4 部件 2 种	37/41/45/49/67/74/78/94/96/106/114 类	11	78	1.01
6	4 部件 3 种	36/40/44/48/55/60/66/69/70/73/77/81/87/93/105/110/112/116 类	18	153	1.97
7	4 部件 4 种	30/32/35/39/43/47/51/54/57/62/65/72/76/80/84/86/89/92/95/99/102/104/109/113 类	24	478	6.17
8	4 部件 5 种	29/31/33/34/38/42/46/50/52/53/56/58/59/61/63/64/68/71/75/79/82/83/85/88/90/91/97/98/100/101/103/107/108/111/115/117/118 类	37	697	8.99
9	5 部件 1 种	2/15/25/28/34/46/52/56/66/67/79/84/118 类	13	24	0.31
10	5 部件 2 种	7/11/14/18/22/27/37/39/42/44/49/53/55/58/61/73/75/83/86/91/93/105/107/108 类	24	84	1.08
11	5 部件 3 种	8/10/17/30/35/63/69/78/95/96/112/115 类	12	34	0.44
12	5 部件 4 种	12/20/24/33/41/43/65/81/89/100/103/110/113/117 类	14	34	0.44
13	5 部件 5 种	13/19/23/29/32/36/40/45/51/57/64/68/72/76/82/87/88/101/106/116 类	20	59	0.76
14	5 部件 6 种	1/3/4/5/6/9/16/21/26/31/38/47/48/50/54/59/60/62/70/71/74/77/80/85/90/92/94/97/98/99/102/104/109/111/114 类	35	167	2.16
15	5 部件 7 种	158 类	1	2	0.03
16	5 部件 8 种	159/162 类	2	7	0.09
17	5 部件 9 种	137/157/173 类	3	9	0.12
18	5 部件 10 种	126/142/147/165/177 类	5	7	0.09
19	5 部件 11 种	122/128/132/136/144/145/156/167/169/182 类	10	54	0.70
20	5 部件 12 种	121/123/125/130/131/135/139/141/150/151/155/160/161/164/166/170/178/179/181/183/185/186 类	22	74	0.95
21	5 部件 13 种	120/134/149/154/172/175/176/180/184 类	9	48	0.62
22	5 部件 14 种	119/124/127/129/133/138/140/143/146/148/152/153/163/168/171/174/187 类	17	47	0.61
23	6 部件 1 种	1/2/3/6/15/20/25/26/27/29/31/33/34/37/41 类	15	17	0.22
24	6 部件 2 种	4/14/24/30/38/40 类	6	6	0.08
25	6 部件 3 种	12/39 类	2	2	0.03
26	6 部件 4 种	5/7/9/16/18/21/23/35 类	8	21	0.27

① 表 5.3 中的“部件”指的都是基础部件。

续表

序号	高级构形模式类型	初级构形模式		包含整字数	比例（%）
		类型	类数		
27	6 部件 5 种	11/28/32/42 类	4	4	0.05
28	6 部件 6 种	8/10/13/17/19/22/36 类	7	16	0.21
29	6 部件 7 种	50/84 类	2	2	0.03
30	6 部件 8 种	78 类	1	1	0.01
31	6 部件 9 种	72 类	1	1	0.01
32	6 部件 10 种	65 类	1	1	0.01
33	6 部件 11 种	82 类	1	1	0.01
34	6 部件 12 种	77 类	1	1	0.01
35	6 部件 13 种	53 类	1	1	0.01
36	6 部件 14 种	58/60/69/79 类	4	6	0.08
37	6 部件 15 种	68/76 类	2	2	0.03
38	6 部件 16 种	51/59/70/83 类	4	7	0.09
39	6 部件 17 种	45 类	1	4	0.05
40	6 部件 18 种	44/47/54/80 类	4	4	0.05
41	6 部件 19 种	43/64/74/87 类	4	16	0.21
42	6 部件 20 种	46/61/71/85/86 类	5	19	0.25
43	6 部件 21 种	56 类	1	1	0.01
44	6 部件 22 种	48/55/62/73/81 类	5	5	0.06
45	6 部件 23 种	49/57/63 类	3	4	0.05
46	6 部件 24 种	67/75/88 类	3	4	0.05
47	6 部件 25 种	52/66 类	2	2	0.03
48	6 部件 26 种	90/92 类	2	6	0.08
49	6 部件 27 种	98 类	1	1	0.01
50	6 部件 28 种	94 类	1	1	0.01
51	6 部件 29 种	89 类	1	3	0.04
52	6 部件 30 种	93/96/97 类	3	5	0.06
53	6 部件 31 种	91/95 类	2	2	0.03
54	7 部件 1 种	4 类	1	1	0.01
55	7 部件 2 种	5 类	1	1	0.01
56	7 部件 3 种	3 类	1	1	0.01
57	7 部件 4 种	1/2 类	2	3	0.04
58	7 部件 5 种	18/19 类	2	2	0.03
59	7 部件 6 种	10 类	1	1	0.01

续表

序号	高级构形模式类型	初级构形模式		包含整字数	比例（%）
		类型	类数		
60	7 部件 7 种	14/16/21/22 类	4	4	0.05
61	7 部件 8 种	20 类	1	1	0.01
62	7 部件 9 种	7/24 类	2	2	0.03
63	7 部件 10 种	8/13 类	2	2	0.03
64	7 部件 11 种	11 类	1	1	0.01
65	7 部件 12 种	9 类	1	1	0.01
66	7 部件 13 种	15 类	1	1	0.01
67	7 部件 14 种	12 类	1	1	0.01
68	7 部件 15 种	17/23 类	2	3	0.04
69	7 部件 16 种	6 类	1	1	0.01
70	7 部件 17 种	28 类	1	1	0.01
71	7 部件 18 种	27 类	1	1	0.01
72	7 部件 19 种	25/29 类	2	2	0.03
73	7 部件 20 种	26 类	1	1	0.01
74	8 部件 1 种	1 类	1	1	0.01
75	9 部件 1 种	1 类	1	1	0.01
76	9 部件 2 种	2 类	1	1	0.01
合计	76	——	472	7754	100

5.2.5　通用规范汉字整字构形属性的统计分布特征

整体而言，直观构形理论下通用规范汉字整字构形属性呈现出以下统计分布特征。

5.2.5.1　独体字与合体字统计分布特征

《通用规范汉字表》的 8105 个整字中合体字占绝对优势。8105 个整字中合体字有 7754 个，占 96%。

5.2.5.2　整字部件组合统计分布特征

1．整字中合体字的部件组合相对复杂

《通用规范汉字表》的 8105 个整字只有 30%是单层结构，70%为多层结构。

2．整字包含 1995 个部件种数

《通用规范汉字表》的 8105 个整字共包含 1995 个部件。这 1995 个部件中基础部件 549 个，合成部件 1446 个。

3．通用规范汉字的每个整字平均包含 3 个基础部件

4．整字层级复杂，但是倾向性明显

通用规范汉字整字的部件和层级复杂。整字可以包含 1-9 个基础部件，最少包含 1 个基础部件，最多包含 9 个基础部件；合体字可以包含 1-5 个层级，最少 1 个层级，最多 5 个层级。虽然根据包含的基础部件和层级，合体字有 15 种类型之多，但是 3 基础部件 2 层级、2 基础部件 1 层级、4 基础部件 3 层级这 3 种类型的合体字明显占优势，它们共有 6642 个，占到合体字总量的 86%。

5.2.5.3 整字构形模式统计分布特征

整字构形模式复杂，但倾向性明显。通用规范汉字合体字构形模式复杂。虽然其初级构形模式高达 472 类，这 472 类初级构形模式仍可以再归纳为 76 种高级构形模式。但是只有 2 部件 1 种、3 部件 2 种、4 部件 5 种、3 部件 1 种、4 部件 4 种、4 部件 1 种、5 部件 6 种、4 部件 3 种 8 种包含 2—5 个基础部件、1—3 个层级的高级构形模式的合体字明显占优势，它们共有 6993 个，占合体字总量的 90%。

5.3 通用规范汉字部件构形属性的定量分析

《通用规范汉字表》8105 个整字包含基础部件 549 个，这些基础部件可以分为成字基础部件和非成字基础部件 2 类。成字基础部件有名称，非成字基础部件没有名称，所以不能按音序对这些基础部件排序。我们选择按笔画、笔形特征为这 549 个基础部件排序，先按笔画数由少到多排序，然后同笔画的基础部件再按“横竖撇点折”的顺序排列。

5.3.1 通用规范汉字基础部件构字的定量分析

基础部件构成整字多少的能力是基础部件的构字能力，基础部件的构字能力一般用基础部件的构字数来衡量。《通用规范汉字表》的 549 个基础部件，其构字能力情况具体见附录四“基础部件构字能力表”。根据附录四的统计可知，基础部件构字数从 1—1406 个不等。其中“口”的构字最多，由它参与组构的整字多达 1406 个；而

“乜”参与组构的整字却只有 1 个。

因为《通用规范汉字表》8105 个整字包含的基础部件种数是 549 个；549 个基础部件累计构字数为 24297 个，并且每个整字平均包含 3 个基础部件，所以我们可以计算出每个基础部件的平均参与构字数：

基础部件平均构字=《通用规范汉字表》字种数÷基础部件种数

= 8105÷549

= 14.76

≈15

基础部件平均构字=基础部件累计构字数÷（基础部件种数×整字平均基础部件数）

= 24297÷（549×3）

= 14.75

≈15

那么，《通用规范汉字表》的基础部件按照其构字能力首先可以分为 3 种类型。一种是构字能力强的基础部件，是构字在 15 字以上（含 15 字）的基础部件；一种是构字能力弱的基础部件，是构字在 2-14 字之间（含 2 和 14 字）的基础部件；一种是构字能力差的基础部件，是构字为 1 的基础部件。其次，我们还可以同样按照基础部件平均构字数的计算方法，在构字能力强和构字能力弱的基础部件内部再进行分类。把构字能力强的基础部件再分为构字能力极强、构字能力次强这 2 类；把构字能力弱的基础部件再分为构字能力次弱、构字能力极弱这 2 类。

《通用规范汉字表》中构字在 15 字以上的（含 15 字）基础部件有 258 个。这 258 个基础部件累计构字 22636 个，平均每个基础部件构字 29.24 个，约等于 29 个。①

《通用规范汉字表》中构字在 2-14 字之间的（包含 2 和 14 字）基础部件有 227 个，这 227 个基础部件累计构字 1597 个，平均每个基础部件构字 2.35 个，约等于 2 个。②

这样基于附录四可以得到表 5.4“基础部件构字能力统计”，由表 5.4 可知，基础部件的构字能力有差异。就构字能力强、弱、差 3 大类而言，构字能力强即构字数在 15 字以上（含 15 字）的基础部件数量最多，有 258 个，占基础部件的 47%；构字能力弱即构字数在 2—14 字（含 2 字和 14 字）的基础部件次之，有 227 个，占基础部

① 基础部件平均构字数=基础部件累计构字数÷（基础部件种数×整字平均基础部件数）=22636÷（258×3）=29.24≈29。

② 基础部件平均构字数=基础部件累计构字数÷（基础部件种数×整字平均基础部件数）=1597÷（227×3）=2.35≈2。

件的 41.35%；构字能力差即构字数是 1 字的基础部件最少，有 64 个，占基础部件的 11.65%。就构字能力极强、次强、次弱、极弱、差 5 类而言，构字数在 3-14 字之间（含 3 和 14 字）的基础部件数量最多，有 199 个，占基础部件的 36.25%；构字数在 29 字以上（含 29 字）的基础部件数量次之，有 156 个，占基础部件的 28.42%；构字数是 2 的基础部件数量最少，有 28 个，占基础部件的 5.10%。

表 5.4　基础部件构字能力统计

类型		构字数	构字域	合计		比例（%）	
构字能力强	构字能力极强	20533	29≤X	156	258	28.42	47
	构字能力次强	2103	15≤X≤28	102		18.58	
构字能力弱	构字能力次弱	1541	3≤X≤14	199	227	36.25	41.35
	构字能力极弱	56	X=2	28		5.10	
构字能力差		64	X=1	64	64	11.65	11.65
合计		24297	——	549	549	100	100

5.3.2　通用规范汉字基础部件功能的定量分析

基础部件的功能包括组配独体字、不组配独体字，组配合体字、不组配合体字；组配合体字又可以分为，直接组配合体字、间接组配合体字。[①]《通用规范汉字表》的 549 个基础部件的功能也不相同。有的基础部件具有单一功能，有的基础部件具有复合功能。

基于通用规范汉字构形属性数据库的统计，我们得到表 5.5“基础部件功能统计”。由表 5.5 可知，单一功能的基础部件较少，有 91 个，占基础部件的 16.58%；复合功能的基础部件较多，有 458 个，占基础部件的 83.42%。复合功能的基础部件中功能最复杂的可以组构独体字、直接组构合体字和间接组构合体字的基础部件最多，有 210 个，占基础部件 38.25%；复合功能的基础部件中可以组构独体字和间接组构合体字的基础部件最少，只有 1 个，占基础部件的 0.18%。具有组配独体字功能的基础部件有 351 个，占 63.93%；不具有组配独体字功能的（即非成字部件）则有 198 个，占 36.07%。具有组配合体字功能的基础部件 508 个，占 92.53%；不具有组配合体字功能的（只能组配独体字的基础部件）则有 41 个，占 7.47%。具有直接组构合体字功能的有 493 个，占 89.80%；具有间接组构合体字功能的有 373 个，占 67.94%。

① 组配独体字与不组配独体字，组配合体字与不组配合体字是非此即彼的互补概念，而直接组配合体字与间接组配合体字则不是互补而是交叉概念。

表 5.5　基础部件功能统计

类型		数量		比例（%）	
单一功能	只组构独体字	41	91	7.47	16.58
	只直接组构合体字	36		6.56	
	只间接组构合体字	14		2.55	
复合功能	组构独体字和直接组构合体字	99	458	18.03	83.42
	组构独体字和间接组构合体字	1		0.18	
	直接和间接组构合体字	148		26.96	
	组构独体字、直接组构合体字和间接组构合体字	210		38.25	
合计		549	549	100	100

为了准确掌握和查询不同功能类型的基础部件，我们有必要把《通用规范汉字表》中 7 种功能不同的基础部件一一列举出来。

1. 只组配独体字的基础部件

只具有组配独体字功能的基础部件有“乜个已孑孓卫飞扎卅币书幻札轧凸旧氕甩礼压乩钆年竹乒乓乪甪伞丟芈虬乱事秉乳承或睿舆盥”41 个。

2. 只直接组配合体字的基础部件

只具有直接组配合体字功能的基础部件有“丿丩巛饣卂门㭔礻冘东曰衤攴圣酉血耴豖疌無凶青甫罘莫鲁素恵肃睘叡憂巤亷韱龟”36 个。

3. 只间接组配合体字的基础部件

只具有间接组配合体字功能的基础部件有“𠂉儿勿⺍㐅卌罒𠂤夂冫龶夾县害”14 个。

4. 组配独体字和直接组配合体字的基础部件

具有组配独体字和直接组配合体字功能的基础部件有“入刁才下丈尢川丸及丫义之无丐丏太互瓦曰气爪乏乌印卞为引孔毋末本术龙东甲史凹失斥卮印氏乐匆册卯主半司发丝吏西在戌成夷曳肉朱丢血向争亥州农严求丽尨我龟奂卵系羌局或妻具典垂臾兔虱叚隺蚩堇兜象庸鼎戢鼠疐縣熏”99 个。

5. 组配独体字和间接组配合体字的基础部件

具有组配独体字和间接组配合体字功能的基础部件有“廿”1 个。

6. 直接组配合体字和间接组配合体字的基础部件

具有直接组配合体字和间接组配合体字功能的基础部件有“丁ナ丆丂⺊匚⺊刂刂刂冂𠂉亻厂川几冂𠂊𠂊勹亠冫⺀丷冖讠阝凵卩廴マ厶⻏㔾丰扌卄廾⺕丰戈丬少⺌口毛亻彡犭丸夂丬艹氵忄宀辶彐⺕昜⻏彑纟巛声圭王耂朩市厷旡疋⺌毌冃冃内手生

夂𤴓⺌冂罒𧘇夕鸟灬肀⺝尸手龹业犮戊氺冊目罒𦉪钅镸卬疒䒑夬㫃弟𤴔癶龶覀朿乌
虍𠂔⺮豕𦣞肙豙㐬产类屰㫐镸臣𠁁𡗞𠂤由釆⻍㡀耳矣叀頁𡿺㒳夆𢦏㑒𦥯”148个。

7. 组配独体字、直接组配合体字和间接组配合体字的基础部件

具有组配独体字、直接组配合体字和间接组配合体字功能的基础部件有“一乙二十丁厂七卜乂人八九几匕儿了力刀乃又三干于亍士士工寸大兀与万弋上小口巾山千彳凡夕久勺么广亡门尸巳己弓子也女刃习叉马乡幺丰王井开夫韦专木五不犬尤车巨牙屯戈止少日中内贝水见牛手毛壬升夭长片斤今月氏勿丹方火户心尹夬尺丑爿巴予毌玉未戋甘世石戊平业目且申电由田央冉皿生乍禾丘白瓜乎令用立必永民弗出皮矛母耒耳臣戌存而死夹至虫曲臼自舟兆产羊米聿丞艮买甫更束豆两酉豕来里串身谷豸免言良武其直雨非果隹卑单肃隶甚革柬面禺曷重鬼禹鬲兼鹿黑”210个。

5.3.3 通用规范汉字直接组合部件的定量分析

合体字中和基础部件关系最密切的就是基础部件的直接组合部件。因为基础部件在组配合体字时总是与其直接组合部件以配对的形式出现，它们共同分布在合体字的某一层级，存在相互参照的方位关系。

由于549个基础部件中只具有组配独体字功能的41个基础部件不具备组配合体字功能，所以我们在对基础部件的直接组合部件定量分析时，只对508个具有组配合体字功能的基础部件的直接组合部件进行定量分析。

这508个具有组配合体字功能的基础部件，各自与固定的部件组合、形成固定搭配。它们的具体组配情况见附录五“基础部件的直接组合部件表”。基于附录五进行定量统计得到附录六“基础部件的直接组合部件数量降序排列表”，从附录六可以看出基础部件的直接组合部件数量从1个到400多个不等，直接组合部件最多的基础部件是“氵”，其直接组合部件数量多达474个；“习”等基础部件的直接组合部件数量最少，其直接组合部件只有1个。这508个基础部件的直接组合部件累计达到10045个，平均每个基础部件的直接组合部件约有20个。

对附录六中的构形特征进行统计，得到表5.6“合体字基础部件直接组合部件统计”。从表5.6可以看出直接组合部件数在20个以上（含20个）的合体字基础部件有97个，占基础部件的19.09%；直接组合部件数是1个的合体字基础部件有87个，占基础部件的17.13%；其余324个合体字基础部件的构字数在2-19个（含2和19个），占63.78%。

表 5.6　合体字基础部件直接组合部件统计

类型	直接组合部件数分布域	小计	比例（%）
直接组合部件唯一	X=1	87	17.13
直接组合部件中等	2≤X≤19	324	63.78
直接组合部件较多	20≤X	97	19.09
合计	—	508	100

5.3.4　通用规范汉字基础部件分布层级的定量分析

通用规范汉字合体字的 508 个基础部件可以分布在 1—5 这 5 个层级中。其具体分布情况见表 5.7“合体字基础部件分布层级统计”。由表 5.7 可知，根据分布层级的不同，基础部件可以分为 8 类。第一类是只分布在第一层级的基础部件，这样的基础部件有 135 个，占 26.57%；第二类是分布在 1/2 两个层级的基础部件，这样的基础部件有 175 个，占 34.45%；第三类是分布在 1/2/3 三个层级的基础部件，这样的基础部件有 117 个，占 23.03%；第四类是分布在 1/2/3/4 四个层级的基础部件，这样的基础部件有 50 个，占 9.84%；第五类是分布在 1/2/3/4/5 五个层级的基础部件，这样的基础部件有 16 个，占 3.15%；第六类是只分布在第 2 层级的基础部件，这样的基础部件有 4 个，占 0.79%；第七类是分布在 2/3 两个层级的基础部件，这样的基础部件有 8 个，占 1.58%；第八类是分布在 2/3/4 三个层级的基础部件，这样的基础部件有 3 个，占 0.59%。并且同一类的基础部件在合体整字中分布层级的倾向性又有差异。①第一类基础部件中“入丿刁丩巛才下”等 135 个基础部件都分布在合体整字的第一层级；第二类基础部件中“丁九阝卩于扌⺕”等 89 个倾向于分布在合体整字的第一层级，“刂几冂⺊三戋”等 63 个倾向于分布在合体整字的第二层级，“亻己市⺌冖今叉”等 23 个倾向于分布在合体整字的第一和第二层级；第三类基础部件中“⺊亻冫讠了廾巾”等 38 个倾向于分布在合体整字的第一层级，“乙亠七匚广川几⺀”等 63 个倾向于分布在合体整字的第二层级，“丂⺊刂 中上乡”等 9 个倾向于分布在合体整字的第三层

① 基础部件在合体整字中倾向性的分布层级是指在基础部件组构的全部整字中，该基础部件分布最多的层级。这一倾向性不用具体的数值来衡量，只是某一基础部件分布的相对高概率层级。如同样是第二类基础部件，“韦”可以分布在第一层级和第二层级，在其组构的 21 个合体字中，有 20 个整字中的“韦”分布在第一层级，1 个整字中的“韦”分布在第二层级，我们说“韦”倾向于分布在第一层级；“叉”可以分布在第一层级和第二层级，在其组构的 9 个合体字中，有 5 个整字中的“叉”分布在第一层级，4 个整字中的“叉”分布在第二层级，我们也说“叉”倾向于分布在第一层级和第二层级；“丹”可以分布在第一层级和第二层级，在其组构的 4 个合体整字中，有 2 个整字中“丹”分布在第一层级，2 个整字中“丹”分布在第二层级，我们则说“丹”倾向于分布在第一层级和第二层级。

级，“戈乃方”3 个倾向于分布在合体整字第一和第二层级，“⺌丰⻊豆”4 个倾向于分布在合体整字的第二和第三层级；第四类基础部件中“刂山月目甫”5 个倾向于分布在合体整字的第一层级，“十厂⺊𠂉人𠂊⺈勹”等 32 个倾向于分布在合体整字的第二层级，“丁𠂇冂冖小𠔿”等 9 个倾向于分布在合体整字的第三层级，“夫中”2 个倾向于分布在合体整字的第一和第三层级，“幺豕”2 个倾向于分布在合体整字的第二和第三层级；第五类基础部件中“土卄木火”4 个倾向于分布在合体整字的第一层级，“乂匕丬口”4 个倾向于分布在合体整字的第二层级，“一二凵八亠干𠂢”7 个倾向于分布在合体整字的第三层级，“丷”1 个倾向于分布在合体整字的第二和第三层级；第六类基础部件中“罒𡗜 县惠”4 个都倾向于分布在合体整字的第二层级；第七类基础部件中“儿”1 个倾向于分布在合体整字的第一层级，“𠂉卌廿夂冫”5 个倾向于分布在合体整字的第三层级，“勹𠂢”2 个倾向于分布在合体整字的第二和第三层级；第八类基础部件中“㐅⺍𦍌”3 个都倾向于分布在合体整字的第三层级。

根据部件分布层级不同而分出的这 8 类 23 种不同的类型中，第一类和第六类共 139 个基础部件只分布在唯一的 1 个层级中，占 27.36%；第二类、第三类、第四类、第五类、第七类、第八类共 369 个基础部件都分布在 2-5 个不同的层级中，占 72.64%。倾向于分布在第一层级的基础部件有 271 个，占 53.35%；倾向于分布在第二层级的基础部件有 167 个，占 32.87%；倾向于分布在第三层级的基础部件有 33 个，占 6.50%；倾向于分布在第一、第二层级的基础部件有 26 个，占 5.12%；倾向于分布在第一、第三层级的基础部件有 2 个，占 0.39%；倾向于分布在第二、第三层级的基础部件有 9 个，占 1.77%。可知，这 8 类 23 种不同的类型中倾向于分布在第一层级的基础部件占优势；并且只有“罒𡗜 县惠儿𠂉卌廿夂冫勹𠂢㐅⺍𦍌”15 个基础部件（占 2.95%）不能分布在合体字的第一层级，其余 493 个合体字基础部件均能够分布在第一层级。

5.3.5　通用规范汉字基础部件分布位置的定量分析①

通用规范汉字合体字的 508 个基础部件可以根据分布位置多少的不同，分为七种不同的类型，这七种不同类型基础部件的具体分布位置见附录七。对附录七的构形属性进行统计我们得到表 5.8“合体字基础部件分布位置统计”。由表 5.8 可知，第一类是包含 1 种分布位置的基础部件，有 197 个；第二类是包含 2 种分布位置的基础部件，有 105 个；第三类是包含 3 种分布位置的基础部件，有 84 个；第四类是包含 4 种分布位置的基础部件，有 61 个；第五类是包含 5 种分布位置的基础部件，有 39 个；第

① 这里的基础部件分布位置指基础部件与其直接组合部件组合时的分布位置。

表 5.7　合体字基础部件分布层级统计

基础部件层级类型	基础部件	数量	比例（%）	倾向性分布层级
1	入丬刁丩巛才下丈九川丸及饣丫义之卂无丐丏太互瓦曰冂气爪乏㐄乌卬卞为礻冘引孔毋末本术龙东东甲史凹囙失斥卮印氏乐匆册卯主半衤司攴发圣丝吏覀西在戌成夷曳肉朱丢血血向争亥州农耴严求丽龙我龟奂卵系羌局或豕速妻具典無垂臾卤兔虱亭叚肖罘隺蚩堇莫兜象鲁庸索惠鼎戢甯睘鼠疐叡縣熏憂幽巤䜌鐵龜	135	——	1
小计	——	135	26.57	——
1/2	丁九阝卩于扌乇与万犭久勺么忄易刃井马韦专不厷车牙屯少水手长片氐央丑予玉戋甘石犮平戊申由央钅乍瓜令疒永民弗出皮耒朿死夹舟兆艮丞臣更来身谷豸免迷良其果卑单肃甚柬面禺曷重鬼禹鬲兼鹿黑興	89	——	1
	刂八冂卩三戈毛丬彐巛声田内夭正斤勿户丰尹月毋夫世业电冉四卡关夫弔癶矛丰戌而与曲臼豕自产良聿买镸曲東声串申尚矣武東贝雨㒼隶舆龟戠	63	——	2
	亻己市小尸今叉尤丰升丹尺爿丰未生乎存韦月产钅奂	23	——	1/2
小计	——	175	34.45	——
1/2/3	卜亻冫讠了廾巾彳广亡门氵辶弓也女纟王巨见牛毛心巴且禾必耳臣至虫⺮羊米酉言非革	38	——	1
	乙丆七匚厂川几⺀卩力廴マ㔾丰亍兀弋千彡丸宀尸巳彑丰王开耂朩五犬歹止内壬夂小罒衣鸟灬尸戊氺皿目皿用卯艮疋西虍自彖方关两里采耳直隹	63	——	2
	丂匕刂丰上乡白丘屰	9	——	3
	戈乃方	3	——	1/2
	少丰止豆	4	——	2/3
小计	——	117	23.03	——
1/2/3/4	刂山月目甫	5	——	1
	十厂卜𠂉人𠂊𠂊勹儿刀又厶士工寸大⺌口夂凡夕彐子日月贝⺧业罒白立母	32	——	2
	丁𠂇冂冖小⺌习夕田	9	——	3
	夫中	2	——	1/3
	幺豕	2	——	2/3
小计	——	50	9.84	——
1/2/3/4/5	土卄木火	4	——	1
	乂匕扌口	4	——	2
	一二凵八亠干㇏	7	——	3
	丷	1	——	2/3
小计	——	16	3.15	——
2	四穴县書	4	——	2
小计	——	4	0.79	——

续表

基础部件层级类型	基础部件	数量	比例（%）	倾向性分布层级
2/3	儿	1	——	2
	𠂉龷廿夊冫	5	——	3
	勿𠂢	2	——	2/3
小计	——	8	1.58	——
2/3/4	乂⺍𡗗	3	——	3
小计	——	3	0.59	——
合计	——	508	100	——

六类是包含 6 种分布位置的基础部件，有 21 个；第七类是包含 7 种分布位置的基础部件，有 1 个。这七大类分布位置不同的基础部件又可以根据每种类型内部基础部件具体分布位置的不同分为若干次类，第一类包含 1 种分布位置的基础部件可以再分为 8 小类，第二类包含 2 种分布位置的基础部件可以再分为 17 小类，第三类包含 3 种分布位置的基础部件可以再分为 17 小类，第四类包含 4 种不同分布位置的基础部件可以再分为 14 小类，第五类包含 5 种不同分布位置的基础部件可以再分为 9 小类，第六类包含 6 种不同分布位置的基础部件可以再分为 5 小类，第七类包含 7 种不同分布位置的基础部件只有 1 小类。这 71 小类分布位置不同的基础部件各有自己倾向的分布位置。①

表 5.8　合体字基础部件分布位置统计

基础部件分布位置类型		基础部件数量	倾向性分布位置	比例（%）
大类	次类			
1 种分布位置	左	37	左	——
	右	57	右	——
	上	47	上	——
	下	30	下	——
	围内	5	围内	——
	围外	17	围外	——
	穿插内	3	穿插内	——
	穿插外	1	穿插外	——
小计	8	197	——	38.78

① 基础部件倾向性的分布位置是指基础部件组构的全部整字中，该基础部件分布最多的位置。这一倾向性不用具体的数值来衡量，只是某一基础部件分布的相对高概率位置。

续表

基础部件分布位置类型		基础部件数量	倾向性分布位置	比例（%）
大类	次类			
2 种分布位置	左/右	5	左	
		6	右	
		1	左/右	
	左/上	1	左	
		1	上	
	左/下	3	左	
	左/围内	4	左	
	左/穿插内	2	左	
	右/上	6	右	
		6	上	
	右/下	18	右	
		3	下	
		3	右/下	
	右/围内	8	右	
		4	围内	
		2	右/围内	
	右/围外	2	右	
		3	围外	
		1	右/围外	
	上/下	2	上	
		5	下	
		1	上/下	
	上/围内	2	上	
		1	围内	
	上/穿插下	1	上	
	上/穿插内	1	穿插内	
	下/围内	4	下	
		2	围内	
		1	下/围内	
	下/围外	4	下	
	下/穿插内	1	下	
	围内/围外	1	围外	
小计	17	105	——	20.67

续表

基础部件分布位置类型		基础部件数量	倾向性分布位置	比例（%）
大类	次类			
3种分布位置	左/右/上	1	上	
		1	左	
	左/右/下	1	左	
		8	右	
		4	下	
		2	右/下	
		1	左/右/下	
	左/右/围内	1	左	
		6	右	
		1	右/围内	
	左/右/围外	1	右	
		1	围外	
	左/上/围内	1	左	
	左/下/围内	1	下	
		1	围内	
	左/下/围外	1	围外	
	右/上/下	3	上	
		2	下	
		2	右	
		1	右/上	
	右/上/围内	3	右	
		1	上	
	右/上/围外	1	右	
	右/上/穿插内	1	上	
	右/下/围内	13	右	
		10	下	
		3	围内	
		1	右/围内	
	右/下/围外	3	右	
		1	下	
		1	围外	
		1	右/下/围外	
	右/下/穿插外	1	右	
	上/下/围内	1	下	
	上/围内/围外	1	上	
	下/围内/穿插外	2	下	
小计	17	84	—	16.54

续表

基础部件分布位置类型		基础部件数量	倾向性分布位置	比例（%）
大类	次类			
4 种分布位置	左/右/上/下	4	左	
		2	右	
		4	上	
		3	下	
		1	右/下	
	左/右/上/围内	2	右	
		1	围内	
	左/右/下/围内	1	左	
		17	右	
		4	下	
		2	右/下	
	左/右/下/围外	1	左	
		1	围外	
	左/上/下/围内	1	下	
	右/上/下/围内	4	右	
		2	上	
		1	下	
		1	围内	
	右/上/下/围外	1	右	
	右/上/下/穿插内	1	上/下	
	左/上/下/穿插内	1	上	
	右/上/下/穿插外	1	下	
	右/下/围内/围外	1	右	
		1	右/围外	
	右/下/围内/穿插内	1	下	
	右/下/围内/穿插外	1	下	
	上/下/围内/围外	1	上	
小计	14	61	——	12.01
5 种分布位置	左/右/上/下/围内	6	左	
		11	右	
		2	上	
		8	下	
		1	围内	
		1	右/上	
	左/右/下/围内/围外	1	下	
		1	围外	

续表

基础部件分布位置类型		基础部件数量	倾向性分布位置	比例（%）
大类	次类			
5种分布位置	左/右/下/围内/穿插内	1	左	
	左/右/下/围外/穿插下	1	右	
	左/右/下/围外/穿插内	1	右	
	右/上/下/围内/围外	1	下	
	右/上/下/围内/穿插内	1	右	
	右/上/下/围内/穿插外	1	上	
		1	下	
	右/上/下/穿插下/穿插内	1	下	
小计	9	39	——	7.68
6种分布位置	左/右/上下/围内/围外	2	左	
		2	右	
	左/右/上/下/围内/穿插内	3	左	
		2	右	
		4	上	
		1	下	
	左/右/上/下/围内/穿插外	1	左	
		2	上	
		1	下	
		1	围内	
	左/右/下/围内/穿插上/穿插内	1	下	
	右/上/下/围内/穿插外/穿插上	1	上	
小计	5	21	——	4.13
7种分布位置	左/右/上/围内/围外/穿插上/穿插内	1	右	
小计	1	1	——	0.19
合计	71	508	——	100

基于表5.8的统计，我们得到表5.9“基础部件倾向性分布统计”。由表5.9可知，合体字基础部件的倾向性分布位置主要有17种。合体字的基础部件倾向于分布在左位置的有75个，占14.76%；倾向于分布在右位置的有181个，占35.63%；倾向于分布在上位置的有84个，占16.54%；倾向于分布在下位置的有95个，占18.69%；倾向于分布在围内位置的有20个，占3.94%；倾向于分布在围外位置的有26个，占5.12%；

倾向于分布在穿插内位置的有 4 个，占 0.79%；倾向于分布在穿插外位置的有 1 个，占 0.20%；倾向于分布在左和右位置的有 1 个，占 0.20%；倾向于分布在右和上位置的有 2 个，占 0.39%；倾向于分布在右和下位置的有 8 个，占 1.57%；倾向于分布在右和围内位置的有 4 个，占 0.79%；倾向于分布在右和围外位置的有 2 个，占 0.39%；倾向于分布在上和下位置的有 2 个，占 0.39%；倾向于分布在下和围内位置的有 1 个，占 0.20%；倾向于分布在左、右和下位置的有 1 个，占 0.20%；倾向于分布在右、下和围外位置的有 1 个，占 0.20%。

表 5.9　基础部件倾向性分布统计

序号	倾向性分布位置	基础部件数量	比例（%）
1	左	75	14.76
2	右	181	35.63
3	上	84	16.54
4	下	95	18.69
5	围内	20	3.94
6	围外	26	5.12
7	穿插内	4	0.79
8	穿插外	1	0.20
9	左/右	1	0.20
10	右/上	2	0.39
11	右/下	8	1.57
12	右/围内	4	0.79
13	右/围外	2	0.39
14	上/下	2	0.39
15	下/围内	1	0.20
16	左/右/下	1	0.20
17	右/下/围外	1	0.20
合计	17	508	100

5.3.6　通用规范汉字形变基础部件的定量分析

通用规范汉字合体字的 508 个基础部件在构成合体整字时，由于字形美观或书写方便的需要，一些基础部件的形体在不同的合体整字中会发生相应的形体变化。这 508 个合体字的基础部件中有 111 个基础部件在合体字中要发生形体变化。具体的形变部件及形变情况见附录八。基于附录八中构形属性的统计我们得到表 5.10，由表 5.10

可知，形变基础部件根据发生形变的情况不同可以分为七种不同的类型。第一类是自身发生形变的形变基础部件，有“七九与山久亡马丰夫屯旡水牛毛乌尢丑未术犮且失丘瓜令立半出皮圣耒耳夹至朱血舟兆羊甫束来身谷其直雨柬兼堇鹿黑睘”53个；第二类是在特定的合成部件中才发生形变的形变基础部件，有“一二丁匕凵㔾千龷夂习王⺌龹电皿𦘒癶母豖豕㡀”21个；第三类是自身和在特定的合成部件中发生形变的形变基础部件，有“几儿土工小己子女车止业生用豆里采果”17个；第四类是自身、在特定合成部件和特定整字中发生形变的形变基础部件，有“乂人又大木犬火禾米豕良”11个；第五类是在特定的整字和特定合成部件中发生形变的形变基础部件，有“八攵𧘇艮隶”5个；第六类是自身和在特定整字中发生形变的形变基础部件，有“朿求”2个；第七类是在特定整字中发生形变的形变基础部件，有“户夭”2个。

第一类形变基础部件中“七久水耳夹羊甫束睘”9个基础部件在两个固定位置上发生形变，剩余44个基础部件只在一个固定位置上发生形变；第二类形变基础部件中“夂癶”2个基础部件的特定合成部件在两个以上的固定位置发生形变，剩余的19个基础部件的特定合成部件只在一个固定位置发生形变；第三类形变基础部件中“几儿土工女车用果”8个基础部件和其特定的合成部件在两个以上的固定位置发生形变，剩余的9个基础部件和其特定的合成部件只在一个固定的位置发生形变；第四类形变基础部件中“犬良”2个基础部件和其特定的合成部件在两个以上的位置发生形变并在特定的整字中发生形变，剩余的9个基础部件和其特定的合成部件只在一个固定位置上发生形变并在特定的整字中发生形变；第五类形变基础部件中“艮隶”2个基础部件的特定合成部件在一个固定的位置发生形变并在特定的整字中发生形变，剩余的3个基础部件的特定合成部件在两个以上的固定位置发生形变并在特定的整字中发生形变；第六类形变基础部件中“朿”在一个固定位置和特定的整字中发生形变，“求”在两个固定位置和特定的整字中发生形变；第七类形变基础部件中的这2个基础部件只在特定的整字中发生形变。其中形变位置相对固定（即有1个形变位置和在特定整字中发生形变）的形变基础部件有86个，占77.48%。

而且，从形变规律上来说，这七类基础部件的形变规律又可以分为12种（见表5.11“形变基础部件形变规律统计”）。由表5.11可知，第一种是包含“横”笔的基础部件，形变时要么笔形“横”变为“提”，这样的基础部件有“一二土工与龷子马王车止牛乌丑业且皿生丘立圣耳至血豆里直堇黑”29个；要么笔形“横”变为“撇”，这样的基础部件有“七”1个；这种形变在形变基础部件中占25.64%。第二种是包含“竖”笔的基础部件，形变时笔形“竖”变为“撇”，这样的基础部件有“丰半羊”3个；这种形变在形变基础部件中占2.56%。第三种是包含“竖钩”的基础部件，形变时笔形“竖钩”变“竖”，这样的基础部件有“丁小⺌求”4个；这种

表 5.10　形变基础部件分类统计类型

类型	示例	数量	形变特征
第一类 自身形变的形变基础部件	九与山亡马丰夫屯歹牛毛乌尢丑未术 发且失丘瓜令立半出皮圣耒至朱血舟 兆来身谷其直雨柬兼堇鹿黑	44	在 1 个固定位置形变
	七久水耳夹羊甫束畏	9	在 2 个固定位置形变
小计	——	53	——
第二类 特定合成部件中形变的 形变基础部件	一二丁匕凵㔾千⺍习王⺗癶电皿夬母 豖豕㡀	19	在 1 个固定位置形变
	夂癶	2	在 2 个以上固定位置形变
小计	——	21	——
第三类 自身和特定合成部件中形变 的形变基础部件	小己子止业生豆里釆	9	在 1 个固定位置形变
	几儿土工女车用果	8	在 2 个以上固定位置形变
小计	——	17	——
第四类 自身、特定合成部件和特定 整字中形变的形变基础部件	乂人又大木犬火禾米豕良	9	在 1 个固定位置和特定整字中形变
	犬良	2	在 2 个以上位置和特定整字中形变
小计	——	11	
第五类 特定合成部件和特定整字 中形变的形变基础部件	艮隶	2	在 1 个固定位置和特定整字中形变
	八攵𧘇	3	在 2 个固定位置和特定整字中形变
小计	——	5	
第六类 自身和特定整字中形变的 形变基础部件	朿	1	在 1 个固定位置和特定整字中形变
	求	1	在 2 个固定位置和特定整字中形变
小计	——	2	
第七类 特定整字中形变 的形变基础部件	户夭	2	特定整字中发生形变
小计	——	2	
合计	——	111	——

形变在形变基础部件中占 3.42%。第四种是包含“撇”笔的基础部件，形变时要么笔形“撇”变为“横”，这样的基础部件有“千”1 个；要么笔形“撇”变为“竖”，这样的基础部件有“用”1 个；这种形变在形变基础部件中占 1.71%。第五种是包含“点”笔的基础部件，形变时要么笔形“点”变为“撇”，这样的基础部件有“户”1 个；要么笔形“点”变为“捺”，这样的基础部件有“其”1 个；这种形变在形变基础部件中占 1.71%。第六种是包含“捺”笔的基础部件，形变时笔形“捺”变为“点”，这样的基础部件有“乂人八又大夂久夫木犬水攵夭𧘇火未术癶发失禾瓜令夬皮癶耒束夹朱豖豕米艮求朿豕来釆谷良果隶柬兼畏”46 个；这种形变在形变基础部件

中占 39.32%。第七种是包含“横折钩”的基础部件，形变时笔形“横折钩”变为“横折”，这样的基础部件有“习用母甫㡀雨”6 个；这种形变在形变基础部件中占 5.13%。第八种是包含“横折弯钩”的基础部件，形变时要么笔形“横折弯钩”变为“横折提”，这样的基础部件有“九几”2 个；要么笔形“横折弯钩”变为“横折弯”，这样的基础部件有“几”1 个；这种形变在形变基础部件中占 2.56%。第九种是包含“竖折”的基础部件，形变时笔形“竖折”变为“竖提”，这样的基础部件有“凵山亡出”4 个；这种形变在形变基础部件中占 3.42%。第十种是包含“竖提”的基础部件，形变时笔形“竖提”变“竖”，这样的基础部件有“𧘇”1 个；这种形变在形变基础部件中占 0.85%。第十一种是包含“竖弯钩”的基础部件，形变时要么笔形“竖弯钩”变“竖提”，这样的基础部件有“七匕儿㔾己屯旡毛尢电兆鹿”12 个；要么笔形“竖弯钩”变“竖弯”，这样的基础部件有“儿”1 个；这种形变在形变基础部件中占 11.12%。这前 11 种基础部件的形变都是笔形变化引起的形变，第十二种则是笔画位置关系不同而引起的形变，这样的基础部件有“女舟身”等 3 个，其中“女”分布在左位置时第二笔“撇”与第三笔 “横”由“非封闭相接”位置关系变为“封闭相接”位置关系；“舟”分布在左位置时第三笔“横折钩”与第五笔 “横”由“相交”位置关系变为“相接”位置关系；“身”分布在左位置时第三笔“横折钩”与第七笔“撇”由“相交”位置关系变为“相接”位置关系；这种形变在形变基础部件中占 2.56%。

111 个形变基础部件中“七几𧘇儿用求”6 个形变基础部件的形变规律较为复杂，有两种形变形式。其中“七”中的笔形“横”可以形变为“撇”，“竖弯钩”可以形变为“竖提”；“𧘇”中的笔形“捺”可以形变为“点”，“竖钩”可以形变为“竖”；“几”中的笔形“横折弯钩”可以形变为“横折弯”和“横折提”两种笔形；“儿”中的笔形“竖弯钩”可以形变为“竖弯和竖提”；“用”中的笔形“横折钩”可以形变为“横折”，“撇”可以形变为“竖”；“求”中的笔形“捺”可以形变为“点”，“竖钩”可以形变为“竖”。其余 105 个形变基础部件的形变规律较为简单，只有一种形变形式。

另外，由附录八可知，个别基础部件的形变尚存在例外现象。比如，“㡀”的合成部件“敝”分布在上位置时“横折钩”要形变为“横折”，像“鳖鼈”等就是这样，但是“弊憋瞥”中同样位置上的“㡀”却没有发生形变。“㔾”的合成部件“厄危宛”分布在左位置，“竖弯钩”要变“竖提”，比如，“顾颇剜”等就是这样，但是“创戗鸽”中同样位置上的“㔾”却没有发生形变。这些形变的例外现象也要引起重视。

表 5.11　形变基础部件形变规律统计[①]

序号	形变类型	形变规律	形变基础部件示例	数量	比例（%）
1	横笔形变	横变提	一二土工与亠子马王车止牛乌丑业且皿生丘立圣耳至血豆里直堇黑	29	25.64
		横变撇	七	1	
2	竖笔形变	竖变撇	丰半羊	3	2.56
3	竖钩形变	竖钩变竖	丁小⺌求	4	3.42
4	撇笔形变	撇笔变横笔	千	1	1.71
		撇笔变竖笔	用	1	
5	点笔形变	点笔变撇笔	户	1	1.71
		点笔变捺笔	其	1	
6	捺笔形变	捺笔变点笔	乂人八又大夂久夫木犬水攵夭衤火耒术㐅发失禾瓜令夬皮癶耒束夹朱豕豖米艮求*束豕来采谷良果隶柬兼睘	46	39.32
7	横折钩形变	横折钩变横折	习用*母甫⺢雨	6	5.13
8	横折弯钩形变	横折弯钩变横折提	九几	2	2.56
		横折弯钩变横折弯	几*	1	
9	竖折形变	竖折变竖提	凵山亡出	4	3.42
10	竖提形变	竖提变竖笔	衤*	1	0.85
11	竖弯钩形变	竖弯钩变竖提	七*匕儿㔾己屯旡毛尢电兆鹿	12	11.12
		竖弯钩变竖弯	儿*	1	
12	笔画位置关系变化	非封闭相接变为封闭相接关系	女	1	2.56
		相交变为相接关系	舟身	2	
合计	——	——	——	117	100

5.3.7　通用规范汉字合体字基础部件构形属性的综合计量分析

通过上述合体字基础部件单一构形属性的分析我们推测合体字各个基础部件之间在构字能力、直接组合部件数量、分布层级、分布位置等综合构形属性统计特征方面应该存在差异。由表 5.12“合体字基础部件综合构形属性统计特征异同”可知，构字能力极强的 156 个基础部件其综合构形属性的统计特征各不相同；构字能力次强的 102 个基础部件中 96 个基础部件的综合构形属性统计特征不同，剩余 6 个基础部件形成综合构形属性统计特征分别相同的 3 个小组；构字能力次弱的 199 个基础部件中 99 个基础部件的综合构形属性统计特征各不相同，剩余 100 个基础部件形成综合构形属性统计特征分别相同的 33 个小组；构字能力极弱的 28 个基础部件形成综合构形属性

① 本表中右上角加“*”的字均为有两种形变规律的形变基础部件。

统计特征分别相同的 3 个小组；构字能力差的 23 个基础部件形成综合构形属性统计特征分别相同的 2 个小组。[①]据此我们可以断定合体字基础部件的构字能力、直接组合部件数量、分布层级、分布位置等综合构形属性的统计特征的确存在差异。351 个、占 69.09%的基础部件其综合构形属性统计特征各不相同，我们可以用部件的综合构形属性统计特征对这 351 个基础部件进行完全区分；综合构形属性统计特征分别相同的 41 组 157 个，占 30.91%的合体字基础部件则不能用综合构形属性统计特征进行完全区分。因此，整体而言，构字能力越差的基础部件，其综合构形属性的统计特征越相似，越难以用综合构形属性统计特征进行直接区分。需要参照现代汉字的其他构形属性进行区分。

表 5.12　合体字基础部件综合构形属性统计特征异同

基件构字能力类型	综合构形属性统计特征不同基件数量	综合构形属性统计特征相同基件数量	合计	综合构形属性统计特征相同基件的自然成组数
构字能力极强	156	0	156	0
构字能力次强	96	6	102	3
构字能力次弱	99	100	199	33
构字能力极弱	0	28	28	3
构字能力差	0	23	23	2
合计	351	157	508	41
比例（%）	69.09	30.91	100	——

以构字能力极强的 156 个基础部件为例，我们来观察综合构形属性统计特征不同的合体字基础部件之间是如何通过综合构形属性统计特征的差异进行区分的。从表 5.13“构字能力极强的合体字基础部件综合构形属性统计特征”可以看出构字能力极强的基础部件“日氵木”的直接组合部件数量、构字数、分布位置数、分布层级数等综合构形属性的统计特征各不相同；即使 “口一艹”等分布层级数相同，其直接组合部件数、构字数和分布位置数也各不相同；“山厶、⺮禾、力尸、几鸟”等构字数、分布层级数分别相同，其直接组合部件数、分布位置数也各不相同；“犭⺌”构字数、分布位置数相同，其直接组合部件数、分布层级数也各不相同；“辶匕、隹夕、马门”构字数分别相同，其直接组合部件数、分布位置数、分布层级数也各不相同。因此，我们利用基础部件综合构形属性的统计特征把构字能力极强的基础部件一一区别开了。

① 《通用规范汉字表》中构字能力差的基础部件共有 64 个，其中 41 个基础部件不能参与组构合体字，所以合体字中构字能力差的基础部件只有 23 个。

表 5.13　构字能力极强的合体字基础部件综合构形属性统计特征

序号	基础部件	直接组合部件数	构字数	分布位置数	分布层级数
1	口	354	1406	6	5
2	一	29	752	3	5
3	艹	392	612	2	5
4	日	142	583	6	4
5	氵	474	525	2	3
6	木	346	510	5	5
7	八	23	325	4	5
8	扌	283	308	1	2
9	钅	267	271	2	2
10	大	45	268	5	4
11	女	174	263	5	3
12	贝	77	232	6	4
13	山	143	197	6	4
14	厶	18	197	5	4
15	虫	170	192	6	3
16	讠	160	167	1	3
17	辶	111	158	1	3
18	匕	18	158	4	5
19	忄	150	154	1	2
20	石	143	149	5	1
21	𠂉	23	148	1	4
22	心	84	145	5	3
23	⺮	126	134	1	3
24	禾	73	134	6	3
25	隹	44	123	5	3
26	夕	17	123	4	4
27	力	49	119	6	3
28	尸	34	119	3	3
29	几	22	106	4	3
30	鸟	5	106	1	3
31	儿	15	105	3	4
32	疒	101	104	1	2
33	勹	14	103	1	4
34	犭	79	90	1	2
35	⺌	6	90	1	4
36	马	88	89	5	2
……	……	……	……	……	……
156	冂	7	89	1	4

综合构形属性统计特征分别相同的这 41 组 157 个合体字基础部件则不能用综合构形属性统计特征进行完全区分。那么我们通过什么特征来对它们进行区分呢？由表 5.14“综合构形属性统计特征相同基础部件的区分”可知，这 41 组 157 个基础部件，虽然每组基础部件在直接组合部件数、构字数、分布位置数、分布层级数等方面的综合构形属性统计特征都相同。但是，每组内部基础部件之间的具体功能、具体位置、笔画数和笔画复杂程度等构形属性并不完全相同。比如，第 1 组基础部件“ 豸手”的功能不同，“ 豸”是可以直接和间接组配合体字的基础部件，“手”是可以组配独体字、直接和间接组配合体字的基础部件，我们通过“功能”这一特征把“ 豸手”区别开了。第 2 组基础部件“电癶”的具体分布位置不同，“电”只分布在下位置，“癶”只分布在上位置，我们通过“位置”这一特征把“电癶”区别开了。第 4 组基础部件“申𠂤”的具体分布位置、具体功能都相同，但是它们的笔画数不同，“申”的笔画数是 7，“𠂤”的笔画数是 8，我们通过“笔画数”这一特征把“申𠂤”区别开了。第 27 组“尢”和“义乏引斥典”的具体分布位置不同，可以先通过具体分布位置特征把第 27 组基础部件分为（1）小组“尢”和非（1）小组“义乏引斥典”两部分，那么我们通过“位置”特征把“尢”区别出来；“义乏引斥典”不但具体分布位置相同，而且具体功能也相同，但是“义斥典”的笔画数各不相同，“乏引”的笔画数相同，那么我们再根据笔画数这一特征把第 27 组除了“尢”之外的基础部件分为（2）小组“乏引”和（3）小组“义斥典”两部分；（2）小组基础部件“乏引”的笔画区别特征分别为“ 3h45o4n、5o15q2”，其笔画间关系的复杂程度各不相同，通过“笔画间关系复杂程度”特征把“乏引”区别开了；（3）小组基础部件“义斥典”的笔画数各不相同，通过“笔画数”特征把“义斥典”区别开了；这样第 27 组综合构形属性统计特征相同的基础部件通过分小组比较的方式都区分开了。

实际上，我们用部件具体位置、笔画数、笔画间关系复杂程度等构形属性来作为区别综合构形属性统计特征相同的基础部件的特征是有参考依据的，因为心理学研究也早已经证明了部件具体位置、部件笔画数的确存在差异（彭聃龄、王春茂，1997：10；曾捷英、周新林，2001：356）。同时，通过笔画的构形分析我们也发现笔画间关系复杂程度也的确存在明显差异。[①]需要明确的是，这些综合构形属性统计特征相同的基础部件的其他构形属性区别特征是按照部件具体位置、具体功能、笔画数、笔画间关系复杂程度等的先后顺序依次排查出来的。

① 部件笔画或笔画间关系复杂程度存在差异。见本书 5.4.2.3 论述，此不赘述。

表 5.14　综合构形属性统计特征相同基础部件的区分

序号	组别	构字能力类型	基件	直组件数	构字数量	位置数量	层级数量	其他区别特征（构形属性）
1	1	次强	𠃓	15	20	3	2	功能
2	1	次强	手	15	20	3	2	功能
3	2	次强	电	2	20	1	2	位置
4	2	次强	癶	2	20	1	2	位置
5	3	次强	冂	1	15	1	2	位置
6	3	次强	𡗗	1	15	1	2	位置
7	4	次弱	甶	1	14	1	2	笔画数
8	4	次弱	丵	1	14	1	2	笔画数
9	5	次弱	𢎨	2	13	1	2	功能
10	5	次弱	买	2	13	1	2	功能
11	6	次弱	西	11	12	3	1	位置
12	6	次弱	我	11	12	3	1	位置
13	6	次弱	堇	11	12	3	1	位置
14	7	次弱	𧰨	2	11	1	3	位置
15	7	次弱	产	2	11	1	3	位置
16	8	次弱	叉	5	10	2	2	位置
17	8	次弱	尺	5	10	2	2	位置
18	9	次弱	厷	8	9	4	2	功能
19	9	次弱	面	8	9	4	2	功能
20	10	次弱	川	8	9	3	1	笔画数
21	10	次弱	叚	8	9	3	1	笔画数
22	11	次弱	乐	8	9	1	1	笔画数
23	11	次弱	垂	8	9	1	1	笔画数
24	11	次弱	鼠	8	9	1	1	位置
25	12	次弱	𤴓	1	9	1	2	位置
26	12	次弱	曲	1	9	1	2	位置
27	13	次弱	无	7	8	3	1	位置
28	13	次弱	成	7	8	3	1	位置
29	13	次弱	丽	7	8	3	1	位置
30	14	次弱	肃	5	8	3	2	位置
31	14	次弱	禹	5	8	3	2	位置
32	15	次弱	才	6	7	3	1	笔画数
33	15	次弱	东	6	7	3	1	位置
34	15	次弱	或	6	7	3	1	笔画数

续表

序号	组别	构字能力类型	基件	直组件数	构字数量	位置数量	层级数量	其他区别特征（构形属性）
35	16	次弱	太	6	7	2	1	位置
36	16	次弱	末	6	7	2	1	位置
37	16	次弱	发	6	7	2	1	位置
38	17	次弱	乎	4	7	2	2	位置
39	17	次弱	产	4	7	2	2	位置
40	17	次弱	武	4	7	2	2	位置
41	18	次弱	业	2	7	1	2	笔画数
42	18	次弱	[illegible]	2	7	1	2	笔画数
43	19	次弱	[illegible]	1	7	1	2	位置
44	19	次弱	[illegible]	1	7	1	2	位置
45	20	次弱	夷	5	6	3	1	笔画数
46	20	次弱	臾	5	6	3	1	笔画数
47	21（1）	次弱	为	5	6	2	1	笔画数
48	21（1）	次弱	本	5	6	2	1	笔画数
49	21（2）	次弱	术	5	6	2	1	位置
50	21（2）	次弱	血	5	6	2	1	位置
51	21（2）	次弱	奂	5	6	2	1	位置
52	21（2）	次弱	熏	5	6	2	1	位置
53	22	次弱	册	5	6	1	1	笔画数
54	22	次弱	向	5	6	1	1	笔画数
55	22	次弱	庸	5	6	1	1	笔画数
56	23	次弱	与	4	6	3	2	位置
57	23	次弱	臣	4	6	3	2	位置
58	24	次弱	[illegible]	1	6	1	2	位置
59	24	次弱	[illegible]	1	6	1	2	位置
60	25	次弱	印	4	5	3	1	笔画数
61	25	次弱	兔	4	5	3	1	笔画数
62	26	次弱	乌	4	5	2	1	位置
63	26	次弱	卞	4	5	2	1	位置
64	26	次弱	肉	4	5	2	1	位置
65	26	次弱	具	4	5	2	1	位置
66	27（1）	次弱	九	4	5	1	1	位置
67	27（2）	次弱	乏	4	5	1	1	笔画间关系复杂程度

续表

序号	组别	构字能力类型	基件	直组件数	构字数量	位置数量	层级数量	其他区别特征（构形属性）
68	27（2）	次弱	引	4	5	1	1	笔画间关系复杂程度
69	27（3）	次弱	乂	4	5	1	1	笔画数
70	27（3）	次弱	斥	4	5	1	1	笔画数
71	27（3）	次弱	典	4	5	1	1	笔画数
72	28	次弱	丩	4	4	3	1	位置
73	28	次弱	卂	4	4	3	1	位置
74	29	次弱	爪	3	4	3	1	位置
75	29	次弱	妻	3	4	3	1	位置
76	30	次弱	手	3	4	2	2	位置
77	30	次弱	戉	3	4	2	2	位置
78	31	次弱	卪	3	4	2	1	位置
79	31	次弱	下	3	4	2	1	位置
80	31	次弱	成	3	4	2	1	位置
81	31	次弱	雈	3	4	2	1	位置
82	32	次弱	蚩	3	4	1	1	笔画数
83	32	次弱	象	3	4	1	1	笔画数
84	33（1）	次弱	𠃓	1	4	1	2	笔画数
85	33（1）	次弱	夆	1	4	1	2	笔画数
86	33（2）	次弱	戌	1	4	1	2	笔画数
87	33（2）	次弱	毌	1	4	1	2	笔画数
88	33（3）	次弱	勺	1	4	1	2（2/3 层）	笔画数
89	33（3）	次弱	卌	1	4	1	2（2/3 层）	笔画间关系复杂程度
90	33（3）	次弱	夂	1	4	1	2（2/3 层）	笔画间关系复杂程度
91	34	次弱	升	2	3	2	2	位置
92	34	次弱	𨸏	2	3	2	2	位置
93	35（1）	次弱	孔	2	3	2	1	笔画数
94	35（1）	次弱	印	2	3	2	1	笔画数
95	35（2）	次弱	丝	2	3	2	1	位置
96	35（2）	次弱	龙	2	3	2	1	位置
97	36（1）	次弱	入	2	3	1	1	位置
98	36（2）	次弱	刁	2	3	1	1	笔画数
99	36（2）	次弱	丈	2	3	1	1	笔画数
100	36（2）	次弱	丏	2	3	1	1	笔画数

续表

序号	组别	构字能力类型	基件	直组件数	构字数量	位置数量	层级数量	其他区别特征（构形属性）
101	36（2）	次弱	州	2	3	1	1	笔画数
102	36（3）	次弱	兜	2	3	1	1	笔画数
103	36（3）	次弱	鼎	2	3	1	1	笔画数
104	36（4）	次弱	严	2	3	1	1	笔画间关系复杂程度
105	36（4）	次弱	系	2	3	1	1	笔画间关系复杂程度
106	36（4）	次弱	局	2	3	1	1	笔画间关系复杂程度
107	37（1）	极弱	丬	2	2	1	1	位置
108	37（2）	极弱	肴	2	2	1	1	笔画数
109	37（2）	极弱	韱	2	2	1	1	笔画数
110	38（1）	极弱	手	1	2	1	2	位置
111	38（1）	极弱	奂	1	2	1	2	位置
112	38（2）	极弱	韦	1	2	1	2	笔画间关系复杂程度
113	38（2）	极弱	肙	1	2	1	2	笔画间关系复杂程度
114	38（2）	极弱	𠂉	1	2	1	2	笔画数
115	39（1）	极弱	丸	1	2	1	1	笔画间关系复杂程度
116	39（1）	极弱	之	1	2	1	1	笔画间关系复杂程度
117	39（2）	极弱	毋	1	2	1	1	笔画数
118	39（2）	极弱	在	1	2	1	1	笔画数
119	39（2）	极弱	戢	1	2	1	1	笔画数
120	39（3）	极弱	丫	1	2	1	1	笔画数
121	39（3）	极弱	羌	1	2	1	1	笔画数
122	39（3）	极弱	虱	1	2	1	1	笔画数
123	39（4）	极弱	丐	1	2	1	1	笔画间关系复杂程度
124	39（4）	极弱	互	1	2	1	1	笔画间关系复杂程度
125	39（4）	极弱	曰	1	2	1	1	笔画间关系复杂程度
126	39（4）	极弱	史	1	2	1	1	笔画间关系复杂程度
127	39（5）	极弱	吏	1	2	1	1	笔画间关系复杂程度
128	39（5）	极弱	曳	1	2	1	1	笔画间关系复杂程度
129	39（6）	极弱	丢	1	2	1	1	笔画间关系复杂程度

续表

序号	组别	构字能力类型	基件	直组件数	构字数量	位置数量	层级数量	其他区别特征（构形属性）
130	39（7）	极弱	凹	1	2	1	1	位置
131	39（7）	极弱	龟	1	2	1	1	位置
132	39（7）	极弱	卵	1	2	1	1	位置
133	39（8）	极弱	疐	1	2	1	1	笔画间关系复杂程度
134	39（8）	极弱	㬎	1	2	1	1	笔画间关系复杂程度
135	40（1）	差	罒	1	1	1	1（只 2 层）	位置
136	40（1）	差	县	1	1	1	1（只 2 层）	位置
137	41（2）	差	冃	1	1	1	1	笔画数
138	41（2）	差	曰	1	1	1	1	笔画数
139	41（3）	差	巛	1	1	1	1	功能
140	41（3）	差	卮	1	1	1	1	功能
141	41（4）	差	攴	1	1	1	1	笔画数
142	41（4）	差	覀	1	1	1	1	笔画数
143	41（4）	差	耴	1	1	1	1	笔画数
144	41（4）	差	眔	1	1	1	1	笔画数
145	41（4）	差	莫	1	1	1	1	笔画数
146	41（4）	差	惠	1	1	1	1	笔画数
147	41（4）	差	憂	1	1	1	1	笔画数
148	41（5）	差	無	1	1	1	1	笔画间关系复杂程度
149	41（5）	差	㐫	1	1	1	1	笔画间关系复杂程度
150	41（6）	差	血	1	1	1	1	笔画数
151	41（6）	差	鲁	1	1	1	1	笔画数
152	41（6）	差	叡	1	1	1	1	笔画数
153	41（6）	差	疏	1	1	1	1	笔画数
154	41（7）	差	聿	1	1	1	1	功能
155	41（7）	差	青	1	1	1	1	笔画数
156	41（7）	差	索	1	1	1	1	笔画数
157	41（7）	差	肅	1	1	1	1	笔画数

因此，合体字的 508 个基础部件，可以在把基础部件构字能力、直接组合部件数量、分布层级数、分布位置数等综合构形属性统计特征作为主要参考指标，把部件具体功能、部件具体位置、部件笔画数、部件笔画间关系复杂程度等区别性的构形属性

作为次要参考指标的情况下进行完全区分。换句话说，也就是影响合体字基础部件形体差异的因素就是这些部件综合构形属性的统计特征和部件具体位置、具体功能、笔画数、笔画间关系复杂程度等其他区别性的构形属性。进而，我们就可以给这些部件构形属性统计特征、区别性的构形属性分类赋值，综合计算出每个合体字基础部件的复杂程度。同理，我们也可以根据这些区别性的构形属性对 41 个不能参与组构合体字的基础部件复杂程度进行综合计算，对它们的复杂程度进行量化评价。然后再根据基础部件复杂程度对 549 个基础部件复杂程度进行分级。当然，通用规范汉字基础部件复杂程度的量化分析还需要进行专门研究，这里我们仅提出了计算合体字基础部件复杂程度的初步设想，希望将来能通过和统计学、计算机科学等专业的多学科合作，专门开展汉字基础部件复杂程度的计算研究。

5.3.8 通用规范汉字部件构形属性的统计分布特征

5.3.8.1 基础部件构字能力统计分布特征

1. 基础部件构字能力迥异，存在极值

构字能力最强的基础部件是“口”，可以参与《通用规范汉字表》中 1406 个整字的组构；构字能力最差的是基础部件“乜”等，只能参与《通用规范汉字表》中 1 个整字的组构。这 549 个基础部件平均每个基础部件参与组构整字 15 个，累计构字 24297 个。构字能力在平均值以上的基础部件有 258 个，占 47%，构字能力在平均值以下的基础部件有 291 个，占 53%。

2. 构字能力强的基础部件略占优势

根据构字能力的不同把基础部件分为构字能力强、构字能力弱和构字能力差 3 类。其中构字能力强（构字数在 15 字以上）的基础部件最多，有 258 个，占 47%；构字能力弱的基础部件数量次之，有 227 个，占 41%；构字能力差的基础部件数量最少，有 64 个，占 12%。那么，实际上构字能力弱的基础部件所占比例并不小，如果对这部分基础部件的构字能力进行提升，必定能提高基础部件的整体构字能力。因此，理论上说基础部件构字能力仍有提升空间。

3. 整体而言基础部件呈现多功能性

基础部件的功能有组配独体字、组配合体字功能，组配合体字功能又可以分为直接组配合体字和间接组配合体字功能。其中具有只组配独体字、只直接组配合体字、只间接组配合体字功能的单一功能基础部件少，仅有 91 个，占 17%；具有组配独体字和直接组配合体字，组配独体字和间接组配合体字，直接组配合体字和间接组配合体字，组配独体字、直接组配合体字和间接组配合体字功能的复合功能基础部件多，高达 458 个，占 83%。理论上说复合功能的基础部件占绝对优势说明绝大多数基础部件在组构汉字时复现率高，复现率高可以有效降低基础部件的数量，使得汉字构形更加符合经济性原则。

5.3.8.2　合体字基础部件直接组合部件统计分布特征

1．合体字基础部件的直接组合部件数量迥异，存在极值

合体字的 508 个基础部件中最多有 474 个直接组合部件，最少有 1 个直接组合部件。平均每个基础部件的直接组合部件数为 20 个。直接组合部件数量在平均值以上的 97 个，占 20%，在平均值以下的 411 个，占 80%。

2．直接组合部件唯一的基础部件占劣势

根据直接组合部件的数量不同可以把基础部件分为直接组合部件较多、直接组合部件中等和直接组合部件唯一 3 类。直接组合部件较多的合体字基础部件 97 个，占 19%，直接组合部件中等的合体字基础部件有 324 个，占 64%。而直接组合部件唯一的合体字基础部件则只有 87 个，仅占 17%，严重处于劣势地位。这说明大部分基础部件的组配关系相对较为复杂，从理论上说它会在一定程度上增加合体汉字学习的难度。

3．整体而言合体字的基础部件具有分布的多层级性特点

基础部件最少可以分布在 1 个层级中，最多可以分布在 5 个层级中。只分布在 1 个层级的基础部件有 139 个，占 27%，分布在 2—5 个层级中的基础部件有 369 个，占 73%。

5.3.8.3　合体字基础部件分布层级统计分布特征

1．合体字基础部件的分布层级倾向性明显

合体字基础部件有 6 种倾向性分布层级。倾向于分布在第一层级、分布在第二层级、分布在第三层级、分布在第一和第二层级、分布在第一和第三层级、分布在第二和第三层级。但是倾向于分布在第一层级的基础部件有 271 个，倾向于分布在第二层级的基础部件有 167 个，倾向于分布在第三层级的基础部件有 33 个。倾向于分布在这三个层级的基础部件最多，共 471 个，占 93%。

2．极少数合体字的基础部件不能分布在第一层级

并非所有合体字的基础部件都能分布在第一层级中，如 “罒夾 县叀儿𠂉龷廿夊丬勹𠂤乂⺍龶” 15 个，占 3%的基础部件就不能分布在合体字的第一层级。

3．整体而言合体字基础部件分布具有多位置性的特点

除了197个，占39%的合体字基础部件只有1种分布位置之外，其他311个，占61%的合体字基础部件都包含2-7个分布位置

4．分布位置越多的基础部件数量越少，分布位置越少的基础部件数量越多。

根据分布位置的多少可以把基础部件的分布位置分为7类。第一类是只有1个分布位置的基础部件，第二类是有2个分布位置的基础部件，……，第七类是有7个分布位置的基础部件。这7种不同的类型中，从第一类到第七类基础部件的分布位置数量呈递增趋势，而包含的基础部件数量却呈递减趋势。第一类包含的基础部件有197个，第二类包含的基础部件有105个，第三类包含的基础部件有84个，第四类包含的基础部件有61个，第五类包含的基础部件有39个，第六类包含的基础部件有21个，第七类包含的基础部件有1个。这呈现出基础部件分布位置既具有多样性又兼有经济性的特征。

5.3.8.4 合体字基础部件分布位置统计分布特征

合体字基础部件分布位置的倾向性明显，倾向于分布在右下上左四个位置。

合体字基础部件分布位置的71个小类中，倾向性的分布位置有17种，其中右（181个）、下（95个）、上（84个）、左（75个）四种倾向性分布位置占优势，这样的基础部件共有435个，占86%。

5.3.8.5 合体字形变基础部件统计分布特征

1．组构合体字时111个基础部件要发生形变

合体字的基础部件有508个，其中有111个基础部件在组构合体字时要发生形变，这种形变基础部件占合体字基础部件的22%。也就是说这111个形变基础部件在合体字中的形体与其基础部件形体在某个笔形或某些笔画关系上有所不同。

2．组构合体字时自身发生形变的基础部件占优势

111个形变基础部件根据形变情况可以分为七类。第一类是它自身发生形变的基础部件，有53个；第二类是在特定的合成部件中发生形变的基础部件，有21个；第三类是它自身和在特定的合成部件中发生形变的基础部件，有17个；第四类是它自身、在特定的合成部件和特定的整字中发生形变的基础部件，有5个；第六类是在特定的合成部件和特定的整字中发生形变的基础部件，有2个；第七类是只在特定的整字中发生形变的基础部件，有2个。可见，自身发生形变的基础部件数量最多，占形变基础部件的48%。

3．组构合体字时形变基础部件中形变位置相对固定的基础部件占优势

在 1 个固定位置和在特定整字中发生形变的形变基础部件是形变位置相对固定的基础部件。形变基础部件中形变位置相对固定的基础部件最多，有 86 个，占形变基础部件的 77%。

4．组构合体字时形变基础部件中绝大多数形变是笔形的变化，绝大多数基础部件形变规律简单

这 111 个形变基础部件中除了“女舟身”3 个，占 3%的形变基础部件的形变不是笔形的变化而是笔画空间关系的变化之外，剩余 108 个，占 97%的形变基础部件的形变都是笔形的变化；除了“七几儿⾐用求”6 个，占 8%的形变基础部件的形变规律较为复杂，有两种形变规律外，剩余的 102 个，占 92%的形变基础部件形变规律相对单一。即形变基础部件的某一形变笔形往往只有一种形变情况。

5．组构合体字时基础部件的形变绝大多数是“捺笔、横笔和折笔”三种笔形发生的形变

根据形变规律可以把发生形变的基础部件分为十二种。第一种是包含“横”笔基础部件的形变，第二种是包含“竖”笔基础部件的形变，第三种是包含“竖钩”基础部件的形变，第四种是包含“撇”笔基础部件的形变，第五种是包含“点”笔基础部件的形变，第六种是包含“捺”笔基础部件的形变，第七种是包含“横折钩”基础部件的形变，第八种是包含“横折弯钩”基础部件的形变，第九种是包含“竖折”基础部件的形变，第十种是包含“竖提”基础部件的形变，第十一种是包含“竖弯钩”基础部件的形变，第十二种是笔画位置关系不同而引起的形变。其中第六种“捺”笔发生形变的基础部件有 46 个，占形变基础部件的 39%；第一种“横”笔发生形变的基础部件有 29 个，占形变基础部件的 26%；第七种“横折钩”、第八种“横折弯钩”、第九种“竖折”、 第十种“竖提”、第十一种“竖弯钩”是“折”笔发生形变的基础部件，它们一共有 27 个，占形变基础部件的 23%。这三种笔形发生形变的基础部件累计共有 102 个，约占形变基础部件的 87%。

6．111 个基础部件发生形变的规律性强

形变基础部的形变规律有：

（1）“捺变点”形变规律：包含“捺”笔的基础部件或其特定合成部件分布在左、围内等位置时，“捺”笔可以形变为“点”；

（2）“横变提”形变规律：包含“横”笔（“横”笔与其相连笔画是非封闭相接）的基础部件或其特定合成部件分布在左位置时，“横”笔可以形变为“提”；

（3）“横折钩、竖钩去钩”形变规律：包含“横折钩”和“竖钩”的基础部件或其特定合成部件分布在上位置时，“横折钩”和“竖钩”可以去“钩”形变为“横折”

和“竖”；

（4）“避重捺”形变规律：包含“捺”笔的基础部件或其特定合成部件分布在上或下位置时，如果它对应的下或上位置的部件仍包含“捺”笔，则它的“捺”笔要变成“点”笔。

但是也有个别例外。某些形变基础部件在形变位置上分布时没有发生形变，这些形变的例外现象值得关注。

5.3.8.6 基础部件综合构形属性统计特征

1．基础部件综合构形属性统计特征是区分基础部件的主要参考依据

508 个合体字基础部件中 351 个、占 69%的基础部件可以只利用综合构形属性统计特征进行区分，157 个、占 31%的基础部件在利用综合构形属性统计特征进行区分的基础上还要参考其他区别性构形属性进行区分。因此，合体字基础部件的综合构形属性统计特征是区分基础部件复杂程度的主要参考依据，部件具体功能、部件具体位置、部件笔画数、部件的笔画间关系复杂程度等区别性的构形属性是区分基础部件复杂程度的次要参考依据。我们可以根据这些特征对合体字的基础部件进行完全区分。

2．可以对基础部件的复杂程度进行计算

如果我们能利用基础部件综合构形属性统计特征和其他区别性构形属性对基础部件进行完全区分，将来就有可能在此基础上对基础部件的区别特征进行量化赋值，计算基础部件的复杂程度，进而根据复杂程度对现代汉字的基础部件进行分级、分类。

5.4 通用规范汉字笔画构形属性的定量分析

5.4.1 通用规范汉字基础部件笔形分布的定量分析

5.4.1.1 基本笔形

通用规范汉字基础部件的基本笔形有“横竖撇点折”5 类。从表 5.15“基础部件的基本笔形统计”可知，基础部件的 5 种基本笔形中，“横”笔最多，占近 30%；其次是“折”笔、“竖”笔、“撇”笔；“点”笔最少，占近 15%。按笔形由多到少排序应为“横折竖撇点”。这 549 个基础部件总笔画数为 2837 画，平均每个基础部件 5.63 画，约为 6 画。

表 5.15　基础部件的基本笔形统计

基本笔形	横	竖	撇	点	折	合计
数量（个）	826	519	488	422	582	2837
比例（%）	29.13	18.29	17.20	14.87	20.51	100

5.4.1.2　形变笔形

形变笔形是笔形发生变化的笔形。我们这里所说的笔形变化既包括基础部件中基本笔形和附笔形之间的笔形变化，也包括形变基础部件的某一特定笔形在形变前后的笔形变化。

1．基础部件中基本笔形和附笔形的变化

通用规范汉字 549 个基础部件的笔画，有的笔画的笔形是基本笔形形式，有的笔画的笔形是附笔形形式。由表 5.16“基础部件的笔形变化统计”可知，基础部件的 2387 个笔画中，基本笔形有 1600 个，占 56.40%，附笔形有 1237 个，占 43.60%。基础部件包含的基本笔形数量虽然略多于附笔形数量，但二者几乎各占一半。

基础部件的基本笔形“横”的附笔形形式“提”有 35 个；基本笔形“竖”的附笔形形式“竖钩”有 40 个；基本笔形“撇”的附笔形分为“横撇、竖撇”两种形式，其中“横撇”59 个，“竖撇”429 个；基本笔形“点”的附笔形形式“捺”有 92 个；基本笔形“折”的附笔形可以分为“1 折、2 折、3 折、4 折”4 种形变，其中“1 折”的附笔形最多，有 398 个，其次是“2 折、3 折”的附笔形，分别有 156 个、25 个，最少的是“4 折”的附笔形，只有 3 个。因此，549 个基础部件的笔画中，“横、竖、点”的基本笔形明显占优势，“撇”的附笔形“竖撇”在“撇”笔中明显占优势，“折”的附笔形“1 折”在“折”笔中明显占优势。我们对基础部件笔形分布的统计结果与《现代汉语通用字笔顺规范》把“横竖撇点折”五种基本笔画的典型代表笔形分别确定为“一丨丿（竖撇）丶乛（1 折）”的结果是完全一致的。

但是，从表 5.16“附笔形形式”可以看出，同样是“横”笔的附笔形“提”，但“刁扌孑”中的“提”、“冫氵”中的“提”、“丬王 丬”中的“提”，其笔形形式尚存在一定差异；同样是“竖”的附笔形“竖撇”，“才木朩小、戈攵必丈大女勹、个饣丫彡、厂农声奉内、艹𭕄”中“竖撇”的笔形形式尚存在一定差异；同样是“点”的附笔形“捺”，“廴又㇂㇇”中的“捺”笔形形式也存在一定差异；“折”笔的附笔形之间的差异更加明显，比如“折”笔附笔形“1 折”，基础部件“冖口マ夕凵丩西𠂉厶弋”中的“1 折”笔形各不相同。而这种同种附笔形内部的细微差异难以用形式化描述的方法进行区分，主要靠直观观察进行区分。①

表 5.16 基础部件的笔形变化统计

基本笔形	基本笔形数量	附笔形名称	附笔形形式	附笔形数量
横②	826	提	刁扌孑氵氵丬王丬……	35
竖③	519	竖钩	了丁……	40
撇	488	横撇	乇壬卯印臼印……	59
		竖撇	才木戈少彡个饣艹丫小朩丈大厂勹女攵声内寿必农……	429
点	422	捺	廴又ㄟ孓……	92
折	582	1 折	冖口マ夕凵丩西卜厶弋……	398
		2 折	乜㔾卂讠儿专巛门……	156
		3 折	几与廴辶④凸阝 ……	25
		4 折	㣇……	3
合计	2837	——	——	1237

2．形变基础部件某一特定笔形形变前后的笔形变化

通过表 5.16 与附录八的比较，我们还发现形变基础部件中，某一特定笔形的笔形变化情况较为复杂，有的是同类笔形的基本笔形和附笔形之间的笔形变化，有的是异类笔形之间的笔形变化。而同类笔形之间的变化有的是基本笔形到附笔形的变化，有的是附笔形到基本笔形的变化，有的则是附笔形之间的变化。比如，形变基础部件“横变提、点变捺”的形变是从“横、点”笔的基本笔形到附笔形的笔形变化，这样的形变基础部件有 30 个；“捺变点、竖钩变竖”是从“点、竖”的附笔形到基本笔形的笔形变化，这样的形变基础部件有 50 个；“横折钩变横折、横折弯钩变横折弯、横折弯钩变横折提、竖折变竖提、竖弯钩变竖提、竖弯钩变竖弯”是“折”笔附笔形之间的笔形变化，这样的形变基础部件有 26 个；“横变撇、竖变撇、竖提变竖、撇变横（横撇变横）、撇变竖（竖撇变竖）、点变撇”是不同类型笔形之间基本笔形或附笔形的变化，这样的形变基础部件有 8 个。那么，属于同类笔形之间笔形变化

① 目前国家只出台了“折”笔规范，而没有出台其他笔形的规范这种情况，也从侧面印证了“横竖撇点”这些附笔形之间的差异不便于进行形式化区分的事实。

② 印刷体“横”笔笔形有特殊情况，在整字“七”中“横”笔不是水平的，而是从右向左倾斜的“横”。但是目前我们仍把它看作“横”笔的基本笔形。

③ 印刷体“竖”笔笔形有特殊情况，在整字“德”中第五笔“竖”、整字“五”中第二笔“竖”不是垂直的，而是从右向左倾斜的“竖”。但是目前我们仍把它们看作“竖”笔的基本笔形。

④ “辶”印刷宋体和印刷楷体体“折”笔笔形差别较大，印刷宋体“辶”的“折”笔是“1 折”，印刷楷体“辶”的“折”笔是“3 折”。我们这里按印刷楷体的“折”笔笔形的折数。

的形变基础部件有 106 个，占 92.98%，属于异类笔形之间笔形变化的基础部件有 8 个，占 7.02%。①

5.4.2　通用规范汉字重码笔顺的定量分析

通用规范汉字 549 个基础部件虽然可以按照笔顺进行区分，但是仍存在一些笔顺相同而笔形、笔形空间位置关系不同的基础部件，我们把它称为笔顺重码基础部件，简称重码基础部件。那么，重码基础部件的笔顺则是重码笔顺。根据表 5.17“笔顺重码的基础部件”可知，通用规范汉字的基础部件存在笔顺重码的基础部件共有 59 组、163 个。那么，重码基础部件占基础部件的 29.69%。这 59 组重码基础部件，有的是传统意义上的形近部件，比如，“丁丁、刂 刂、人入、力刀、干于亍、士土、巳已己”等，有的却不是传统意义上的形近部件，比如，“七丂𠃊 匚、亻丿|、亠冫、冖讠、戈万、马彑纟、尹彐”等。传统意义上的形近字或形近部件是从直观上可以观察到的、字形或笔画相近的字或部件。比如，“王玉、木术、木本、犬太、犬大、友犮、氵冫、戈弋”等这些笔画相近、字形相近的字或部件，以及“马弓、几儿、末未、日曰、月⺝、申甲”等这些笔画相同、字形相近的字或部件，它们都是传统意义上的形近字或形近部件。而“丁丁、刂 刂、人入、力刀、七丂𠃊 匚、亻丿|、戈万、马彑纟”等重码部件，要么直观上来看字形相近，笔画数相同，笔顺相同，要么字形差异明显，但笔画数、笔顺却完全相同，它们不是传统意义上的形近字或形近部件。因此，重码基础部件与传统意义上的形近基础部件或形近字是不同的概念，传统意义上的形近字或部件是一个外延相对模糊并带有一定主观性的概念，而重码基础部件是个外延明确、不掺杂主观性的概念。

5.4.2.1　以笔形为区别特征的重码笔顺的定量分析

59 组 163 个重码笔顺中的一部分可以根据基本笔形和附笔形等笔形变化和笔形长短变化特征进行区分。根据表 5.18“以笔形为区别特征的重码笔顺”可知，这 8 组 16 个重码笔顺可以从笔形变化、笔形长短角度进行区分，其中 1—4 组 8 个重码笔顺以笔形变化为区别特征，5—7 组 6 个重码笔顺以笔形长短为区别特征，8 组 2 个重码笔顺以笔形变化和笔形长短为区别特征。并且根据表 5.18 中“基础部件笔顺区分”这一组特征可以看出，笔画数相同的重码基础部件的区别码长度并不相同。比如，2 画

① 111 个形变基础部件中，“七几儿⾐用求”6 个基础部件有两种形变形式，“女舟身”是笔画空间关系的形变。所以，这些笔形发生形变基础部件数量累计为 114 个。

表 5.17　笔顺重码的基础部件

序号	重码基件	重码笔顺	序号	重码基件	重码笔顺
1	十丁丁	12	31	𡈼王𤣩	1121
2	𠂇𠂆厂	13	32	井开	1132
3	七丂⺊匚	15	33	丐扎	1215
4	〢 刂	22	34	木朩	1234
5	亻丿丨	32	35	犬太	1344
6	乂人入八	34	36	尢厷	1354
7	九几𠘨冂𠂉𠂊勹匕儿	35	37	𠁣日曰⺜月	2511
8	亠冫	41	38	内贝水	2534
9	阝了凵卩丩	52	39	尣兀	135
10	力刀乃	53	40	𠃋与	151
11	廴又⺈マ厶⺋	54	41	牛手	3112
12	乜巳巛	55	42	毛气	3115
13	丰干于亍	112	43	𠂒壬	3121
14	土扌士工	121	44	攵夭	3134
15	寸下	124	45	片𤕪	3215
16	丈大	134	46	𧘇𠂢	3534
17	丬丷	43	47	夂夕	3544
18	冖讠	45	48	尹⺕	5113
19	戈万	153	49	夬尺	5134
20	口囗	251	50	尸爿	5213
21	巾山	252	51	巴孔	5215
22	忄川	322	52	未末	11234
23	犭勿	353	53	戊龙	13534
24	丸𠃍夂及凡夕久勺么	354	54	目且	25111
25	之辶	454	55	申甲	25112
26	彐⺕	511	56	由田	25121
27	巳已己弓	515	57	史央	25134
28	子孑孓卫	521	58	罒皿	25221
29	飞刃⺅	534	59	血血	325221
30	马彑乡	551	——	——	——

的基础部件，“〢 ”的区别码最短只有“22”2 个字符，“ 刂”的区别码是“22g”3 个字符；“丬丷”的区别码最长，分别是“43sx、43sy”4 个字符。那么，相比较而言，“丬丷”要比“〢 刂”的笔画关系复杂。

表 5.18　以笔形为区别特征的重码笔顺①

组号	重码笔顺	重码基础部件	区别特征类型	区别特征	基础部件笔顺区分
1	22	刂	笔形变化	2	22
		刂		2g	22g
2	41	亠	笔形变化	1	41
		冫		1t	41t
3	454	之	笔形变化	5o	45o4n
		辶		5q②	45q4n
4	1234	木	笔形变化	2、4	123s4
		朩		2g、4n	12g3s4n
5	43	丬	笔形长短	3x	43sx
		丷		3y	43sy
6	251	口	笔形长短	（25o1）y	（25o1）y
		口		（25o1）x	（25o1）x
7	11234	未	笔形长短	1y1x	（1y1x）234n
		末		1x1y	（1x1y）234n
8	3121	𠂉	笔形变化 笔形长短	3s、1y、1x	3s1y21x
		壬		3h、1x、1y	3h1x21y

5.4.2.2　以笔画拓扑关系为区别特征的重码笔顺的定量分析

59 组 163 个重码笔顺中的一部分可以根据笔画的空间和方位的拓扑关系进行区分。根据表 5.19“以笔画拓扑关系为区别特征的重码笔顺”可知，这 13 组 26 个重码笔顺可以从笔画空间和方位关系进行区分，其中 1-12 组 24 个重码笔顺以笔画（或笔画组）的空间关系为区别特征，13 组 2 个重码笔顺以笔画（或笔画组）的方位关系为区别特征。并且根据表 5.19 中“基础部件笔顺区分”这一组特征可以看出，重码基础部件的区分有的是依据相连笔画之间的空间和方位关系，有的是依据相连笔画组与其他笔画（或笔画组）之间的空间和方位关系。比如，对基础部件“九兀”的形体进行区分时，它们之间的差异就是笔画之间空间关系与笔画、笔画组之间空间关系的差异造成的。“九兀”笔形完全相同，“九”第一笔与第二笔是相交关系，“兀”第一笔则与第二和第三笔形成的笔画组是非封闭相接关系，所以“九”的区别码是“1C3s5p”，

① 表 5.18“区别特征”中的“t”代表附笔形“提”，“g”代表附笔形“竖钩”，“hs”分别代表附笔形“横撇、竖撇”，“opqw”分布代表附笔形“1 折、2 折、3 折、4 折”，“xy”分别代表笔形的长与短。另外，表 5.19、表 5.20 中相应字母的意义和 5.18 中完全相同。

② 按印刷楷体字形，“辶”的第二笔“折”笔是“3 折”。

"兀"的区别码是"1Bk（3s5p）"。相比较而言，重码基础部件"兀"要比"九"的笔画关系复杂。

表 5.19　以笔画拓扑关系为区别特征的重码笔顺①

组号	重码笔顺	重码基础部件	区别特征类型	区别特征	基础部件笔顺区分
1	32	亻	空间关系	3Bk2	3sBk2
		川		3A2	3sA2
2	134	丈	空间关系	3C4	13sC4n
		大		3Bk4	13sBk4n
3	135	九	空间关系	1C35	1C3s5p
		兀		1Bk（35）	1Bk（3s5p）
4	511	彐	空间关系	（51）Bf1	（5o1）Bf1
		⺕		（51）Bk1	（5o）1Bk1
5	1132	井	空间关系	（11）C（32）	（11）C（3s2）
		开		1Bk（1C（32））	1Bk（1C（3s2））
6	5134	央	空间关系	（5Bk1）C3Bk4	（5oBk1）C3sBk4n
		尺		（5Bf1）Bf3A4	（5oBf1）Bf3sA4n
7	5213	尸	空间关系	（521）Bf3	（5p21）Bf3s
		爿		1Bk3	5p21Bk3s
8	13534	戊	空间关系	1Bf3	1Bf3s5o3s4
		龙		1C3	1C3s5p3s4
9	25111	目	空间关系	（2511）Bf1	（25o11）Bf1
		且		（2511）Bk1	（25o11）Bk1
10	25112	申	空间关系	2（511）C2	2（5p11）C2
		甲		25（11）C2	25p（11）C2
11	25121	由	空间关系	（51）C2	2（5o1）C21
		田		（51）BK2	2（5o1）BK21
12	25134	史	空间关系	（25）Bf1、3C4	（25p）Bf13sC4n
		央		（25）Bk1、3B4	（25p）Bk13sB4n
13	1344	犬	方位关系	4ru	（13s4n）A4ru
		太		4md	（13s4n）A4md

① 表 5.19"区别特征"中的"A"代表相离关系，"Bf"代表封闭相接关系，"Bk"代表非封闭相接关系，"C"代表相交关系，"l"代表方位偏左，"r"代表方位偏右，"m"代表方位居于中部，"u"代表方位偏上，"d"代表方位偏下。另外表 5.20 中相应字母的意义和 5.19 中完全相同。

5.4.2.3　以笔形和笔画拓扑关系为区别特征的重码笔顺的定量分析

59 组 163 个重码笔顺中的一部分只根据单纯的笔形变化、长短，笔画间方位、空间的拓扑关系是无法进行明确区分的。这就需要综合考量笔形和笔画拓扑关系两方面的因素对它们进行区分。根据表 5.20“以笔形和笔画拓扑关系为区别特征的重码笔顺”可知，这 38 组 121 个重码笔顺可以从笔形和笔画拓扑关系两个方面来进行区分，其中 1—4 组 10 个重码笔顺以笔形长短和笔画（或笔画组）的空间关系为区别特征，5—27 组 56 个重码笔顺以笔形变化和笔画（或笔画组）的空间关系为区别特征，28—35 组 41 个重码笔顺以笔形变化、笔形长短和笔画（或笔画组）的空间关系为区别特征，36-38 组 12 个重码笔顺以笔形变化、笔画空间关系和方位关系为区别特征。

表 5.20　以笔形和笔画拓扑关系为区别特征的重码笔顺

组别	重码笔顺	重码基础部件	区别特征类型	区别特征	基础部件笔顺区分
1	34	乂	笔形长短 空间关系	3xC4x	3sxC4nx
		人		3xBk4y	3sxBk4ny
		入		3yBk4x	3syBk4nx
		八		3xA4x	3sxA4nx
2	322	亻	笔形长短 空间关系	3Bk2x、2y	3sBk2x2y
		川		3A2y、2x	3sA2y2x
3	25221	罒	笔形长短 空间关系	（2522）yBf1	（25p22）yBf1
		皿		（2522）xBk1	（25p22）xBk1
4	325221	皿	笔形长短 空间关系	（2y5（2y2y））Bf1	3sy（2y5o（2y2））Bf1
		血		（2x5（2x2x））Bk1	3sy（2x5o（2x2x））Bk1
5	45	冖	笔形变化 空间关系	4Bf5o	4Bf5o
		讠		4A5p	4A5p
6	52	卩	笔形变化 空间关系	5pBf2	5pBf2
		阝		5qBf2	5qBf2
		了		5oBf2g	5oBf2g
		凵		5oBf2	5oBf2
		卩		5pBk2	5pBk2
		丩		5oBk2	5oBk2
7	53	力	笔形变化 空间关系	5pC3	5pC3s
		刀		5pBk3	5pBk3s
		乃		5wBk3	5wBk3s
8	55	乜	笔形变化 空间关系	5pC5p	5pC5p
		巳		5pBf5p	5pBf5p
		巛		5oA5o	5oA5o

续表

组别	重码笔顺	重码基础部件	区别特征类型	区别特征	基础部件笔顺区分
9	124	寸	笔形变化 空间关系	1C2gA4	1C2gA4
		下		1Bk2Bk4	1Bk2Bk4
10	151	⺕	笔形变化 空间关系	1Bf5oC1	1Bf5oC1
		与		1Bk5qA1	1Bk5qA1
11	153	戈	笔形变化 空间关系	1C5oC3	1C5oC3s
		万		1A5pBk3	1A5pBk3s
12	252	巾	笔形变化 空间关系	2Bf5pC2	2Bf5pC2
		山		2Bk5oBf2	2Bk5oBf2
13	353	犭	笔形变化 空间关系	3C5o3	3sC5o3s
		勺		3Bk5p3	3sBk5p3s
14	515	巳	笔形变化 空间关系	（51）Bf5p	（5o1）Bf5p
		已		51Bk5p	5o1Bk5p
		己		51Bf5p	5o1Bf5p
		弓		51Bf5q	5o1Bf5q
15	521	子	笔形变化 空间关系	5oBf2gC1	5oBf2gC1
		子		5oBf2gC1t	5oBf2gC1t
		孓		5oBf2gC4n	5oBf2gC4n
		卫		5pBk2Bk1	5pBk2Bk1
16	551	马	笔形变化 空间关系	5A5qC1	5oA5qC1
		彑		5Bk5oBk1	5oBk5oBk1
		纟		5Bk5oC1t	5oBk5oC1t
17	1121	龶	笔形变化 空间关系	（1A1）2、1	（1A1）21
		王		1Bk（12）、1	1Bk（12）1
		⺩		1Bk（12）、1t	1Bk（12）1t
18	1215	丏	笔形变化 空间关系	1Bk2Bk1Bk5q	1Bk2Bk1Bk5q
		扎		1C2gC1tA5p	1C2gC1tA5p
19	1354	尤	笔形变化 空间关系	35pA4	13s5pA4
		厷		35oBk4	13s5oBk4
20	3112	牛	笔形变化 空间关系	3sBk（11）、2	3sBk（11）2
		手		3hA（11）、2g	3hA（11）2g
21	3115	毛	笔形变化 空间关系	3h、1C5	3h11C5p
		气		3s、1A5	3s11A5p
22	3134	攵	笔形变化 空间关系	3sBk1Bk3C4	3sBk1Bk3sC4n
		夭		3hA1C3Bk4	3hA1C3sBk4n

续表

组别	重码笔顺	重码基础部件	区别特征类型	区别特征	基础部件笔顺区分
23	3215	片	笔形变化 空间关系	3sA2	3sA21A5o
		丬		3hBk2	3hBk21A5o
24	3534	䒑	笔形变化 空间关系	3sBk5	3sBk5o3s4n
		𠂎		3hBf5	3hBf5o3s4n
25	3544	夂	笔形变化 空间关系	5C4、4n	3s5oC44n
		夕		5Bk4、4	3s5oBk44
26	5113	尹	笔形变化 空间关系	5oC1	5oC113s
		彐		5pBk1	5pBk113s
27	5215	巴	笔形变化 空间关系	（5Bk2Bk1）Bf5	（5pBk2Bk1）Bf5p
		孔		5Bf2gC1tA5	5pBf2gC1tA5p
28	15	七	笔形变化 笔形长短 空间关系	1C5p	1C5p
		丂		1Bk5q	1Bk5q
		𠄌		1yBk5o	1yBk5o
		匚		1xBf5o	1xBf5o
29	35①	九	笔形变化 笔形长短 空间关系	3xC5q	3sxC5q
		几		3xBf5q	3sxBf5q
		八		3xBf（5p）r	3sxBf（5p）r
		冂		3xBf（5p）l	3sxBf（5p）l
		𠂊		3yBk5ox	3syBk5ox
		𠂊		3yBk5oy	3syBk5oy
		勹		3yBk5p	3syBk5p
		匕		3xBk5p	3sxBk5p
		儿		3xA5p	3sxA5p
30	112	丰	笔形变化 笔形长短 空间关系	（11）C2	（11）C2
		干		11C2	11C2
		于		11C2g	11C2g
		亍		11Bk2g	11Bk2g
31	121	土	笔形变化 笔形长短 空间关系	1yC2Bk1x	1yC2Bk1x
		才		1C2gC1t	1C2gC1t
		士		1xC2Bk1y	1xC2Bk1y
		工		1Bk2Bk1	1Bk2Bk1

① “八”的区别特征“（5p）r”是“折”笔笔形的收尾方向朝右的意思，“冂”的区别特征“（5p）l”是“折”笔笔形的收尾方向朝左的意思。

续表

组别	重码笔顺	重码基础部件	区别特征类型	区别特征	基础部件笔顺区分
32	354	丸	笔形变化 笔形长短 空间关系	3xC5qC4	3sxC5qC4
		丸		3xC5pC4	3sxC5pC4
		夂		3yBk5oC4n	3syBk5oC4n
		及		3xBk5wC4n	3sxBk5wC4n
		凡		（3xBf5q）A4	（3sxBf5q）A4
		夕		（3yBk5o）Bk4	（3syBk5o）Bk4
		久		3yBk5oBk4n	3syBk5oBk4n
		勺		3yBk5pA4	3syBk5pA4
		么		3yA5oBk4	3syA5oBk4
33	534	飞	笔形变化 笔形长短 空间关系	5pBk3yBf4	5pBk3syBf4
		刃		5pBk3xA4	5pBk3sxA4
		𠂎		5oA3yBk4n	5oA3syBk4n
34	2511	𠁣	笔形变化 笔形长短 空间关系	（2yBf5o）C11	（2yBf5o）C11
		日		2xBf5oxBk11	2xBf5oxBk11
		曰		2yBf5oyA11	2yBf5oyA11
		罒		（2yBf5o）yA（11）	（2yBf5o）yA（11）
		冃		（2xBf5p）Bk（11）	（2xBf5p）Bk（11）
35	2534	内	笔形变化 笔形长短 空间关系	2Bf5pC3xBk4	2Bf5pC3sxBk4
		贝		2Bf5oA3xA4	2Bf5oA3sxA4
		水		2gBk5oA3yBk4n	2gBk5oA3syBk4n
36	12	十	笔形变化 空间关系 方位关系	1C2	1C2
		丁		1Bkm2g	1Bkm2g
		丁		1Bkr2g	1Bkr2g
37	13	𠂇	笔形变化 空间关系 方位关系	1Cm3x	1Cm3sx
		𠂉		1Bkm3y	1Bkm3sy
		厂		1Bfl3x	1Bfl3sx
38	54	廴	笔形变化 空间关系 方位关系	5qC4n	5qC4n
		又		5oC4n	5oC4n
		㇇		5oBf4n	5oBf4n
		㇖		5oBkd4	5oBkd4
		厶		5oBkr4	5oBkr4
		卩		5oA4	5oA4

总之，笔顺（笔画顺序）、笔形（包括笔形变化和笔形长短特征）、笔画（或笔画组）之间的拓扑关系（包括空间关系和方位关系）都可以充当基础部件的区别特征。由表 5.21“基础部件笔画区别特征统计”可知，笔顺特征可以区分 386 个非重码基础部件（占 70.31%）的形体。笔形和拓扑关系特征可以区分 163 个重码基础部件（占 29.69%）的形体。其中笔形特征可以区分 16 个重码基础部件（占 2.91%）的形体；笔画之间拓扑关系特征可以区分 26 个重码基础部件（占 4.74%）的形体；笔形和笔画之间拓扑关系的综合特征可以区分 121 个重码基础部件（占 22.04%）的形体。那么，这些笔画区别特征在基础部件形体区分中的作用从大到小依次是：笔顺特征、笔形和笔画拓扑关系的综合特征、笔画拓扑关系特征、笔形特征。

表 5.21　基础部件笔画区别特征统计

基础部件类型	区别特征	基础部件数量		比例（%）	
非重码	笔顺	386	386	70.31	70.31
	笔形	16		2.91	
重码	拓扑关系	26	163	4.74	29.69
	笔形和笔画拓扑关系	121		22.04	
合计	——	549		100	

但是，无论哪种区别特征，都是以特征编码的形式（包括笔顺码、笔形和笔画拓扑关系码）来区分不同的基础部件，都离不开对基础部件的直观观察，如果离开了直观观察，哪种区别特征都不足以精确定义①一个基础部件的形体。比如，从附录九“基础部件笔画、笔顺特征表”可知，9 种附笔形，除了“竖钩”笔形较为单纯外，其他 8 类附笔形内部又各有诸多笔形间的细微差异。而这种差异的辨识是以从整字中的直观观察为基础的，而不是以某种特征的描述为基础的。就像基础部件“灬”，虽然它的 4 个笔画的笔形都是“点”，但是第一笔“点”与后三笔“点”的笔形尚存在明显差异，而从“4444”的笔顺描写中却看不出这种笔形的细微差异；基础部件“𠂇丆厂”的第二笔都是“竖撇”，但这 3 个“竖撇”具体笔形却各不相同，而从“1C3sxm、1Bk3sym、1Bfl3sxl”的笔形和笔画拓扑关系的描写中却看不出这种笔形的细微差异。这样，要弄清它们之间的细微差异，最简单高效的办法就是在整字中进行直观观察，如在“烈熬”中观察“灬”各个“点”的笔形差异，在“右夏厂”中观察“竖撇”的笔形差异。不仅同类笔形有细微差异，就连前后相连笔画之间的拓扑关系也有细微差

① 部件形体的精确定义是指可以确保没有任何汉字书写经验的人或者智能机器只要根据该定义就能准确书写出相应部件形体的定义。

异，如“二冫氵讠”相连笔画之间都是上下相离，“八丷巛川”相连笔画之间都是左右相离，但是它们之间相离的距离和位置仍存在细微差异。

同时，我们还观察到笔画的附笔形比基本笔形复杂，重码基础部件区分码长的要比区分码短的笔画之间的关系复杂，重码基础部件区分码包含笔画与笔画组之间区分特征的要比只包含相连笔画之间区分特征的笔画之间的关系复杂。在这里我们可以把区分码长的基础部件和区分码包含笔画与笔画组之间区分特征的基础部件叫作区分特征复杂的基础部件。

5.4.3 通用规范汉字笔画构形属性的统计分布特征

5.4.3.1 笔形的统计分布特征

1．五种基本笔形的统计顺序

通用规范汉字的 549 个基础部件包含的笔画，按数量由多到少依次是“横折竖撇点”。

2．基本笔形和附笔形同等重要

通用规范汉字 549 个基础部件的笔画一半（56%）是基本笔形，一半（44%）是附笔形，基本笔形和附笔形同等重要。

3．基础部件的平均笔画数为 6 画

4．以“一丨丿丶㇕”作为“横竖撇点折”5 种基本笔形的典型笔形符合通用规范汉字基础部件的笔形分布特征

因为通用规范汉字的 549 个基础部件的五种基本笔形中，“横竖点”的基本笔形占绝对优势，“撇”笔附笔形“竖撇”占绝对优势，“折”笔附笔形“1 折”占绝对优势。

5．整体而言基础部件的笔形呈现出既简单又复杂的特点

通用规范汉字 549 个基础部件的笔形说它简单，是因为基础部件的笔形可以分为“横折竖撇点”5 种基本笔形、“提、竖钩、横撇、竖撇、捺、1 折、2 折、3 折、4 折”9 种附笔形；说它复杂，是因为附笔形内部的实际差异颇大，但是除了“折”笔笔形的差异之外，其他各种附笔形内部的笔形差异都难以用形式化的方法加以区分，只能通过直观观察才能辨识其差别。

5.4.3.2 形变笔形的统计特征

111 个形变基础部件在组配合体字时发生的形变，绝大多数（108 个、占 97%）

是笔形变化而引起的形变，极少数（3 个、占 3%）是笔画位置关系不同而引起的形变。108 个基础部件在组配合体字时的笔形变化，绝大多数（占 93%）是同种笔形内部基本笔形和附笔形之间的笔形变化，极少数（占 7%）是不同类型笔形之间的笔形变化。

5.4.3.3　笔画区别特征的统计分布特征

1．笔顺、笔形、笔画拓扑关系是具有区别基础部件形体作用的特征

笔顺是基础部件的主要区别特征，笔形和拓扑关系是基础部件的次要区别特征。通用规范汉字的 549 个基础部件中 386 个、占 70%的基础部件形体靠笔顺特征进行区分，163 个、占 30%的基础部件靠笔形和笔画拓扑关系进行区分。也就是说对非重码基础部件形体进行区分时主要依据笔顺特征，对重码基础部件形体区分时主要依据笔形和笔画拓扑关系特征。笔画拓扑关系和笔形也有区分重码基础部件的作用，我们不能忽视。

2．基础部件笔画之间的关系有复杂程度的差异

一般情况下，笔画的附笔形比基本笔形复杂程度高，区别特征多的基础部件比区别特征少的基础部件笔画之间的复杂程度高。

5.5　通用规范汉字构形属性的统计分布规律

综上所述，我们在直观构形理论下，基于通用规范汉字构形属性数据库，对通用规范汉字的整字、部件、笔画三级构形单位的属性进行了定量分析。发现通用规范汉字整字、部件、笔画的构形属性在统计分布方面呈现出较为严密的系统性和规律性。

简单来说，通用规范汉字主要有 5 种基本笔形、549 个基础部件、8 种构形模式，平均每个整字包含 3 个基础部件，每个基础部件包含 6 个笔画。

具体来说，通用规范汉字整字虽然构形复杂：部件众多，层级复杂，构形模式复杂，但规律性、倾向性明显。通用规范汉字共包含部件 1995 个，但是基础部件仅有 549 个，平均每个整字包含 3 个基础部件。虽然合体整字最多包含 5 个层级，根据其包含基础部件数和层级数，合体字可以分为 15 种类型，但其中 3 种类型就涵盖了超过 85%的合体整字；虽然合体字初级构形模式有 472 种，但可以抽象为 76 种高级构形模式，而这 76 种高级构形模式中的 8 种构形模式就可以涵盖 90%的合体整字。

合体字基础部件构形复杂，因为基础部件往往具有多功能性、多直接组合部件性、多分布层级性、多分布位置性。几乎不存在功能单一、直接组合部件单一、分布层级单一、分布位置单一而构字能力强的基础部件。并且合体字基础部件的构字能力迥异，

存在极值，基础部件最多构字 1406 个，最少构字只有 1 个；其直接组合部件数迥异，存在极值，直接组合部件最多 474 个，最少只有 1 个。但是，基础部件的分布层级、分布位置等仍有明显的倾向性与规律性，22%的合体字基础部件要发生形变，常见的形变规律有“捺变点”“横变提”“横折钩、竖钩去钩”“避重捺”等，并且左位置和上位置是基础部件形变的敏感位置。

通用规范汉字基础部件包含 5 种基本笔形、9 种附笔形，附笔形又有几十种变体形式。平均每个基础部件包含 6 个笔画。基础部件形体与其笔画及笔画间关系密不可分。笔形特征的变化往往起到区别基础部件形体的作用，如笔画顺序、笔形变化、笔形长短、笔画空间关系、笔画方位关系都是基础部件形体的区别性特征。虽然这些特征并不足以准确定义基础部件的形体，但我们仍旧可以利用这些区别特征对基础部件的复杂程度进行评价。

因为笔画的构形属性并不足以准确定义每一个基础部件的形体，所以掌握基础部件笔画构形属性，应以直观观察为主，客观描述为辅。基础部件的构形属性相对于笔画的构形属性更容易客观描述，如方位特征、直接组合部件特征等尤其容易客观描述，但是层级特征却并不容易描述。因此掌握基础部件的构形属性应以客观描述和直观观察并重。整字的构形属性也比笔画的构形属性更容易客观描述，整字的基础部件、方位特征、层级特征容易客观描述，而构形模式特征则不容易进行客观描述。因此掌握整字的构形属性也要坚持客观描述和直观观察并重。

可以说，正是由于汉字的笔画、部件之间组合关系的非线性，使个体汉字的构形呈现出宜于直观（观察）、难以（形式）描述、无法（准确）言传的特点。

鉴于《通用规范汉字表》是现代规范汉字的典型代表，所以通用规范汉字的构形属性基本上也代表了现代汉字的构形属性。通用规范汉字构形属性的统计分布规律也代表了现代汉字构形属性的统计分布规律。

虽然整体而言，从构形属性的统计分布特征来看现代汉字构形系统是严密的、系统的、规律的，但也并不是完美无缺毫无瑕疵的，仍存在一些经济性不强、系统性差的情况。比如，构字只有 1 个的 25 种整字高级构形模式，从理论上说它们就是现代汉字构形系统中不够经济的高级构形模式。另外，有 41 个基础部件，不能参与组构通用规范汉字表中的合体字，只能直接组构独体字；有 23 个基础部件只能组构一个合体字。这 64 个构字能力差的基础部件，从理论上来说也是现代汉字构形系统中经济性、系统性较差的基础部件。这些都可能是未来汉字改革中首先要考虑的改革对象。当然，汉字改革还要综合考虑整字的构词能力、整字在大型平行语料库中的出现频率等诸多因素，构形系统性与构形经济性只是影响因素之一。

第 6 章　通用规范汉字构形属性研究的理论意义和应用价值

以现代汉字直观构形理论为基础，我们构建了现代汉字构形分析体系，基于该体系提出了通用规范汉字构形属性的分析与描写框架，在此框架基础上构建了包含 8105 个通用规范汉字的“通用规范汉字构形属性数据库”，基于该数据库对通用规范汉字的整字、部件、笔画等构形属性进行了单一和综合定量分析，并从定量分析中概括归纳通用规范汉字的构形规律。从而完成了对通用规范汉字构形属性的系统研究。这一研究既具有理论意义又具有应用价值。

6.1　研究的理论意义

6.1.1　提出并实践了现代汉字直观构形分析理论

现代汉字分析理论主要有字理和字形两种截然不同的分析理论。各种字理分析理论都以许慎“六书”说为滥觞；而各种字形分析理论都是 20 世纪七八十年代以来，为满足计算机汉字信息处理的需要而兴起的。字理构形理论以字理分析汉字字形，字形分析理论不关心字理只从字形上分析汉字字形。

一直以来，字理构形理论基本上能较好地对繁体字进行分析。由于中华人民共和国成立后掀起了汉字简化运动，使现代汉字中出现了 2000 多个简化字。虽然这些简化字多数是历史上曾使用过的俗体字、简体字，有广泛的群众使用基础。但是这些字往往不是在同一历史时期定型的字，简化规律自然会有所差别。而且这 2000 多个简化字，一部分重构了汉字字理，如“鸡”从繁体的形声字“鷄”变成了简化的半记号半表意字，对字的理据进行了重构；一部分把有字理的繁体字简化成了字理丧失的记号字，如“卜”从繁体的形声字“蔔”简化成了纯记号字。并且现代汉字中无理据字大量增加。比如，传统文字学中典型的象形字“日月山水”，从现代汉字字形上已经看不出字理，现代汉字学的字理分析理论把它们认定为记号字。从传统文字学角度来说，“骗特”是字理丧失的无理据字，现代汉字学的字理分析理论把它们认定为合体记号字。（苏培成，1994：74）而汉字字理的丧失并非始于简化字，早在隶变之后就已经出现了丧失字理的“朋它要”等字。只是到了现代，由于有组织的大规模汉字简化运动，使现代汉字中字理丧失的记号字和半记号字迅速增多，这无形中打破了繁体字固有的字理系统。

因此，对现代汉字分析时就不得不考虑日益增多的字理丧失的独体记号字和合体记号字的分析，对这些字有人主张看作一个整体，不进行分析，有人主张按字形进行分析。《信息处理用 GB13000.1 字符集汉字部件规范（GF3001-1997）》（以下简称《信息处理部件规范》）和《现代常用字部件及部件名称规范（GF0014-2009）》（以下简称《常用字部件规范》）把字理丧失的独体记号字和合体记号字都叫作无理据字，对于无理据字它们都按照字形来进行无理据分析，如它们都把“朋”拆分为“月月”。但是它们对按字形分析的字，也总会产生分析的分歧，如《常用字部件规范》认为“京”不能再分析了，而《信息处理部件规范》认为“京”要分析为“亠口小”。除此之外，这两个国家规范之间至少在 140 多个部件要不要按字形再进行无理据分析时存在分歧。（具体分歧见 2.1.1.1，此不赘述）这些分歧的存在严重影响了国家规范的“规范性”。这说明迫切需要研究现代汉字字形的科学分析方法。

晓东《现代汉字字形结构研究的三个平面》（1994）提出了对现代汉字进行纯粹字形分析的理念，但是没有提出具体的分析理论与方法。张普《汉字部件分析的方法和理论》（1984）、刘连元《汉字拓扑结构分析》（1995a）、《汉字拓扑结构分析（续）》（1995b）提出的拓扑分析理论是纯粹的现代汉字字形分析理论，但是他们对现代汉字字形的分析仅限于整字和部件，并不包含笔画；而且专门用这一理论分析现代汉字的实践成果也不多见。

这些前人的探索，为我们现代汉字直观构形理论的提出提供了有益的帮助与借鉴。直观构形分析理论是在假设现代汉字构形规律可以直观外显的基础上提出来的，它以一般系统论思想为理论基础，以汉字拓扑关系为汉字部件和笔画构形分析的依据，用上下文无关文法来描写部件到整字的构形过程。而且我们在直观构形理论指导下，以《通用规范汉字表》8105 字为字集，构建了包含整字、部件、笔画三级构形单位特征的“通用规范汉字构形属性数据库”，并基于该数据库的定量分析明确了现代汉字的构形规律。这一纯粹的现代汉字构形分析实践不仅是对直观构形理论的成功验证，也为现代汉字的纯粹字形分析提供了一系列具体的、可操作的方法。

而且，我们用直观构形理论拆分出的 549 个基础部件中，《通用规范汉字表》“表一”的 3500 字（和《现代汉语常用字表》中的 3500 字基本相同）包含的基础部件有

496 个。这不仅和《现代常用字部件及部件名称规范（GF0014-2009）》从字理角度对3500 常用字拆分出基础部件的数量（514 个）几乎相当，并且两种分析结果共同的基础部件高达 443 个。也就是说，纯粹从直观构形角度拆分出来的近 90%的基础部件与《常用字部件规范》从字理角度拆分出的基础部件相同。现代汉字已经是相当成熟的文字了，它自身具有稳固的基础构形单位、构形模式和构形规律。无论是从字理角度还是从直观构形角度，其基础部件拆分结果都高度一致。由于直观构形理论分析现代汉字字形时，既绕开了区分有理据字和无理据字的困扰，又避免了随意拆分汉字字形的嫌疑。所以，从直观构形角度对现代汉字的构形进行分析比从其他角度对现代汉字字形进行分析更简单、更容易掌握。

6.1.2　提出并实践了现代汉字直观构形分析体系

从 20 世纪七八十年代开始对现代汉字构形属性研究至今，都只是在现代汉字构形系统包括整字、部件、笔画三级构形单位这一问题上形成了共识，并没有形成一个完整的包括三级构形单位的汉字构形分析体系。

并且对于现代汉字属性到底应该包括哪些特征，至今也没有一个统一的体系或标准。比如，李公宜、刘如水的《汉字信息字典》（1988）认为汉字信息（也叫汉字属性）包括字音（汉语拼音注音）、整字的常用义、整字的部首、整字的笔顺、整字部件数、整字构词能力、整字结构类型、字级、频级、部件、部件组字次数、累计组字次数、国家标准码等多项属性。这表明《汉字信息字典》认为汉字应该包括字音、字形、字义、字用等 4 个方面的属性。而傅永和《汉字属性字典》（1989）则认为汉字属性包括字音（汉语拼音、注音字母、威妥玛字母、国语罗马字母的注音）、整字笔画数、笔顺、部首、部首笔画数、部首外笔画、整字结构、整字部件、字频、级属、整字国标码、电报码、JIS 码、台湾通用码、CCCⅡ编码、四角号码等 24 种汉字属性。这表明《汉字属性字典》认为汉字应该包括字音、字形、字用等 3 个方面的属性。

我们认为，汉字包括字形、字义、字音三个部分，汉字的属性理应以汉字字形、字音、字义三个方面的属性为主。如果我们把汉字这三个方面的属性逐一研究透彻了，那么汉字的属性就自然明晰了。以直观构形理论为基础的现代汉字直观构形分析体系就是全面分析汉字字形属性的一个完整的系统。它包括整字、部件、笔画三级构形单位的构形属性，整字的构形属性主要有：各级部件、拓扑关系、层级、基础部件、笔画数、构形模式等；部件的构形属性主要有：构字、构字数、功能、分布位置、倾向性分布位置、分布层级、倾向性分布层级、直接组合部件、形变情况等；笔画的构形属性主要有：基础部件笔画数、基础部件序号式笔顺、重码基础部件笔顺、重码基础部件笔画区别特征等。包含这 19 种构形属性的系统不仅是较为全面分析现代汉字构形属性的系统，更是可以明确区分各级构形单位的一个区别特征系统。而且我们还通过对通用规范汉字构形体系的实证性研究证明了现代汉字构形分析体系的现实可行性，从定量分析角度明确了现代汉字的构形规律。这些研究都为汉字字形属性的全面分析与描写提供了理论与实践上的参考。

6.1.3 明确了现代汉字三级构形单位的统计分布特征

以往我们对现代汉字构形规律和特征的认识多限于局部的单一构形单位特征的认识，通用规范汉字构形属性的定量分析则是对整字、部件、笔画三级构形单位特征的全面分析认识。我们不仅能够从整体和局部两方面认识现代汉字构形的复杂性、系统性和规律性，把各级构形单位构形属性的规律抽取出来。比如，整字构形模式规律、基础部件组配规律、基础部件形变规律、基础部件分布位置规律、基础部件分布层级规律、笔形分布规律、重码基础部件区分规律等；还能把通用规范汉字构形系统中系统性、规律性差的特殊情况，以及违背系统性、规律性的例外情况抽取出来。比如，只有 1 个例字的整字构形模式、构字数只有 1 的基础部件、分布位置在 6 个以上的基础部件、不分布在第一层级的基础部件、综合构形属性相同的基础部件、重码的基础部件以及违背基础部件形变规律的部件或整字等。

这种对现代汉字优点和缺点的全面描写与认识，更有利于对现代汉字的构形进行客观评价，更有利于未来对汉字进行改革。

6.1.4 分析了现代汉字的系统性程度

明确了现代汉字的构形属性及其统计分布特征，可以从理论和实践上证明：从直观构形角度来看，整体而言，包含 2430 个简化字的现代汉字的构形是严密、系统的，2430 个简化字并没有破坏现代汉字构形的系统性。

在汉字字形演变历史上，既出现过字形的繁化，也出现过字形的简化，但是字形简化代表了汉字字形发展的方向与趋势。并且汉字字形记号化增强本来就是汉字脱离图画文字走向成熟的标志，隶变之后的汉字字形中象形字基本上都已经变成了记号字，楷书定型以后更是这个样子。也就是说，从汉字隶变阶段开始，独体象形字在客观上已经演变为记号字。只是由于当时认知水平的限制，人们没有认识到这种客观变化。而到了现代汉字阶段，我们才认识到这种早已客观存在的汉字记号化特征。并且，在繁体字阶段，汉字部首表义的准确性已经大大降低。比如，《康熙字典》已经把《说文解字》中分别归属于“舟部”和“月部”的“朕服朗朔”，按字形都归属为“月部”。这样《康熙字典》中部首“月”既表示和月亮相关的意义又表示和舟船相关的意义。和《说文解字》比较，《康熙字典》部首“月”表义准确性降低。因此，不能说汉字记号化增强，表义准确性减弱都是简化汉字造成的。

另外，我们必须看到，汉字是记录汉语的书写符号系统，汉字的表音表义特征是和汉语相适应的。现代汉字表音表义性减弱[①]并没有影响到它准确记录现代汉语的功能。为什么呢？这是因为古代汉语阶段，汉语词汇以单音节词为主，往往一个词就用一个单音节汉字来记录，这必然要求单音节词（或者说字）的表音或表义准确性高；而现代汉语阶段，汉语词汇以双音节为主，一个词用两个音节或者说是两个汉字来记录，而且双音节词的意义也不再是两个单音节字意义的简单相加。这种双音节的框架，有区别字音、字义，固化词义的作用。比如，古代汉语中“髮”和“發”是两个形、音、义不同的词，它们的读音分别是“fā”“fà”；从字形上可以推测前者表示和头发相关的意义，后者表示和财物相关的意义。而现代汉语中它们的字形都简化为“发”，“发”有两个字音“fā、fà”。而从字形“发”上既看不出和头发相关的意义，也看不出和财物相关的意义。于是，表面上我们可以说“发”表音和表义的准确性比“髮、發”差。但实际上这种主观武断性的判断严重忽视了汉字是记录汉语的书写符号系统这一特点。在现代汉语中，词的双音节框架可以帮助我们区别“发”的字音和字义。比如，我们可以根据“毛发”和“发财”这两个不同的双音节框架，准确判断出第一个“发”读“fà”音，是和头发相关的意义，第二个“发”读“fā”音，是和财物相关的意义；“毛发”这个框架结构具有了“人体上的毛和头发”的固化意义，“发财”这个框架结构具有了“取得大量钱财”的固化意义。[②]这样，在现代汉语中除了字形可以起到提示词语的音义作用外，词汇的双音节框架形式也可以起到提示词语音义的作用。那么，在现代汉语阶段，具有提示词语音、义作用的手段已经从单一的字形手段发展到了字形和词形的双重手段。从理论上说现代汉语中这种具有提示词语音义作用的词形手段的出现在一定程度上已经为汉字字形简化提供了充足条件。现代汉语阶段对汉字字形进行简化不会影响词义的准确表达。而中华人民共和国推行的简化字的实践也再次证明了简化字的推行不但没有影响汉字文化的传承，也没有阻碍海内外华人的交流，更没有影响汉文化的对外传播，而且在很大程度上促进了

① 据尹斌庸《关于汉字评价的几个基本问题》对 4000 个形声字的统计，声旁的预示力为 0.54，形旁预示力为 0.51，形声字实际的预示力为 0.28。据史有为《汉字的重新发现》统计简化字比繁体字的表音率低了将近一半。

②“毛发、发财”词义均采用《现代汉语词典》（第 6 版）中的词义。

中华人民共和国国民文化素质的迅速提高，加快了我国高等教育大众化的进程。

因此，从统计计量角度来说，包括 2000 多个简化字的现代汉字系统是一个系统性程度相对较高的文字系统的研究结论证明了简化字和传承字是血肉相连的兄弟关系，并非水火不容的敌对关系。任何系统都不是完美无瑕的，简化字的确存在某些与现代汉字系统不和谐的问题，这些不和谐是可以继续讨论与改革的家庭内部问题，我们绝对不能武断地、人为地把它升级为整个汉字系统的问题，更不能把简化字问题恶意演化为影响我国国家稳定和我国国际信誉的问题。

6.2 研究的应用价值

6.2.1 为汉字的构形属性提供了描写方式

目前，国内虽然对汉字属性（也叫汉字信息）的描写并没有形成范式，但是一般都认为汉字属性应该包括“字形、字音、字义、字用”等方面的内容。通用规范汉字构形属性研究是对现代汉字字形属性的专门研究，它不仅从笔画、部件、整字三级构形单位角度构建了现代汉字构形属性的描写体系，而且还以《通用规范汉字表》8105 字为例把这些成体系的构形属性形式化并放入数据库中存储，从而为现代汉字构形属性的描写提供了一种数据库描写方式。希望能在汉字字形信息描写方面，为未来的汉字信息全面描写提供一定的参考。

6.2.2 为非成字部件的命名提供了依据

汉字部件教学中，非成字部件比成字部件难以指称，如果给每个非成字部件都配以通俗、固定的名称则会更便于对它们的指称。从吴建一（1965：14）、文之初（1965：12）提出根据偏旁或部件位置来给偏旁、部件命名开始，经历了 50 余年的探索与研讨，直到 2009 年《现代常用字部件及部件名称规范》公布，现代常用汉字的非成字部件才有了统一、规范的名称。

《常用字部件规范》给非成字部件命名的方式有四种。[①]第一，按部位来对非成字部件命名。非成字部件的部位分为 8 类，分别是“头、底、旁、边、框、心、腰、角”，具体的命名方式是“代表字+部位”，如“罗字头、雪字底”等。 第二，按照字源的

① 这四种命名方式不包括《常用字部件规范》中单笔部件的命名方式。因为直观构形理论下没有单笔部件。

特殊命名“省”，具体的命名方式是“字源+省”，如“老省、风省”等。第三，按传统文字学的称谓命名，如“竖心、宝盖儿”等。第四，按非成字部件的读音命名[①]，如“卩（jié）、彡（shān）”。

根据上述直观构形理论的研究成果，我们认为，为了方便汉字部件教学，给非成字部件命名要考虑以下因素。

首先，要从学习者角度考虑非成字部件的命名。用“代表字+部位”的方式指称非成字部件时，一个先决的条件就是必须先认识代表字。因此，用这种方式给非成字部件命名时，最大限度地控制代表字的数量将会减少学习难度。通过通用规范汉字构形属性的研究可知，198 个非成字基础部件中有 88.89%（176 个）的基础部件的构字都大于等于 2。那么，如果按照“代表字+部位”的方式给非成字部件命名的话，几乎 89%的非成字部件的代表字的选择是多项的。如果采用这种命名方式，必须对代表字的选择进行专门研究。一般情况下，最好选择 2 部件 1 层次且部件分布在倾向性位置的整字作为代表字。而且，合体字都是包含多部件的，“头、底”“旁、边”“框、心”这些位置都是成对出现的。所以根据命名的经济原则，选取的代表字最好能够一字多用，既可以作为甲部件的代表字，也可以作为乙部件的代表字。

其次，严格按照部件结构关系来确定部位名称。“头、底”分别是上下结构的上、下位置，“旁、边”分别是左右结构的左、右位置；“框、心”分别是包围结构的外、内位置；“腰”是上（上下）下、上下（上下）结构，“角”是位于四角的位置。

再次，为了满足不同类型学习者的需求，按“字源+省”方式的命名、按传统文字学称谓的命名最好同时匹配“代表字+部位”的命名方式。

如果我们据此来考察《常用字部件规范》对非成字部件的命名，很容易发现它对非成字部件的命名存在一定瑕疵。问题最严重的是第四种命名方式。因为非成字部件顾名思义就是不能构成参照字集中整字的部件，理论上它们是不应该有读音的。即使是在其他字集中它们可以是成字部件，在把其认定为非成字部件的字集中也最好用“代表字+部位”的命名方式称谓它们。否则，很容易把非成字部件误认为是成字部件，造成部件类型与部件命名的自相矛盾，因为一般都会认为成字部件才有读音。另外，《常用字部件规范》中一部分采用第一、第二和第三种命名方式的非成字部件的命名也存在明显的问题，应该予以修正。

---

①《常用字部件规范》中的一些非成字部件是有读音的。因为这些“常用字”范围内的非成字部件，如果扩大字集范围，一部分特殊的非成字部件则可能在某一历时时期构成有完整音、义的构件。所以，从传统文字学角度来说，它们是有读音的。比如，《常用字部件规范》中的非成字部件“堇”读音为“jǐn”，“屰”读音为“nì”，“廿”读音为“niàn”，“囗”读音为“wéi”。它们是小篆中有完整音、义的部首或整字。

具体来说，《常用字部件规范》包含 203 个非成字基础部件，直观构形理论下《通用规范汉字表》包含 198 个非成字部件，它们共同的非成字基础部件有 178 个。我们来看《常用字部件规范》对这 178 个非成字部件的命名。《常用字部件规范》中这 178 个非成字基础部件，用第一种“代表字+部位”命名方式命名的有 115 个；用第二种“字源+省”命名方式命名的有 6 个；用第三种按传统文字学称谓命名方式来命名的有 28 个；用第四种按非成字部件读音命名方式来命名的有 7 个；同时用第一种“代表字+部位”和第三种按传统文字学称谓这两种命名方式命名的有 2 个；同时用第一种“代表字+部位”和第四种按非成字部件读音这两种命名方式命名的有 20 个。

由表 6.1“《常用字部件规范》中‘代表字+部位’类非成字部件命名的修正”可知，《常用字部件规范》中 115 个用第一种“代表字+部位”命名方式命名的非成字部件名称，有 4 个违背了按结构确定部位的原则，1 个违背了控制代表字数量原则，2 个违背了按倾向性位置选代表字的原则。建议这 7 个非成字的名称按表 6.1 中建议的名称进行调整。

表 6.1　《常用字部件规范》中“代表字+部位”类非成字部件命名的修正

非成字基件	原名称	违背原则	小计	建议修改名称
⺕	虐字底	按结构确定部位（虐是半包围结构）	4	虐字心
𡬠	寿字头	按结构确定部位（寿是半包围结构）		寿字框
虍	虎字头	按结构确定部位（虎是半包围结构）		虎字框
𠅃	商字头	按结构确定部位（商是半包围结构）		商字框
𧘇	畏字底	控制代表字数量	1	丧字底
巛	巡字心	按倾向性位置选代表字	2	巢字头
卬	昂字底	按倾向性位置选代表字		仰字边

由表 6.2“《常用字部件规范》中‘字源+省’类非成字部件命名的修正”可知，为了方便学习，《常用字部件规范》中这 6 个用“字源+省”来命名的非成字部件的名称应该同时配以“代表字+部位”方式命名的名称。建议这 6 个非成字部件的名称按照表 6.2 中的名称进行调整。

表 6.2　《常用字部件规范》中“字源+省”类非成字部件命名的修正

非成字基件	原名称	建议修改名称	非成字基件	原名称	建议修改名称
𢎨	弟省	弟省/弟字底	乌	鸟省	鸟省/鸟字框
⺇	风省	风省/风字框	𧰨	豖省	豖省/豖字底
耂	老省	老省/老字框	𧘇	衣省	衣省/衣字底

由表 6.3“《常用字部件规范》中‘传统文字学称谓’类非成字部件命名的修正”可知，为了方便学习，《常用字部件规范》中这 28 个用传统文字学称谓来命名的非成字部件的名称应该同时配以“代表字+部位”方式命名的名称。建议这 28 个非成字部件的名称按照表 6.3 中的名称进行调整。

表 6.3　《常用字部件规范》中“传统文字学称谓”类非成字部件命名的修正

非成字基件	原名称	建议修改名称	非成字基件	原名称	建议修改名称
刂	立刀	立刀/制字边	忄	竖心	竖心/忆字旁
𠂉	卧人	卧人/每字头	宀	宝盖儿	宝盖儿/宅字头
亻	单立人	单立人/代字旁	辶	走之	走之/边字框
刂	刀中	刀中/班字心	纟	绞丝旁	绞丝旁/纠字旁
冖	秃宝盖	秃宝盖/写字头	王	斜玉	斜玉/班字旁
讠	言旁	言旁/讯字旁	攵	反文	反文/敖字边
卩	单耳	单耳/即字边	爫	爪头	爪头/采字头
阝	双耳朵	双耳朵/那字边	灬	横四点	横四点/点字底
廴	建之	建之/延字框	礻	示旁	示旁/视字旁
扌	提手	提手/捷字旁	氺	水底	水底/录字底
彳	双立人	双立人/律字旁	钅	金旁	金旁/钱字旁
犭	反犬旁	反犬旁/狗字旁	衤	衣旁	衣旁/衫字旁
饣	食旁	食旁/饭字旁	⺮	竹头	竹头/笔字头
氵	三点水	三点水/江字旁	丷	倒八	倒八/弟字头

由表 6.4“《常用字部件规范》中包含‘部件读音’类非成字部件命名的修正”可知，为避免部件类型与部件命名自相矛盾，《常用字部件规范》中以部件读音来命名的 7 个非成字部件的名称，以及按部件读音和“代表字+部位”两种方式同时命名的 20 个非成字部件的名称，不应该再使用部件读音来命名的名称，而是只使用“代表字+部位”命名方式命名的名称。建议这 27 个非成字部件的名称按照表 6.4 中的名称进行调整。

总之，根据上述分析，我们认为《常用字部件规范》的 178 个非成字部件命名中有 68 个非成字部件的命名要进行不同程度的修改。也就是说《常用字部件规范》的 178 个非成字部件中，61.80%的非成字部件的命名是非常成功的，但仍有 38.20%的非成字部件的命名存在一定问题。并且以部件读音来给非成字部件命名的方式存在严重瑕疵，而这一瑕疵和字集的大小、成字与非成字部件的界定有直接关系，和汉字的发展演变有间接关系。同时，根据《常用字部件规范》中非成字部件命名的研究成果我们发现，要指称非成字部件必须先认识其非成字部件命名的代表字，如果不认识其代表字则根本没法指称这些非成字部件。如《常用字部件规范》的命名中，要指称这

表 6.4 《常用字部件规范》中包含“部件读音”类非成字部件命名的修正

非成字基件	原名称	建议修改名称	非成字基件	原名称	建议修改名称
兀	兀	尧字底	冘	冘/枕字边	枕字边
彡	彡	衫字边	戉	戉/越字心	越字心
廿	廿	度字心	曳	曳/拽字边	拽字边
夭	夭	乔字头	聿	聿/律字边	律字边
爿	爿	戕字旁	艮	艮/根字边	根字边
耒	耒	耕字旁	釆	釆/番字头	番字头
奂	奂	换字边	豸	豸/豹字旁	豹字旁
乂	乂/艾字底	艾字底	隹	隹/锥字边	崔字底
厶	厶/私字边	私字边	禺	禺/愚字头	愚字头
弋	弋/代字边	代字边	叚	叚/假字边	假字边
囗	囗/围字框	围字框	鬲	鬲/隔字边	隔字边
乇	乇/托字边	宅字底	堇	堇/谨字边	谨字边
幺	幺/幼字旁	幼字旁	巿	巿/肺字边	肺字边
月	月/肉月	肺字旁			

178 个非成字基础部件需要先认识 191 个代表字，而我们修改后的名称也需要认识 184 个代表字才可以准确指称这些非成字部件。所以“代表字+部位”这种非成字部件的命名方式在教学中真正应用起来还是有一定困难的。而传统文字学中用字形形状形象地指称非成字部件的方法，像“阝”被称作“双耳朵”，“卩”被称作“单耳朵”，“氵”被称作“三点水”等在教学中可能更容易应用。

因此，《常用字部件规范》只是汉字部件命名问题的阶段性研究成果，并不代表汉字部件命名问题完全研究透彻了。我们仅基于通用规范汉字构形属性的研究成果已经发现《常用字部件规范》一些非成字部件的命名存在问题，并且非成字部件命名中“代表字”选定问题的研究也几乎是一片空白。所以，目前仍需要加强汉字部件命名问题的深入研究。

6.2.3 为汉字印刷字形的规范提供素材

在对通用规范汉字构形属性进行计量分析的过程中，我们发现有 111 个基础部件在组构整字时会有规律地发生形体的变化。比如，基础部件“土马”分布在左位置时最后一笔“横”会变为“提”，像“圾地墙堌场坛坏址坝坎均坟坑坊块坷坯坪坦坤垃坡垮城盐�鋆垚瑍垅”“驮驯驰驱驳驴驶驹驻驼骉”等就是这样。基础部件“习”组构的合成部件“羽”分布在上位置时，“习”的第一笔“横折钩”变为“横折”，像“羿翌翚翯翟谬寥戳耀廖缪熠”等就是这样。但是这 111 个基础部件组构的整字中，尚存在 33 个违背形变规律的字。它们主要分为以下五种情况。

6.2.3.1 “创戗鸧”中“竖弯钩”没有变“竖提”的情况

根据附录八可知，《通用规范汉字表》包含“竖弯钩”笔画的基础部件或其合成部件分布在左位置时，存在“竖弯钩变竖提”的形变规律。比如，基础部件“七己屯旡毛尢兆鹿”分布在左位置时“竖弯钩变竖提”，像“切、改、顿邨、僭谮簪、毳撬橇、鸩、頫、麒麟鄜”等；基础部件“匕”的合成部件“昆北此”、基础部件“儿”的合成部件“元克先”、基础部件“㔾”的合成部件“厄危宛”、基础部件“己”的合成部件“岂”、基础部件“电”的合成部件“奄黾”分布在左位置时，其基础部件中的“竖弯钩变竖提”，像“鹍邶雌、顽兢赞攒缵瓒臜趱躜酂、顾剜颜、凯剀觊颉、鹌鄳”等。只有“㔾”的合成部件“仓”分布在左位置时，“竖弯钩”没有形变为“竖提”，像“创戗鸧”等。

6.2.3.2 “氓邙”中“竖折”没有变“竖提”的情况

根据附录八可知，《通用规范汉字表》包含“竖折”笔画的基础部件或其合成部件分布在左位置时，存在“竖折变竖提”的形变规律。比如，基础部件“山出亡”分布在左位置时，像“屿屹岖岭峡峭峨峰峻崎崛屺岐岈岘岬岫岣岷峄峙峣峒峤峋峥崂崃峪崚崦崤崆嵘嵖嵎嵯嵝嵫嵋嵊嵴嶂嶙嶝巉岍屾岍岈岠岵岨岞岭峒峘崓峗峧峿崄崞崌崡嵁崺嵥崿嵲嶍嶓嶟嶒嶛巇巉巇、邶、望”等；基础部件“凵”的合成部件“缶齿䍃”分布在左位置时，像“缸缺罐罅龄龇龃龅龇龈龉龊龋龌龁龂龄龆龄龀龊鹞繇”等。但是基础部件“亡”分布在左位置的“氓邙”，“竖折”却没有形变为“竖提”。

6.2.3.3 “森焱众淼猋鑫汆籴衾蹩蹇褰饕”中没有“避重捺”的情况

根据附录八可知，《通用规范汉字表》包含“捺”笔画的基础部件或其合成部件同时分布在上位置和下位置时，存在为了书写上的美观，其中一个“捺”要变成“点”的“避重捺”的形变规律。比如，“粢”上位置合成部件“次”和下位置基础部件“米”都包含“捺”笔，于是合成部件“次”的“捺”笔就变成了“点”；“癸”上位置基础部件“癶”和下位置合成部件“天”都包含“捺”笔，于是合成部件“天”的“捺”笔就变成了“点”。实际上，“避重捺”分两种情况，一种是上位置的“捺”笔形变为“点”，像“燮躞瓒聚骤鄹餐璨粲叕缀掇啜辍剟埮惙罄桑嗓搡颡磉槃攀褒焚煲爨棼苓楚齼樊攀縻醾餍棨綮鍪鳌檠獒鋈燚燊黍黏樊类裘燹”；一种是下位置的“捺”形变为“点”，像“葵揆阕暌睽骙奏凑揍辏腠桊絭爨秦榛蓁嗪溱臻瑧豢飧餐飨餍饕[1]饔”。

① 这里所说的捺变点形变是指“饕”的一级部件“食”的上部件“人”和下部件“良”都包含“捺”，为了“避重捺”，其下部件“良”的“捺”形变为“点”。

可见“避重捺”时，上位置“捺”形变为“点”的情况占优势。但是“森焱众淼焱鑫汆籴衾蹩蹇褰餮[1]”等字上位置部件和下位置部件都包含“捺”笔，其任何一个“捺”笔都没有形变为“点”笔。

6.2.3.4 “畲慰熨蠠玺您弈奕鳘”中“竖钩”没有变“竖”的情况

根据附录八可知，《通用规范汉字表》包含“竖钩”笔画的基础部件或其合成部件分布在上位置时，存在“竖钩变竖”的形变规律。比如，基础部件“小、求”分布在上位置时，像“尘尖雀隙尜穆、裘”等；基础部件“丁”的合成部件“可”、基础部件“小”的合成部件“叔系”、基础部件“𣥂”的合成部件“亦”分布在上位置时，像“哥歌、督彝、变峦弯湾塆恋蛮孪娈栾滦挛鸾脔銮”等。但是基础部件“小”的合成部件“尔、示”分布在上位置时，像“玺您畲慰熨蠠”；基础部件“𣥂”的合成部件“亦”分布在上位置时，像“弈奕鳘”等，笔画“竖钩”都没有形变为“竖”。

6.2.3.5 “恿蟹纛弊憋瞥”中“横折钩”没有变“横折”的情况

根据附录八可知，《通用规范汉字表》包含“横折钩”笔画的基础部件或其合成部件分布在上位置时，存在“横折钩变横折”的形变规律。比如，基础部件“雨、甫”分布在上位置时，像“雪雳雷零雾雹需震霄霉霍霎霜霞霸露霹雩雯雱霆霁霈霖霏霓霪霭霨霰霾雪擂蕾儒懦蠕糯樗薷嚅濡孺镭攉藿酃嚯鳕襦嬬灞鄠摴瑇溹榴嬬缥璠礌臑瘤灏燿骦礌鹳、傅搏缚膊溥赙榑镈薄簿礴欂”等；基础部件“习”的合成部件“羽”、基础部件“用”的合成部件“甬”、基础部件“母”的合成部件“敏”、基础部件“㡀”的合成部件“敝”分布在上位置时，像“翠翼翟羿翌翚翯谬寥戳耀蓼廖缪熠戮镠瘳褶擢濯醪曜僇勠摎嵧漻嫪璆嘐鹨嬥鳛髎趯、勇、繁蘩、鳖鳖”等。但是基础部件“用”的合成部件“甬、解”分布在上位置时的“恿蟹”，基础部件“母”的合成部件“毒”分布在上位置时的“纛”，基础部件“㡀”的合成部件“敝”分布在上位置时的“弊憋瞥”，其笔画“横折钩”都没有形变为“横折”。

那么，我们如何对待这种违背形变规律的现象？

一方面，如果不考虑其他因素，简单来说，凡是违背形变规律的字形必须进行字形调整。那么上述这些违背形变规律的字形一定要进行字形微调。

另一方面，如果我们综合考虑基础部件形变规律的特殊性，则会对这些违背形变规律的字有不同的对待。通用规范汉字构形属性的定量分析告诉我们，基础部件形变

---

① 这里所说的捺笔没有变形为点笔是指“餮”的上部件“殄”和下部件“食”都包含“捺”，但其上、下部件的“捺”均没有按照“避重捺”规则把“捺”变为“点”。

规律具有以下特征。

（1）形变规律并不具有绝对的普适性，它并非适用于所有的基础部件，主要是针对 111 个形变基础部件的规律。基础部件有“横变提”的形变规律。但是并不是所有包含“横”笔的基础部件或其合成部件只要分布在形变位置都要发生形变。比如，“横变提”的形变规律是指形变基础部件中包含“横”笔的基础部件或其合成部件分布在左位置时“横”变“提”，像“土工马子”等基础部件和基础部件“一二”等的合成部件“鱼鸟、佥”分布在左位置时毫无例外地“横”都要变为“提”；但是除 111 个形变基础部件之外的基础部件“革冉隹单”分布在左位置时，像“勒靴靶鞋鞍鞠鞭靰靸缂靳鞣靶鞅鞡鞑靳鞘鞡鞬鞯鞨鞫鞧鞣鞲鞴靬靽鞁鞔鞜鞮鞶霸嘞羁鞡簕灞、翈、雠犨、郸辗蕲”最后一笔“横”笔均不发生形变。

（2）汉字基础部件的形变规律是有条件限制的。由附录八可知，这 111 个形变基础部件并非在任何构字中都要进行笔形变化，而是在特定条件下才发生笔形形变的。比如，基础部件“土”只有在左位置和“弓”的围内位置时最后的“横”笔才形变为“提”，像“垃圾地坎坷城埋堆坑、疆”中的基础部件“土”要发生形变，而右位置、上位置、下位置、围内位置、穿插外位置的基础部件“土”，像“肚社、寺幸、坠垄、庄桩、坐座”都不能发生形变。

（3）111 个形变基础部件形变规律的固化程度不同。由附录八可知，基础部件“马牛”、基础部件“一”的合成部件“鸟鱼”只要分布在左位置，其末笔“横”必须形变为“提”，没有任何例外。而基础部件“丰”只有和“阝”组合分布在左位置时，“竖”笔才能形变为“撇”，而与其他部件直接组合分布在左位置时则不发生形变，像“艳契彗挈滟恝䂅砉絜慧揳楔褉锲瘛偰葜猰碶锖”等。这说明“马牛鱼鸟”的“横变提”形变规律固化程度高，而“丰”的“竖变撇”形变规律固化程度低。因此，“丰”的形变既可以作为形变的例外现象来处理，也可以作为特例来处理。

那么，我们也可以根据基础部件形变规律的特点，把形变规律固化程度低的，像基础部件“亡”在“望”中的形变看作特例，合成部件“叔糸、甬、敏”在“督彝勇繁蘩”的形变看作特例。这样“氓邙、畲慰熨蜸玺您、恿蟹、纛”等 11 个违背形变规律的字就不一定必须进行微调。但是形变规律固定程度高的，像“创戗鸽森焱众淼燚鑫尒众衾鳖蹇褰弈奕螯弊憋瞥餮[①]”等 22 个，则倾向于看作违背规律的字形。为了保持规律的系统性，违背形变规律的字形是无论如何都要进行字形调整的。可见，对于违背形变规律的字形可以有不同的处理方式，具体的处理方式是可以商榷的，对于

① 这里所说的捺笔没有形变为点笔是指“餮”的上部件“殄”和下部件“食”都包含“捺”，但其上、下部件的“捺”均没有按照“避重捺”规则把“捺”变为“点”。

现有字形的调整应该在学理上进行更为充分的论证与调研。

当然，理论上来说，对于违背形变规律的字形都要进行字形调整，以便提高汉字字形的系统性与规律性。我们这里所说的字形调整与规范主要是针对印刷字体的，而手写体汉字的规范问题，我们将在 6.2.7 专门讨论。但是我们必须对违背形变规律的印刷体字形的微调有一个客观的认识。由于这种微调完整地保留了原有字形的构形模式，所以基本不会影响汉字的识别。比如，“森焱众淼尒籴衾褰”等违背形变规律的字，按形变规律经过微调后的字形分别为“森焱众淼尒籴衾褰”。微调后，“森焱众淼尒籴衾褰”这些“捺变点”的字形微调，如果不仔细辨别，几乎看不出来和微调前字形的差异。因此，对违背形变规律的汉字整形并不是一件可怕的事情，我们现在完全没有必要像 2009 年刚听说《通用规范汉字表》要对 44 个汉字整形时那样激动与惧怕。①

6.2.4　为汉字的整形提供借鉴

进入电脑时代后，越来越高的工业标准化程度，对汉字的规范化和标准化提出了越来越细致的要求。1965 年我国发布了《印刷通用规范汉字表》，原则就是让印刷体向手写体靠拢，便于书写。但由于种种原因《印刷通用规范汉字表》字形标准中尚存在不规范、不标准的地方。2009 年《通用规范汉字表》（征求意见稿）向社会公开征求意见时，对这些不规范与不标准的地方进行了梳理，提出了拟对 44 个字的印刷宋体字形进行微调的意见。一时间在社会上引起热议。奇怪的是对汉字整形问题出现了两种截然相反的支持率。一方面，据专家透露，通过信函、传真、电子邮件等方式，大众已对《通用规范汉字表》提出了近 1500 条建议和意见。其中 67%赞成，认为字形调整是必然的；反对的只有 6%。另一方面，以新浪网为例，在相关新闻刊登后，新浪网随即对汉字整形专门开通了网上调查“你是否支持调整 44 个汉字写法？”有 359674 人接受了调查，截至 2009 年 8 月 22 日下午 18 时，90.3%的人选择反对，认为是“穷折腾”，只有 5.0%的人选择支持。（熊培云，2009：10）这两种截然相反的调查结果告诉我们，第一是当今公众高度关注汉字改革问题，第二是在当下保持汉字字形稳定是大势所趋，任何有关汉字的改革都必须慎重。同时也让我们明白了虽然汉字整形工作势在必行，但是必须在对汉字构形系统全面、深入研究，对拟微调字进行充分讨论、争鸣，并拟定好字形微调后出现的一系列问题的解决方案的基础上才能实现。

① 2009 年 8 月，教育部就刚研制出的《通用规范汉字表》（征求意见稿）公开征求意见，并提出要对 44 个汉字字形进行微调。此言论一出，立即在全社会引起了巨大反响，几乎一边倒地反对汉字整形，反对之声来势汹汹。网络上“拍砖”者络绎不绝，有人一度认为民众又一次“被”代表了。他们把矛头直指课题组的专家教授和教育部，言辞恳切地呼吁“教育部改字”要尊重民众意愿，考虑书写习惯。

《提高汉字字形标准化水平刍议》（费锦昌，2000：413）指出，要提高汉字字形标准化，首先要“组织力量，摸清汉字字形现状”，汉字的整形工作要切忌闭门造车、零敲碎打、修修补补。《通用规范汉字表》课题组就是在《字表》研制的过程中对现代汉字字形进行了系统梳理，并以此为基础提出来对 44 个汉字整形的意见。这些意见毋庸置疑都是系统而中肯的，但是这些意见基本都是从字理构形角度来审视现代汉字字形而提出的字形整改意见。毕竟现代汉字构形研究主要有字理和字形两大理论，只从某一理论角度来审视现代汉字字形尚不够全面。我们的通用规范汉字构形属性研究是以直观构形理论为基础纯粹从字形角度来研究现代汉字构形的成果，如果从直观构形角度来审视这 44 个要整形的汉字，我们则有不同的意见。

6.2.4.1　对“横变提”规则中“琵琶琴瑟”的左上部和“徵”的中下部“王”，其末笔“横”变成“提”的再思考

《通用规范汉字表》对 44 个字的字形调整的建议中指出“琵琶琴瑟”的左上部和“徵”的中下部“王”末笔“横”应变成“提”。其理由是根据汉字书法的结构原则，左部件或左上部件末笔为“横”的，应该变形为“提”。比如，“鸿潋鼓街御”等都是如此。另外“碧”左上位置的部件“王”末笔为“提”，并且《康熙字典》（中华书局，1962 影印本）中“琴瑟”末笔的“横”也为“提”。所以“琵琶琴瑟”的左上部和“徵”的中下部“王”，其末笔“横”应该变成“提”。

依照规律，对不成系统和违背规律的不规范字形进行字形调整的思路没有任何错误。但是判断某些字形是否违背形变规律或者违反系统性既要从形变规律的整体来衡量，也要从具体部件自身的形变规律来衡量。

首先，形变规律并不具有普适性。“横变提”规律是针对形变部件的规律，非形变部件则不遵守此规律。我们不否认，现代汉字印刷宋体中很多左部件或左上部件的末笔“横”都变成了“提”，如“土工子马车止牛立豆耳血业至且鱼鸟”等。但是也并非所有包含“横”笔的部件分布在左或左上位置时都必然会发生“横变提”的形变。比如，分布在左位置的“革冉隹单”末笔“横”就没有发生形变，也没有人把“勒靴靶鞋、翈、雠犨、郸輾蕲”等看作不规范字形。

其次，“王”的形变具有特殊性。根据附录八可知，基础部件“王”的形变的条件是其合成部件“呈”分布在左位置时，“王”末笔“横”变“提”。符合这个形变条件的字只有“郢”一个。那么从形变基础部件整体而言，“呈”处在“横变提”的敏感位置，并发生了形变，这种形变可以看作是符合规律的；从基础部件“王”个体而言，“呈”发生形变只上一个个案。所以，既可以把分布在左位置的“王”及其合成部件的形变看作规律，也可以看作特例。

再次，“𤣩、王”是不同的基础部件，末笔为“提”是基础部件“𤣩”的固有笔形，并且“𤣩”只分布在左位置。[①]由附录四可知，“王、𤣩”是两个不同的基础部件，“王”有左/右/上/下/围内/穿插外6个分布位置，其倾向性分布位置是“下”；（见附录七，此不赘述）“𤣩”只分布在左位置，分布在左位置的“𤣩”不是形变部件，“碧”中左位置的基础部件是“𤣩”不是“王”，末笔“提”则是基础部件“𤣩”的固有笔形。

所以，直观构形理论下可以不把“琵琶琴瑟徵”这些字形看作违背形变规律的、需要整形的字。即使是从字理角度来说，需要对分布在左部位而没有发生“横变提”的“王”及其合成部件进行整形，也绝不仅仅限于只对“琵琶琴瑟徵”5个字整形，“琴瑟琵琶潖璱、徵瀓”等8个字都需要进行整形。

6.2.4.2 对捺变点规则中“魅”的部件“未”和“汆、氽、褰、衾”的下部件的末笔“捺”变“点”的再思考

《通用规范汉字表》对44个字的字形调整的建议中指出“魅”的部件“未”和“汆、氽、褰、衾”的下部件的末笔“捺”变“点”。其理由是根据书法“避重捺”的习惯和字形的美观，凡字形中有两个“捺”笔的，其中一个应变为“点”。哪个“捺”变为“点”，取决于字的结构特点是上覆下还是下载上。上覆下结构，下“捺”变“点”，如“余癸奏”等；下载上结构，上“捺”变“点”，如“炙炎爻焚”等。“汆、氽、褰、衾”为上覆下结构，依规则下“捺”当变为“点”。“魅”属于左下包围结构，部件“未”末笔的“捺”容易和部件“鬼”末笔的“钩”交接，影响美观。再加上类似“魅”结构的字“飕”等“捺”笔已经变成了“点”，所以“魅”中部件“未”的“捺”笔也要调整为“点”。

根据通用规范汉字构形属性数据库，现代汉字中的确存在左下包围围内的部件，如果包含“捺”笔，一般“捺”笔都形变为“点”笔的形变规律，如“飕达返迟这送述毯魃赵趣寇”等，其围内部件中的“捺”笔都形变为“点”笔。而“魅”中“捺”笔没有形变为“点”则属于违背形变规律的现象。从系统性角度来说，“魅”的字形违背了形变规律，对其进行整形的建议符合客观事实。

但是，违背“避重捺”原则的字除了“汆氽褰衾”之外还有“森焱众淼猋鑫蹇整餐[②]”等。根据附录八可知，《通用规范汉字表》中违背“避重捺”形变规律的字有“森焱众淼猋鑫汆氽衾蹇褰整餐[③]”13个，这些字上、下位置的部件中都包含“捺”笔，

---

① 这里所说的分布位置是指和直接组合部件组合时该部件的分布位置。

② 这里所说的捺笔没有形变为点笔是指“餐”的上部件“𣦼”和下部件“食”都包含“捺”，但其上、下部件的“捺”均没有按照“避重捺”规则把“捺”变为“点”。

③ 同上。

但是从字形上来看，无论是其上位置还是下位置上的“捺”笔都没有形变为“点”。所以说“森焱众淼猋鑫蹇蹩飱”这些字形也违背了“避重捺”的规律，和“粂氽褰衾”是同种类型的字。那么，如果要对“粂氽褰衾”进行整形，也必须对“森焱众淼猋鑫蹇蹩飱”等整形。

而《通用规范汉字表》课题组只提出“粂氽褰衾”4 个字的“捺”笔没有变“点”笔的问题，没有看到“森焱众淼猋鑫蹇蹩飱①”9 个字也存在同样的问题，这是看问题不够全面的表现。即便是《通用规范汉字表》课题组不同意对“森焱众淼猋鑫蹇蹩飱②”这些违背“捺变点”规律的字进行整形，也应该提出充分的理由进行解释，而不应是完全忽视它们。

我们认为，从系统性角度来说，如果要对违背“避重捺”原则的字形进行微调，只对“魅粂氽褰衾”等字形调整，是远远不够的。因为“森焱众淼猋鑫蹇蹩飱”9 字的字形也违背了“避重捺”原则，也需要进行整形，我们不能忽视它们。

6.2.4.3　对“竖弯钩变竖提”规则中“巽(撰、馔、噀同)”的上左部件“巳”的“竖弯钩”变“竖提”的再思考

《通用规范汉字表》对 44 个字的字形调整的建议中指出“巽（撰、馔、噀同）”的上左部件“巳”的“竖弯钩”变“竖提”。其理由是《印刷通用汉字字形表》中“改、顾、凯”等字中的“竖弯钩”均已变为“竖提”，所以“巽（撰、馔、噀同）”也要遵从这一原则，上左部件“巳”变为“竖提”。而由于“创、饿”如果按此规则调整后，容易与部件“饣”混淆，所以它们的左下部件“㔾”的“竖弯钩”不再变为“竖提”。

首先，《通用规范汉字表》中违背“竖弯钩变竖提”规律的字绝不仅仅只有“巽撰馔噀、创饿”等字。由附录八可知，《通用规范汉字表》中“竖弯钩”变“竖提”的字很多，除了“改顾凯”之外还有“切彻砌窃沏赞攒缵瓒臜趱躜酂麒麟鄜僭谮簪鸠虓顿郫剀觊辉耀顽颓兢邶剜鹌鹍觥颁颌”等。同时，根据通用规范汉字构形属性数据库统计，带“竖弯钩”的基础部件或其合成部件分布在左位置上时，除了“巽撰馔僎噀刨”和“创饿鸧”没有发生形变外，其余所有的都发生了形变，“竖弯钩”变成了“竖提”。而且除了“仓”之外“㔾”的所有合成部件分布在左位置时都发生了形变。这说明“竖弯钩变竖提”的形变规律固化程度高，分布在左位置的包含“竖弯钩”的基础部件或合成部件理论上应该发生“竖弯钩变竖提”的形变。所以，从这个角度来

① 这里所说的捺笔没有形变为点笔是指“飱”的上部件“歹”和下部件“食”都包含“捺”，但其上、下部件的“捺”均没有按照“避重捺”规则把“捺”变为“点”。

② 同①。

说，《通用规范汉字表》课题组提出对“巽撰馔噀”整形的理由是客观而充分的。但是他却忽视了《通用规范汉字表》还有“僎刨鸧”等也和“巽撰馔噀”一样，是违背“竖弯钩变竖提”形变规律的字。如果要对“巽撰馔噀”整形，就不能遗漏对“僎刨鸧”的整形。

其次，“创戗”整形后并不会和“饣”混淆，“创戗”应该整形。比如，“创戗”整形后的字形为“创戗”，从字形上直观来看，整形后的“仓”和“饣”还是有相当的区别度的。因此，简单地把“仓”整形后容易和“饣”混淆作为拒绝对“创戗”整形的理由并不充分，“创戗”违背了“竖弯钩变竖提”规律，需要进行整形。

再次，如果我们换个角度来思考问题，“巽撰馔噀”也可以不进行整形。虽然“竖弯钩变竖提”是常见的一种形变规律，但是形变规律并不具有普适性，并不是所有“竖弯钩”笔画都必须形变为“竖提”。比如，“横变提”“竖钩、横折钩去钩”“捺变点”等规律都不具有普适性。而且就基础部件“巳”单独来看，它在《通用规范汉字表》的构字中，所有分布在左位置的基础部件和合成部件都没有发生形变，如“巽撰馔僎噀”中的基础部件“巳”和“刨”的合成部件“包”都没有发生形变。我们可以据此断定“巳”不是形变基础部件。因此，从这个角度来说“巽撰馔噀”和“刨”根本不需要整形。

所以说，我们认为目前对“巽撰馔噀”等字整形的理由和不整形的理由都很充分。对它们是否进行整形，还有待于进一步的研究。如果要对“巽撰馔噀”整形，则不能遗漏“僎刨”等同类型字的整形。而“创戗鸧”等字则需要整形，并且整形后的字形“创戗鸧”，并不影响整字的识别，也不改变整字的构形模式，其左位置部件形体和“饣”有明显的区别。

6.2.4.4 对“竖钩变竖”规则中对“亲（榇同）、杀（刹、脎、铩、弑同）、条（涤、绦、鲦同）、茶（搽同）、新（薪同）、杂、寨”的部件“木”的“竖钩”变“竖”，取消变异部件“朩”的再思考

《通用规范汉字表》对44个字的字形调整的建议中指出根据“竖钩变竖”规则“亲（榇同）、杀（刹、脎、铩、弑同）、条（涤、绦、鲦同）、茶（搽同）、新（薪同）、杂、寨”的部件“木”的“竖钩”变“竖”。理由是《印刷通用汉字字形表》对印刷宋体中“木”“竖钩变竖”规则处理不彻底，致使部件“木”有“木、朩”两个变体形式，为了保持同一个字和部件在相同条件下变异的一致性，对“亲”等17字字形进行调整，并取消变异部件“朩”。

首先，不能把“竖钩变竖”规则处理不彻底作为把“木、朩”两个部件归并为一

个形体“木”的理由。因为长期形成的字形书写习惯难以突然改变。从《玉篇》《广韵》《集韵》《类篇》《正字通》《字汇》《康熙字典》等古代字书至今[①]，部件“木”都有两种不同的变体形式，一种是第三笔和第四笔封闭相接的形式，一种是第三笔和第四笔相离的形式（见图 6.1）。无论“木”的变体形式中“竖”笔带“钩”与否，[②]它们的笔形及笔画位置关系一直保持着稳定的差异：第三、第四笔的笔形差异，第三、第四笔的笔画位置关系差异。而且这些变体形式在现代汉字字形中已经定型化。《康熙字典》分布在下位置的“木”，包含两种变异形式，规律性不强。而现代无论在印刷宋体还是印刷楷体或者台湾标准字体中，“木”变体形式的分工基本定型化。在印刷宋体和印刷楷体中，大部分下位置上的“木”都写为第三笔和第四笔封闭相接关系的字形，通用规范汉字构形属性数据库中像“朵呆宋采某荣柒染架柔栗柴桌”等这样的字有 109 个；一少部分下位置的“木”写为带“钩”并且第三笔和第四笔为相离关系的字形“朩”，通用规范汉字构形属性数据库中像“杂杀亲条余寨剎”等这样的字有 37 个。台湾常用标准字体中则绝大部分分布在下位置的“木”都写为不带“钩”并且第三笔和第四笔为相离关系的字形，像图 6.1 中的“亲茶条”等，只有像图 6.2“深菜踩釉睬彩”等几个有限的字，其下位置的“木”保留了“木”字本来的形体，第三、第四笔封闭相接。这说明无论在大陆还是台湾“木”的变体形式一直被保留着，虽然其分布位置越来越定型化，但是其变体形式都没有完全统一。文字作为记录语言的书写符号系统，其稳定性特征极为重要，长期形成的书写习惯无法在短期内打破。而现代大陆和台湾“木”变体形式在固定位置上的定型化，则正是“木”变体形式走向统一的一种过渡，在将来“木”的变体形式必将统一。但就目前来说，社会政治经济稳定，中华人民共和国成立以来汉字改革成果刚刚得到巩固，尤其是同类型的待整形字众多（有 17 个）的情况下，不宜轻言对“木”的变异形式进行整形。因为暂时保持字形的稳定会更利于社会的稳定与发展。

亲林茶条	中国大陆印刷楷体
親林茶條	《康熙字典》字体
親林茶條	台湾标准字体

图 6.1　大陆印刷楷体、《康熙字典》和台湾“台湾标准字体”[③]

① 这里所说的“今”的汉字标准字形主要是《通用规范汉字表》的字形，也包括台湾的标准字体的字形。

②《康熙字典》中“朩”不带“钩”，现代汉字中“朩”带“钩”，台湾标准字体中不带“钩”。

③ 本书的“台湾标准字体”均出自其教育主管部门于 1994 年公布的《国字标准字体宋体母稿》。

深菜踩釉睬彩

图 6.2　台湾标准字体

其次，如果对“亲”等 17 字整形，“余”及其构字是否也需要整形？“余”是中华人民共和国成立后的简化字，从字形上来看，也包括和“亲”同形的部件“朩”。如果“亲”等字将来进行整形，“余叙除徐途涂斜荼狳蜍骁棯悆稌畲艅酴潊滁畬”等 20 字如何处理？从直观构形理论来说，我们认为“亲”和“余”包含相同的部件“朩”，为了坚持汉字构形的系统性，如果“亲”等字整形，“余”及其构字也应该按“亲”的整形进行类推整形。

因此，就目前来说，不能轻言“亲杀”等 17 字的整形。因为一方面，从字理上来说，对“亲杀”等 17 字整形有一定道理。另一方面，从字形上来说，从古至今无论“木”的“竖”笔带钩与否，其第三、第四笔之间的笔形和笔画位置关系都是互补的，长期的书写习惯很难在一朝一夕改变；而且如果对“亲杀”等 17 字整形，也必须考虑包含部件“朩”的“余叙”等 20 字的整形问题，这涉及的整形字太多，需要慎重考虑。所以，现在对“亲杀”等 17 字整形还为时过早，它们的整形问题还需要再经过广泛深入的研讨才能定夺。

6.2.4.5　对“横折钩变横折”（去钩）规则中“恿、瞥、弊、憋”上部件的“横折钩”调整为“横折”的再思考①

《通用规范汉字表》对 44 个字的字形调整的建议中指出按照“横折钩变横折”（去钩）的规则，“恿”的上部件和“瞥（弊、憋同）”的上左部件的“横折钩”变“横折”。上部件的中笔或末笔为“钩”者，为了避免与下部件发生交接，影响字的美观，原则上要去“钩”。理由是“督、袭、勇、傅、翠”等字，上部件中“横折钩”或“竖钩”都变为“横折”或“竖”；“㡀”作为字的上左部件，其第四笔“横折钩”，多数都变为“横折”，如“鳖、蹩”等，《印刷通用汉字字形表》中只有“瞥、弊、憋”三字例外，应统一把它们的“横折钩”变为“横折”。

首先，《通用规范汉字表》课题组提出对违背“横折钩变横折”形变规律“瞥弊

① 由于《通用规范汉字表》中“恿”字形的第四笔“横折钩”没有发生形变，所以我们也把“恿”认定为违背“横折钩变横折”这一形变规律的例外现象。虽然 GBK 中宋体“恿”的字形“横折钩”已经形变为“横折”，但是这是字库中的字符不符合汉字字形规范的现象，“恿”不代表规范的字形。所以，虽然本书中印刷宋体字形“恿”的第四笔“横折钩”已经变成“横折”，我们仍把“恿”看作是第四笔“横折钩”没有形变为“横折”的违背形变规律的字。

憋”整形时，遗漏了同样违背“横折钩变横折”形变规律的“蟹蠹”等字。根据附录八可知，通用规范汉字存在“横折钩去钩”的形变规律。也就是当包含“横折钩”的基础部件或合成部件分布在上位置时，其“横折钩”可以形变为“横折”。“甬甫羽敝雨敏”6 个部件分布在上位置时发生“横折钩变横折”的形变。比如，“勇鳖蹩”在上位置时都发生了形变。但是“恿瞥弊憋”却没有按照形变规律发生形变，为了保持形变规律的系统性，其字形应该进行规律性调整。《通用规范汉字表》课题组提出调整“恿瞥弊憋”字形的看法是客观的。但是却遗漏了像“瞥弊憋”一样违背“横折钩变横折”规律的“蟹蠹”。如果要对“恿瞥弊憋”整形，就必须对“蟹蠹”整形，不能把它们遗漏掉。

其次，遗漏了违背“竖钩变竖”规律的“畲慰熨蝨玺您弈奕鳌”等字的整形问题。根据通用规范汉字构形属性定量分析可知，“去钩”的形变规律包括“横折钩去钩”和“竖钩去钩”两部分内容。《通用规范汉字表》课题组只注意到了违背“横折钩变横折”规律的“瞥弊憋”这些字形，遗漏了违背“竖钩变竖”形变规律的“畲慰熨蝨玺您弈奕鳌”等字。根据附录八可知，“可小叔糸亦求”6 个部件分布在上位置时发生“竖钩变竖”的形变，如“哥歌、尘尖雀尜隙穆、督、彝、峦弯恋蛮孪娈栾挛鸾脔銮湾塆滦孪、裘”中分布在上位置的这些部件都发生了形变。但是基础部件“小”的合成部件“佘尉尔你”分布在上位置时的“畲、慰熨蝨、玺、您”等字，基础部件“⺌”的合成部件“亦赦”分布在上位置时的“弈奕、鳌”等字，其上位置本应该发生形变去钩的基础部件“小⺌”却没有发生形变。它们是违背“竖钩变竖”形变规律的字形。如果“瞥弊憋”要整形，也不能遗漏了对“畲慰熨蝨玺您弈奕鳌”这些字形的调整。

所以，我们认为《通用规范汉字表》中违背“去钩”形变规律的字，除了“恿瞥弊憋”之外还有“蟹蠹畲慰熨蝨玺您弈奕鳌”等。如果从系统性角度对违背“去钩”规律的字整形，就不能只看到“恿瞥弊憋”4 个字，而忽视“蟹蠹畲慰熨蝨玺您弈奕鳌”11 个字。但是“蟹蠹畲慰熨蝨玺您弈奕鳌”该如何整形，还有待于进一步研究。

6.2.4.6　对“唇、蜃”以及“褥、溽、缛、耨、傉、蓐、蘑”中的部件“辱”，由半包围结构调整为上下结构的再思考

《通用规范汉字表》对 44 个字的字形调整的建议中指出“唇、蜃”以及“褥、溽、缛、耨、傉、蓐、蘑”中的部件“辱”，由半包围结构调整为上下结构。理由是“上下、左右结构”比“半包围结构”易于书写，并且为了和“辱”的上下结构保持一致性。

《通用规范汉字表》课题组认为把“唇、蜃”以及“褥、溽、缛、耨、傉、蓐、薅”中部件“辱”的半包围结构调整为上下结构的理由是上下结构比半包围结构好写。从理论上说，7754 个合体字中半包围结构的整字有 644 个，上下结构的整字有 2001 个，上下结构的字远远多于半包围结构的字；上下结构的字比半包围结构的字在整字中复现的概率高，应该会比半包围结构的字好写。但是现代汉字本身就是一个成熟的文字系统，历经几千年的演变及中华人民共和国成立后的汉字简化运动，现代汉字已经非常容易书写了。在现阶段汉字整形工作的重点应该是对那些违背形变规律的、违背汉字系统性的字形进行整理。如果再以容易书写作为对现代汉字整形的理由则会显得过于苍白和无力，不能令人信服。而且把“唇、蜃”以及“褥、溽、缛、耨、傉、蓐、薅”中部件“辱”的半包围结构调整为上下结构的意见，既忽视了“辰”的构形属性，也视了“唇”类半包围结构整体的系统性。

第一，根据通用规范汉字构形属性数据库我们来看一下部件“辰”的构形属性。在印刷宋体中，部件“辰”的构字有“振辱唇晨震宸娠赈蜃褥蓐溽缛耨薅傉”16 个。从分布位置上来看,“辰”分布在半包围围外位置上的字有“唇蜃褥蓐溽缛耨薅傉”9 个，分布在上位置的字有“辱”1 个，分布在下位置的字有“晨震宸”3 个，分布在右位置的字有“振娠赈”3 个。从分布位置来看，“辰”分布在半包围结构的围外位置是倾向性的优势位置，上位置是“辰”分布的最劣势位置。也就是说，“辰”与直接组合部件组合时，构成的半包围关系的字最多，构成的上下关系的字最少。可以说，从“辰”的构形属性上说，半包围结构是它的优选倾向性结构方式，而上下结构是它的最劣势的结构方式。如果把“唇蜃”和“褥溽缛耨傉蓐薅”中部件“辱”的半包围结构调整为上下结构，则是直接违背了部件“辰”分布位置、结构关系的构形属性。

第二，通用规范汉字构形系统中像“唇”这样的半包围结构并非少数，而是成系统的。比如，由通用规范汉字构形属性数据库可知，像“辰”一样分布在左上半包围围外位置上的部件还有“麻厌鹿庚痂雁后庶原厇庐厘雁斥府尿”等，它们构成了“摩磨靡魔麽麾糜縻蔴蘑穈蘼嬷醾、靥魇餍厣黡、麂麋麈麖麏麝麀麑麚镳儦瀌藨、赓、瘸、赝、厔、蜃、愿、虎彪唬琥虒搋號饕虓猇甝虏虐虑滤摅虚墟嘘觑虔虞滹罅婋遽醵甗巇髗、度渡镀踱褫席庶虒、廛、膺、质踬櫍锧盾循遁楯腯、腐、犀”等字，并且这些部件都是不能分布在上位置，可以分布在左、右等其他位置上。如果再加上“尸户厂尸广疒”等构成的左上半包围结构的字，那《通用规范汉字表》中左上包围的字就更多了。可见，从“辰麻厌鹿庚痂雁后庶原厇原厇庐厘雁斥府尿”等构成的左上半包围结构的系统中可以看出，这些部件的构形规律很明显：直接构成左上包围结构，分布在围外位置，不分布在上位置，只有“辰”构成的上下结构的“辱”是系统的例外。如果要对“辰”构字的结构进行调整，从系统性、经济性角度来说也只能是对“辱”的结构进行调整，而不能对“唇蜃”和“褥溽缛耨傉蓐薅”中部件“辱”的结构进行调整。

第三，从《说文解字》到《康熙字典》，“辱”都是半包围结构，现代汉字中“辱”才变为上下结构。由图 6.3 可知，从小篆开始，“辱”就是半包围结构，一直到《康熙字典》“辱”仍旧是半包围结构。只是到了现代“辱”才变成了上下的字形。可见把“辱”字写为半包围结构才是汉字的传统与习惯。如果对“辱”整形，把它调整为半包围结构，不仅会让左右和半包围结构的构形规律变得完美，而且还更加经济。因为如果把对“唇蜃褥溽缛耨傉蓐薅”9 个字整形改为对“辱”1 个字整形，仍能达到保持现代汉字构形系统化、规律化的效果，那肯定是对 1 个字整形更经济。

《说文解字》字形　《康熙字典》字形

图 6.3　《说文》和《康熙字典》中“辱”的字形

所以，我们认为无论从哪个角度来说，《通用规范汉字表》课题组提出把“唇、蜃”以及“褥、溽、缛、耨、傉、蓐、薅”中部件“辱”的半包围结构调整为上下结构的意见都存在一定问题。“唇蜃”等 9 字是否需要整形，仍需要进一步研讨。而且如果真要对包含“辰”部件的字进行整形，把“辱”1 个字调整为半包围结构，则更为经济。

6.2.4.7　对“毂”的“车”上添加一短横的再思考

《通用规范汉字表》对 44 个字的字形调整的建议中指出“毂”的左下部件“车”上添加一短横。其理由是为了与从“㱿”的字形保持一致，从“㱿”的其他字如“縠”等都没有省去短横笔，所以“毂”的左下部件“车”上应添加一短横。

当然，从字理构形分析角度来说在“毂”的左下部件“车”上添加一短横，就可以让其和“彀縠觳”的字形一致起来，以便于字理分析时保持共同的声旁。但是如果我们换个角度来考虑，会得出完全相反的结论。从直观构形角度来看，应该对“彀縠觳”进行整形，把它们左下部件上面的一短横去掉，而不是对“毂”进行整形。这样既减少了“彀縠觳”的笔画，又可以对其左部件再进行构形分析，还可以减少“㝅㲉𣪊”3 个笔画数多的基础部件。

因此，我们认为无论是从字理角度对“毂”进行整形的理由，还是从字形角度不对“毂”进行整形的理由都比较充分。目前，是否对“毂”整形，仍需要进一步的研讨。

总之，基于通用规范汉字构形属性数据库和通用规范汉字构形属性的定量分析，我们认为《通用规范汉字表》课题组提出的对 44 字整形的意见，一部分是中肯的，一部分还有商榷的空间一部分是存在明显瑕疵的。

其中“魅”的部件“未”和“籴汆褰衾”的整形、“恿瞥弊憋”的整形是非常中肯的，因为这些字形都违背了部件的形变规律，它们的存在，在一定程度上破坏了汉字构形的系统性。所以，对它们整形利大于弊。只是《通用规范汉字表》中和“籴瞥”一样没有发生“避重捺”和“去钩”形变的字还有“森焱众淼焱鑫氽籴衾鳖蹇飧蟹蠹畲慰熨蛰玺您弈奕螯”23 个。这些字也存在违背构形规律的问题，也需要整形，我们不能忽视它们。

“琵琶琴瑟”的左上部和“徵”中的“王”的整形，“巽撰馔噀”的上左部件“巳”的整形，“亲榇、杀刹脎铩弑、条涤绦鲦、茶搽、新薪、杂、寨”的部件“木”的整形，对“毂”的“车”上添加一短横的问题必须再进行深入的论证和商榷。“琵琶琴瑟”的左上部和“徵”中的“王”、“巽撰馔噀”整形和不整形的理由都比较充分，它们都属于“X 笔形变提”的形变现象，无论整形与否，都要对它们做统一处理。“亲”等 17 字中“木”的整形问题牵涉的待整形字多，而且与“亲”一样包含“木”的还有“余”及其构字共 20 个。《通用规范汉字表》课题组并没有对“余”等 20 个字的整形问题有任何的提及，而“余”等 20 个字和“亲”等 17 个字是同样的字形不规范问题，对它们应该采取同样的处理措施。况且它们加在一起有 37 个之多，涉及的待整形字过多，对其整形与否还需要从多方面再慎重地研究和论证。“毂”的整形问题从字理构形和字形构形两个角度来分析则会得出完全相反的结论，所以“毂”是否要整形，仍需要进一步讨论与商榷。

“唇蜃”以及“褥溽缛耨傉蓐薅”中部件“辱”的半包围结构调整为上下结构的意见、“刨饿”违背形变规律却不能进行形变的意见都存在明显瑕疵。把“唇蜃”以及“褥溽缛耨傉蓐薅”中部件“辱”的半包围结构调整为上下结构既违背了“辰”的分布位置和结构关系的构形属性，也违背了左上包围结构自身的系统性，更违背了经济原则。所以，如果要整形，不是对“唇”等 9 字整形，只对“辱”1 字整形即可。“刨饿”的确是违背形变规律的字，其整形后字形为“刨饿”，直观上看并不容易与“饣”混淆。而且和“刨”一样违背形变规律的字还有“鸽”，也不能被忽视。

俗话说“理不辩不明，事不鉴不清”。我们基于现代汉字直观构形理论的研究成果，对《通用规范汉字表》课题组提出的对 44 个字整形的意见进行再次考量，发现从直观构形角度来看，他们对这 44 个字整形的意见尚存在不少争议之处。就目前来说，汉字整形问题不宜操之过急。但是，社会上反对汉字整形的声音并不能阻止我们对现有印刷体汉字中存在的不规范字形进行归纳、整理与研究。毕竟，学理上的研究是汉字标准化工作推进的前提与基础。虽然目前尚不便于对不规范字形进行微调，但是经过我们长期客观、系统、全面的研究与讨论，等到时机成熟的时候，我们就可以对这些现代汉字不规范的字形全面、系统地进行整形，从而避免零打碎敲式整形的局部、片面、主观性思想。

6.2.5　为简化字的评价提供依据

1996 年在上海市语文工作者举行的纪念《汉字简化方案》公布 40 周年座谈会上，陶小东提出“汉字在今后一段时间内相对稳定，但这并不意味着停止简化汉字的研究工作。简化方案的出台要谨慎，但简化汉字的研究需要加强”。（上海市语文工作者，1996：31）从 1956 年 1 月 28 日《汉字简化方案》公布至今 60 年来，简化字备受争议。即使到了近几年，网络上批评、质疑简化字的声音仍不绝于耳。那么到底简化字的存在会不会破坏现代汉字的系统性？在现代汉字系统中该如何评价简化字？这些问题都需要我们进一步去研究，给出明确的答案，以便澄清社会上对繁简字的混乱认识、对简化字的质疑。下面我们就利用直观构形属性的研究成果来回答上述问题。

6.2.5.1　简化字不会破坏现代汉字的构形系统

《通用规范汉字表》中共有 2430 个简化字，除去类推简化字 1949 个，剩余的简化字有 481 个。由于 1949 个类推简化字是根据《简化字总表》中表一和表二的简化字，把汉字中以表一、表二中简化字作为偏旁或部首的字再进行简化而来的，所以类推简化字没有改变原有汉字的结构模式、分布位置和分布层级。所以，有可能对汉字系统造成破坏的只有剩余的 481 个简化字。

由于简化字继承和沿袭了繁体字的笔形和笔画位置关系，所以我们依据通用规范汉字构形属性数据库主要讨论这 481 个简化字的整字和部件构形属性。

首先，481 个简化字从整字构形角度来说，包括独体整字 69 个、合体整字 412 个；整字高级构形模式有 11 种，分别是 2 部件 1 种 217 个，3 部件 1 种 48 个，3 部件 2 种 100 个，4 部件 1 种 11 个，4 部件 2 种 3 个，4 部件 3 种 8 个，4 部件 4 种 13 个，4 部件 5 种 9 个，5 部件 6 种 1 个，5 部件 10 种 1 个，5 部件 13 种 1 个。其中属于 8 种优势构形模式的整字有 407 个，占合体简化字的 98.77%。也就是说，从整字构形角度来说，近 99%的简化字构形模式属于现代汉字的优势构形模式。而《通用规范汉字表》中也只有 90%的合体字属于 8 种优势构形模式。这说明从整字构形模式上说，简化字简化得比较成功。

其次，这 481 个简化字包括 256 个基础部件。从部件构形角度来说，这 256 个基础部件在《通用规范汉字表》中平均每个基础部件参与组构 26 个整字，[①]远远高于 549 个基础部件的平均构字数 15 个。并且这 256 个基础部件中，在繁体字构形系统中已经出现过的基础部件有 197 个，占 76.95%；新造基础部件 59 个，只占 23.05%。也就是说，整体而言，不但简化字的基础部件构字能力强，而且其大多数基础部件都是从繁体字构形系统中继承下来的。这说明从部件构形角度来说，简化字没有破坏现代汉字的构形系统。

因此，从直观构形角度来说，《通用规范汉字表》中的 481 个非类推简化字不但没有破坏现代汉字的构形规律，反而成了现代汉字构形规律的典型代表。那么，中华人民共和国成立后对汉字有组织的大规模简化，就不仅不是对汉字构形系统的破坏，反而是对汉字基本构形单位和构形规律的强势凸显，是对汉字构形的系统性和科学性的大幅提升。

6.2.5.2 能更经济地记录现代汉语词汇的音或义

汉字是记录汉语的书写符号系统。汉字的音和义都是语言赋予的，汉字的字形记录的也是语言的音和义。汉语是主动的，汉字是被动的。只要汉语变化，汉字也必然随之而变化。

古代汉语阶段汉字直接记录的语言单位主要是词，汉字用来记录汉语词汇的音和义；现代汉语阶段汉字直接记录的语言单位主要是单音节语素（甚至只是音节），汉字用来记录汉语语素的音和义。因此，虽然都可以记录汉语，但是从记录的语言单位来说，古代汉语阶段和现代汉语阶段汉字和汉语的关系不同。

古代汉语阶段，汉字字形隐含的是词的音和义，可以通过分析字形达到提示词音或词义的作用，传统文字学的音韵学和训诂学就分别是研究古汉字字形与字音、字义的关系的学问。而且这种古汉字字形和其字音、字义的关系并非直观可视的，而是需要系统学习的；现代汉语阶段，汉字字形隐含的是语素的音和义，并且词义也并非是语素义的简单相加，它需要着重参照词形构式义。比如，“孙子”，要弄清其词义，不能只看语素义（相当于字义），需要先搞清楚它的构词方式，如果是附加式合成词，则“子”读轻声，“孙子”是“儿子的儿子”的意思；如果是复合式合成词，“子”需要读三声，“孙子”是名词专指中国古代著名军事家“孙武”。也就是说现代汉字需要通过词形构式义来提示词的音或义。有了新的提示词的音或义的手段，现代汉字就

① 基础部件平均构字=基础部件累计构字数÷（基础部件种数×整字平均基础部件数）= 20332÷（256×3）=26.47≈26

没有必要一定依赖字形提示词的音或义。这为汉字字形简化提供了必要条件。而且现代汉字字形简化也使现代汉字能更加经济简洁地记录现代汉语。

可以说，只是古代汉字和现代汉字表达词的音或义的方式和手段发生了变化，古代汉字主要以字形形式提示词的音义，现代汉字主要以词形构式来提示词的音义。现代汉字不依赖字形仍能很好地起到提示词语的音或义的作用。因此，简化字并没有影响现代汉字对现代汉语的准确记录。

6.2.5.3　简化字的构形评价标准

虽然整体上说，简化字没有破坏现代汉字系统，但是并不代表每一个简化字都简化得特别成功。那么如何评价简化字字形简化得成功与否呢？通过对通用规范汉字直观构形属性的研究，我们认为从构形角度来说，独体字可以从基础部件构字数角度来进行评价，合体字可以从整字的构形模式角度来进行评价。

仍旧以简化字中 481 个非类推简化字为例来探讨简化字的评价标准问题。

1．412 个合体非类推简化字的评价

由 6.2.5.1 可知，481 个非类推简化字中，合体字有 412 个。这 412 个合体字分别属于 11 种高级构形模式，其中 8 种是占优势的构形模式，3 种是非优势的构形模式。从整字构形模式上说，属于 8 种优势构形模式的 407 个简化字是简化成功的简化字；属于非优势构形模式的 5 个简化字“举党誉寝献”则是简化不成功的简化字。

2．69 个独体非类推简化字的评价

69 个独体非类推简化字，构成这些独体字的基础部件在《通用规范汉字表》中构字数差别不小，最少构字 1 个，最多构字 232 个。从基础部件构字能力来说，这些能直接构成独体字的基础部件，其构字数越多，就代表简化越成功。“个卫飞币书旧礼压伞乱”10 个基础部件在《通用规范汉字表》中的构字数都为 1。从构字能力角度来说，这 10 个简化字简化得不成功；剩余 59 个独体非类推简化字则简化得比较成功。

总之，从直观构形角度来看，481 个非类推简化字中简化不成功的字大致有“举党誉寝献个卫飞币书旧礼压伞乱”15 个，仅占非类推简化字的 3.12%。总体上来说，这 481 个非类推简化字简化得比较成功。

当然，这只是从直观构形角度利用单项构形属性对简化字做出的评价。从字理构形角度和综合构形属性方面也可以对简化字做出评价。而评价的结果必然会存在一定差异。我们在这里只是提供了一个客观评价简化字的视角和标准，希望未来能对简化字进行更多角度的评价。这样，一方面可以提高简化字评价的客观性，另一方面可以为汉字的改革提供经验和借鉴，以便使现代汉字能更好地发挥记录现代汉语的作用。

6.2.6 为现代汉字的教学提供帮助

6.2.6.1 为现代汉字基础部件分级、分类

1．按构字能力强弱为基础部件分级

根据 5.3.1 的分析，现代汉字基础部件按构字能力可以分为 5 类。那么，现代汉字的部件可以根据构字能力的强弱分为一级构字能力部件、二级构字能力部件、三级构字能力部件、四级构字能力部件、五级构字能力部件等 5 种类型。通用规范汉字 549 个基础部件按照构字能力的具体分级情况见表 6.5“基础部件构字能力分级”。

表 6.5 基础部件构字能力分级

部件分级	构字域	基础部件	数量
一级构字能力	29≤X≤1406	口一卄日氵木土人十亠亻八扌田又宀钅大女贝⺈月阝小二厶山虫冂乂火止冖纟王讠匕辶忄石𠂉心立寸夂目禾⺮刂攵丷夕隹力尸厂白广米几鸟儿疒勹车子巾刀囗⺌犭门马习王幺𠂇彡凵⺫方酉门𠃌⺈工龷皿干雨⺊罒匚衣礻巳止彳𡰪耳⺊斤龶豆灬川丂羊彐用户覀丁冫牛饣犬丰衤业⺀豕士兀千戈革而舟厂弓⺧虍巴龷朩见臼且里非巳甫廴言⺍毛𠄌开自丁氺内小夫良	156
二级构字能力	15≤X≤28	廾己夫今令矛至亡壬由不中母产艮東直卄皮其鬼卜少冊乍类七乃五𠕁耒采卑乙刂韦水气勿龙九几⺆丰弋戊果单鹿上昜手夭电生疋癶屰镸曷戈屯必出兆谷黑亍牙甘丘瓜圣亥聿⺇勺玉夹凡也廿夕世癶目氏艮兼冂丸尤瓦尹戋冉肀更豸页甚鬲	102
三级构字能力	3≤X≤14	卩了于⺈巨内白夬予平申央𠙵电曲⺕丬巛丑尸甲半弟朱买三万丬毛亻及彐彑氏⺀发主弗西争两我免尚柬禺堇睘声长民彖冂来叉歹尺失卯关关隶刂少川乡厷正爿未乐自良曲身垂面叚鼠刃井无聿永司成求丽耳肃禹才专太小罒片尢末亚东⻊乎发束曲产农声串武或豕𦥑与久为本术册臣夷乌血向臣奂恵臾庸熏⺊尢义市乏⺁丹乌卬卞刃引斥肉丞具典兔重鼠卩丩下勹么卂卌⊞手爪夂毌东戊戌戍死疌妻夆隺甾象入刁丈乇丐升东孔印匆夬丝存氶州严尨系迷局戥兜鼎興龜	199
四级构字能力	X=2	丿丸丫之丐互曰毋丰史凹吏在曳𠂔丢肙𠂉龟卵羌虱背奂戢寷纍鐵	28
五级构字能力	X=1	乜巜个已孑豕卫飞扎卅罒門币书幻札轧凸旧囙氕卮甩礼攴卤压乩钆年竹乒乓乩血角伞𢀖芈耳虬乱事無秉乳卤承亨害具彧罘莫鲁索惠膏睿叡舆憂盥疏	64
合计	——	——	549

2．按直接组合部件数量为基础部件分级

根据 5.3.3 的分析，现代汉字基础部件的直接组合部件也有差异。参照基础部件构字能力分类方式，按照直接组合部件数量的多少可以把现代汉字基础部件分为一级组配能力部件、二级组配能力部件、三级组配能力部件、四级组配能力部件、五级组合能力部件等 5 种类型。通用规范汉字 549 个基础部件按照组合能力的具体分级情况见表 6.6“基础部件组合能力分级”。

表 6.6　基础部件组合能力分级

部件分级	组配域	基础部件	数量
一级组配能力	73≤X≤474	氵艹口木扌钅亻土女虫王纟月讠阝忄山石日火⺮辶疒马目心犭贝禾	29
二级组配能力	18≤X≤66	车衤宀刂米酉门广力田饣礻大攵隹巾方又白革舟人尸雨牛羊十彳寸且子囗耳一工冫非月厂干斤灬见立皿户令罒毛八冖𠂉犬戈几弓由鬼乍巴艮气龙良皮卑韦单匚甫丁至其耒厶匕彡言果圣兆	81
三级组配能力	6≤X≤17	亠止夂夕王鹿屯黑亥乂里廾亡九曷小儿不水昜手牙瓜氏勹千开今卜龹必夹瓦爫豆豕己夫少出甘匀鬲二刀虍中生谷兼戋豸甚于夬平申甲半睘丷而臼内東乃也更巨丑朱及犮主西争我堇彐丰玉央弗禺来凵川士巳自直尤予免长民失卯𠂇㔾丂用覀业⺀兀矛母勿夭聿冉川厷乐垂面叚鼠𠂊冂幺𠂇龷𡗗朩壬弋凡了万氏爿刃无司成求丽尢豖⺌氺𡗗七乙疋丬巛乇亻柬未井东永才太末发农臣或	163
四级组配能力	1≤X≤5	鸟耂厂几世卩三叉尺身肃禹专片朿久为本术册夷血向奂臾庸熏巤⾐龰⻖采丰戊上镸丘艮丸两隶⺗乎产武与臣尢义市乏乌印卞引斥肉具典兔丩卂疌丗廴⺍冊刂屰⺇夕目尹白彑⺀刂乡自冃曲丹丞重卫下龵爪戉戍死妻隺蚩象朩东興㲋𠂇𠂉𠃋生⺗产中五マ电癶廿覀⺈卬尸弗买⺗豕𠂤旡癸良⺷亖串⺊么入刁丈⺋丐升孔印丝州严龙系㡀局兜鼎丿𦍌韱习丁⺫戈亍灾冂耒内甶⺌⺀扌⺕声⺷少正⺷尹耳⺊⺆与⺷⺊⺆勺⺾⺷夂毌戌夆匆夬存豕䍃丸丫之丐互曰毋丰史凹吏在曳⺷丢⺝⺶龟卵羌虱⺷戢⺷⺷巛⺲门⺷卮㞢⺷血耳無⺷⺷⺷县⺷莫⺷⺷⺷⺷⺷⺷	235
五级组配能力	X=0	乜个巳孑孓卫飞扎卅币书幻札轧凸旧氕甩礼压乱钆年竹乒乓乩甪伞乿丵虬乱事秉乳承彧睿舆盥	41
合计	——	——	549

3．按分布位置为基础部件分类

根据 5.3.5 的分析，通用规范汉字基础部件的分布位置存在差异。根据基础部件分布位置的多少，我们可以把基础部件分为一种分布位置部件、二种分布位置部件、三种分布位置部件、四种分布位置部件、五种分布位置部件、六种分布位置部件、七种分布位置部件和独体 8 种类型。通用规范汉字 549 个基础部件按照分布位置的具体分类情况见表 6.7“基础部件分布位置类型”。

表 6.7　基础部件分布位置类型

类型	基础部件	倾向性位置	数量
一种分布位置	⺊刂丬亻讠⺊扌丬亻彳犭饣丬忄纟王片礻月爿⺶衤⺷⺝⺶⺷⺶身豸卯耳青⺷县⺷⺷鼠	左	37
	刁⺀巛亍丈勿丸丫义专丐丏互曰攵乏夂尤夬引丰东史斥卮乐册⺷吏⺷曳丢向州农耳严系羌癸局典垂虱夆⺷⺷蚩莫象庸⺷⺷⺷憂韱㲋	右	57
	⺊⺊⺈入⺈⺈亠丷マ戈⺌宀⺕彑⺷⺷⺷⺷⺷⺷⺷毌⺷⺷⺷凹⺷匆⺷⺷⺷⺮血产类⺷⺷⺷⺷無⺷⺷⺷⺷⺷⺷⺷	上	47
	⺌⺇丸之⺷朩⺷⺗⺫⺷内⺷⺷毋电皿⺷⺷在存死⺷豕⺷买⺷⺷兜鼎戢	下	30
	⺷⺷⺷戊龟	围内	5
	丁冂厂几⺆勹廴九囗辶⺷耂⺷⺷疒虍⺷	围外	17
	丿⺷⺷	穿插内	3
	⺀	穿插外	1

续表

类型	基础部件	倾向性位置	数量
二种分布位置	月耒血㡀革㒼乡镸氵龵钅屰氵艮夕	左	15
	阝旡乌半武隺下𠂉刃太少丝乙𠂇及凡巨瓦长𠂢卞为末本平司争疌𤋱刂井龙失主发奂具卩术市	右	40
	釆士上叉曲丞卄罒巛雨龷五	上	12
	目内戌冖丰丵疋串廾灬氺厂凵尸戊⺀卫	下	17
	么戊隶柬廿冊𠂆	围内	7
	匚门气𠂇𠂇	围外	4
	⺍	穿插内	1
	习	左/右	1
	孔印重	右/下	3
	乎尨	右/围内	2
	产	右/围外	1
	升	上/下	1
	肉	下/围内	1
三种分布位置	舟臣東自	左	4
	七夫东申民朱我甚予未甲丽堇皮丩央成才尤或弋卜川勺卂昜无卬西夷良豖叚巤见永更卯	右	38
	丘天今自世中尺	上	7
	开丹冉肃㔾寸乇手玉用母两兔丂兀一川儿冃小彐	下	21
	臣了壬聿	围内	4
	广尸尹	围外	3
	妻	左/右/下	1
	氏	右/上	1
	与谷	右/下	2
	爪	右/下/围外	1
	禹臾	右/围内	2
四种分布位置	丰朿酉其方弓	左	6
	戋来丑求韦牙屯斤令氐圣至亥果卑单面曷鬲兼睘匕巳龙乍免也	右	27
	亡幺立几不夂直矛	上	8
	夕止而业巴巾彡豆里八言三	下	12
	万久	围内	2
	鹿	围外	1
	刀	上/下	1
	丁厷必	右/下	3
	鬼	右/围外	1

续表

类型	基础部件	倾向性位置	数量
五种分布位置	马木火石目黑女	左	7
	于己甘且由弗出兆夹禺瓜戈艮隹	右	14
	田白二	上	3
	又厶子水牛勿心生豕乃大臼	下	12
	乂	围内	1
	户	围外	1
	非	右/上	1
六种分布位置	禾耳口车虫土	左	6
	九毛力犬	右	4
	人日米甫十山千	上	7
	贝王干	下	3
	工	围内	1
七种分布位置	羊	右	1
独体	乜个已孑孓卫飞扎卅币书幻札轧凸旧氕甩礼压乩钆年竹乒乓乩甪伞丟芈虬乱事秉乳承彧睿舆盥	——	41
合计	——	——	549

6.2.6.2　按构形模式为现代汉字合体整字分类

根据 5.2.5 可知，现代汉字整字的优势构形模式有 8 种，每种又分为若干小类。具体来说属于这 8 种构形模式的字共有 6993 个，涵盖了 90%的合体字。根据这 8 种优势构形模式，我们可以把这 6993 个合体整字分为 8 类。《通用规范汉字表》中的 6993 个合体字的具体分类情况见表 6.8“合体整字的优势构形模式分类”。

表 6.8　合体整字的优势构形模式分类

构形模式	整字	数量
3 部件 2 种	似讹批拟彻附纵拗咐咖侧挪树砌哪哟俐狱测娜绑梆唧倒浙涨彬啪啦淋渐惭袱绷琳揪椰棚榔晰喇喉锄傲御猴翔湘渺溅湃溉慨谢摊靴概溯滩撤瞅锹嫩撕橄嘶鞭拟吡伽沏沏妣姒纰玭拊扤坳枇枞呶呦泓诩驸玳珈枷砒啷呲呲咻咿秕狲洳恻诳绗珩埘桁栩蚍狮诹陬揶掴堋桫砌眦啉啭蚴啵唧锏锄翎翊淅淝啾傩湫愀缃缈缑搠楸硼嗷蛔嗍貅璈鞠榭嘞蜥螂潋潍澌翩瞰潍鞡黝鏾仳泚洳泚洑浻琊玼珝翃唽郍舭浰湔鹏翱铏锑铴溯弸娵绯堠锹媑榧铍墈撖镔澌澾蜊糇礴镦翾/师吃屹伤价伦份次污许论讼设阶欢坛技抡扮抢坎投坟坑抗吱吩呛吹吭吮估但你役饮况冶沦沧没沉证识诊译际陆妓驳纷纹玩坯坦担拐拖顶拦拧招择抬枝松枪杭顷轮软歧哎咕帖帜贮佳侍侥侦侣侨侈依欣征肢股肮狞饰炊炕法沽沾沿泞泻沼泽治怔怯怪怡诗话弥弦陌降姑始织终驼绍绎玷珍挂持项挠挡括拴垛指拼按挥标枯柄柿栏柠砍临盼哇哑昭哆贴贻钦段顺修俏保促侮俘待须胚胆胎饶饼将施炫烂洼洁浇洗活洛浑恃恍恬语祝诱诲诵陡陨娃娇结绕骄骆络绝耘艳捂捎捍捏捉捐损捅桂桔档桥栓格轿顿晓蚣蚊哨峭峰赂钻铅特积称债倡倍倦徒殷舱般航脂胳馁站旅粉烦烧烙涉消涡浩海浮涤涕涩涌悟悄悍悔请读谈谊陷陪娟预绢绣琐捧描埠捻掐培接	2420

续表

构形模式	整字	数量
3部件 2种	职梧梢梅梯桶酝硅硕晦啃略蛇唱啰铛铝铭秸秽移徙船舵欲领猜猫猖猛馅馆旋粘焊清淫於淡情惕惯佰谋谍祸谓婚婶颇颈绩续绳绵绿博揣搜搀搂搔揉欺棒棉棺硝确颊晴蛙喘啼帽赎赐赔销锁锅锈锋锌甥稍程傅傍皓释猩猬猾馋焰湿温滑愣惶禄谤强隘媒嫂婿缉缔缕骚缘瑞填搏携聘椿楼赖酪碌辑睛瞄睬歇暗蜗蜂嗅锚锡锣锦锰催躲腰腥腮腺腾馏靖煤煌满滇滔溜溢溶慎媳嫁缚摧榴榜榕酷碟颗蜻蝇僧貌膊膀孵端旗精歉熄熔潇演播撞增鞋鞍缊横槽磅瞒蝶蝗幢镇镑稻稼艘澳潘澄懂憔懊憎擂溥橙醒螃赠儒礁瞧瞳瞪蟋穗糟懦滕蠕糯黯仡讫圬圪伎仵伧伉伫汔阮纥钦吃岐佞佟佗肟饬沅汾汶沆忤忪怆诂诌诏诒陀纭纶玠玢扦坫拈垆坨杵呸咔咚咛峄佶侃佾侔饴洗炝泸泫沱怙怛怊怿诖诘袄诜诠诣诧诨妲绉驿骀珐顸拮垭垱挦栉栌栲枳柁柽轱轳轸哓虼咣哕哚咯咤哞峙峣帧峤觃牯俑胪胗狩饹炳炽浔涊恺恪恽祛祜诮祢诰陟娅娆姘姹骁绛骈顼珰珞珲埕埙埚挹埒捋梼桢桤栝栟桉砝砹砧砼砣辂唛眩眙哧唔眇蚧唢唣钲钴钼钸铉铊铎俸倩俵倏倭倪倌颀胱胼胺狷旆旄旃烬浯浧浞涓浥涔浜悒悌袒祯诿谂谄娉娲娣绡骋绥绦绨琇埸埝掊掼梏桴桷梓棂豉酚砦硗硌眭啧唔眵眸喵晗畦蛄蛏唿唼啖帻铙铠铣铨铩铬铯铱铵牾偬偻皑舻舷脬猡旌焐焓烽渍渎渑涪涫渌淄悸惚裆谗谙谛隍婧婊娼绻绾缁琫瑛琰琯堞堙揖塄掾聒椟椤酤酡辎睄睇喋蛲蛞喟嗖喑喽喙嵝赕锫锃锆锑犊嵇稃傣傈傥徨貂腈猱飧馊颏焙渫湮湑湍溲湟愠惺惴愔禔谥谧媪缌缗飨瑁韫毂颐楫橼酰酯酩碛碚嗪睨嗔蛸蜉蛹嗌锩锱稔牒艄貊貉塍腠煜溱溧滗脩溴滂裱媾缜骝缢韬鞀榛榫酶酹碡碲瞍嘈蜴蜷蜢赙锶镂僳僮艋熘潢漕漉褛谯缫耧璜璀蕲赜醅瞋噶颙螓螋蝼噍噢噌噔蟠嶝镌镍镏镒镓糅潼憧缯耩耪璠縠鞘樵臻螨螅螠糗燠燔澧觳磴嚅蟥螬曈镫鼢皤濡孺鞯鞧鞣螅蟠黠黟镭艟擢鞲醮曜襦醴黩鼯讫坨坋吣伾伧佉伯沄汊沇忮忺阽妧妘驳纻玱玟杩矻旿咍岵峂侁佸佺侪侘肸肷狉狝炌炆怊祋弨陧驵驺弦绐玹玿垗垲垟垎垞挓垵挲桂柷柊柖轵轺眵昡栟铃钪傉脲胠胋腓䏲侬烟浈洸浲洺洴陧陞姞骁珪珧珥埗埠埒埆埇桠桄桕梅铤铨唏唢晖晤賘铲铝倓膝猸羖焆湾涢浛涤祛袗院娟骍珸珵琄琈琀掞聍梽桯梣硙硚唪時颃蜗铚锑牿秳偲偊皖脶腇睇猊焆惣惛惔逦袼裈谡谞艴媖婘婠绪骕琭堎堧堧塽椁棬棪锐睒蜱喤嵘铵锔锊铉赖腠猸馉溧旎溇滑湑滏媄媓媂骕缐瑃瑆瑝瑔瑅瑑塝搒楪榅榅椤榇碛硝碻辒辎辏蜎嵲赗锖锳锪锫锬腽腨塍煴煋煟煓慆禛禓禋禘禒瑧璊瑱瑢搢榑槚槜醒夥瞍锼锽镄僬漼谫禛隩缤墦槱蜡嚷嶓嶒镈镕稹艎艏糈憕璒穗橦酾磾曈镄膦燋潷樬礄蟏镥穜艚嬬缥璕碻臑缨燿鼱/讽抠扼扳均抛报呕岖何佐佑饭沥汹沟阿鸡驱纲坷拘抱枢板枫构呵鸣呢贩购版服狗饱河泡泥怖试诞询妮驹拭拷挺鸦钢钧钩胞叛炮派恢诫姥绒绚捣框桩砸哮鸭贼贿赃俺健倔脏烤涛润涧诸袍堵掩掘械酗眶唬崛铸偏躯猪淹祷谚谜绪搓握畴蜓蜒赌铸链鹅艇裤裙媚骗编鹉睹键腿滤缠墟酵漏慷褪蝙嘱澜鹤鞠臧瞩糠镰伛讴阪坂呖呃佝鸠沤沨怄诃妪坭枥轭咂昀咆岣佬侑狍炬怩诓诙孢珂拑挞柯柩枸砜轲哐眍咴昵畈哌峋钣侉皈徇朐狨飒炯洧涎洵恹恂鸩垌珣掊栲栳梃砺轼鸫铌鸥涟娴娓琏埯捞掬捩捐梿鸸唵蛎唳崦铑铤舸脲粝焖渚惬谑谝琥楮鹛喱嗟喔嵯幄嵋锏犍鸽腌腱渥湄裢裥缇摅踽槌槎楣晌锗犏馐煸煺褚榧磋嘘滹褊谰鞑牖醚嚎濂璩鞬镧鞫鹏蠊镳讻坂坜岖伲诇弧坰枫呕侹侂泂洵鸤驷絅垯埏枹昫哒炣洭涔祐娀绖綖珦珽垺栻梃枸婍钷鸰虒焨烶烶浡惐琎琚梼硋啫锖铋偓鸼貙猇塥楗鹡铽锏溠瑳瑂鹎艉鹇塘碥鹝锢嫭鹝鹣濛儦襕鼩濉醵/协抖胁科恒蚪料渊插斟垣洹姮桓烜铛哐峘钭晅貊/咽徊姻捆烟泅泗驷洇洄胭涠掴硇帼铟蛔溷蝈驷纲惆涸腼腼/众花苑范茄轰昆夜宛茫荡荫药品罚前兹聂莉获萌萍菠萨崭崩符森晶筑筏筋蒲筷蔽蔼舞毳磊箱霜藕簸霸矗苁苡茌苻岿茯荏荇荪茹荮莳莜莅莸荻莎莼莶萑菰笫笳葩焱寐蒴蒗筢筱雍翡箔蕲霈篌霖罹羁衡蟊畾霭霾芘茳茈茆茳菲荭蟊㝵菝菥莿菂筊葙萩葎皛淼犇箔蒱蔴萠箖篯簕簰/夸会充关壳芥芬苍吴完奂幸苦苔奈奔舍鱼宗定奏草茶荒查歪牵是界宫宪客昼癸素莽莫晃晕罢害宽宵宴宾宰祟萝萎菜菩票袤曼累葱蒂等蓉燕雾舅奚箩管覃蕉霄霉篓蕾霎簧芫芸芡芰芒佘茎苫茕茗昊昙旻莒荞荃茗荨荩柰奎莴莠莓莩荽莘趸晏罡罟皋衾邕菁菖菪菪菅雩笪笤笞葺蒽蒌雯斐崽黍筌蓁蒡裘筲蓁裴箐箦箓蓄蕙蕃篁篆霓篝藥蕾罾藿夔芰芟芃苎尧芈奓粪莴昇枭奉趸苍菠萋荇筐笃管筅赍筼筜蒉罾壹/岗希苛若苟苞画奇齿尚岸脊炭莲鸯著菊奢葡雳暑最筐雹署蜀筹简篇蔺苈奁岚茼茑鸢艮苛莛荀宥鸶筐箢箍舄罨霆箧箸蕤范芘荖茇茼茗蓖笱葳萵篚藨/苏金实佥宣葳崴萱/卤茵菌畜茴/网庇屁厕府阀逊逝逛扇厢麻廊厨雁痢瘫痂匭迦庥疚遂厩疵痨遨斯瘌瘊阚瘾麝廒/同迄后远运医辰尬应这层氛周店疙闹居迢咸厚毡选适迹疮疫闺阁屏原逞氨造透逢症病疾疹疼唐递闵屑通戚逻凰痊商阎氮毯氯痛道遂屡痰遭瘟瘦瘤冏夙迕庋罔迤迩迨氡逄疥闾阊迸咫虔逍氩毪枭痘逶尴痔阊阆扈逯遢氰遑痣瘩瘩阒遒氲遛瘘阒瘘瘙暹魈闶庤启痃廖扆逭庹遳阃扆遣阈瘗癀瘤魔/匈返庭疯匾庵屠遍迥庖疬闳扃疴疱阇阄毽瘌虒遽耆瘥/函魁戽/氤阃/巫坐乖幽乘豳/胤/园固图圆圈囵圄圊圂圐圙/囿	2420

续表

构形模式	整字	数量
2 部件 1 种	比切仁什仆化仇仍仅从忆计订认讥队以邓劝双刊打巧扑亿扒功扔北帅归叶叮叭叽叼叫叩叨叹付仗代仙们仪仔他犯外饥冯汁汇汉讨让训议讯记弘奶奴加对纠幼邦刑扛扣托巩圾执扩扫地场扬朽朴机权轨邪划此吁吐吓吸吗吆屿帆则伟传休伍伏优伐仲件任仰仿伙伪伊行肌肋壮冲妆冰决灯汗江汛池汝汤忙讲讳讶访诀那弛孙阵阳收阴防奸如妇妃好她妈戏羽观红驮纤驯约级纪驰纫玖玛形韧扶抚坏扰拒找址扯抄坝攻折抓抑坊护块扭把抒杆杠杜材村杖杉极杨轩盯时助吠旷呀吨邮吵呐听吟吻鸣吧吼帐财针钉牡利私体伸佃作伯伶佣低住位伴伺佛邻肝肛肚肘肠狂犹狈删彤冻状冷判灶灿灼汪沐沛汰沙汽沃泛沪沈沁怀忧忱快评补初社祀诈诉词即改张陈阻妙妖姊妨妒劲纬纯纱纳纸纺驴纽环现玫规抹拓拢拔坪拣坤押抽拍拆拎拥抵拄垃拉拌拂拙坡披拨拇取氾枉林杯柜枚析枕卧刺矾矿码转斩到旺味畅明咙呻咋呼咏咄帕岭败账贬钓制牧物秆和使侠侄的往彼径所肤肺肿胀朋肪肥狐饲净放刻氓炬炒炉沫浅泄泪沮油泊注泣泌泳沸波泼性怕怜郎诚衬衫视祈该详弧陋孤陕限妹姐姓姆艰线练组绅细驶驻绊经玲珊玻城挟拽挑挣拯栈柑栋相柏栅柳柱研砖砂砚耐轴轻昧盹眨映昨虹虾蚁蚂咱响咳咪峡贱钙钝钞钟钠钥钮卸拜牲秒种秋便俩俄俗信侯律很胧胜胖脉狭独狰狠饵蚀籽炼炸烁洒浊氿洋洲浓津恤恨袄祖神祠既孩姨姚骇耕耗耙珠捕埂埋换挽耻耿耽栖株桃核样根酌配砰砾础破致晒眠哺晌蚌畔蚓哩哦唤唁峨钱钳钾铁铃牺秤租秧秩秘值俱候射躬舰豺豹胰脓狸狼饿凄准烛浦酒浴涣浪朗诽袜袖被祥课谁娥娘难继球理琅域捷排捶堆推聆勘聊勒泙梗救辅辆睁眯眼野晚啄啡蚯蛀唾唯啤啸帷铲银攸偶假畔徘舶脯豚羚粗粒断焕淮惧惟敢弹隅隆维琢堪揭斯期棋耶植棵椎棘酣酥硬雄雅睐蛛喝赋铺敖牌脾眇渴愧裕禅谦隔缅瑰肆勤靶槐酬碘碑睫睡暇蛾锤锥稚像粮朔谨裸嫌珀敝酿蝉赚舛魄竭褐敕橡蝎嘿德豫融默黔耦仃仉仂刈讣邗邛劢叶叱叻仨仕仟仫仞犰邝邙汀讦讧讪阡驭玎玑邢圩扦圳圹扪圮圯屺钇牝伢伭伥刖刎犷犸邬饧汕汐汲汜汊忖忏讵祁讷阱妁纡纣纨玕玙抟抔圻坍坞抃抉邯杌杓杞杈矶轫邺旰呋呒呔旸町呗吽吣吲帏岈岘钊钋钌牤邱佚彷邸狄犾饨饩饪饫炀沣沔沌沚汩汨沂汴沩怃忡忾怅忻怍忸诅诋孜陇陂陉妍妩妊妗妫妞妤刭纴纾玮玡玥玦坩抨抻拃坼坻抿杪枧枨枋杻杷杼矸砀郏郅盱昕昉虮咀呷呱呤咈咝岬岫帙岷帔钍钎钏钒钕钗郫牦侏佻佯侬徂肼肟肽肱肫狙狎狒饯劾炜炖炘炔泔沭泷泱泠泺泖泮泯泾怵怦怏怍怫诔衩祎祉祇诛诤戕陔妯姗绀绁绂绌珐珑珉垤垧垓垠柘栊枰柙柚柞柝栀柢栎栉剌酊郦砗砘斫砭轶眄眊眈哂咦畎畋虻咩哝哏峥钚钛钡钤钨钫钯秭俨俅俪俚徉舢郤瓴胨胛胂胙胍胝胫饷竑籼炻烀炷烃洱浃洙洎洫洮恓衲衽衿袂袚祚祗弭姝矜耖珥珧琤埔桎柏豇酐砷砟砥轾眬哽蚨蚜蚋蚬蚝崃峪赅钰钵钹钺钼钿铀铂铄铆铋铍铎秣秫俳俾郫岬徕舫脒猖粑郸烊涑涞悚悝诼袢谀絆陲姬娌娩绠骊耜埴埵埤捭堍掸埭聃酞硒硖辄晡眺蚶蛆蚰蚱蛉赇铒铗铢铫铮秾偈傀舴馃羟粕焗淇涿悱惮谌谏裉谒隗婕婢婵骐绯骒骓琪靰鞁棰棣酢蛱蛭蛐蛘喁嵎铼锂锇锒锔锡稂釉腓腆腴竦粞湛湎禥孖缂瑕搛戡鄞靳椋碓睢雎睥嗝蜣嗤锞稞稗腼粳慊裈媸缣墉鞑鞅榷酽碣蜞蜮蜱膈僅粿漉慵瑾觐槿辘镉羯镛隰缳噻黜鞨嚜鼬鞴麒谶巉镴醺镵讦邦圩伋江沏忉刌扞圩托机枋邨吒吖屼屾伣伈犴迈邡沥沩䜣纼纩玒玓玘玚刬坉扽抵抝杕杙杆杠杩轪轨盱岍岠伀狃汧浒沅沛沨汭忳䜣祃邲诎诐邶阼纮驲纨驮纫玤玞坥坬坽耵枅枘矼轱旽昽昫昈呹咇岨岞峒钘钐钔钖钫佴舠肭饳沺泜祊诅弢陑陎姣妗妕驵绋耔玶珅珠珋珌珐珇垍垟埭柃棃刭砆砑砄彨轷轹昽眬咡昳昤咥虷虸岫钘钛钜钬钘钬秬俫俍舣朊朏烔涑泧浐涞祎祏祕绖珹珦琫琨埌梜酎酡硃硐硅硿硜鄄辀䡛晊眩呱蚄蚆铱钟锈甡倮倕倬屼舯舥脁胲饹羓敉浭浬浐浼悢祓祧陴绤梾桹硍勔哏蚲蝀蚺啴铖铚铦牻偡偭郾舢舲竫瓻烺浿骈骕琎琲琟揕堨靬棫椓椑酦硪暎嵁锛催舾焯惼裸瑓瑀塥椹酴碑暕锛稹鄘鄜煁溻溠墐鞊鞁醐醽蝶镬慬磏暵儇谖擐鞔糒澴嬛镙獯缥镮鼫儳孅櫌/元云艺支歹午介父仓分公仑欠六文亢冗允示击正卉亏乞天去艾古节丙夯灭卡占卢旦号只兄另矢尔冬务市玄兰宁穴它写召孕圣台寺吉芋芒亚芝再百页夺尧贞尘尖劣光当早吕吊岁岂先舌乔全杀企朵杂旨负名各多色亦衣妄并宇守宅字安军寻尽导异弄麦走贡汞赤旻志声芙芜苇芽芹芳芦芯芭杏李吾否步肖旱呈县呆足男员邑告秃秀每兵皂妥含角条灸亩辛忘弟宋宏牢灾灵忌忍爻奉青责表圭丕莱茂苹苗英茁茎茅杰丧枣卖奋态垄肯昌易昂忠岩罗季委岳采觅贪念昏忽备盲券卷炎宝宠宜审宙官录孟贯春毒某茸茬荐茧要泵耍韭省显冒星胃思虽骨怎香竿孚皇泉食贸刍亲音帝类娄首宦室甬垦费蚤柔泰秦盎莱真栗贾套笔笑笋臭息舀留旁拳益冥觅家容冤恳阜基黄菲萧曹耸盛雪雀患崔笨笼笛笙第售盘悉眷寅宓蛋黾帛巢尚叟葛董惠惑粟辈悲策筝集焦奥番童曾寓胥登象悉雷零愚置罪誊蒿需箕箫杳墨霍霞萑亓兮芃芳孬弁芊芍芄芨芑芎芗夼旯岌汆旮牟芾苣芷芮芼苌芩芪苄忑忐卣岑兕育盂昔苯茏苜苴苒苓茚茆茀杳杲炅峁竺籴炙妾宕甾茜荚黄贳茱荑甭耷虿昴昱胄蛊罘竿笈笃茵莆莪莨仝砦晟晁盎盉笄笕笊笏笆隼隽枭冢舂萁萋萸菟赍冕蛊笺笮笪笥枭甚葭雳詈鬼蒹豢莞蜚箪鼒戢霏寰薰鳖粥篦罍宄芏芄毐苯荪芗芤昆岜杳忝岊苠苾苠昇崇登砦菱莨异宬莔悳賣售笫罂棨宧革寋綦蒐耆棐箮筤篢箓霅簏/厅区历友匹冈反凶风匀勾凤可	2289

续表

构形模式	整字	数量
2 部件 1 种	左厉右布句处鸟包闪尼辽边式迁戎考老过厌有匠灰达迈廷迁延旬旭庄庆闭问闯迅巡寿进戒违厄孝匣还连近甸岛迎床库疗庐序闰闲间闷启君尿尾迟者述虎房迪迭迫爬庞庙底疟疚庚废闸肩房建屉届屈厘虐看氢追逃勉疤闻闽差迷逆扁退屋屎眉匪速逗匝逐虑氧疲羞虚匡逸痒痕康阐着彦逮匍遇遏痘痪雇属廉魅阑仄闩叵匜尻厍尥卤氘氖凫忒迓氙氚庑疔疖闱闳奄迮枭痨疝疡戾飑氟訇疣庠阂昶逑逋遛氦痦疽痈痉阉闾阆庾痍阈扉遐瘃痱瘐麂魃魆魈麇麈麋邋辽辿闫尪尥厍尴迳迺尨尴疢飐痄痓埤庳痤甦虒瘅廰廑瘕魋/亘斗办头威卿/囚四团因回围困囤囱国圃困囡囟囫图圜	2289
4 部件 5 种	狮倾掀淤游缎搬嗽锻漱懒浒淞猕淞揿蛳湉椴嗨锨煅滟滫濒锵漩褓璇蟒潲橼腿獭濑镪褪糨佽浉瑕瑕椸溵璇/啊椭储婀锕椿潴/蝌晅/混液惋婉棍腋腕滋摄塌碗磁撬豌磷掖馄绲琨琬辊嗞嵫焜湔嗫畹锟溻慑榻蜿嘣醌嶙镊糍褟璘橇辚镧膦僵臁孀麟灞珕涴娓椀脩滠镃潾裀骣瀌膦镂骦礌/垮挎俊误院绘统埃挨唉唆峻凌陵娱骏捺梭啥凑族渔淀谎综绽揍堤提联棱棕喳皖竣渣慌隙摸摆碰睦螟幌馍漠溪滨缤模酸辖僚膜馒漆漂漫慢谭骡撩瞎嘹稽膝潭缭螟穆瞭螺侉侩哙俣俟猃浍绔垸桧胯脍朕烩浣浚悛啶岐赊铳脘猞烷淙悻绫琮搽揸揆樾睃喹喀嵖傧腚猹馇湜谟祾谡缇摈楂碇锼嗉睽嗥嗐锛锭塍羧漭淬慷谩嫫嫔摽墁撂摞榛槟碴睽嘌幔膑粽漯嫖嫚嫘骠缥缦缧樗蝰噗幞镔稷膘獠楂潦璞醛醍瞟嘤蟒镖镘燎螵镡镣貘镬蝼黢鼹洿浣姱琉侪悰狻涘绕埈晙焌淏涖悛悰谌婷琔畯傢傒腙媞騠骙瑅堽稑熜浣褆骙搿磅嘌瑭墣镆皞熛憭嫽橑縢瀎磹蟫镤穙鞮蟫醭鼷/恼倚倘脑诺崎淌淆骑椅稀畸碳撮躺曙唏偌浠喏睎啮峭徜猗旎烯惝绮绡琦犄锜糈豨嘬羰潟锘镯垴俙绨埼掎埔徛婼婳婍睎锘臅螳蠋/俭险捡验检脸喧渲猃浍睑瑄楦暄煊崄愃裣碹/瑙墙嫱樯穑/俯嘛煽橱腑骗蹦/佩垢洞振桐悯调掂据铜减涯惦绸堰搁喊塘锯稠源嫉缝摘碱嘀滴隧糙糖侗诟垌峒恫偶倨胴凋娠硐啁赈偃惘惆琚揠摒椐辋绒塬搪榈酮碉睚嗵溏裾谪瑭墒嘁蜩燧嫡槭熵螈镝燧诇哃姤烔堐崌诚娴椆赒腒慥嫄骝榍蝘璲镃螗獂镃䅣䅣/胸随搋褫/涵崡槵/诬挫唑锉嵊脞/僵缰礓/涠堌锢/菇宿蒋落嵌筛蕴薛薄藐藤簿茨菘葙葆蓓寤篏藩霪籀籁蘸莰蓰搽菘嵚蒨蓣蔌蓰焯篷蕰蕴篴/荷藏菔菏蒟筠箍蒗/荔蕊箭菀筦蒀蘸蕌/冥菱崇葵寞蔓荟莞萘睾耋蕈簝篳茺茳筅蕖簝/寄薯箬蕞蒂/签萱荟崟/蔷/南晨崖凿筒蓬震裔篷茼宸蒺箴蒇崴篮/篪蘧/菡/筮莝/崮/阔屐闳厥阙屣瘢屦邈癞庼庼瘀/屙/遴孱遢孱阛/送瘪逡逵阕虞瘼瘵凌耋瘰/匿/麈/逅魍/座痤/痼/圄	697
3 部件 1 种	动列创刘却劫歼别卦叔凯知刮刹封政荆故胡残殃战削趴勋矩剃殊剔敌皱剖部瓶剥赦距趾跃甜敏彩彭殖践跋跌跛短斌魂跳跟触雏新数劓静辣敷敫魏邴邳邹邵劭郃劼刿剀郄戗剁郓郝殂觇郢剐郧郜组郛趵趿觊舐剡郯勐麸鄄勖趺皲靓殚跖跞跚觚瓿甄戥嗣雉猷觐踉骶觯鄱鲸雒踝骸觯踵踽甑黻髁髀黼鄞躏郏邠邡邽郜敛郛郚矧勐郿勩敨趼觖觌跔觑皲鄫殣戬觱觿/刚励刨郁刷都教群劬瓯郇郡郾觎雏瓻/丛毕华坚坠努势些肾贤咒凭货驾契帮型垫皆背览竖骂贷怨奖柴染怒架贺盐哲挚热恐毙柴监哭赁耸桨浆烫恕娶梦婪婴梨犁悠望渠婆琴替焚暂然瑟楚想盟愁酱塑碧赘熬誓聚熙墅弊肇彗辇憋憨翟岱怂帑弩孥骛毖垡垈坐怼羿挈赍恁桀娑奘梵堑掌胬翌琶蛩蛰槊掣婺鹜骜尧蜇皙訾獒髦樊槊眷髫恝螯鳌蝥瞥黛燹瞿麓黧鬟鼹岱契赀智堲砮砮皙堃墼琴棨嶅髦瞀塱愍槊愗鬻犨/共合爷齐交兴吞劳克余岔吝弃兑究穷罕昔卓斧爸受贫忿变京享育学空帘帚叁参带荣荦荧孛点畏贵缶复盆急峦弯养美姜总觉突穿勇息蚕袁壶晋恶莹夏桌恋斋竞畜恙窄案焉萤悬章竟盖忝窒密喜壹葬量赍銮蛮尊奠窜畀意蔑算兼蜜凳盍靠垒亨茔茕瓮穹垩荥荦籴孪娈弈奕羑臾恚玺栾挛恙眷戛冤恿窝啻窠橐羲篾奔忞峃夯窀岩窅窊惠甯嵩龛/盈盔煮耆咎昝耄焘鳌/脊善/恩粤/危赴赵赶起越趄超/质贰盾度席彪庶犀庹飓赓庴魇飑靡赝/哉栽载截/衍班衔粥衡楙衎/哀衰衷裹袤裒篡篁/雌邶郴翀	527
4 部件 4 种	例咧浏捌做脚淑椒湖褂蜘蝴糊澎膨激缴冽洌恸俶猢瑚煳嘭澍擞鹕檄蟛嫩琡蛐璥瞰/涮唰嘟滶巇/哗桦谐揩揽缆楷榄滥槛撵樱潜燃骤哔陛骅烨悭铧偕揳喈铿楔褉撄嘤锲锴僭谮褙缨璎磔熠潸褴磲褶擢濯曜晔狴偰猰湝碶碛嵴溇湣锴滢懑瑟孀濯/供拱拾挤挖哄哈咬侵狡饺洪治济恰说除给绞捞校较唠哼借徐脐胶凉烘涝涂流浸悖悦谅谆琉措掉授掠控探掺梳偎得脖脱猎添淳深渗惜悼惊惨隐绰琼搅硫喷晾蛤喂幅锐税腊腔馈滞溃湾愤疏碍辐蜕错腹猿福障境榨蜡稳漾聪樟醋醇磕嘻蝠镜糕耤侪佼饸姣琪崂倬倥狳饽骎堉埽棁唷崆铪铰偾皎淖湃惇袷限绶骖耠琛塆棹椋椁蛴蛟嵘猥焯愦愎巯耢搐碜嗑嗄蜍锝煨澮滢滦缗辕嘎嗦嶂幛镁僖獐糁漳嫣璋摶撺瞆瞌噎蝶蝮嬉樽噫禧蟑镩臆燸曦黥黟陈峧洨饺姶珰狢哱帨倞浡骆掭埪桴梌硔崞铗猔湆祲弶陨综綍楷辌晫崊镑铳锓稌焞渍溹溢澏渼媄碏碚嗯镎穆艅褀馌潽瑨墕酴碨僔獍濡榚嫜暲蟐噂嶟獖嘻缱镱镈镱爔/隋惰嗜绺榅糈醢愭楮/嵴缮膳蟮墙/摁嗯骢璁熜/诡脆桅樾峗沲姽硊/循渡腻镀楯摭墀樨楯锁腈褫/榱缞镶/寂葫薪巍菽葑薮剪葑蔀/蓝篮苹箄蕖簪葜菅/景答粪富蓄罩鼻荠茭葶萘龚幂蔫雾箅箜箦薏葧草蒉荧/碁蓍/蒽/冠/蔗/蘅/蓑/痴邀/尴瘪瘿癯/途阅展逼厦遗遣痹遵厝匮氲匐痨瘆阖瘴瘾瓯逭阕赝/瘠/遮遁	478

续表

构形模式	整字	数量
4 部件 1 种	豩/鸿鹏鸻鸺/翻跗踋跳翊翻翻/顽颁颂能颅矫辉鼓频跷跺路矮辞颓毁颖解赫踊踢踏踩毅颠蹄蹂蹈蹭蹬歼殇殄殆顽殒殍跄颉跎跆颖觞颎跬跣骰领觥歆骷韶皕踜颛骼颟蹀踹蹒髅颏跂喆颢欸赪歅跱骱觟跽踣黇燚矰馧蹯颥/殉跑鹃韵鸨鸪鸬鸮赧鸹鸽鹉鹈鹋鹤跶跹鸧踌鹘赭踺虢蹉蹁斓鹪鸸鸧鹊鹍鹎魂鹛鹋鹟/斛斠/翩/欧殴顾鸵够辟颜颋颓/鸥弱鸲鹇鹛鹏觥/歃/叕琵琶粿鬏/紧袋祭紫装絮禁黎整辪袈棼翚裟韪綮暨髻髻鬖蹩絜鍪暨/鸳鸷嫠鹜鸹鸶鸷鹥鳌蔼/命窃翁窍俞窥嘉窿爵蠹窈舜窳螽蠡蠹剑/尝索爹紊营辜窝窖蒙充萦鼋呰寔窨窸壶鼻鼕黉/莺爱高爰窘窟簋鸾鸾/釜/窗/翥/哥/翅翘趣/趁趋超詹/飕餍鏖飐飔飗/裁/飑/斑掰街衙弼微衔衡/亵/衮裹	262
5 部件 6 种	濒懈擷缬獬潞澥璐臌榭/榭/僻噼澼/溺搦/缀掇啜辍裰墢惙/愕谬嘴襟谔腭锷缪噤镠醪崿傺僇墋磟漈澪嫪璆磜瞜穄檬/偷喻渝愉榆输嗡瞬嚼谕揄瑜腧滃蝓熘隃猃褕镒嶓/偿嗦檬朦嗲獴蠓艨濛滘潆幪幪礞/援缓搞暖镐稿谖湲媛瑗嗳媛缟槁暧犒瑷锾熇/溢/镃/貌媲/傻/檐赡瞻儋谵澹蟾嶦憺襜韂/澟/灌獾瓘爟/滚磙/蒜巅露蕹蘋蕗薢蕿/霹薛/蒻/蔡察寥尊蓼藜爨/蓊蓊/薹/蒿嵩篙曼/蓖篦/寇/彘/邂廨癞/避癖/廖瘵瘳/逾/邃/瘫/爽奭/噩	167
4 部件 3 种	殒蒯鄰/郑韩朝舒割鲜鲤瓢豁刳剑瓠戟鱿鲀鲂皱剽鲅鲆稣肄鲠鲕鲦鲱鳔鳙郤鱽鲃鄚鲃鄂鲉鲊鲌鲫鲅戮鲕铫劓鲩鲯飒谿鲸鳜鳒/敬敞龄郗刳龇龃龈龋郗瓴龂/剑敛/剧尉雕鄙郈郿/剩觋/咨姿瓷资您盗堡惩照恣嫑鹭煲脊磐錾犟澧粢桨/堕煦桀/梁粱/卒垒桑剪煎慈孳壅桑/兽募鲁普寒墓幕塞慕暮摹寨赛悫棻畚蓦骞罴搴謇/离惹/辱感/亟/匙韪/腐摩磨癫靡魔麽麾赝糜膺/唇愿餍屋/畿	153
合计	——	6993

注：“整字”例字中的“/”表示同一高级构形模式内部不同的初级构形模式的整字之间的界限。

6.2.6.3　对现代汉字形变合体字分类

根据 5.3.6 可知，形变基础部件根据其形变规律可以分为 12 种不同的类型。我们按照这 12 种不同的形变类型来把 2780 个（2474 个字种数）①形变合体字分为以下 12 大类 17 小类。

1．横笔发生形变的合体字

1）“横变提”的合体字（723 个）

邳//鳣鲍鲜鲤鲫鲸鳄鳍鳞鱿鲀鲂蓟鲅鲆鲇鲈稣鲋鲐鲑鲔鲚鲛鲟鲠鲕鲢鲣鲥鲦鲩鲮鲱鲲鲳鲴鲵鲷鲻鲼鲽鳀鳃鳅鳇鳊鳎鳏鳐鳓鳔鳕鳗鳙鳜鳝鳟鳢鱽鲃鲃鲉鲊鲌鲫鲄鲍鲅鲒鲕鲗鲖鲗鲘鲙铫鲵鲛鲩鲦鲪鲬鲭鲯鰕鲺鲹鲺鲷鳀鳁鳂鳃鳄鳆鳉鳑鳒鳔鳒鳚鳛鳝鳠鳡鳣鳤//鸵镬//鹳颤/剑敛/圾地墙堌场坛坏址坝坎均坟坑坊块坷坯坪坦坤垃坡垮城垢垛埂埋埃堵域堆埠培堪塔堰堤填塌塘墟境墩增壤圩圬圪圳圹圮圯圻坂坍坞坩坫垆坼

① 2780 是发生形变的合体字的累计字数。因为有些整字中的两个以上部件都发生了形变，如“楚”的第一个“木”和第二个“木”都发生了形变，它们的形变规律不同，第一个“木”是分布在左位置的“木”的“捺变点”的形变，第二个“木”是“避重捺”的形变。所以在“捺变点”合体字中，“楚”这个整字中就先后出现了 2 次。“㯻”中的三个部件“又”以及部件“木”的“捺”笔都发生了形变，“㯻”在形变合体整字中就先后出现了 4 次。2474 是发生形变的合体字的字种数，是所有不重复的形变合体字的数量。无论一个整字中几个部件发生形变，只要形变发生在一个整字中，我们只统计一次，如“楚”的两个部件“木”都发生了形变，从字种数统计角度来说，“楚”是一个形变部件，只统计一次；“㯻”中的三个部件“又”和部件“木”都是形变部件，从字种数统计角度来说，“㯻”是一个形变合体字，只统计一次。

坻坨坭坳垭垣垤垱垌垧垓垠埔埕埘埙埚埒垸埴埯埸埵埤埝堋堍埼埭埽堞堙塄塆塬墁墉墒墀壕圢圩圫坄圻坉坨坋坦坰坧坽坫垙垲埏垍垶垎垴垟垞垵垏垹垾垺垸垼埌埇埈埡埼埫埪堎堫堠堣堨堲堰塝堿墈墐塨墚塣墣墦墡盐筇鋆垚荭垵//卦封街邽垚硅葑𦬼尌//鄄甄歅//鄚//蓺//疆/巧功巩攻项邛恐穹筑筇蛩銎//觋䴔//毁//鸿//式试拭轼弑栻/欤/孙孤孩孜孢孖孺逊荪狲菰孱潺骣//敩//勃鹁渤//郭敦孰鹑犉廓墩熟塾暾磝镦蹾漷//教激/驮驯驰驱驳驴驶驹驻驼骄骆骇验骏骑骗骚骡骤驭驷驸驿骀骁骅骈骊骋骎骐骒骓骖骝骗骠骢骣骥骧驲驳駃驱驵驷驺骇驷骁骍骓骍骓騑騊騄騃騠騤騢騩騱驧骦驫/郢/轨轩转斩轮软轴轻轿较辅辆辐辑输辖辗辙轫轭轱轲轳轶轸轼轾辂辄辊辋辍辎辏辕辘辚轪轨轹轵轷轹轺辀辁辌辒辕辒辖辔辗辘崭渐惭暂匦堑啭椠錾//载//郓皲//毂/政//趾趴距趾跃践跋跌跑跛跨跷跳跺跪路跤跟踊踢踏踩踪踱蹄蹂蹋蹈蹦蹲蹭蹬躁躏趵趿趺跄跖跗跞跚跎跏跆跬跶跸跐跣跹跻踌踉踔踝踯踒踬踮踯踺踞蹀踹踵踽蹉蹁蹑蹒蹊蹐蹚蹶蹽蹼蹴蹾躃躅躐躜躩趼跂跔跱跽踦踣踏踶蹓蹐蹢蹜蹯躔露潞璐鹭蕗/牡牧物牲特牺牝牤牦牯牾犊犄犋犍犏犒犸牻牿犇/邬/剑/邺//觑/助雎锄/斶鹠//戭/甥牲//戥/邱/站竣靖竭端竑飒翊竦竘竫竮/劲颈到琉/取耻耿耽职聆聊联耶聘聪聃聒聩耵聍娶椰聚趣诹陬掫倻娵鲰骤鄹//最撮蕞嘬/到致郅臻倒捯/衅岬峅/豌豇豉豆厨橱蹰//彭鼓澎膨嘭澍鬒臌瞽蟛鼙鼗//懿//巇//鄄/野墅//翻/矗/勤鄞觐/默黔黯黜黝黠黟黢黩黥黪①

2）“横变撇”的合体字（14个）

化吪訛华讹花货靴哗桦骅烨铧晔

2.“横折钩形变为横折”的合体字（125个）

翠翼翟羿翌翚翯谬寥戳耀蓼廖缪熠戮镠瘳褶擢濯醪曜僇勠摎嵧漻嫪璆嘐鹨嬲鳛髎趯/鳖鳖/雪雳雷零雾雹需震霄霉霍雯霜霞霸露霹雩雯雱霆霁霈霖霏霓霪霭霨霰霾霅擂蕾儒懦蠕糯樗薷嚅濡孺镭擢藿酃嚯鳕襦嬬灞鄠搒骘溽檑嬬缥璃礌臑瘤颥燿骦礌鹳/勇篁//博傅搏缚膊敷溥赙榑镈薄簿礴欂/繁鳖蘩

3.“横折弯钩”形变的合体字

1）“横折弯钩变为横折提”的合体字（9个）

鸠虩/微溦薇//颀//颓//虢//鹛

2）“横折弯钩变为横折弯”的合体字（53个）

朵殳设投役没殴股沿垛段疫铅殷般船跺毁躲殿毅芟殁剁哚彀毂骰縠觳觳袓羖缎搬锻臀馨椴煅磐瘢磬塈罄翳癜塅瑖溵槃綮漀

① 6.2.6.3中的“/”表示不同形变部件构成的整字之间的分界线，“//”表示同一形变部件不同形变位置或不同合成部件构成的整字之间的分界线。并且这里所说的字形均以《通用规范汉字表》字形为标准。

4．“竖笔形变为撇笔”的合体字（30 个）

邦帮绑梆/判叛/羚翔羟羧羯羰羖羓羝羱//差羞着蓋搓嗟嵯槎艖磋蹉溠瑳瘥

5．“竖折形变为竖提”的合体字（103 个）

缸缺罐罅//鹞繇//龄龇龃龅龈龉龊龌龋龊龁龂龄龆龂龇龈龌龊/屿屹岖岭峡峭峨峰峻崎崛屺岐岈岘岬岫峋岷峄峙峣峒峤峋峥崂崃峪崚崦崤崆嵘嵖嵎嵯嵝嵫嵋嵊嵴嶂嶙嶝巉屼屾岍岍岠岵岨岞岺峒峘峬峗峧峿崄崞崌崡嵁嵘嵥嵑嵲嶓嶟嶒嶾巇巉巇/望/邶

6．“竖钩形变为竖”的合体字（25 个）

哥歌/尘尖雀隙尜穆//督/变峦弯恋蛮孪娈栾挛鸾脔銮湾塆滦/裘

7．“竖弯钩”发生形变的合体字

1）“竖弯钩变竖提”的合体字（59 个）

切彻砌窃沏/鹍//邶//此些柴紫雌觜呲眦疵訾跐龇髭茈泚玼赀砦嘴/顽//兢//赞攒缵瓒臜趱躜酂/顾//颁/剜/改//凯剀觊觊/顿邨/僭谮簪/毳撬橇/鸩/鹌//郿/频/麒麟鄜

2）“竖弯钩变竖弯”的合体字（3 个）

四泗驷

8．“竖提变竖”的合体字（1 个）

蓫

9．“撇”笔发生形变的合体字

1）“撇笔形变为横笔”的合体字（4 个）

舍啥舒猞

2）“撇笔形变为竖笔”的合体字（18 个）

甯//甬诵勇捅涌通桶痛踊俑恿蛹埇娴鲬嗵煺

10．“点”笔发生形变的合体字

1）“点笔形变为撇笔”的合体字（1 个）

所

2）“点笔形变为捺笔”的合体字（3 个）

基綦惎

11．“捺笔形变为点笔”的合体字（1390 个）

刈网//杀希爻肴驳刹淆稀郄郗唏浠晞峬铩烯絺豨俙脎绨絺睎爽樊攀襻//区冈凶风赵囟刚匈讽抠卤呕岖岗汹驱纲枢枫欧殴鸥钢疯酗躯飘伛讴奁岚沤沨怄妪瓯炝砜眍飑飒硇飓飕飙讻坜飏弭枫飐貙飔飗恼胸脑离瑙傻蓖媲篦貔垴醝酸禽漓璃篱蓠缡螭魑摛醨擒噙檎//刘这闵斑斌斓浏悯赟瘢//郊效鸡激//剂//网樊爽攀襻/粢//从丛众巫坐纵耸苁枞怂疭卒诬挫座唑觋赍锉矬痤筮莝脞鸩髽悴碎粹翠醉谇捽萃啐猝淬瘁窣噬崒//叙斜溆敊//鸽颌郃//觎毹郐//歙//稣//舒//刽郐//鹩//黏//颲//剑敛潋蔹//戮勠嘐//剳/鑫//趑//阙//

以似拟苡姒//坐挫座唑锉矬痤莝脞髽//巫诬鹀觋筮噬//卒悴碎粹翠醉谇捽萃啐猝淬瘁窣崒//赍/颂//鹟//颁邠攽//父爷斧爸爹釜㕮㳇嗲滏//只识帜织积职枳炽咫[illegible]轵//商墒熵//冏矞裔橘谲鹬潏遹燏鐍䢍鱊//衮滚磙//圙//詹檐赡瞻儋谵澹蟾噡憺襜韂//夋俊唆峻凌陵骏菱梭棱竣傻酸浚悛逡崚绫睖裬谡皴羧稜鲮黢狻埈晙庱焌㥄畯𩆮葰//廛瀍躔//睦逵稑蓺//菜/凤//返//盈楹戤//阌//飕//寇蔻//聚趣骤鄹餐粲璨澯叕缀掇啜辍裰剟埁惙馨槃//郊颏//颞劓剟//桑叠嗓搡颡磉//邓劝双扠对怼戏观欢鸡艰难轰树聂摄嗫慑镊颞蹑滠摊滩瘫傩桑叠嗓搡颡磉叕缀掇啜辍裰剟埁惙//亟殛桑叠嗓搡颡磉/知矩矫短矮矬雉矧矰智痴蜘疑欸彘肄踟凝簇翳嶷嫕薿繄//奏凑腠辏//癸葵揆阕睽暌骙戣//郑送联掷踯//因茵咽姻恩烟洇氤胭铟骃絪摁蒽嗯//鄭//毵//谿//鹤//刳瓠匏//翱//牵//奇倚崎寄骑椅畸剞猗绮琦犄锜埼掎䓫徛婍欹踦觭齮旖漪/雒//额//麸麹//逡皴/灸//柩/规替窥辇鸶撵潜/檀樯檩朽朴机权杆杠杜材村杖杉极杨枉林枝杯枢柜枚析板松枪枫构杭枕标栈柑枯柄栋相柏栅柳柱柿栏柠树框梆桂桔栖档桐株桥桦栓桃格桩校核样根械彬梗梧梢梅检梳梯桶梭棒棱棋椰植椅椒棵棍椎棉棚棕棺榔椭椿楷榄槐榆楼概模槛榴榜榨榕横槽樱橡樟橄橱橙橘檬檐杌杓杞杈枥枇杪枧杵枨枞枋杻杷杼枾柯柘栊柩枰栌柙枵柚枳柞柝栀柢栎枸柈柁枷柽栲栳桓桡桎桢桤梃栝桕桁桧桅栟桉栩梿梏桴桷梓梲桫棂楮椟棹椤棰椋椁椪棣椐楔楠楂楝楫楸椴槌楯榈槎榉楦楣楹椽榛榧榻榫榭槔榱槁槟槠榷槿槭樗樘槲樾橛橇樵檎橹樽樨橼檄朳朸杕杙杆杧杩枅枫枘柃柭柷柃柊枹柨柖栻桠桗桄梠梅梃梼梽梈梾桯梣梌梎棤棫椓椑椟棡棓棬棪椀楗椹楪榅楒楞楩椋椸楷榑樻棁槜楣槱檦樚橑橦檑櫆檞檫檬樽彬梦婪厢麻淋琳森焚晰湘禁楚想箱霜郴凇菘梵啉淅淞棼缃晳蜥霖郴麓菥崧𬘬萂芩铼菻箖嘛摩磨襟樊靡魔麽麾潸噤懋糜縻孀爨溇澿憷骣䟚礵鹴蘑攀嬷糖蘼醾襻//颣//鸺//彩//剁//闲娴痫鹇//困捆阃悃//栽//楚澨憷礎樊攀襻糜醾//褒焚煲爨燊棼棽/倏//餍//飙//鹏//阒/淼//囟/遨//邀//阚//荣綮鏊鳌檠獒/鋈/裁//蘧//瓤/灯灶灿灼炬炒炊炕炉炼炸烁炮炫烂烤烘烦烧烛烟烙焊焕焰煤煌熄熔煽燃燥爆狄炀炜炬炖炘炝炔炳炻炽炯烀炷烃烜烨烩烊烬焐烯焓烽焖烷焗焯焜焙煳煜煨煅煊煸煺熘熥熜熵熠燎燠燔燧燋爝爇炌炆炣炟炪炯烶烻焀焆烺焌焞烨煁熢煜熀煟煓熛燋熻燏爔爟爚燊燚焯燮躞瓊燚//炎谈淡氮毯痰剡郯啖琰赕倓掞菼惔棪睒欻扊锬燊罽灎燚//颎剡郯欻罽灎//氮毯//逖//爨燊//燮躞瓊/嫈䕡鳌/述/鹩/魃/迭跌/穑利私秆和秒种秋科秤租积秧秩称秘秸秽移稍程稀税稚稠稳稽稻稿稼穆穗秕秭秣秫秾秸稃稂稞稗稔稷穰秬秥稌稑稙穇稹穄穙穜穟俐莉梨犁揪痢愁瞅锹蝌黎猁啾湫愀楸蜊榛潲鳅鬏黧浰萩鹙篘藜檪//颖榖瀔//秦蓁嗪溱臻瑧黍黏//颓//魏巍//馥馝馞馧//透困菌稛/窳蓏/邻领瓴翎鸰/鹇/颇/戣/耕耘耗耙耤耦耖耜耠耢耥耧耩耨耪耱耔耰藉藕籍/刺蒴嬖//嫳/颊郏//惬箧/郲/郹/毅/籽粉料粘粗粒粥粮精粹糊糙糖糕糟糠糯籼粑粝粕粞粳粿粽糁糌糍糅糗糨籹糇糈糒//渊鬻彝//粼粼//数擞薮//类//粤菊鞠掬麹迷谜醚/退腿褪煺/裘//述//救/速//赖敕刺喇嗽漱嫩整懒癞

獭濑簌癞籁蕻蝲/豨豮豳豵//鹲//鼦//逐溷遽蘧//隧燧邃璲鐩鐩穟襚旞//豵豢/愁/释釉//翻鄱鷭/欲郤鸽锇/阆//食餐飧飧餍餮饕饕/夥颗//裹//剿/逮逮//墉/阑澜谰斓镧襕/歉鹣/圜//鹮翾

12．笔画位置关系不同而发生形变的合体字（219 个）

奶奴嬗嫱奸如妇妃好她妈妓妙妖姊妨妒妹姑姐姓妮始姆娃姥姨姻娇姚娜娱娟娥娘婚婶婉媒嫂媚婿媳嫉嫌嫁嫩妁妍妩妪妣妊妗妫妞姒妤妲妯姗娅姮娆姝姣姘姹姬娠娌娉娲娩娴娣娓婀婧婊婕娼婢婵媪媛婷媾嫫媲嫒嫔媸嫣嫖嫦嫚嫘嫡嬉嬷嬬妧妘妭妗妊娍姞姱姤姶娏娴娞娵婼媖媪婍婌娓媧婘婠婻嫄媞媆媓媂媄嫄媱嫕嫭嫜嫪嫽嬛嬬嬥嫵孅努怒恕茹絮呶帑弩孥驽茹洳孨铷胬蕣砮筊//魏巍//数擞薮//威葳崴//嬴瀛//郾鹥/舰舱般航舶船舵艇艘舢舫舸舻舴舷艄艋艟艨舠舣舭舯舡舳舲鸼舾艅艉艎艏艚搬磐瘢槃/射躬躯躲躺谢榭麝

6.2.6.4 按构形属性为现代汉字形近字（部件）分类

形近字一般是指字形结构相近的字。学习现代汉字的过程中，形近字是一个难点。由知网的计量可视化分析可知，20 世纪 90 年代，尤其是 2000 年以来，形近字研究才受到关注。但目前的研究都是对形近整字的研究，而通过对通用规范汉字构形属性的研究我们发现，汉字不但有字形相近的整字，还有字形相近的部件，对形近的部件我们也不能忽视。

目前，形近字的界定过于笼统和模糊，我们认为在直观构形理论下形近字的定义应该修订为：由于笔画、部件、构形模式等的不同而造成的字形相近的部件和整字。因此，可以根据造成汉字部件或整字字形相近的原因来对形近字进行分类。

1．笔画相同或相近的形近字

这类形近字是指笔画数相同或相近，而其他笔画构形属性不同的字形相近的部件或整字。通用规范汉字表中此类形近字可以分为 3 类。

1）笔顺相同而笔形或笔画关系不同的形近字

这类形近字是指笔顺、笔画数和结构相同，而某些笔形或笔画关系不同的部件或整字。《通用规范汉字表》中此类形近字主要有以下几组。

（1）土——士——工　吉——吉(周)①——吉(滘)　干——丰——(举)——于——亍　肚——肛　坐——巫　竿——竽　讦——讦　盱——盱　邗——邦　王——𤣩(玩)——龶(青)　玨(班)——玨(琴)　开——井　汧——汫　石——右　祏——祐　太——犬　呔——吠

（2）日——曰——冃(冒)　汩——汩　由——田　胄——胃　铀——钿　油——沺　甲——申

① 形近字的例字中“括号”里的内容是对该非成字部件的说明，标明了该非成字部件的来源。

胛——胂 押——抻 钾——钟 呷——呷 且——目——旦 沮——泪 苴——苜 雎——睢 疽——疸 坦——坦 妲——妲 钽——钼 内——冈 纳——纲 钠——钢 枘——㭎

（3）夕——夂(冬) 名——各 洺——洛 铭——铬 酩——酪 牛——午 件——仵 几——九 仉——仇 力——刀 办——刅(梁) 叻——叨

（4）己——已——巳 圮——圯

（5）寸——下 未——末 夫——天 丁——丅(可) 尢(尴)——兀 口——囗(围) 失——矢 血——皿(睾) 人——入——八 之——辶(边) 乜——㔾(仓)

2）笔画数或结构相同而笔形或笔画关系不同的形近字

这类形近字是指笔画数和结构相同，而某一笔画的笔形或笔画间关系不同的部件或整字。《通用规范汉字表》中此类形近字主要有以下几组。

（1）干——千——乇(宅) 扞——扦——托 杆——杆 圩——圫 犬——尤 伏——优 犾(获)——犹

（2）占——古 苫——苦 沾——沽 钻——钴 寸——才 村——材

（3）乂——又 风——凤

（4）⺍(学)——⺌(党) 𭕄(学)——⺌(党)

（5）刁——刀 叼——叨 丩——卩——阝 叫——叩 肀(唐)——尹

（6）亓——元 开——升 天——夭 木——朩(茶) 无——旡(既) 东——东(练) 贝——见 丨(临)——刂(师)——刂(刊) 冂(同)——⺆(周) 月(胃)——月 用——甩 夕——久 币——帀(师) 丸(执)——丸 儿——几(风)——几 羊——⺷(美) 子——孑——孓 彐(雪)——彐(虐)——彐(录)

3）笔画数相近并且结构相同或相近的形近字

这类形近字是指笔画数仅相差一画或两画，并且结构相同或相近的部件或整字。《通用规范汉字表》中此类形近字主要有以下几组。

（1）日——目——旦 汩——泪 晴——睛 昽——眬 昡——眩 暌——睽 暝——瞑 晛——睍 晞——睎 杳——查 口——日 沓——沓 暧——暧 哗——晔 听——昕 音——音 竞——竟 咙——昽 咥——晊 问——间 呆——杲 呢——昵 吴——昊 味——昧 吻——吻 哂——晒 嘻——嘻 响——晌 喑——暗 吁——盱 咋——昨 木——本——术 休——体 沐——沭 十——干 早——旱 汁——汗 计——讦 干——王 旰——旺 玕——玨(班) 𢆉(南)——⺷(美) 犴——狂 汗——汪 仐(擀)——全 束——東 刺——敕 涑——涑 土——王 杜——枉 戈——戋 划——刬 业——亚 壶——壸 西——酉——覀(要) 洒——酒 同(苘)——同 苘——茼 洞——泂 垌——坰 诇——诇 烔——炯 史——吏——更 使——便 巾——市 帅——师 内——丙 枘——柄 蚋——蜗 白——自 百——百(夏) 泊——洎 句——旬——甸 苟——荀 枸——栒 沟——洵 米——来

眯——睐 洣——涞 卬——印——卯 茚——峁 昂——昴 廿——甘 丰——丯(拜) 未——末 戊——戌 止——正 住——隹 牛——生 㒷(奥)——䍃(粤)

（2）儿——⺎ 兄——㕣(侃) 充——㐬(流) 浐——流 琉——琉 川——川 乔——介 氚——氚 司——同 筒——筒 伺——侗 峒——峒 词——诇 弓——引 日——旧 侯——候 臣——臣(颐) ⺫(临)——罒（罗）尸——尸(眉)

（3）木——禾 樯——穑 杆——秆 杪——秒 枰——秤 枳——积 梢——稍 桯——程 棁——税 椎——稚 椆——稠 槁——稿 橞——穗 枇——秕 桴——稃 棵——稞 椑——稗 柜——秬 柖——秙 梌——稌 植——稙 困——困 李——季 杳——香 桔——秸 士——壬 仕——任 弋——戈 代——伐 未——朱 妹——姝 𠂤(官)——自(阜)吕 官——宫 亻——彳 侍——待 仿——彷 俫——徕 倘——徜 俳——徘 佯——徉 住——往 倚——徛 ⺍(学)——⺤(爱) ⺌(学)——⺥(受) ⺤(爱)——⺥(受) 爰——爱 廾——升——开 去——丢 皿——血 用——甬 ⺀(畏)——𧘇(衣) 糸(累)——系

（4）今——令 吟——呤 妗——姈 钤——铃 芩——苓 氏——氐 芪——茋 祇——祗 抵——抵 勿——匆 忽——怱 尸——户 启(辟)——启 又——叉 汉——汊 杈——杈 厄——卮(栀) 王——主——玉 玨(班)——珏 汪——注 枉——柱 厂——广 雁——雁(鹰) 厍——库 厘——廛(缠) 斤——斥 折——拆 析——柝 圻——坼 䜣——诉 乌——鸟 呜——鸣 冖(写)——宀(字) 宜(叠)——宜 罕(牵)——牢 罙(深)——穴 几——凡 肌——朓(赢) 冫——氵 溧——溧 江——江 冽——洌 冷——泠 凘——澌 凇——淞 冶——治 冼——洗 准——淮 衤——礻 袆——祎 裸——祼 袄——袄 艮——良 琅——琅 狠——狼 垠——埌 根——榔 莨——莨 银——锒 跟——踉 乃——及 仍——伋 艿——芨 万——方 戈(尧)——戈 友——犮(拔) 小——⺗(忝) 𣥖(步)——少 乂——义 免——兔 刀——刃——勿(黎) 刁——习 尸——尺 艮(即)——良(朗)

（5）勺——勾 汋——沟 杓——枸 钓——钩

（6）十——木——朩 卓——桌 古——杏 早——杲 汁——沐 博——榑 隼——集 辛——亲 不——术——木 怀——怵 还——述 钚——钚 否——杏 杯——林 九——尤——龙 扰——拢 在——存 茬——荐 水——氺 尿——尿(犀) 汆——氽(黍) 勺——勾——匀 钓——钩——钧 杓——枸 汋——沟白——臼 柏——桕 皃(貌)——皃(倪) 奂——免 涣——浼 换——挽 广——疒(病) 庖——疱 廖——瘳 庤——痔 廋——瘦 庠——痒 座——痤 毋——母 毐——毒 大——丈 龙——龙 或——彧 镸——县 𧾷(走)——疋(楚) 田——毌(贯) 内——肉 束——柬 釆——采 夂(冬)——攵(放) 𢎨——弟 笫——第 爪——瓜 卯——卵 豸(毅)——豕——豖 丘——乒——乓——兵

斗——头 市——市(肺) 产(帝)——产(商)巛——巛 肀——聿 买——卖 廴——辶

2．部件相同或相近的形近字

这类形近字是包含部件相同或相近，而部件间的结构关系不同的部件或整字。根据结构关系的不同，《通用规范汉字表》中部件或整字可以分为以下5类。

1）上下结构与半包围结构的形近字

旯——旭 辱——辱(褥) 書(唐)——君

2）上下结构与左右结构的形近字

古——叶 只——叭 召——叨 含——吟 吞——吴 邑——吧 啻——啼 吕——吅(骂) 呙——呐 古——叶 另——加 另——叻 哲——唽 员——呗 呙——呐 咠(葺)——咠 售——唯 㕣(沿)——叽 景——晾 易——昒 旱——旰 晕——晖 昌——晿(晶) 帛——帕 某——柑 省——眇 垦——垠 垩——垭 垦——垠 垩——垭 圭——圡(垚) 岑——岭 架——枷 集——椎 朵——机 柰——标 娶——娵 隻(蠖)——难 娶——娵 翌——翊 炎——炊(焱) 仌(俎)——从 畧(撂)——略 爻——㸚(网)晁——晀 夽(榉)——钬

3）左右结构与包围结构的形近字

垢——垕 外——处 叮——可 咕——固 哺——圃 和——困 吻——囫 咚——图 圹——庄 取——取(最)

4）上下结构和全包围结构的形近字

呆——困 兄——四

5）上下结构和穿插结构的形近字

分——办(梁) 分——办

3．构形模式相同的形近字

一般情况下，这类形近字是整字初级构形模式相同，一层部件中复杂部件相同、简单部件不同的整字。《通用规范汉字表》中此类形近字数量庞大，我们不再一一列举。可以利用表6.8对此类形近字进行查找、分类。比如，“3部件2种、3部件1种”这两种构形模式中的形近字可以根据相异部件的部位进行分类。

1）左部件不同的形近字

似——拟——姒 砌——彻——沏 侧——测——恻——铡——鲗 挪——哪——娜 批——吡——妣——毗——纰——玭——枇——砒——秕——蚍——仳——沘——舭 拗——坳——呦——蚴——靿——黝 绷——棚——堋——硼——淜——弸 ……

2）右部件不同的形近字

卦——封——邽 剖——部——瓿 触——觖——觚 邵——劭 凯——剀——觊 郓——皲 ……

3）上部件不同的形近字

昆——芘 蔼——霭 苁——众 苑——宛 茄——笳 前——俞 符——苻 森——箖 莜——筱 箱——葙——霜 ……

4）下部件不同的形近字

毕——坒 咒——骂——哭 穷——究——空——帘——突——穿——穹——穸——窀 琴——瑟——琶 架——贺——驾 梦——婪——焚——梵——棽——楷——楚 ……

5）围外部件不同的形近字

庇——屁 匾——遍 闵——这 远——园 图——疼——氡 同——后 阇——屠 ……

6）围内部件不同的形近字

赶——起——赵——赴——赳——越——超 度——席——庶 哉——栽——载 ……

7）穿插内部件不同的形近字

衍——衔——衎——衙 哀——衷——衰——衮——衺 班——斑 ……

8）穿插外部件不同的形近字

乖——乘 巫——坐 ……

9）特殊的形近字

这类构形模式相同的形近字比较特殊，它们不仅整字的初级构形模式相同，而且整字所包含的一级部件也相同，只有一级部件的分布位置不同。《通用规范汉字表》中此类整字可以分为以下 2 类。

（1）上下部位不同的形近字

杳——杲 岊——岜 吞——吴 音——昱 旮——旯 杏——呆

（2）左右部位不同的形近字

加——叻 郧——陨 部——陪 鄣——障 郏——陕 邡——防 郫——陴

4．其他类型形近字

这类形近字字形之间的差异虽然比上述四类形近字之间的差异大，也有人也主张把它们看作形近字，如从字理上来说，常把以下汉字看作形近字。

忙——忘 忡——忠 怡——怠 作——怎 恨——恳 悱——悲 拾——拿 泉——泊

那么，从字形上来说，我们认为以下这些字也应该作为形近字处理。

叁——参 庆——厌 备——畋 昀——的 忠——患 告——眚 抽——枾 柚——押 栖——栗 冒——昌

6.2.6.5 字形分类在现代汉字教学中的应用

根据现代汉字的构形属性对现代汉字的部件、整字进行分类，可以为汉字教学提供参考。

部件的构字能力分类、部件的直接组合部件分类可以为汉字部件教学提供直观的部件构字规律、部件组配规律，为部件教学中通过类推法扩大识字量提供参考。部件分布位置分类可以为部件教学提供直观的部件分布位置规律，有利于学生准确掌握分布位置单一部件的部位，掌握部件的优势分布部位，为汉字部件教学中快速提高学生的部位认知水平提供参考。合体整字构形模式分类可以为教学提供直观的整字构形规律，有利于学生准确掌握构字模式相同整字的类聚情况，为汉字教学中迅速提升学生的整字构形意识提供参考。总之，这些汉字构形属性的分类研究，有利于科学地树立和提高学生的正字法意识。

形变合体字的分类可以为汉字教学提供直观的部件形变规律，有利于学生准确掌握汉字形变部件的形变规律，提高形变部件的书写规范；形近字的分类为汉字教学提供直观的形近字区分标准，有利于学生根据形近字的不同类型分别从笔画的笔形、笔画数的多少、笔画位置关系、部件结构关系、同部位部件差异等多个特征区分形近字。为汉字教学中有效减少错别字、快速提升汉字书写的规范化水平提供参考。

同时，从不同的构形属性对现代汉字的部件、整字进行多角度分类，也可以为汉语教材编写中汉字的整字分级、部件分级提供参考。

6.2.7 为现代汉字手写规范的制定提供参考

6.2.7.1 制定现代汉字手写规范的迫切性

随着计算机技术的发展，汉字书写工具发生了重大变革。成年人的日常生活中完整书写汉字的机会变得越来越少，导致我国公民汉字应用水平下降严重。

光明网 2010 年做了一份“汉字书写调查”，调查结果显示 85.29%的被调查者认为，全民汉字书写水平在下降；对外汉语教学也发现欧洲人在汉语学习中，学写汉字比听说汉语更难。可以说，无论在国内基础教育中，还是在对外汉语教学中，如何学习书写汉字、如何快速提高汉字书写水平已经成为亟待解决的难题。

其实，我国公民汉字书写水平整体下降的问题早就引起了教育行政部门及研究人员的高度关注。早在 2002 年 11 月国家语言文字应用“十五”科研规划重点项目“汉字应用水平测试研究”就已经立项，该研究最终的成果是形成了《汉字应用水平等级及测试大纲》。2005 年 9 月该大纲通过了专家鉴定委员会鉴定，2006 年 6 月 20 日通过了国家语委语言文字规范（标准）审定委员会审定。接着，2006 年 8 月 28 日教育部和国家语委联合发布了《汉字应用水平等级及测试大纲》（GF2002-2006），该大纲于 2007 年 2 月 1 日起试行。①

基于《汉字应用水平等级及测试大纲》（GF2002-2006），教育部、国家语委组织实施了汉字应用水平测试。汉字应用水平测试是对汉字形、音、义的应用水平的综合测试，是国家继普通话水平测试之后贯彻执行《中华人民共和国国家通用语言文字法》的又一重大举措，将有助于提高国民的国家通用语言文字的规范意识和应用水平，对改善社会用字环境、促进社会进步和发展、弘扬中华文化等都具有十分重要的意义。

近年来，随着我国语言文字生活状况的变化，2015 年教育部、国家语委根据国务院 2013 年发布的《通用规范文字表》和全国汉字应用水平测试点工作情况②，决定对《汉字应用水平等级及测试大纲》（GF2002—2006）进行修订。2016 年 1 月 7 日，修订过的《汉字应用水平等级测试及测试大纲》（GF2002—2016）正式公布，该大纲于 2016 年 5 月 1 日正式实施。相信在不久的将来，汉字应用水平测试将作为特定行业基本的执业资格水平测试在全国推广开来。

汉字应用水平测试的测试内容分为四个部分，第一部分是字音的选择判断，依据字形考查字音的掌握情况；第二部分是字形正误的选择判断，依据字义（包含词义和句义）考查字形的掌握情况；第三部分是汉字综合运用的选择，依据字义（包含词义和句义）、字用考查形近字或义近字的掌握情况；第四部分是汉字字形的书写，依据字音、字义（包含词义和句义）和字用考查字形的书写水平。其中第四部分“汉字书写”有 30 道题，占测试试题总量的 1/4，就是专门考查被试人汉字书写水平的。而目前汉字的书写有手写书写和机器书写两种形式，汉字应用水平测试第四部分考查的是手写书写形式。由于汉字手写书写形式属于汉字硬笔书法，是一种带有极强个人风格的艺术创作。因此，现实生活中不同个体的汉字书写，在笔形、笔画位置关系上往往存在一定的差异。而汉字硬笔书法的这种个体风格差异的存在，却给该部分试题的客观评分带来了巨大的困扰。因此，亟待研制汉字手写体字形规范的标准。

6.2.7.2　现有书法等级标准中的字形评判标准不够具体

我们知道汉字手写书写形式最基础的问题是要保证字形书写既正确又规范，然后

① 见百度百科“汉字应用水平测试”的介绍，http://baike.baidu.com。

② 从 2007 年 9 月 16 日国家汉字应用水平首场测试在上海进行以来，教育部语用司已经在全国多个试点城市对我国公民的汉字应用水平进行了实践测试。

才能谈匀称、端正、美观的问题。目前，虽然我国还没有正式公布通用的汉字手写规范或标准，但是 2016 年 1 月“中国语文报刊协会规范汉字书写专业委员会”公布了“汉字书写书法等级标准及评定办法”。这是制定汉字手写体评价体系的一次巨大进步。它提出了汉字书写的基本标准，其中字形标准如下。

一级标准：字形较端庄、紧凑，字的大小适当；书写的汉字体现如下端正书写基本规律，见图 6.4。

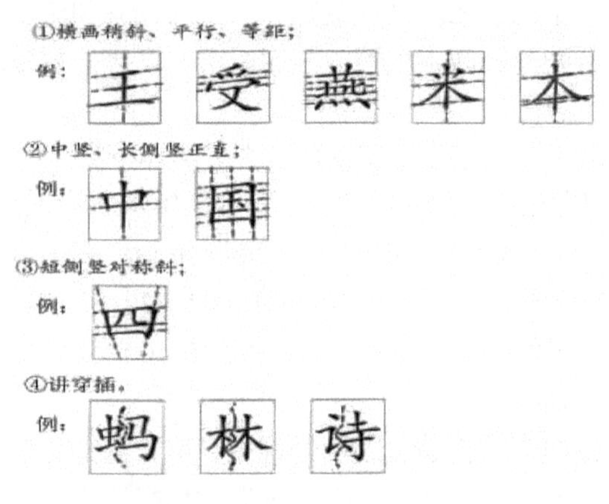

图 6.4　现有汉字字形书写规律-1

二级标准：字形端正、匀称，间架结构较合理；书写的汉字体现如下匀称基本规律，见图 6.5。

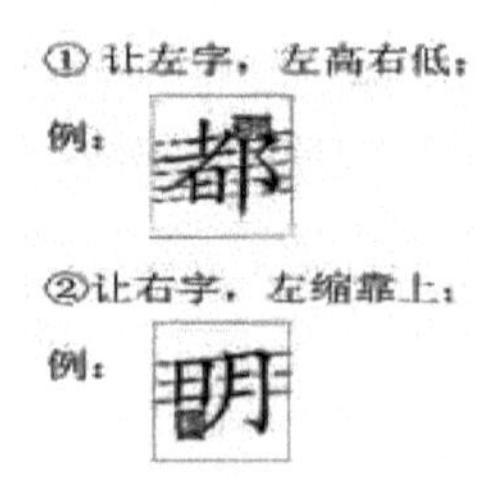

图 6.5　现有汉字字形书写规律-2

左右、左中右结构的字，宽窄应当适当；

上下、上中下结构的字，高矮、宽窄应当适当；

形扁的字别写高（例：血），形瘦的字别写胖（例：身）；

字形斜的字，重心在字中线上。例字如图 6.6。

例：子　方　多

图 6.6　现有汉字字形书写规律-3

三级标准：字形端正、结构匀称合理，字形大小均匀。

四级标准：字形端正，结构合理、美观，大小匀称、行距适当、整齐。

五级标准：字形大小匀称连贯，行款整齐，全篇紧凑，讲求呼应，整体美观。

六级标准：汉字为规范汉字，整洁美观，行气贯通，布局得体。

七级标准：汉字为规范汉字，整洁美观，行气贯通，布局得体。①

八级标准：汉字为规范汉字，整洁美观，行气贯通，布局讲究。②

可见，该办法的字形评判标准主要是从书法艺术角度对汉字字形布局的合理性、字形的美观性、以及书法作品整体的效果进行评判。对汉字应用水平测试中手写汉字字形规范的评判有一定作用，但是由于其标准是纲领性的标准，缺乏关于汉字的笔顺、笔形、部位、整字构形模式等构形属性方面的系统、具体的评判标准，所以具体执行起来难免会有一定的难度。需要我们针对现代汉字的构形特点，结合汉字书写的现实状况探讨详细具体的评判标准。

6.2.7.3　汉字手写体与印刷体的关系

目前，汉字有印刷体和手写体的区别。印刷体形式体现汉字的标准化特征，印刷字体整齐划一；手写体形式体现书写者的个人风格，是书法艺术。其中，机器书写（包括计算机、手机等设备的汉字输入）的汉字是印刷字体，并且同一类型印刷字体的字形没有任何差异。个人书写的汉字是手写字体，而手写字体则会在汉字构形属性，尤其是在笔形特征上存在一定的差异。如图 6.7 所示，是两本不同的硬笔书法字帖对同一内容的书写。虽然都是楷书手写体，但是能明显地看出：受毛笔书法的影响，两种硬笔书法手写体书写时起笔都有顿笔，但是上面手写体硬笔书法顿笔的棱角更分明，下面的手写体硬笔书法顿笔的棱角稍偏圆滑；上面手写体“竖钩”的笔形“钩”大而刚硬，下面手写体“竖钩”的笔形“钩”相对小而轻柔一些。这就是汉字手写体的个人风格差异，也正是汉字独特的艺术魅力。把图 6.7 的手写体汉字与图 6.8 的印刷楷体汉字对比一下我们发现：虽然图 6.7 上面的手写体书法和图 6.8 的印刷体楷体更接近一些，但也并不完全一样。也就是说，从客观上来说汉字手写体呈现出多样化的个

① “汉字书写书法等级标准及评定办法”中六级标准和七级标准对汉字形体的书写要求完全一致。

② 汉字字形评定标准见 http://www.gfhz.org/786.shtml。

人风格，而印刷体风格则整齐划一。个人手写体风格总是向印刷体风格极力靠近。费锦昌（2000：416）也指出：由于几十年来大陆的字形标准只有《印刷通用汉字字形表》《现代汉语通用字形表》，名义上它们只是印刷物的字形标准，其实早就同时成为识字教学的字形标准。因而，根据目前汉字书写的实际情况可知，汉字印刷体字形已经成了汉字手写体字形的主要参照标准。并且，当今大量书籍、工具书的印刷字体都不是以楷体为主，而是以宋体为主。《通用规范汉字表》中的字形也是印刷宋体，1-3年级的语文教材以印刷楷书字体为主，4—9年级的语文教材以印刷宋体字体为主。甚至可以说印刷宋体也已经成为“有纸和无纸媒体最常用的一种字体”。（费锦昌、徐莉莉，2003：67）因此，当今识字教学的字形标准不仅包括印刷楷体，还应该包括印刷宋体。由于一般情况下，印刷宋体和印刷楷体的字形是一致的，所以日常生活中所说的印刷体有时专指印刷宋体，有时专指印刷楷体。而实际上印刷楷体和印刷宋体在字形上仍存在一些不统一的地方，如王洪杰、张春彦《再谈印刷汉字字形规范化问题》（2015）就谈到了印刷宋体和印刷楷体字形不统一的情况。我们这里讨论汉字字形问题时，暂且忽略汉字印刷宋体和印刷楷体字形的不统一问题。

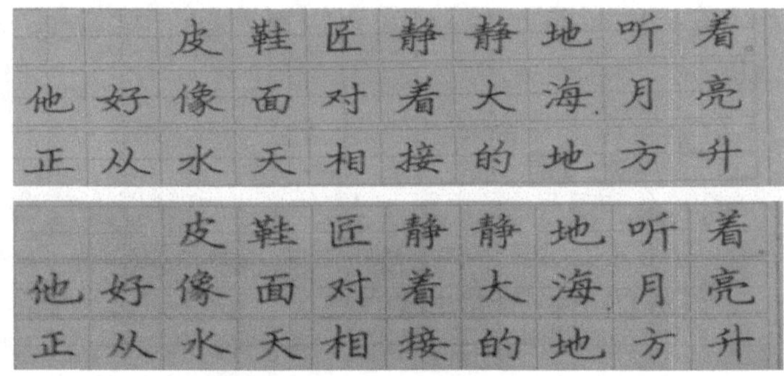

图 6.7　字帖中不同风格的手写体

皮鞋匠静静地听着
他好像面对着大海月亮
正从水天相接的地方升

图 6.8　印刷楷体对照字形

6.2.7.4　判断手写汉字正误的标准

汉字手写体总带有明显的个人风格，个人风格主要体现在笔形、以及运笔的姿势等方面。而汉字的笔形又具有区分字形的作用。所以，如果个人手写体笔形与印刷体笔形偏差过大就会导致错字或别字的出现。那么，如何判断手写体汉字字形的对错呢？比如：

舌：印刷体的第一笔笔形为“撇”；

风：印刷体的围外部件为“几”；

囱：印刷体的围内部件为“夂”；

边：印刷体的第四笔笔形为“3 折”（横折折撇）；①

尖：印刷体的上部件为“小”，而“小”的“竖钩”笔形形变为“竖”；

村：印刷体的左部件为“木”，而“木”的“捺”笔笔形形变为“点”；

轮：印刷体的左部件为“车”，而“车”的第二个“横”笔笔形形变为“提”；

船：印刷体的左部件为“舟”，而“舟”的第三笔“折”笔和第五笔“横”笔笔形从相交关系形变为非封闭相接关系；

辱：印刷体是上下结构。

如果手写体中把上述笔形、部件或结构写成这样：

*舌：手写体的第一笔笔形写为“横”；②

*风：手写体的围外部件写为“几”；

*囱：手写体的围内部件写为“夕”；

囱：手写体的围内部件“夂”的“捺”笔笔形没有变为“点”笔；

边：手写体的第四笔笔形写为“1 折”（横折）而不是“3 折”（横折折撇）；

尖：手写体的上部件“小”的“竖钩”没有形变；

村：手写体的左部件“木”的“捺”笔没有形变；

轮：手写体的左部件“车”的第二个“横”笔没有形变；

船：手写体的左部件“舟”第三笔“折”笔和第五笔“横”笔仍为相交关系；

*辱：手写体写为半包围结构。

那么，一般情况下，我们会毫无争议地认为如果“舌”手写体的第一笔“撇”被写为“横”是错误的。因为这样就把部件“千”误写为部件“干”了。“风”手写体的围外“几”被写为“几”是错误的，因为这样就把围外的非成字部件“几”误写为

① 这里所说的印刷体指的是印刷楷体。

② 这里的“*”表示该手写体的字形是错误字形。

成字部件“几”了。“卤”手写体的围内部件“夂”被写为“夕”是错误的，因为这样就把围内的非成字部件“夂”误写为成字部件“夕”了。“辱”手写体被写为半包围结构是错误的，因为这样就把上下结构的整字“辱”误写为半包围结构的非成字合成部件“厍”了。

“边”手写体的第四笔“折”笔写成“3 折”的笔形正确，还是“1 折”的笔形正确，是有争议的；“尖”手写体的上部件“小”写成带钩的正确还是不带钩的正确，是有争议的；“村”手写体的左部件“木”第四笔写成“捺”正确还是写成“点”正确，是有争议的；“轮”手写体的左部件“车”的第二个“横”笔是写成“横”正确还是写成“提”正确，是有争议的；船”手写体的左部件“舟”第三笔“折”笔和第五笔“横”笔是写为相交关系正确还是写为非封闭相接关系正确，是有争议的。但是无论如何，我们都不能否认“边”的手写体中，无论第四笔“折”写成“1 折”还是“3 折”，都不影响我们把它认定为整字“边”；“尖村轮船”的手写体中，无论“小木车舟”是否形变，都不影响我们把它们认定为整字“尖村轮船”。只是手写体的“边”第四笔“折”笔写成“1 折”笔形和印刷宋体字形更相近，写成“3 折”笔形和印刷楷体字形更相近；手写体的“尖村轮船”，“小木车舟” 如果发生形变，其字形会和印刷体字形更加接近，如果不发生形变，其字形会和印刷体字形稍有差异。

所以，汉字手写体字形是以汉字印刷体字形为参照标准的，汉字手写体标准的制定要参照汉字印刷体字形。并且汉字的字形判断标准应该包括正确性标准和规范性标准两部分内容，正确性标准是判定字形正确与否的基本标准，规范性标准是判定字形优美与否的优化标准；正确性标准是规范性标准的前提和基础，规范性标准是正确性标准的提升与优化。

根据上述分析，我们可以拟定出这样的标准：第一，字形正确性标准。和汉字印刷体相比较，如果手写体笔形的变化具有区别部件形体、部件位置和部件结构关系的作用，一般都认为这种手写体是错误的。和印刷体相比较，如果手写体的笔形变化没有达到区别部件形体、部件位置和部件结构关系的作用，这样的字形可以看作是正确的。第二，字形规范性标准。和印刷体笔形一致的手写体形式规范化程度更高；和印刷体笔形有明显差异，但又未达到区别部件形体和部件结构关系程度的手写形式，规范化程度相对较低。也就是说，在正确字形的笔形变化范围内，手写体字形和印刷体字形笔形相似度越高，规范化程度越高；和印刷体笔形相似度越低，规范化程度越低。

根据字形正确性判断标准，如果“舌”手写体第一笔的笔形“撇”被写为“横”，就会改变部件“千”的形体，把部件“千”变成了部件“干”，而部件“千”和“干”是两个完全不同的部件。也就是说，“舌”手写体第一笔的笔形“撇”如果被写为

“横”，就会改变印刷体字形“舌”的上部件“千”的形体，让“千”变成另外一个部件“干”，所以根据字形正确性判断标准，“舌”手写体第一笔的笔形“撇”如果被写为“横”，其字形是错误的。如果“风”手写体围外部件“几”被写为“几”，就会改变部件“几”的形体，把部件“几”变成了部件“几”，而部件“几”和“几”是两个完全不同的部件。也就是说，“风”手写体围外部件“几”如果被写为“几”，就会改变印刷体字形“风”的围外部件“几”的形体，让“几”变成另外一个部件“几”，所以根据字形正确性判断标准，“风”手写体围外部件“几”如果被写为“几”，其字形是错误的。同样，“卤”手写体围内部件“夂”如果被写为“夕”，其字形是错误的。如果“辱”手写体上下结构被写为半包围结构，就会改变“辱”的结构关系，把“辱”的上下结构变成了“𠩺”的半包围结构，而“辱”和“𠩺”是两个完全不同的部件。也就是说，“辱”手写体上下结构被写为半包围结构，就会改变印刷体字形“辱”的结构关系，所以根据字形正确性判断标准，“辱”手写体的上下结构如果被写为半包围结构，其字形是错误的。

根据字形正确性判断标准，“尖”手写体的上部件“小”无论带钩与否，“村”手写体的左部件“木”第四笔“捺”笔无论是否形变为“点”笔，“轮”手写体的左部件“车”第二个“横”笔无论是否形变为“提”笔，都不会把部件“小、木、车”变成其他的部件。也就是说，无论“尖村轮”手写体的部件“小”第一笔是写成“竖”笔还是“竖钩”，“木”的第四笔是写成“捺”笔还是“点”笔，“车”的第二个“横”笔是写成“横”还是“提”，都不会改变部件“小木车”的形体，所以根据字形正确性判断标准，“尖”手写体的上部件“小”无论带钩与否，其字形都是正确的；“村”手写体的左部件“木”第四笔“捺”笔无论是否形变为“点”笔，其字形都是正确的；“轮”手写体的左部件“车”第二个“横”笔无论是否形变为“提”笔，其字形都是正确的。根据字形规范性标准，“尖”手写体的上部件“小”不带钩的字形、“村”手写体的左部件“木”第四笔“捺”笔形变为“点”笔的字形、“轮”手写体的左部件“车”第二个“横”笔形变为“提”笔的字形都和“尖村轮”的印刷体字形相似度高，而“尖”手写体的上部件“小”带钩的字形、“村”手写体的左部件“木”第四笔“捺”笔没有形变的字形、“轮”手写体的左部件“车”第二个“横”笔没有形变的字形都和“尖村轮”的印刷体字形相似度低。所以，“尖”手写体的上部件“小”不带钩的字形、“村”手写体的左部件“木”第四笔“捺”笔形变为“点”笔的字形、“轮”手写体的左部件“车”第二个“横”笔形变为“提”的字形都是规范化程度高的字形，“尖”手写体的上部件“小”带钩的字形、“村”手写体的左部件“木”第四笔“捺”笔没有形变的字形、“轮”手写体的左部件“车”第二个“横”笔没有形变的字形都是规范化程度低的字形。同理，

“船”手写体的左部件“舟”第三笔“折”笔和第五笔“横”笔无论是写为相交关系还是非封闭相接关系，其字形都是正确的，只是手写体的左部件“舟”第三笔“折”笔和第五笔“横”笔写成非封闭相接关系的字形规范化程度高，写成相交关系的字形规范化程度低。

“边”的字形比较特殊，印刷宋体和印刷楷体中“辶”的笔形不同。从图 6.9 可知，印刷宋体中“边”的部件“辶”的“折”笔是“1 折”，印刷楷体中“边”的部件“辶”的“折”笔是“3 折”。虽然识字教学中基本上都是把“辶”的“折”笔教授为“3 折”，但是印刷宋体中的“辶”的“折”笔是“1 折”。根据字形正确性判断标准，无论“辶”的“折”笔写成“1 折”还是“3 折”都不具有区别部件形体和结构关系的作用，所以“边”手写体“辶”的“折”笔写成“1 折”或者“3 折”的字形都是正确的。根据字形规范性判断标准，现阶段“边”手写体“辶”的“折”笔写成“1 折”或者“3 折”的字形都是规范化程度高的字形。①

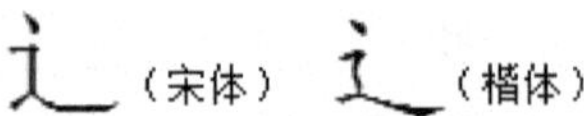

图 6.9　“辶”印刷宋体与印刷楷体的差异

因此，6.2.6.3 现代汉字形变的 2474 个合体整字的手写体，其形变部件写成形变形式还是未形变形式都是正确的字形，只是写成形变形式的字形规范化程度高，未写成形变形式的字形规范化程度低。由于部件形变规律不具有普适性，它只在形变部件范围内起作用。所以非形变的部件如果按照形变规律强行类推，则视为规范程度低的字形。比如，在形变部件范围内有“横折钩、竖钩去钩”的形变规律，即包含“竖钩”和“横折钩”的部件或其合成部件分布在上位置时，“竖钩”和“横折钩”可以去“钩”形变为“竖”和“横折”。按该形变规律形变的有基础部件“雨甫求小”、基础部件“习㡀用母丁小⺌”的合成部件“羽敝甬敏可叔亦”。而基础部件“矛”虽然也有“竖钩”笔形，并且也能分布在上位置，但并不是形变部件，所以不能按“横折钩、竖钩去钩”的形变规律进行形变。如果在手写体中按照形变规律对“矛”类推，把“柔矞蝨揉橘蹂猱谲糅鹬鞣铼潏遹燏镝”等字上位置中“矛”的“竖钩”写为“竖”，根据字形正确性标准和字形规范性标准进行判断，则把形变的字形判定为规范化程度低的正确字形，未形变的字形判定为规范化程度高的字形。

另外，还需要注意一些特殊情况下手写体字形的正误判断。比如，“王”“⺩”

① 目前暂且把印刷宋体和印刷楷体不完全统一的字形都看作是规范字形。

都不是形变部件，它们是两个不同的形近部件。手写体中如果按照“横变提”的形变规律把“琴瑟”的第一个“王”写为“𤣩”，如果把“玩”中左位置的“𤣩”写为“王”，根据字形正确性判断标准，则把这些手写形式都判定为错误的字形。[①]再如“汨”“汩”是两个不同的形近字，“用”“甩”是两个不同的形近字，“袄”“祆”是两个不同的形近字，“外”“处”是两个不同的形近字，“部”“陪”是两个不同的形近字，如果手写体把“汨罗江”的“汨”写成其形近字“汩”，把“用法”的“用”写成其形近字“甩”，把“棉袄”的“袄”写成其形近字“祆”，把“外面”的“外”写成其形近字“处”，把“部队”的“部”写成“陪”，则或者是改变了部件形体，或者是改变了整字的结构关系，或者是改变了整字的部件位置。根据字形正确性判断标准，把这些手写体字形都判定为错误的字形。

那么，6.2.6.2 按构形模式对合体字的分类、6.2.6.3 按形变规律对形变合体字的分类和 6.2.6.4 按构形属性对形近字的分类都可以为汉字手写体字形的正误判断和规范化判断提供参考资料。

6.2.7.5　汉字手写体字形的复杂性

当然，字形正确性判断标准和字形规范性判断标准都是理想状态下的判断标准。而实际的手写体情况更加复杂。我们仅以汉字楷书字帖为手写体的代表，来看一下目前手写体字形偏离印刷体字形的情况。

1．手写体笔画间空间关系与印刷体字形存在差异

从图 6.10 可以看出，“四田回曰”印刷楷体和印刷宋体中第一笔“竖”笔和第二笔“横折”都是封闭相接关系，而手写体则是相离关系。“歹”印刷楷体和印刷宋体第二笔“竖撇”和第四笔“点”都是非封闭相接关系，而手写体则是封闭相接关系。

“品晶磊固国围”印刷楷体和印刷宋体中部件“口囗”的第一笔“竖”笔与第三笔“横”笔或者是封闭相接关系，或者是非封闭相接关系，第二笔“横折”与第三笔“横”笔或者是封闭相接关系，或者是非封闭相接关系，第一笔“竖”笔和第二笔“横折”是封闭相接关系；部件“日”的第一笔“竖”笔与第四笔“横”笔或者是封闭相接关系，或者是非封闭相接关系，第二笔“横折”与第四笔“横”笔或者是封闭相接关系，或者是非封闭相接关系，第一笔“竖”笔与第二笔“横折”是封闭相接关系。而手写体中，部件“口”第一笔“竖”笔与第三笔“横”笔或者是封闭相接关系，或者是非封闭相接关系，第二笔“横折”与第三笔“横”笔或者是封闭相接关系，或者

① 我们这里的讨论都暂且不考虑印刷体字形中没有按形变规律形变的例外情况。而对于部件形变规律中的例外情况，则可以放宽标准，不做字形规范化程度评判，只做字形正误评判。

是非封闭相接关系，第一笔“竖”笔和第二笔“横折”或者是封闭相接关系，或者是非封闭相接关系；部件“口”第一笔“竖”笔与第三笔“横”笔是封闭相接关系，第二笔“横折”与第三笔“横”笔是非封闭相接关系，第一笔“竖”笔和第二笔“横折”是封闭相接关系；部件“日”的第一笔“竖”笔与第四笔“横”是封闭相接关系，第二笔“横折”与第四笔“横”笔是非封闭相接关系，第一笔“竖”笔与第二笔“横折”或者是封闭相接关系，或者是相离关系。

图 6.10　字帖手写体与印刷体字形在笔画空间关系方面的差异

“空究”印刷楷体和印刷宋体中第二笔“点”笔和第三笔“折”笔是封闭相接关系，而手写体则或者是非封闭相接关系，或者是相离关系。

“庸”印刷楷体第九、十笔“横”笔分别与第七笔“竖”笔和第八笔“横折钩”是相离关系，印刷宋体则是非封闭相接关系；手写体中第九、十笔“横”笔分别与第七笔“竖”笔和第八笔“横折钩”是相离关系。“原”印刷楷体中第六笔“横”笔分别与第四笔“竖”笔和第五笔“横折”是相离关系，而印刷宋体中则是非封闭相接关系；手写体中第六笔“横”笔与第四笔“竖”笔是非封闭相接关系，与第五笔“横折”是相离关系。“有”印刷楷体中第五、六笔“横”笔与第三笔“竖”笔是非封闭相接关系，与第四笔“横折钩”是相离关系，而印刷宋体则都是非封闭相接关系；手写体中第五、六笔“横”笔与第三笔“竖”笔是非封闭相接关系，与第四笔“横折钩”是相离关系。“月”印刷楷体中第三、四笔“横”笔与第一笔“撇”笔是非封闭相接关系，与第二笔“横折钩”是相离关系，而印刷宋体则都是非封闭相接关系；手写体中第三、四笔“横”笔与第一笔“撇”笔是非封闭相接关系，与第二笔“横折钩”是相离关系。“用”印刷楷体中第三、四笔“横”笔分别与第一笔“竖撇”和第二笔“横折钩”是相离关系，而印刷宋体则是非封闭相接关系；手写体中第三、四笔“横”笔分别与第一笔“竖撇”和第二笔“横折钩”是相离关系。“肖”印刷楷体中第六、七笔“横”笔与第四笔“竖”笔是非封闭相接关系，与第五笔“横折钩”是相离关系，而印刷宋体则都是非封闭相接关系；手写体中第六、七笔“横”笔与第四笔“竖”笔是非封闭相接关系，与第五笔“横折钩”是相离关系。“申”印刷楷体中第三笔“横”笔分别与第一笔“竖”笔和第二笔“横折”是相离关系，而印刷宋体则是非封闭相接关系；手写体中第三笔“横”笔分别与第一笔“竖”笔和第二笔“横折”是相离关系。

“西”印刷楷体和印刷宋体第一笔“横”笔和第四笔“撇”笔是非封闭相接关系，手写体则是相离关系。“开”印刷宋体和印刷楷体中第一笔“横”笔与第三笔“竖撇”是非封闭相接关系，手写体则是相离关系。

“事”印刷宋体和印刷楷体中第五笔“横折”与第六笔“横”笔是相交关系，手写体则是相离关系。“取”印刷宋体和印刷楷体中第六笔“提”笔与第三笔“竖”笔是相交关系，手写体则是非封闭相接关系。“花”印刷宋体和印刷楷体中第六笔“竖撇”与第七笔“竖弯钩”是相交关系，手写体则是非封闭相接关系。“哀良袁”印刷楷体和印刷宋体中最后一个“短撇”与其相连的“捺”笔是非封闭相接关系，而手写体则是相交关系。“寓寄”印刷楷体和印刷宋体中第一笔“点”笔与第三笔“折”笔是非封闭相接关系，而手写体“寓”第一笔“点”笔与第三笔“折”笔是相交关系，“寄”第一笔“点”笔与第三笔“折”笔是非封闭相接关系。

由此可见，即使是在规范度相对较高的字帖中，手写体字形和印刷体字形在笔画关系上也存在形形色色的差异。由于我们暂且不考虑印刷楷体和印刷宋体字形的差异，把印刷楷体和印刷宋体看作是手写体规范字形的变体形式，所以印刷楷体和印刷宋体的字形都是规范度高的字形。那么，根据汉字手写体字形的正确性判断标准，图 6.10 中的手写体汉字的字形都是正确的；根据汉字手写体字形的规范性判断标准，图 6.10 中手写体“四田回曰歹品晶磊固空究西开事取花哀良袁寓寄”等字的规范化程度比“国围庸原有月用肖申”稍差一些。

2．手写体带钩的笔形与印刷体字形存在差异

从图 6.11 中可以看出，在“寂弹熊恐函卤七”的印刷楷体和印刷宋体中，其部件“小、弓、匕（冃）、凡、了、水、七”都带钩，而在手写体中则或者带钩，或者不带钩，并且不带钩的笔形占绝对优势。“耀尖”印刷楷体和印刷宋体中，其上部件“羽小”都不带钩，而手写体中部件“羽小”则或者带钩，或者不带钩。“朵架粱”印刷

楷体和印刷宋体中，其下部件“木”都不带钩，而手写体则都带钩。“叮于乎”印刷楷体和印刷宋体中，其“竖钩”笔形都带钩，而手写体则或者“钩”笔不明显，或者像“竖撇”笔形。

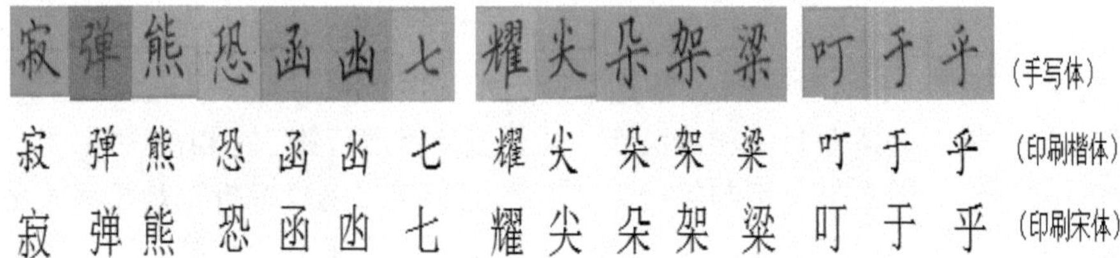

图 6.11　字帖手写体与印刷体字形在带钩笔形书写方面的差异

由此可见，即使是在规范度相对较高的字帖中，手写体字形和印刷体字形在带钩笔形的书写上也存在形形色色的差异。那么，根据汉字手写体字形的正确性判断标准，图 6.11 中“寂弹熊恐函凼七耀尖粱叮于乎”的手写体字形都是正确的，“朵架”的手写体字形则是错误的；根据汉字手写体字形的规范性判断标准，“寂弹熊恐函凼七耀尖粱叮于乎”的手写体字形规范化程度不高。

3．手写体“横”笔和“点”笔的笔形与印刷体字形存在差异

从图 6.12 中可以看出，“丰”在印刷楷体和印刷宋体中，第一笔笔形都是“横”笔，而手写体笔形则是“横撇”。“时”在印刷楷体和印刷宋体中，部件“日”第四笔的笔形为“横”笔，而手写体笔形则是“提”笔。“琴”的印刷楷体和印刷宋体中，部件“王”最后一笔的笔形是“横”笔，手写体笔形则是“提”笔。“忙惊”在印刷楷体和印刷宋体中，部件“忄”最后的“点”笔笔形为“竖点”，而手写体笔形则或者是“竖点”，或者是“横点”。

图 6.12　字帖手写体与印刷体字形在“横”笔、“点”笔笔形书写方面的差异

由此可见，即使是在规范度相对较高的字帖中，手写体字形和印刷体字形在“横”笔和“点”笔笔形的书写上也存在形形色色的差异。那么，根据汉字手写体字形的正确性判断标准，图 6.12 中“丰时忙惊”的手写体字形都是正确的，“琴”的手写体字形则是错误的；根据汉字手写体字形的规范性判断标准，“丰时忙”的手写体字形没有“惊”的手写体字形规范化程度高。

4．字帖中某些手写体字形“正误”难辨

字帖作为汉字硬笔书法临写的范本，理论上是不应该出现错别字的。但是由于书法家个人书写习惯以及受软笔书法规则的影响，在硬笔书法楷书字帖中也会见到 6.13 的手写体字形。手写体“流”缺了“点”，使部件“亠”变成了“一”；“切”缺了“提”，使部件“七”变成了“十”；“翼”的部件“羽”写成了两个翻转 180 度的大写字母“E”的形状，类似于部件“彐”的形体；“冒”的部件“冃”写成了“日”。那么，根据汉字手写体字形的正确性判断标准，图 6.13 中“流切翼冒”的手写体字形都是错误的。

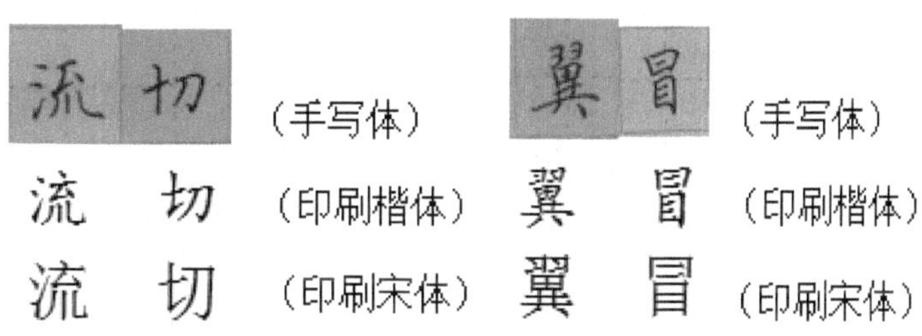

图 6.13　字帖中“错误”的手写字形

但是，汉字的硬笔书法脱胎于传统的软笔（毛笔）书法。几千年来，我国软笔书法形成了特定的书写章法和规则。如果我们懂得一点软笔书法的书写规则的话，不难发现软笔书法书写中，习惯上“横笔”要有从左到右上斜的角度；包围结构的书写有“围而不堵，守而宜困”的规则；整字书写中有增减笔画的传统。如果按照这些软笔书法的传统章法和规则，就不能说图 6.10 手写体“四田回曰”、图 6.12 手写体“时”的字形书写规范化程度低，也不能说图 6.13 手写体“流切”的字形是错误的。但是图 6.13 中“翼冒”的手写体字形肯定是错误的。

由此可见，即便是书写规范度高的字帖中，成名的书法家手写体字形与印刷体字形尚存在形形色色的偏差，甚至是字形的错误。那么，在实际生活中，汉字手写体字形与印刷体字形的偏差程度一定会比规范字帖中手写体字形与印刷体字形的偏差程度更高，偏差情况更加复杂。

6.2.7.6 汉字应用水平测试中构建手写体字形评价体系的设想

鉴于汉字书写实际的复杂性，结合手写体字形正误判断的经验，我们认为汉字应用水平测试中，对第四部分测试内容进行评价时应该本着既尊重汉字书写实际，又不违背测试目的的原则，不但要区分字形书写的正误，还要区分手写体字形书写的规范化程度。

我们可以把汉字手写体字形正误判断的标准作为字形正误判断和字形规范化程度初步筛选的主要参考标准。结合 10 年来汉字应用水平的实验测试中被试人书写水平、汉字书写的规范程度，制定具体分级标准。在规范程度分级研究中可以沿袭字形正误判断标准的做法，从笔画、部件、整字结构三方面的构形属性来考虑分级。最好能在每一级都建立“典型字形参照库”，给评卷人提供客观的参考字形，最大限度地减少主观性，个人经验性评判。如果要更好地提高汉字书写的规范化程度，还可以把汉字应用水平测试的总成绩与第四部分考试内容汉字书写的单项成绩结合起来，结合 10 年来汉字应用水平测试实验中总成绩与第四部分单项成绩的分布规律，拟定不同等级水平下第四部分必须达到的最低成绩。

当然，我们在这里所提出的评价标准只是一个宏观的、初步的构想，评价标准的具体细节问题需要进行专门、系统、深入的研究。而该评价标准要达到实际应用的水平，则更需要进行大量有关汉字手写体字形的现状调研和汉字手写体字形评价的实证性研究。该手写体字形评价标准的基本模式如图 6.14。

综上所述，从理论上来说，通过通用规范汉字构形属性的研究我们不但提出并实践了现代汉字直观构形理论的正确性，现代汉字直观构形分析与描写体系的可行性，明确了现代汉字整字、部件、笔画构形属性的统计分布特征，进而还分析出现代汉字是系统性程度较高的文字系统。同时，我们的研究也具有广泛的应用前景：它可以为汉字的构形属性提供形式化的描写方式，为非成字部件的命名提供依据，为汉字印刷字形规范提供素材，为汉字的整形提供借鉴，为简化字的评价提供依据，为现代汉字的教学提供构形分类资料，为现代汉字手写体字形规范的制定提供参考。

当然，通过研究我们还发现目前现代汉字理论研究成果并不能很好地转化到实际应用中去，未来汉字理论研究成果的应用转化研究任重而道远。而我们在通用规范汉字构形属性的应用研究方面做得相当粗浅，还需要进行更深入的专门研究。

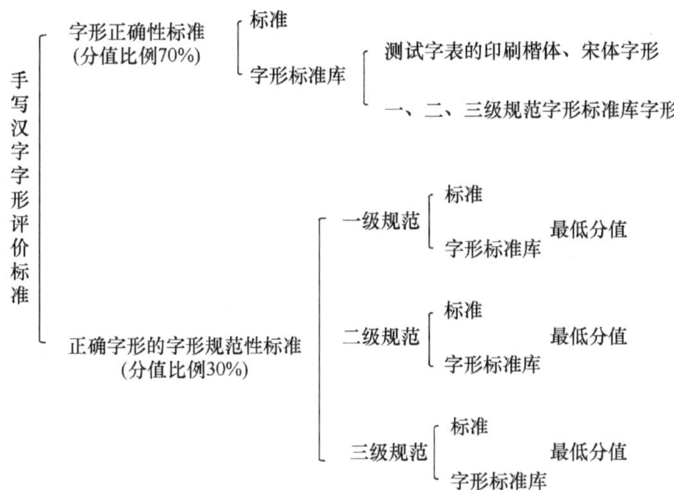

说明：总成绩一级，第四题分数不低于一级规范最低分值；

总成绩二级，第四题分数不低于二级规范最低分值；

总成绩三级，第四题分数不低于三级规范最低分值；

如果总分达到某一级别分值，第四题分值未达到规范最低分值，

则在总分不变的情况下做降级处理。

图 6.14　手写汉字字形评价标准

参 考 文 献

安子介. 1987. 劈文切字集. 香港: 香港瑞福有限公司.

安子介. 1990. 解开汉字之谜. 香港: 香港瑞福有限公司.

曹文辉, 柳淇. 2006. 独体字的界定. 语文建设, (10): 52-53.

曹先擢, 苏培成. 1999. 汉字形义分析字典. 北京: 北京大学出版社.

陈爱文, 陈朱鹤. 1986. 汉字天然部件的研究是字形编码设计的基础. 语文建设通讯, (20): 30-35.

陈春雷. 2015. 现代汉语教材中偏旁、部首和部件的定义问题. 汉字文化, (5): 44-50.

陈建裕. 2008. 现代汉字中记号和记号字的界定确认问题. 中州学刊, (5): 280-282.

陈梦家. 1956. 殷墟卜辞综述 • 文字章. 北京: 科学出版社.

陈青峰. 2005. 殷商金文构形分析. 上海: 华东师范大学硕士学位论文.

陈胜可, 刘荣编著. 2010. SPSS 统计分析从入门到精通(第三版). 北京: 清华大学出版社.

陈天泉. 1983. 汉字正字法. 武汉: 湖北人民出版社.

陈伟武. 1997. 同符合体字探微. 中山大学学报(社会科学版), (4): 106-118.

陈炜湛.1998. 我对汉字前途的一些看法//中国社会科学院语言文字应用研究所. 汉字问题学术讨论会议论文集. 北京: 语文出版社: 39-49.

陈志泊. 2014. 数据库原理及应用教程(第三版). 北京: 人民邮电出版社.

陈治文. 2013. 汉字. 北京: 商务印书馆.

代宁. 2011. 睡虎地秦简文字构形系统研究. 石家庄: 河北师范大学硕士学位论文.

邓琳, 张福荣, 李雅琴. 2007. 利用汉字构形规律, 提高识字教学效率——论新课标下的识字教学对策. 江西教育学院学报, (4): 120-123 .

邓章应. 2013. 《现代常用独体字表》应与《现代常用字部件及部件名称规范•常用成字部件表》统一. 兰州学刊, (1): 76-77.

邓章应, 黄艳萍. 2012. 台湾《手写行书范本》中的简体字研究. 台湾研究, (4): 55-59.

丁福保. 1988. 说文解字诂林. 北京: 中华书局.

丁西林. 1952a. 现代汉字及其改革的途径(上). 中国语文, (8): 5-9.

丁西林. 1952b. 现代汉字及其改革的途径(下). 中国语文, (9): 14-19.

丁晓青. 2002. 汉字识别研究的回顾. 电子学报, (9): 1364-1368.

丁秀菊. 2005. 论汉字的构形理据及其演变. 山东大学学报(哲学社会科学版), (3): 56-62.

董丹梅. 2005. 3500 个常用汉字理据测查. 北京: 北京师范大学硕士学位论文.

董琨. 2000. 新中国的汉字研究//赵丽明, 黄国营编. 汉字的应用与传播. 北京: 华语教学出版社: 348-353.

窦文宇, 窦勇. 2005. 汉字字源. 长春: 吉林文史出版社.

杜定友. 1954. 方块字的怪组织. 中国语文, (12): 27.

杜丽荣, 邵文利. 2014. 现代汉字刍议//华东师范大学中国文字研究与应用中心编. 中国文字研究(第二十辑), 上海: 上海书店出版社: 183-190.

杜智群. 1984. 形近易误字八百组. 北京: 印刷工业出版社.

段玉裁. 1981. 说文解字注. 上海: 上海古籍出版社.

樊建平. 1989. 汉字结构属性库系统. 中文信息学报, (1): 52-61.

范可育. 1988. 我对现代汉字字形的认识//中国社会科学院语言文字应用研究所. 汉字问题学术讨论会论文集. 北京: 语文出版社: 50-57.

范可育. 1990. 汉字部件分解的原则//苏培成主编. 语文现代化论丛(第四辑). 上海: 上海教育出版社: 123-127.

范可育, 高家莺, 敖小平. 1984. 论方块汉字和拼音文字的读音规律问题. 文字改革, (3): 19-22.

费锦昌. 1983. 字形规范化的必要性和基本原则. 文字改革, (1): 12-14.

费锦昌. 1989. 汉字研究中的两个术语. 语文建设, (5): 21-25.

费锦昌. 1996. 现代汉字部件探究. 语言文字应用, (2): 20-26.

费锦昌. 2000. 提高汉字字形标准化水平刍议//赵丽明, 黄国营编. 汉字的应用与传播. 北京: 华语教学出版社: 409-416.

费锦昌. 2008. 汉字规范工作如何前行//马庆株主编. 语文现代化论丛(第七辑). 北京: 中央广播电视大学出版社: 96-98.

费锦昌, 孙曼均. 1988. 形声字形旁表义度浅探//中国社会科学院语言文字应用研究所. 汉字问题学术讨论会论文集. 北京: 语文出版社: 58-68.

费锦昌, 徐莉莉. 2003. 规范汉字印刷宋体字形标准化研究报告. 语言文字应用, (3): 66-74.

冯·贝塔朗菲. 1987. 一般系统论: 基础、发展和应用. 林康义, 魏宏森等译. 北京: 清华大学出版社.

冯丽萍, 卢华岩, 徐彩华. 2005. 部件位置信息在留学生汉字加工中的作用. 语言教学与研究, (3): 66-72.

冯寿忠. 1997. 现行字体法及其标准试说. 昌潍师专学报, (1): 28-31.

冯志伟. 1989. 现代汉字和计算机. 北京: 北京大学出版社.

冯志伟. 2006. 用上下文无关语法来描述汉字结构. 语言科学, (3): 14-23.

冯志伟. 2013. 现代语言学流派. 北京: 商务印书馆.

傅东华. 1985. 字源. 台北: 艺文印书馆股份有限公司.

傅永和. 1986. 字形辨析和识字. 北京: 语文出版社.

傅永和. 1989. 汉字属性字典. 北京: 语文出版社.

傅永和. 1991. 汉字的部件. 语文建设, (12): 3-6.

傅永和. 1992. 汉字的笔画. 语文建设, (1): 8-12.
傅永和. 1998. 形近字分析//中国社会科学院语言文字应用研究所. 汉字问题学术讨论会议论文集. 北京: 语文出版社: 69-79.
高亨. 1963. 文字形义学概论. 济南: 山东人民出版社.
高家莺. 1987. 现代汉字的特点和结构. 语文学习, (2): 52-54.
高家莺. 1988. 汉字研究方法的改革趋向//中国社会科学院语言文字应用研究所. 汉字问题学术讨论会论文集. 北京: 语文出版社: 91-99.
高家莺. 1993. 现代汉字学. 北京: 高等教育出版社.
高景成. 2008. 常用字字源字典. 北京: 语文出版社.
龚千炎, 冯志伟. 1991. 应用语言学研究刍议. 语文建设, (6): 23-25.
顾实. 1926. 中国文字学. 北京: 商务印书馆.
桂馥. 1987. 说文解字义证. 上海: 上海古籍出版社.
国家语委, 教育部. 2009. 现代常用字部件及部件名称规范. 北京: 语文出版社.
国家语委标准化工作委员会编. 1997. 现代汉语通用字笔顺规范. 北京: 语文出版社.
韩布新. 1993. 《汉字属性信息数据库》在汉字识别研究中的应用. 心理学动态, (4): 29-35.
韩布新. 1994. 汉字部件信息数据库的建立——部件和部件组合频率的统计分析. 心理学报, (2): 147-152.
韩布新. 1995. 部件组合——潜在的汉字结构层次. 中文信息学报, (3): 27-32.
汉字字形整理组编制. 1986. 印刷通用汉字字形表. 北京: 文字改革出版社.
郝和国. 2011. 新中国扫盲运动. 党政论坛(干部文摘), (5): 15.
何九盈. 1995. 中国现代语言学史. 广州: 广东教育出版社.
何仲英. 1922. 新著中国文字学大纲. 北京: 商务印书馆.
侯冬梅. 2016. 现代汉字部件构形特征的计量研究. 河南科技学院学报, (1): 37-41.
侯冬梅. 2017. 现代汉字直观构形体系的构建. 澳门语言学刊, (1): 56-67.
胡家忠. 1985. 中国手写汉字数据库. 计算机研究与发展, (5): 47-49.
胡朴安. 2017. 文字学 ABC. 北京: 知识产权出版社.
黄德宽, 陈秉新. 2006. 汉语文字学史. 合肥: 安徽教育出版社.
黄维. 2011. 现代汉字记号字研究. 保定: 河北大学硕士学位论文.
江学旺. 2001. 西周金文研究. 南京: 南京大学博士学位论文.
蒋善国. 1930. 中国文字之原始及其构造. 北京: 商务印书馆.
蒋善国. 1959. 汉字形体学. 北京: 文字改革出版社.
蒋善国. 1960. 汉字的组成和性质. 北京: 文字改革出版社.
蒋善国. 1987. 汉字学. 上海: 上海教育出版社.

教育部, 国家语委. 1998. 信息处理用 GB13000.1 字符集汉字部件规范. 北京: 语文出版社.
教育部, 国家语委. 2006. 汉字应用水平等级及测试大纲. 广州: 广东教育出版社.
教育部, 国家语委. 2009. 现代常用字部件及部件名称规范. 北京: 语文出版社.
教育部, 国家语委. 2009. 现代常用字独体字规范. 北京: 语文出版社.
教育部, 国家语委. 2013. 通用规范汉字表. 北京: 语文出版社.
教育部, 国家语委. 2016. 汉字应用水平等级及测试大纲. 北京: 语文出版社.
靳光瑾, 陈晓. 2006. 汉字属性数据库建设//张普等主编. 数字化汉语教学的研究与应用——第五届中文电化教学国际研讨会论文集. 北京: 语文出版社: 301-310.
瞿继勇. 2006. 《康熙字典》与《说文解字》部首归并的对比分析. 内江师范学院学报, (3): 53-56.
黎锦熙. 1953. 中国文字与语言(中册). 北京: 五十年代出版社.
李秉彝. 1982. 汉字编码问题. 世界科学, (2): 7-9.
李公宜, 刘如水. 1988. 汉字信息字典. 北京: 科学出版社.
李国英. 2009. 字料库建设的必要性与可行性. 北京师范大学学报(社会科学版), (5): 48-53.
李建国. 2000. 汉语规范史略. 北京: 语文出版社.
李莉. 2009. 《嘉禾吏民田家莂》文字构形系统研究. 重庆: 西南大学硕士学位论文.
李圃. 1997. 甲骨文字字素. 现代中文学刊, (5): 30-33.
李圃. 2001. 字素理论与汉字分析问题//华东师范大学中国文字研究与应用中心编. 中国文字研究(第二辑). 南宁: 广西教育出版社: 13-28.
李圃. 2004. 古文字诂林. 上海: 上海教育出版社.
李青霞. 2012. 小学低年级识字教学浅谈. 小学生作文辅导(教师适用), (7): 35.
李润生. 2015. 汉字教学法体系及相关问题研究. 语言教学与研究, (1): 38-48.
李万福. 1995. 谈俗形义学. 汉字文化, (1): 6-10.
李孝定. 1969. 从六书的观点看甲骨文字. 南洋大学学报, (2): 84-106.
李学勤. 2012. 字源. 天津: 天津古籍出版社.
李玲璞. 1993. 说字素. 语文研究, (1): 12-15.
李香平. 2006. 对外汉字教学中的“新说文解字”评述. 语言教学与研究, (2): 31-34.
李行健. 1998. 汉字优缺点的再认识//中国社会科学院语言文字应用研究所. 汉字问题学术讨论会议论文集. 北京: 语文出版社: 133-136.
李行健. 2013. 《通用规范汉字表》使用手册. 北京: 人民出版社.
李行健. 2015. 小学生规范字典(第四版). 北京: 语文出版社.
李瑛. 2016. 通用规范汉字独体字研究. 内蒙古师范大学学报(哲学社会科学版), (3): 90-96.
李永清. 1987. “偏旁”与“部首”. 四川教育, (3): 26.
李艳. 2008. 汉字结构理论的研究. 天津: 天津师范大学硕士学位论文.

李宇明. 2004. 汉字规范. 武汉: 华中师范大学出版社.
李宇明. 2013. 国家通用文字政策论. 世界汉语教学, (1): 3-15.
李运富. 1997. 楚国简帛文字构形系统研究. 长沙: 岳麓书社.
李运富. 2001. 汉字构形原理与中小学汉字教学. 长春: 长春出版社.
李运富. 2005. 字理与字理教学. 吉首大学学报, (2): 129-134.
李运富. 2007. 论汉字结构的演变. 河北大学学报(哲学社会科学版), (2): 1-7.
梁东汉. 1959. 汉字的结构及其流变. 上海: 上海教育出版社.
林沄. 1986. 古文字研究简论. 长春: 吉林大学出版社.
刘连元. 1995a. 汉字拓扑结构分析. 电子出版, (6): 2-5.
刘连元. 1995b. 汉字拓扑结构分析(续). 电子出版, (7): 354-356.
刘如水, 范可育, 温应时. 1989. 汉字信息字典的编纂和特点. 辞书研究, (5): 91-98.
刘绍中. 1998. 保全优点 克服缺点 以汉字为基础改革汉字//中国社会科学院语言文字应用研究所. 汉字问题学术讨论会议论文集. 北京: 语文出版社: 150-151.
刘师培. 1905. 中国文字学教科书(第一册). 扬州: 广陵书社.
刘延玲. 2004. 魏晋行书构形研究. 上海: 上海教育出版社.
刘又辛, 方有国. 2000. 汉字发展史纲要. 北京: 中国大百科全书出版社.
刘兆吉. 1980. 在识字教学中关于同音归类与形近字归类的生理机制和心理分析. 西南师范大学学报(自然科学版), (1): 77-85.
柳建钰. 2005. 记号字、半记号字及其在现代汉字中基本情况探讨. 宁夏大学学报(人文社会科学版), (4): 52-56.
楼兰. 2005. 现代 3500 常用字中的记号字及半记号字调查——兼论现代汉字记号化的成因及影响. 渤海大学学报(哲学社会科学版), (4): 52-56.
楼兰. 2006. 睡虎地秦墓竹简字形系统定量研究. 上海: 华东师范大学硕士学位论文.
吕思勉. 1926. 中国文字变迁考. 北京: 商务印书馆.
罗卫东. 2005. 春秋金文构形系统研究. 上海: 上海教育出版社.
罗卫东. 2008. "新说文解字"与汉字形义诠释. 天津师范大学学报, (4): 57-61.
马春富. 2006. 宋代语言文字规范研究. 烟台: 鲁东大学硕士学位论文.
马宗霍. 1935. 文字学发凡. 北京: 商务印书馆.
倪海曙. 1966. 偏旁和部件. 语文建设, (1): 15-16.
潘德孚, 詹振权. 1995. 汉字部件的研究. 中文信息, (3): 46-48.
潘钧. 2004. 现代汉字问题研究. 昆明: 云南大学出版社.
裴亚军, 冯志伟. 2007. 用 CFG 文法研究汉字结构//黄培根主编. 中国计算技术与语言问题研究——第七届中文信息处理国际会议论文集. 北京: 电子工业出版社: 747-751.

彭聃龄，王春茂. 1997. 汉字加工的基本单元：来自笔画数效应和部件数效应的证据. 心理学报，(1): 8-16.

彭聃龄. 1997. 汉字识别中的两种加工//彭聃龄主编. 汉语认知研究. 济南：山东教育出版社：105-138.

彭瑞祥. 1982. 汉字结构的统计分析. 心理学报，(4): 385-390.

彭绪富. 1998. 汉字部件规范化. 高等函数学报(自然科学版)，(4): 42、65.

齐元涛. 1996. 《说文》小篆构形系统相关数据的计算机测查. 古汉语研究，(1): 25-33.

齐元涛. 2007. 隋唐五代碑志楷书构形系统研究. 上海：上海教育出版社.

齐元涛. 2008. 重新分析与汉字的发展. 中国语文，(1): 85-89.

裘锡圭. 1998. 文字学概要. 北京：商务印书馆.

容庚. 1931. 中国文字学形篇. 燕京大学研究所石印本.

阮元. 1982. 经籍籑诂. 北京：中华书局.

商务国际辞书编辑部. 2011. 小学生字典. 北京：商务印书馆国际有限公司.

上海市语文工作者. 1996. 上海市语文工作者举行座谈纪念《汉字简化方案》公布40周年//王均主编. 语文现代化论丛(第二辑). 北京：语文出版社：20-32.

沈兼士. 1986. 研究文字学"形"和"义"的几个方法//沈兼士. 沈兼士学术论文集. 北京：中华书局：4-8.

沈建华，曹锦炎. 2001. 新编甲骨文字形总表. 上海：上海辞书出版社.

沈模卫，潘善会，李忠平. 1997. 整体字形对部件识别的影响. 应用心理学，(1): 47-51.

盛玉麒. 1988. 现代汉字系统工程刍议//中国社会科学院语言文字应用研究所. 汉字问题学术讨论会论文集. 北京：语文出版社：163-171.

师建峰. 2012. 宁晋县中小学汉字书写教育推广研究. 石家庄：河北师范大学硕士学位论文.

史有为. 1988. 汉字的重新发现//中国社会科学院语言文字应用研究所. 汉字问题学术讨论会论文集. 北京：语文出版社：172-187.

苏培成. 1992. 现代汉字和现代汉字学//《纪念王力先生九十诞辰文集》编委会. 纪念王力先生九十诞辰文集. 济南：山东教育出版社：512-513.

苏培成. 1994a. 现代汉字的构字法. 语言文字应用，(3): 71-75.

苏培成. 1994b. 现代汉字学纲要. 北京：北京大学出版社.

苏培成. 1997. 汉字的部件拆分. 语文建设，(3): 10-13.

苏培成. 2001. 二十世纪的现代汉字学研究. 太原：书海出版社.

苏培成. 2010. 台湾与大陆常用汉字对照字典. 北京：商务印书馆.

苏培成. 2016. 新六书简论. 文化学刊，(7): 19-23.

苏启. 2007. 现代汉字常用字的内部结构描写. 西安：西北大学硕士学位论文.

苏新春. 2010. 词汇计量及实现. 北京: 商务印书馆.
苏新春. 2016. 中小学语文教材落实国家语言文字规范标准的意义与思考. 语言文字应用, (2): 2-9.
孙德华. 2007. 国内小学识字法在对外汉字教学中的应用. 语文学刊, (12): 114-117.
唐兰. 1979. 古文字学导论. 济南: 齐鲁书社.
唐兰. 2005. 中国文字学. 上海: 上海古籍出版社.
唐小平主编. 2003. 新课程小学生字典. 北京: 人民出版社.
田人和, 李竹怀. 1980. 关于汉字编码的研究. 自然杂志, (8): 615-617.
佟乐泉, 宋钧. 1988. 汉字的学习和跨文化研究//中国社会科学院语言文字应用研究所. 汉字问题学术讨论会论文集. 北京: 语文出版社: 194-203.
脱脱等. 1974. 宋史. 北京: 中华书局.
汪惠迪. 1992-9-11. 《人民日报》海外版由繁改简的重大意义. (新加坡)联合早报, 16.
王伯熙. 1988. 汉字性质和文字改革//中国社会科学院语言文字应用研究所. 汉字问题学术讨论会论文集. 北京: 语文出版社: 204-213.
王尔康. 1961. 试论现代汉字的结构及其简化规律. 厦门大学学报, (2): 74.
王贵元. 2005. 现代汉字字形三论. 语言文字应用, (2): 29-33.
王贵元. 2013. 汉字发展史的几个核心问题. 中国语文, (1): 3-12.
王贵元. 2014a. 汉字形体结构的体系性转换. 语文研究, (1): 1-6.
王贵元. 2014b. 汉字笔画系统形成的过程与机制. 语言科学, (5): 549-560.
王汉卫, 刘静, 王士雷. 2013. 笔素与汉字的难度序. 语言教学与研究, (2): 8-16.
王汉卫, 苏印霞. 2012. 关于部件命名的三个问题. 河北师范大学学报(哲社版), (3): 97-100.
王洪杰, 张春彦. 2015. 再谈印刷汉字字形规范化问题. 天津大学学报, (4): 356-360.
王筠. 1962. 文字蒙求. 北京: 中华书局.
王筠. 1987. 说文例释. 北京: 中华书局.
王开扬. 1995. 论汉字繁难之成因//王均主编. 语文现代化论丛(第一辑). 济南: 山东教育出版社: 93-107.
王力. 1991. 方言复杂能不能实行拼音文字//王力. 王力文集(第 20 卷). 济南: 山东教育出版社: 224-234.
王力. 1991. 汉字改革//王力. 王力文集(第 7 卷). 济南: 山东教育出版社: 287-398.
王立军, 宋继华, 陈淑梅. 1991. 汉字应用通则. 沈阳: 春风文艺出版社.
王立军. 2003. 宋代雕版楷书构形系统研究. 上海: 上海教育出版社.
王宁. 1997. 汉字构形理据与现代汉字部件拆分. 语文建设, (3): 4-9.
王宁. 2000. 系统论与汉字构形学的创建. 济南学报(哲学社会科学), (2): 15-21.
王宁. 2002. 汉字构形学讲座. 上海: 上海教育出版社.

王宁. 2013. 《通用规范汉字表》解读. 北京: 商务印书馆.

王宁. 2014. 通用规范汉字字典. 北京: 商务印书馆.

王宁. 2015. 汉字构形学导论. 北京: 商务印书馆.

王宁主编. 2013. 通用规范汉字字典. 北京: 商务印书馆.

王宁, 陈一凡. 1998. 谈从理与从形拆分——兼论“相离、相接可拆”与“交重不拆”. 计算机世界, (15): 229-232.

王婷婷. 2014. 殷墟花园庄东地甲骨文字构形研究. 合肥: 安徽大学硕士学位论文.

王世凯. 2009. 汉字资源刍议. 汉字文化, (3): 47-50.

王学作. 1980a. 析字教学法. 语言教学与研究, (4): 91-101.

王学作. 1980b. 汉字图表教学法浅谈. 语言教学与研究, (1): 116-123.

王耀芳. 2013. 现代汉字常用记号类型研究//邓章应. 学行堂语言文字论丛(第三辑). 成都: 四川大学出版社: 274-285.

魏收. 1974. 魏书. 北京: 中华书局.

文之初. 1965. 汉字部件应该规定名称. 文字改革, (10): 12-13.

吴建国, 俞庆英, 吴海辉. 2005. 汉字笔画若干统计数据的统计方法研究与应用. 安徽大学学报(自然科学版), (3): 14-20.

吴建一. 1965. 偏旁所处部位及其名称. 文字改革, (9): 14-15.

吴兢. 2009. 贞观政要. 骈宇骞, 骈骅译. 北京: 中华书局.

五笔学习研究会. 2007. 王永民五笔字型标准字典. 成都: 电子科技大学出版社.

晓东. 1994. 现代汉字独体与合体的再认识. 语文建设, (8): 28-31.

晓东. 1995. 现代汉字部件分析的规范化. 语言文字应用, (3): 56-59.

晓东. 1996. 现代汉字字形结构研究的三个平面//王均主编. 语文现代化论丛(第二辑). 北京: 语文出版社: 64-72.

肖忠义. 1978. 汉字的拆卸与装配. 计算机工程与应用, (8): 86-101.

邢福义, 汪国胜. 2003. 现代汉语. 武汉: 华中师范大学出版社.

邢红兵. 1998. 现代汉语字、词基础部件统计分析//黄昌宁主编. 1998 中文信息处理国际会议论文集. 北京: 清华大学出版社: 56-62.

邢红兵. 2005. 《(汉语水平)汉字等级大纲》汉字部件统计分析. 世界汉语教学, (2): 49-55.

邢红兵. 2007. 现代汉字特征分析与计算研究. 北京: 商务印书馆.

邢红兵, 舒华. 2008. 小学语文教材用字基础部件统计分析. 语言文字应用, (3): 72-80.

邢红兵, 张普. 2009. 《现代常用字部件及部件名称规范》特点解读及使用建议. 小学语文, (7): 7-8.

熊培云. 2009-08-23. 汉字整形: 谁更能代表大多数, 新京报, 10.

徐中舒. 1989. 甲骨文字典. 成都: 四川辞书出版社.

许长安. 1995. 语文现代化的宏观考察//王均主编. 语文现代化论丛(第一辑). 济南: 山东教育出版社: 74-80.

许长安. 2003. 台湾“标准字体”评介. 语言文字应用, (4): 40-45.

许嘉璐. 2013. 《通用规范汉字表》使用手册. 北京: 人民出版社.

许慎. 1963. 说文解字. 北京: 中华书局.

杨宏. 1997. “晢”、“晳”、“皙”辨. 北京教育学院学报, (3): 44-47.

杨宏. 2014. 北魏石刻楷书构形系统的特点及其论析. 宁夏大学学报(人文社会科学版), (4): 23-31.

杨润陆. 2008. 现代汉字学. 北京: 北京师范大学出版社.

杨树达. 1943. 文字形义学. 上海: 上海古籍出版社.

杨月蓉. 2006. 谈现代汉语教材中的“偏旁”和“部件”. 语言文字应用, (4): 27-32.

叶斌. 2010. 论汉字结构的多样性. 江西社会科学, (1): 212-216.

叶楚强. 1983. 从汉字形体到汉字编码. 语文建设通讯, (9): 11-13.

易敏. 2005. 云居寺明刻石经文字构形研究. 上海: 上海教育出版社.

殷焕先. 1981. 汉字三论. 济南: 齐鲁书社.

尹斌庸. 1988. 关于汉字评价的几个基本问题//中国社会科学院语言文字应用研究所. 汉字问题学术讨论会论文集. 北京: 语文出版社: 251-262.

于根元. 2004. 路途和手段——语言学及应用语言学研究方法. 北京: 中国经济出版社.

于根元, 夏中华. 2002. 关于语言学研究方法和方法论——第二轮“语言哲学对话”选载之五. 锦州师范学院学报, (3): 39-44.

余延. 1997. 20世纪汉字结构的理论研究. 汉字文化, (3): 17-22.

臧克和. 2002. 说文解字新订. 王平校订. 北京: 中华书局.

曾捷英, 周新林. 2001. 汉字识别中的部位部件效应. 心理科学, (3): 356.

詹鄞鑫. 1991. 汉字说略. 沈阳: 辽宁教育出版社.

张德劭. 2007. 汉字部件规范的目的和部件拆分标准//华东师范大学中国文字研究与应用中心编. 中国文字研究(第九辑). 郑州: 大象出版社: 229-233.

张凤. 2013. 20世纪90年代汉字结构理论述评. 镇江高专学报, (2): 22-25.

张静. 2002. 郭店楚简文字研究. 合肥: 安徽大学博士学位论文.

张普. 1984. 汉字部件分析的方法和理论. 语文研究, (1): 37-43.

张世禄. 1941. 中国文字学概要. 贵阳: 文通书局.

张书岩等. 1997. 简化字溯源. 北京: 语文出版社.

张卫国, 傅由, 冀小军. 1997. 现代汉字的表意度研究//王均主编. 语文现代化论丛(第三辑). 北京: 语文出版社: 88-96.

张夏. 2005. 汉字构形理论与汉字教学. 西安: 西北大学硕士学位论文.

张小衡. 2004. 《信息处理用 GB13000.1 字符集汉字部件规范》在输入法应用中的难点讨论. 中文信息学报, (4): 60-65.

张玉金, 夏中华. 2001. 汉字学概论. 南宁: 广西教育出版社.

张玉书, 陈廷敬. 1962. 康熙字典. 北京: 中华书局.

张再兴. 2002. 汉字结构统计分析系统//华东师范大学中国文字研究与应用中心编. 中国文字研究(第三辑). 南宁: 广西教育出版社: 59-66.

张喆. 2006. 唐代汉字规范研究. 西安: 陕西师范大学硕士学位论文.

张志云. 2006. 《洪武正韵》在明代的传播及其效用. 中国文化研究, (2): 133-143.

章睿健. 2005. 部件的语音信息对于中文假字和非字判断的影响. 心理学报, (6): 714-722.

赵丽明. 2000. 试论汉字体制//赵丽明, 黄国营编. 汉字的应用与传播. 北京: 华语教学出版社: 286-295.

赵彤. 2015. 基于关系数据库的汉字构形分析及其应用. 语言文字应用, (3): 119-132.

赵学清. 2005. 战国东方五国文字构形系统研究. 上海: 上海教育出版社.

郑继娥. 2000. 20 年来现代汉字形近字研究的考察. 西南民族学院学报(哲学社会科学版), (10): 142-146.

郑伟钟. 2012. 将识字写字教学与书法教育有机结合. 语文建设, (6): 8-14.

郑振峰. 2002. "六书"理论在当代的发展——兼评王宁先生的汉字构形理论. 湖北师范学院学报(哲学社会科学版), (3): 35-39.

郑振峰. 2004. 论甲骨文字构形系统的特点及其演变. 语言研究, (3): 84-88.

郑振峰. 2006. 甲骨文字构形系统研究. 上海: 上海教育出版社.

支秉彝, 钱锋. 1978. 浅谈"见字识码". 自然杂志, (6): 350-353.

中国社会科学院语言所. 2004. 新华字典(第 10 版). 北京: 商务印书馆.

中国社会科学院语言研究所词典编辑室. 2013. 现代汉语词典(第 6 版). 北京: 商务印书馆.

周妮. 2006. 现代汉字构件的表义性分析. 暨南大学华文学院学报, (1): 61-68.

周有光. 1978. 现代汉字中的声旁表音功能问题. 中国语文, (3): 172-177.

周有光. 1979a. 现代汉字中的多音字问题. 中国语文, (6): 401-405.

周有光. 1979b. 汉字声旁读音便查. 长春: 吉林人民出版社.

周有光. 1980. 现代汉字学发凡//高等院校文字改革研究会筹备组. 语文现代化(第二辑). 上海: 知识出版社: 94-103.

周有光. 1984. 现代汉语用字的定量问题. 辞书研究, (4): 2-12.

周有光. 1992. 应用语言学的三大应用. 语言文字应用, (1): 3-11.

周有光. 1997. 世界文字发展史. 上海: 上海教育出版社.

周有光. 2004a. 中国语文的现代化//周有光. 周有光语言学论文集. 北京: 商务印书馆: 1-18.

周有光. 2004b. 汉语拼音正词法的性质问题//周有光. 周有光语言学论文集. 北京: 商务印书馆: 228-242.

周有光. 2004c. 中国语文的时代演进//周有光. 周有光语言学论文集. 北京: 商务印书馆: 26-32.

周有光. 2004d. 什么是比较文字学//周有光. 周有光语言学论文集. 北京: 商务印书馆: 259-263.

周兆沅. 1935. 汉字形义学. 北京: 商务印书馆.

朱骏声. 1984. 说文通训定声. 北京: 中华书局.

朱晓平, 顾泓彬. 1992. 汉语字词识别研究的现状. 心理科学, (1): 42-47.

庄德明, 邓贤瑛. 2009. 汉字构形资料库的研发与应用. http://cdp.sinica.edu.tw/service/documents/T090904.pdf.

附　　录

附录一　通用规范汉字合体字直观构形树图（节选）

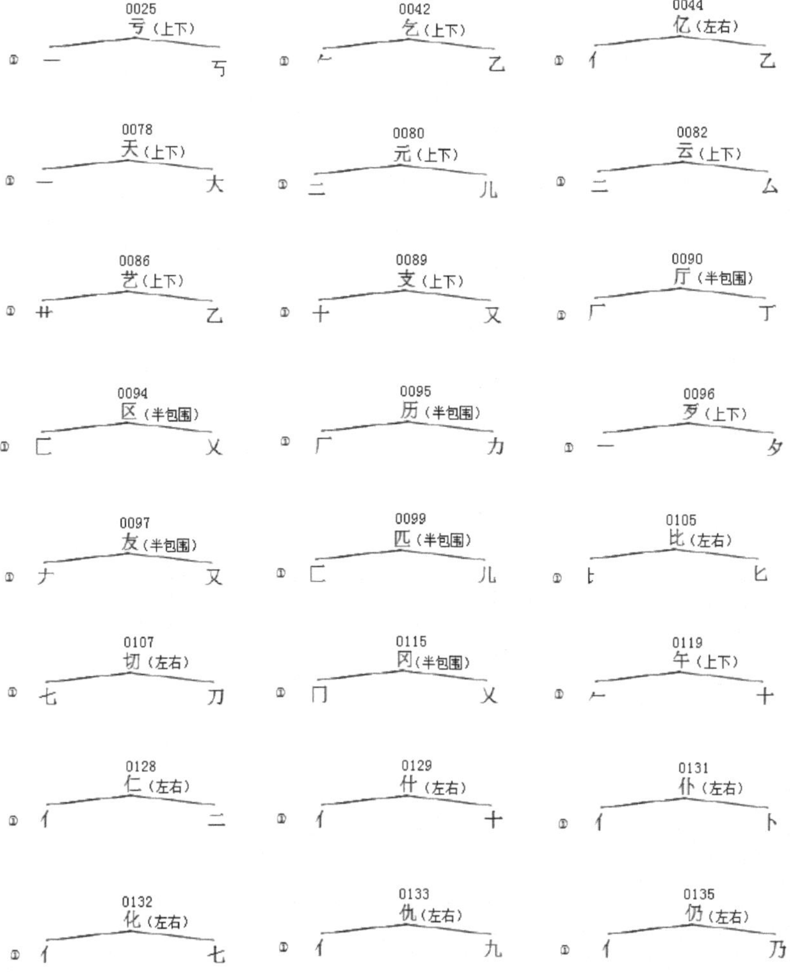

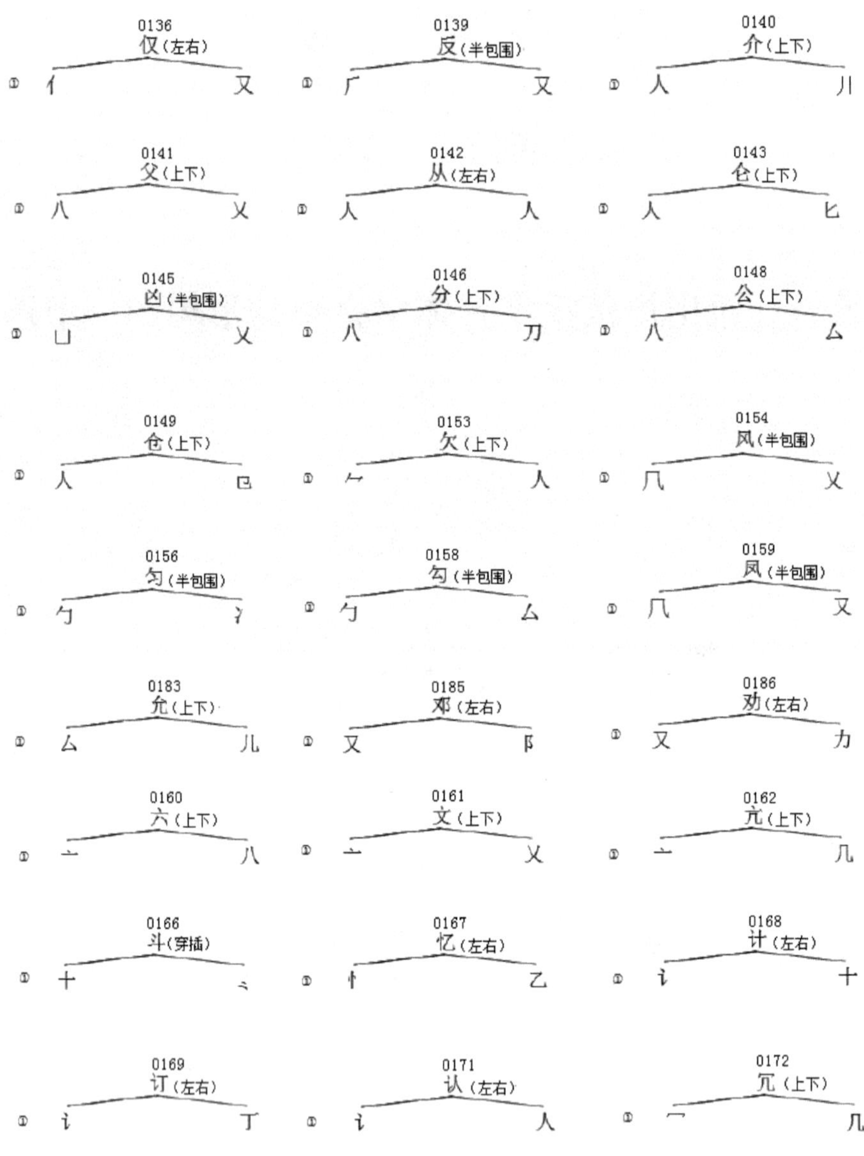
0136
仅(左右)
① 亻 又
0139
反(半包围)
① 厂 又
0140
介(上下)
① 人 川
0141
父(上下)
① 八 乂
0142
从(左右)
① 人 人
0143
仑(上下)
① 人 匕
0145
凶(半包围)
① 凵 乂
0146
分(上下)
① 八 刀
0148
公(上下)
① 八 厶
0149
仓(上下)
① 人 㔾
0153
欠(上下)
① 人
0154
风(半包围)
① 几 乂
0156
匀(半包围)
① 勹 冫
0158
勾(半包围)
① 勹 厶
0159
凤(半包围)
① 几 又
0183
允(上下)
① 厶 儿
0185
邓(左右)
① 又 阝
0186
劝(左右)
① 又 力
0160
六(上下)
① 亠 八
0161
文(上下)
① 亠 乂
0162
亢(上下)
① 亠 几
0166
斗(穿插)
① 十
0167
忆(左右)
① 忄 乙
0168
计(左右)
① 讠 十
0169
订(左右)
① 讠 丁
0171
认(左右)
① 讠 人
0172
冗(上下)
① 冖 几

……

……

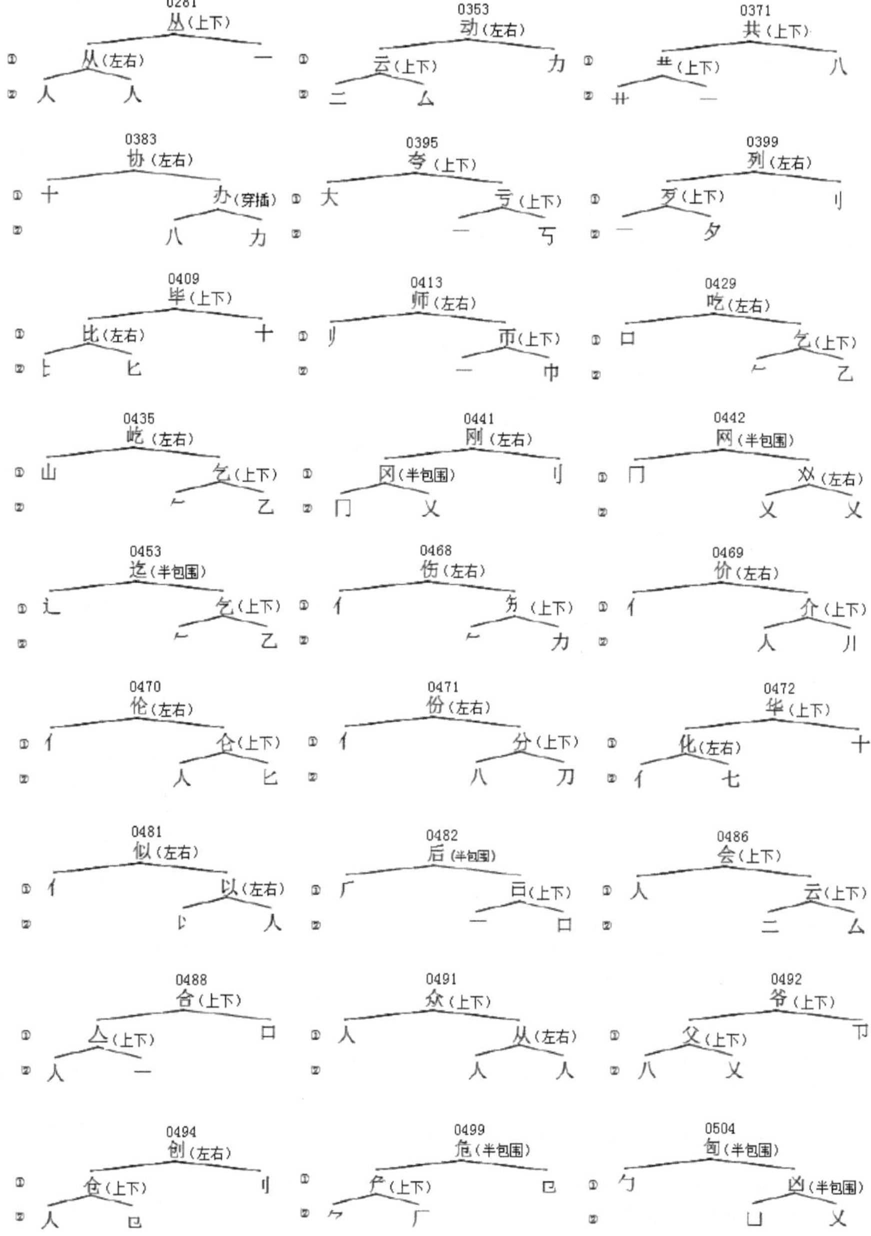

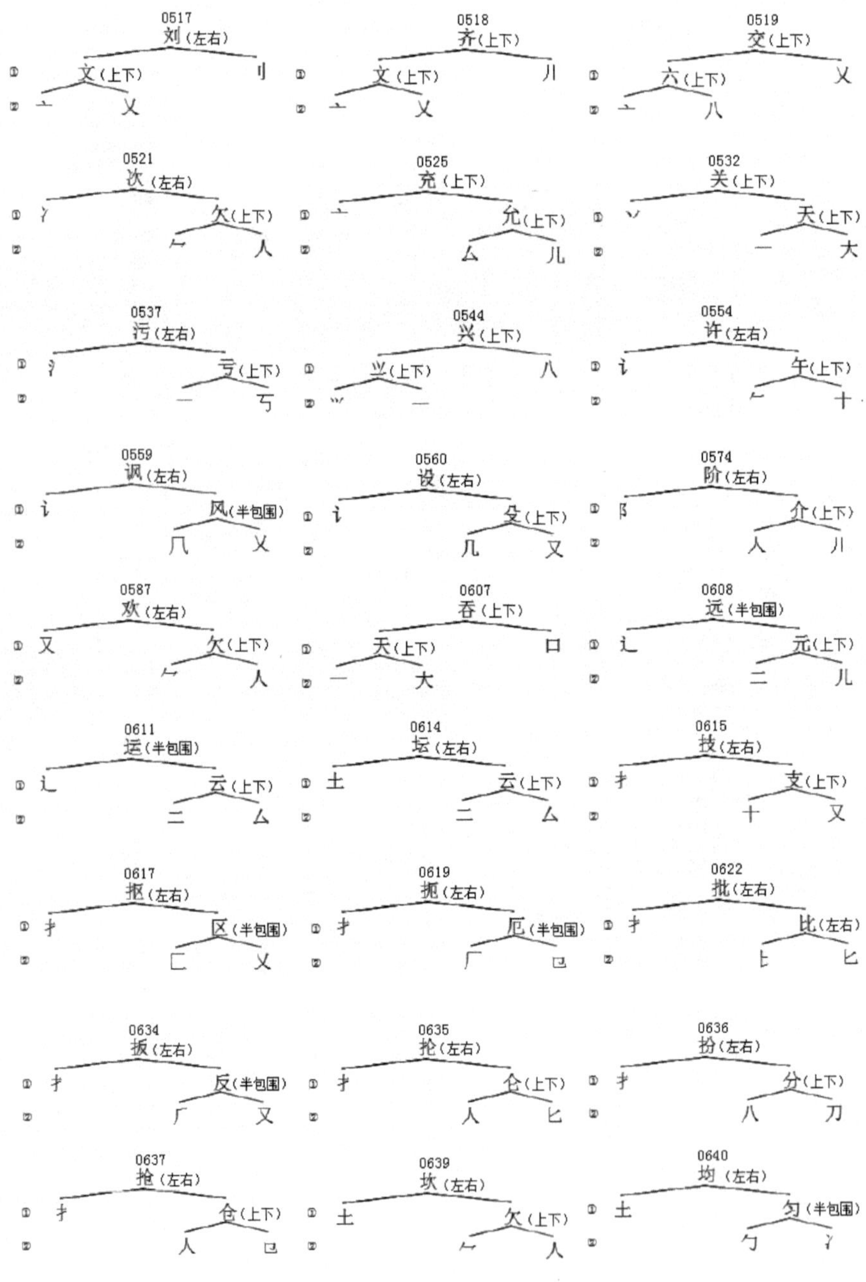
0517
刘(左右)
①文(上下) 刂
②亠 乂
0518
齐(上下)
①文(上下) 丿丨
②亠 乂
0519
交(上下)
①六(上下) 乂
②亠 八
0521
次(左右)
①冫 欠(上下)
②𠂊 人
0525
充(上下)
①亠 允(上下)
②厶 儿
0532
关(上下)
①丷 天(上下)
②一 大
0537
污(左右)
①氵 亏(上下)
②一 丂
0544
兴(上下)
①⺍(上下) 八
②⺍ 一
0554
许(左右)
①讠 午(上下)
②𠂉 十
0559
讽(左右)
①讠 风(半包围)
②几 乂
0560
设(左右)
①讠 殳(上下)
②几 又
0574
阶(左右)
①阝 介(上下)
②人 川
0587
欢(左右)
①又 欠(上下)
②𠂊 人
0607
吞(上下)
①天(上下) 口
②一 大
0608
远(半包围)
①辶 元(上下)
②二 儿
0611
运(半包围)
①辶 云(上下)
②二 厶
0614
坛(左右)
①土 云(上下)
②二 厶
0615
技(左右)
①扌 支(上下)
②十 又
0617
抠(左右)
①扌 区(半包围)
②匸 乂
0619
扼(左右)
①扌 厄(半包围)
②厂 㔾
0622
批(左右)
①扌 比(左右)
②𠤎 匕
0634
扳(左右)
①扌 反(半包围)
②厂 又
0635
抡(左右)
①扌 仑(上下)
②人 匕
0636
扮(左右)
①扌 分(上下)
②八 刀
0637
抢(左右)
①扌 仓(上下)
②人 㔾
0639
坎(左右)
①土 欠(上下)
②𠂊 人
0640
均(左右)
①土 匀(半包围)
②勹 冫

……

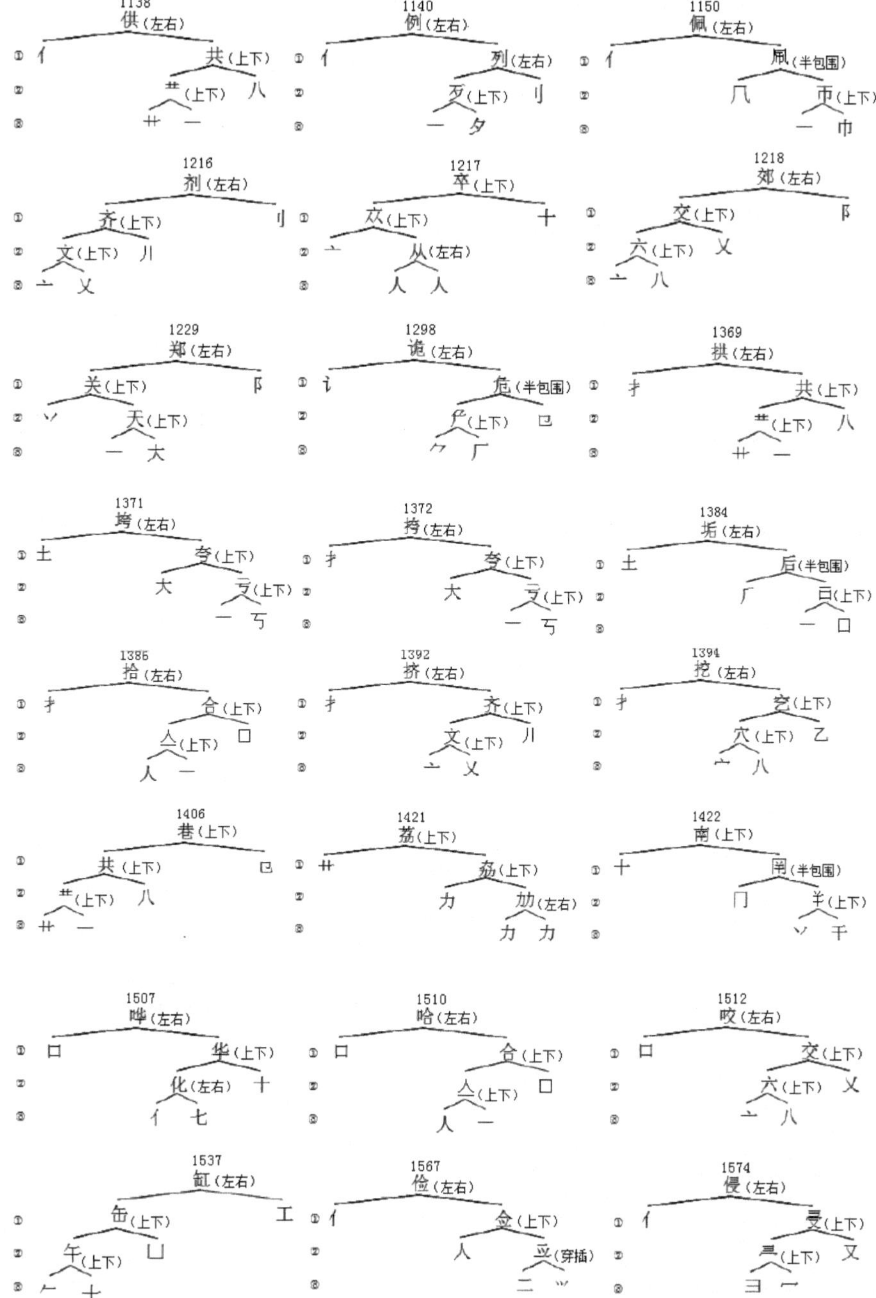
1138
供(左右)
1140
例(左右)
1150
佩(左右)
1216
剂(左右)
1217
卒(上下)
1218
郊(左右)
1229
郑(左右)
1298
诡(左右)
1369
拱(左右)
1371
垮(左右)
1372
挎(左右)
1384
垢(左右)
1386
拾(左右)
1392
挤(左右)
1394
挖(左右)
1406
巷(上下)
1421
荔(上下)
1422
南(上下)
1507
哗(左右)
1510
哈(左右)
1512
咬(左右)
1537
缸(左右)
1567
俭(左右)
1574
侵(左右)

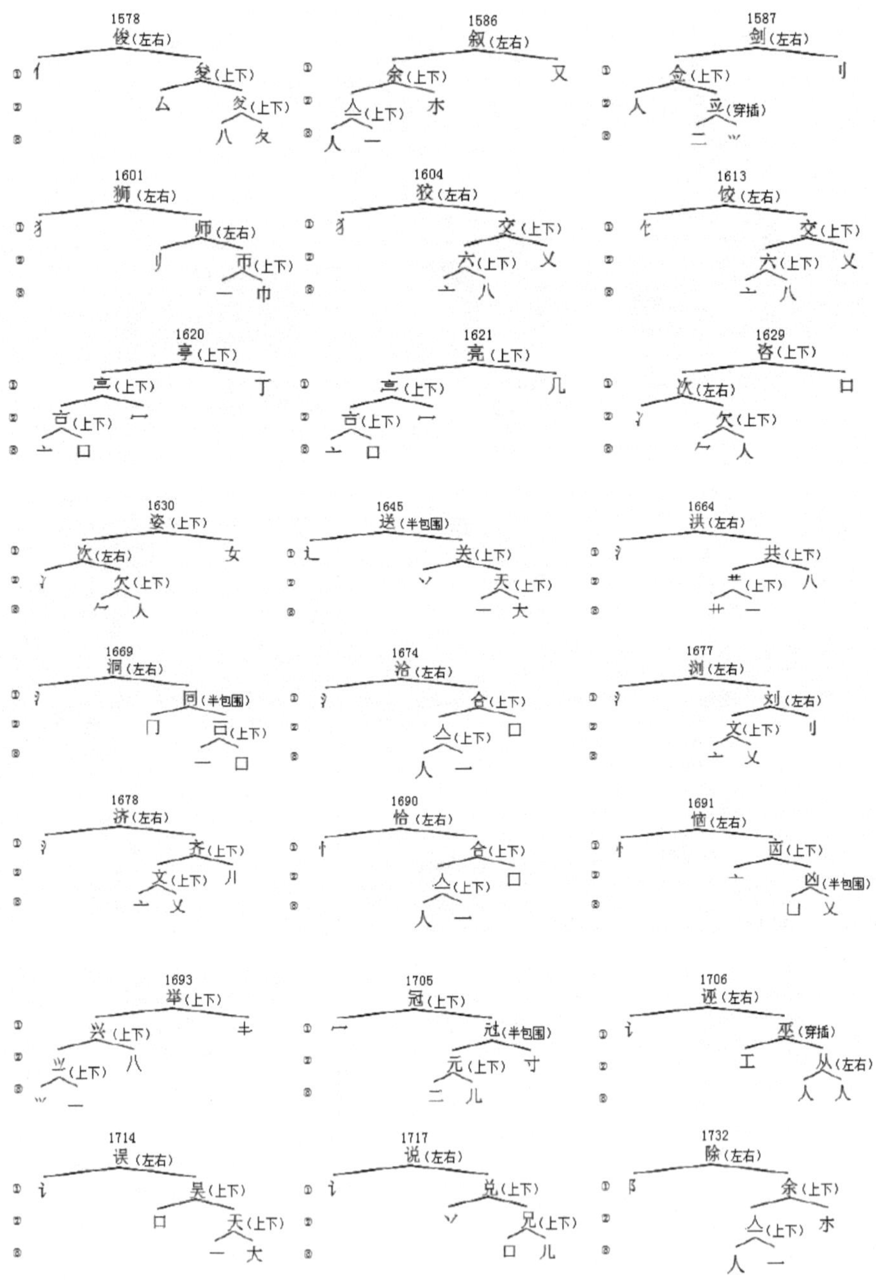
1578
俊(左右)
1586
叙(左右)
1587
剑(左右)
1601
狮(左右)
1604
狡(左右)
1613
饺(左右)
1620
亭(上下)
1621
亮(上下)
1629
咨(上下)
1630
姿(上下)
1645
送(半包围)
1664
洪(左右)
1669
洞(左右)
1674
洽(左右)
1677
浏(左右)
1678
济(左右)
1690
恰(左右)
1691
恼(左右)
1693
举(上下)
1705
冠(上下)
1706
巫(左右)
1714
误(左右)
1717
说(左右)
1732
除(左右)

……

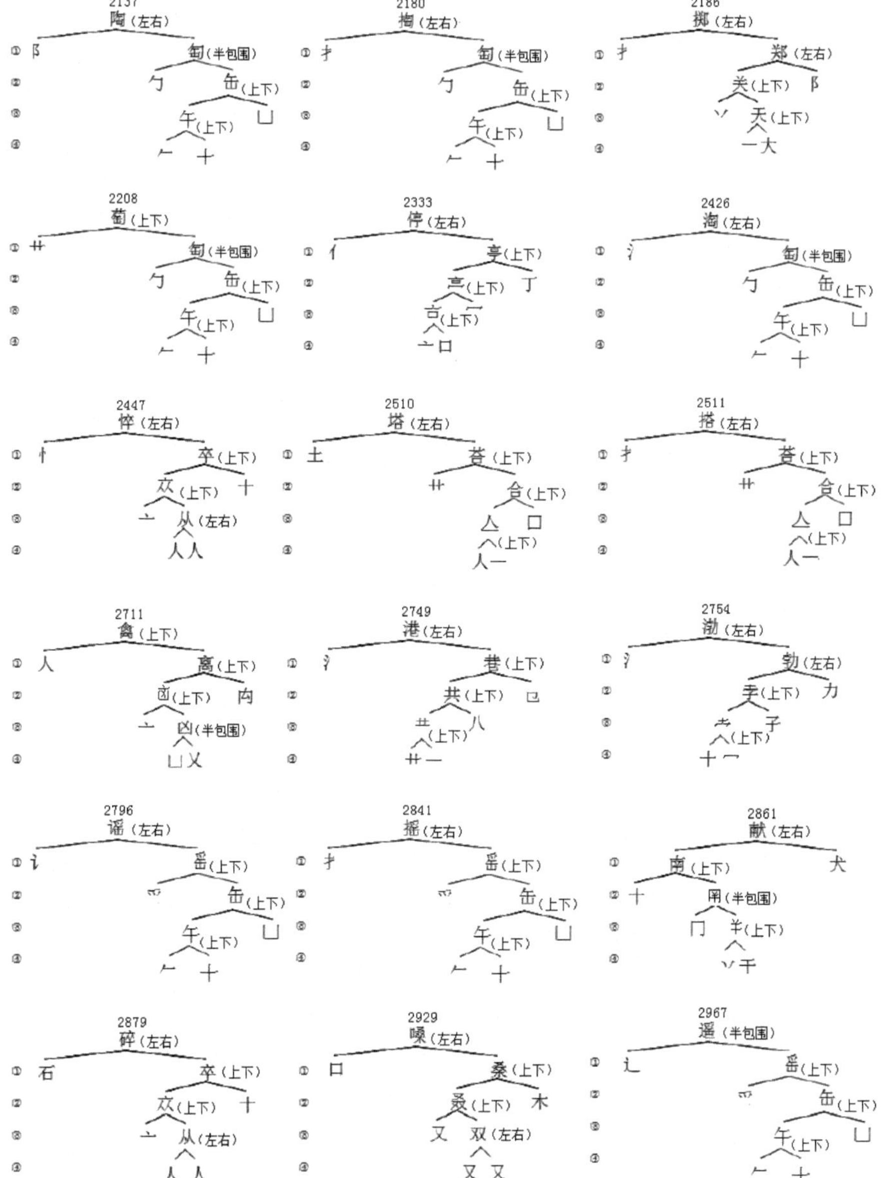
2137
陶（左右）
阝
匋（半包围）
勹
缶（上下）
午（上下）
凵
𠂉
十
2180
掏（左右）
扌
匋（半包围）
勹
缶（上下）
午（上下）
凵
𠂉
十
2186
掷（左右）
扌
郑（左右）
关（上下）
阝
丷
天（上下）
一大
2208
萄（上下）
艹
匋（半包围）
勹
缶（上下）
午（上下）
凵
𠂉
十
2333
停（左右）
亻
亭（上下）
亠（上下）
丁
亠口
2426
淘（左右）
氵
匋（半包围）
勹
缶（上下）
午（上下）
凵
𠂉
十
2447
悴（左右）
忄
卒（上下）
十
亠
从（左右）
人人
2510
塔（左右）
土
荅（上下）
艹
合（上下）
口
人一
2511
搭（左右）
扌
荅（上下）
艹
合（上下）
口
人一
2711
禽（上下）
人
离（上下）
内
亠
凶（半包围）
凵乂
2749
港（左右）
氵
巷（上下）
共（上下）
巳
八
艹一
2754
渤（左右）
氵
勃（左右）
力
子
十一
2796
谣（左右）
讠
缶（上下）
午（上下）
凵
𠂉
十
2841
摇（左右）
扌
缶（上下）
午（上下）
凵
𠂉
十
2861
献（左右）
南（上下）
犬
十
（半包围）
冂
（上下）
丷干
2879
碎（左右）
石
卒（上下）
十
亠
从（左右）
人人
2929
嗓（左右）
口
桑（上下）
木
又
双（左右）
又又
2967
遥（半包围）
辶
缶（上下）
午（上下）
凵
𠂉
十

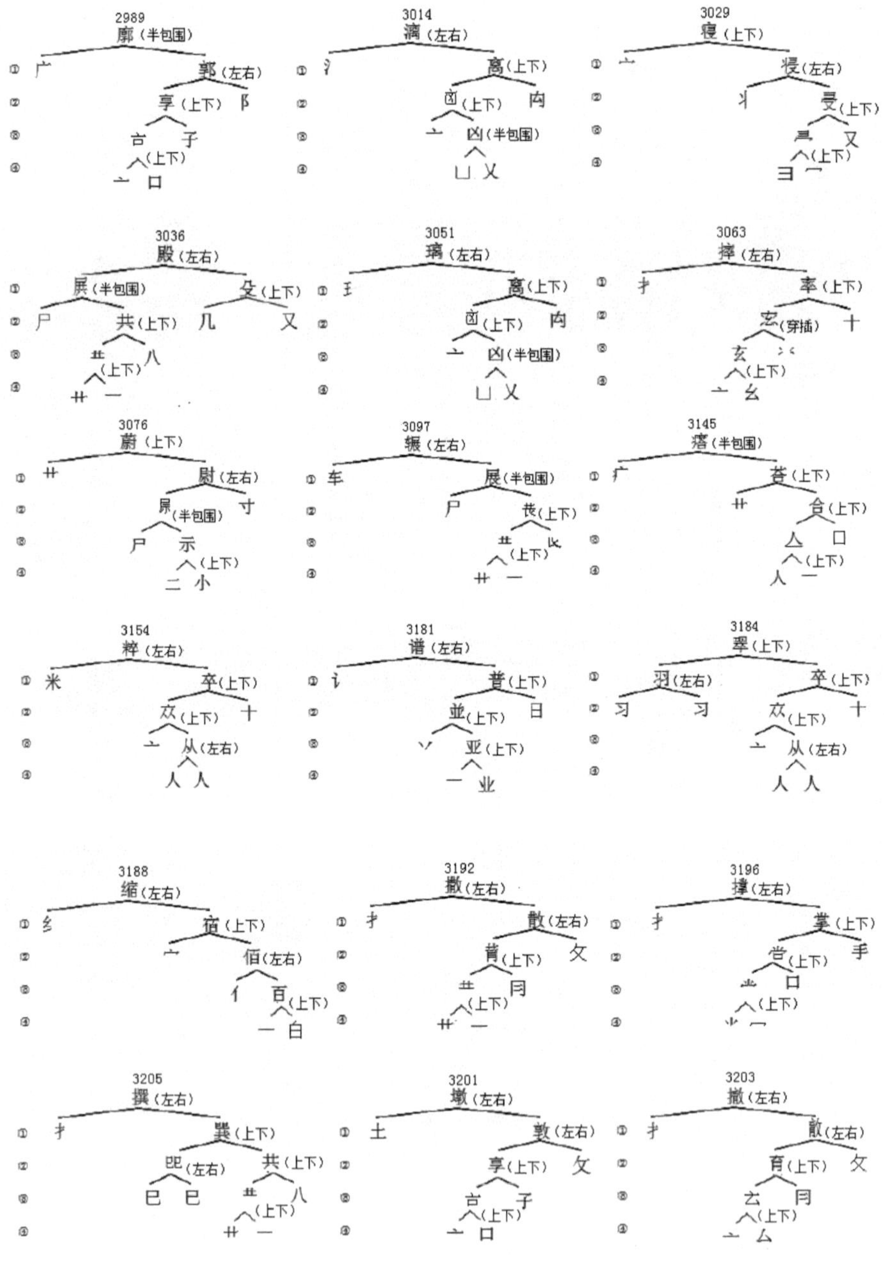

……

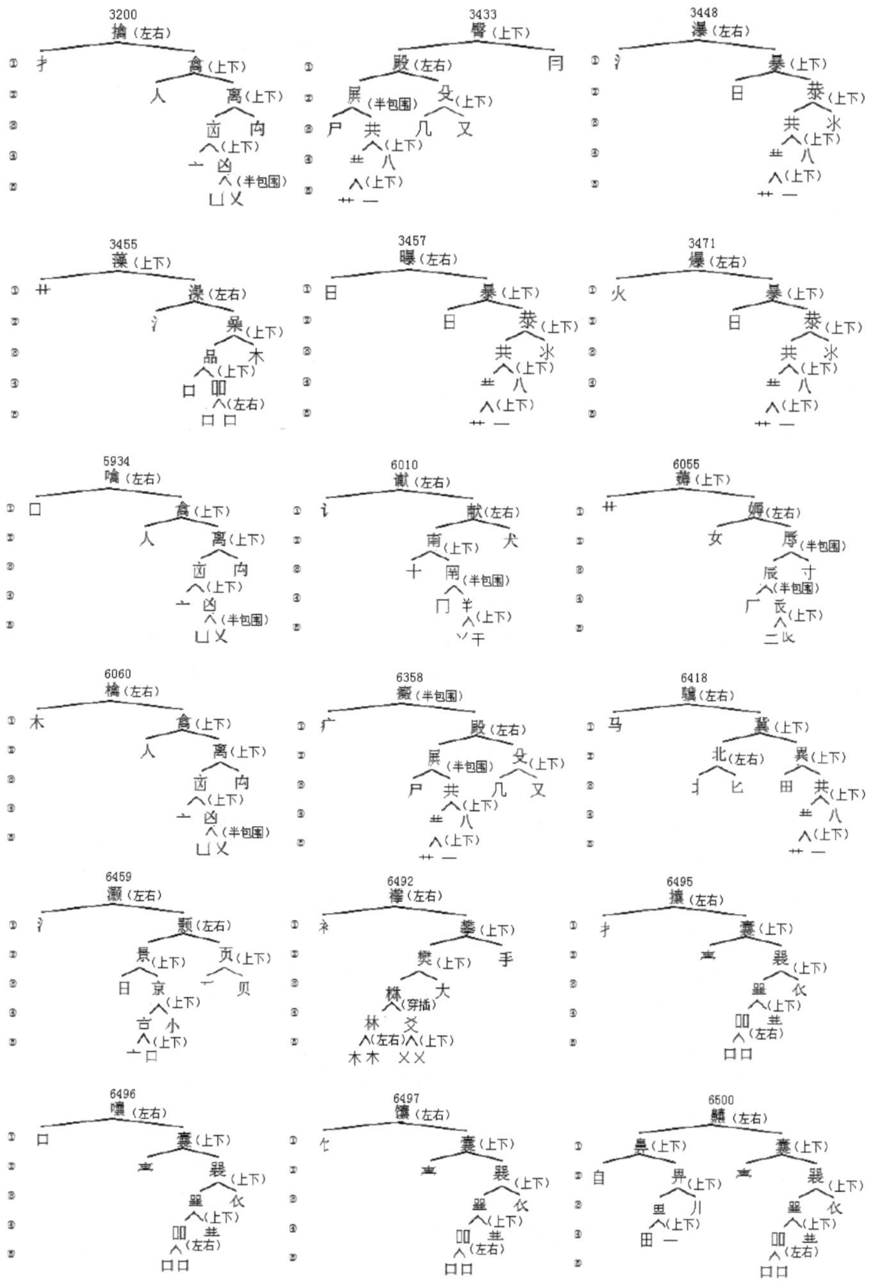

附录二　数据库新造字符区位码查询表

编号	新造字符	区位码
113	⺊	AABE
151	川	AFD6
167	⺈	ABE5
176	八	ABF1
185	⺀	ABCA
205	卩	FAC1
220	丰	AEA1
238	卫	ADCB
242	丁	AEB2
258	丬	AABC
260	⺊	AEE7
266	刂	F8BB
414	丸	FDDC
419	夯	FAA3
443	冖	F9DA
445	月	AFCE
463	戈	F9F7
487	曰	F9AB
503	双	FCBF
528	正	F9FA
533	尔	FDA9
590	小	AAF2
601	云	FDEE
621	业	FDE2
622	灬	F9EB
643	月	AFAB
681	声	F8E9
686	王	F9B6
712	止	FBCF
730	旭	FDBA
740	声	FDE0
745	尸	AEFE

编号	新造字符	区位码
748	艮	FDB8
767	卅	FDE1
796	辰	FEAE
797	氏	F8A6
808	少	AADA
810	区	FCF7
812	収	FCFE
813	刂	AED5
893	白	AAED
926	鸟	AFB5
1012	圣	FDB3
1016	艮	ADE8
1037	东	FBA9
1043	圣	AFC9
1071	衣	FAB1
1085	东	ADD6
1093	龟	FDBB
1163	业	F8A1
1166	画	FED9
1201	凶	FDE6
1204	卤	FDF8
1263	韦	FBB4
1293	風	FDE9
1301	斤	FDEA
1311	玉	FEA4
1320	严	FDEB
1339	门	FBBA
1340	吉	FDEC
1343	里	FBF2
1351	布	FEA5
1357	言	FDED
1361	攸	FDCC

编号	新造字符	区位码
1362	复	FAAD
1367	乇	AFC2
1372	众	FEAC
1375	夫	FEEC
1409	缶	FCEF
1433	兴	FDEF
1437	疋	FCA5
1443	目	ACC3
1450	良	AEB4
1469	彐	AEED
1473	彑	FDF0
1478	屌	FCD3
1486	酉	FBEC
1492	牛	ADC3
1494	承	FCED
1507	癸	FDD9
1590	卌	FDF3
1591	卌	ABA9
1596	余	FCC3
1599	儿	ACF8
1611	加	FEE0
1613	闲	FDF4
1614	羊	FDC3
1634	声	FDF7
1645	旱	FDF5
1655	罕	FEB9
1669	缶	FCF6
1670	亇	AED7
1671	皿	AEDA
1673	収	FEB2
1689	冃	AEF5
1700	虫	ACD1

编号	新造字符	区位码
1725	讪	FCF8
1730	𠆢	ACC8
1732	丝	FDA4
1745	𤰃	F9DC
1749	手	FBE7
1766	旬	FCD4
1770	𠂉	ABD2
1776	仆	F9E3
1777	爹	FCCC
1786	亚	FDF6
1795	曼	FCF1
1798	癸	ACE7
1800	自	FBC3
1803	爻	FDB1
1831	试	FDDA
1834	叨	AED0
1846	令	FCCD
1848	汐	FCFD
1852	亯	FDB5
1854	庐	FCEA
1867	产	ABBB
1876	关	FDC9
1878	羊	FEDE
1887	䒑	AFDD
1888	削	FDB0
1894	凸	FED8
1915	底	FDBE
1916	氐	AEE9
1936	卤	FDCB
1952	冠	FDC4
1956	冊	AAD2
2032	乡	ABB0
2085	弃	FCCE
2129	百	FCD6
2137	泉	FED7
2157	尝	FEA3

编号	新造字符	区位码
2251	月	FAC5
2297	甘	F8ED
2313	炎	FCF4
2314	冫	F9A3
2320	書	FDF9
2331	饣	FDFA
2341	兴	F8FB
2368	充	FDFB
2377	召	FDBF
2388	吉	FCB2
2426	甚	FDFC
2430	弓	FDFD
2445	自	FDFE
2446	乇	FEA1
2455	迷	ABCB
2459	贞	FCF0
2474	乌	AFAF
2509	页	ADA9
2530	陉	FCCF
2547	曲	AAE1
2560	叕	FEA2
2586	叟	FCCB
2623	呗	FDDF
2645	弟	ABB6
2670	导	FDAB
2702	癶	FDCE
2703	㇏	ADE6
2704	夕	AFEA
2725	产	AFF8
2728	矢	FDC5
2730	定	FEA6
2733	明	FEA7
2735	宏	FDE4
2748	鱼	FEA8
2768	唰	FDC2
2770	垩	FDC1

编号	新造字符	区位码
2785	沙	FEAA
2802	祓	FCB4
2827	非	ACA1
2829	尿	FEAD
2833	肴	FDCA
2841	釜	AEDE
2867	玨	AEAF
2873	扶	FEB0
2876	赤	FEB1
2906	申	F8DF
2910	亚	FEB3
2927	肯	FCE2
2930	莸	FEB4
2966	亩	ADB1
2981	催	FECE
2994	囯	FDE7
3004	取	FEB5
3010	卉	FEB6
3041	歃	FEB7
3063	拜	FEB8
3087	青	AAAB
3098	阁	FCE6
3100	闽	AAF6
3123	狀	FCE8
3126	冬	FDB4
3140	盖	F8B1
3150	豢	FDD5
3152	凿	FAFB
3175	字	FDDE
3184	罗	FEBE
3191	寒	FCDA
3192	共	FCB3
3212	尿	FEBA
3222	泉	FCDB
3223	录	FCF5
3246	彖	F8CB

编号	新造字符	区位码
3252	㐫	FCD7
3260	曻	FEBB
3266	畨	FDBC
3288	豖	FEBD
3329	坐	FEBF
3338	早	FED2
3357	㫗	FDD3
3371	匋	FCF9
3394	皀	FDCF
3399	叜	FDA8
3405	攸	FEC0
3406	肯	FEC1
3407	山	FEC2
3418	豢	FED1
3423	彔	FEC3
3426	罕	FEC4
3428	敄	FCEB
3434	亩	FCFC
3455	㒼	FDBD
3464	奚	FED5
3483	畏	FCB9
3492	展	FEC5
3494	启	FEC6
3505	厘	FDB2
3528	尚	AAC6
3536	缶	FDC8
3544	臣	FABA
3587	無	F9C1
3594	官	FCFB
3601	夾	AECB
3613	吴	FDD2
3614	丞	FDD1
3631	其	FDC6
3642	余	FCB6
3657	宣	FCB8
3658	直	FCB7

编号	新造字符	区位码
3665	攺	FEDC
3679	非	FDD0
3691	毦	FEDF
3697	散	FDB9
3701	吅	FDAD
3708	吅	FEE1
3737	恭	FCEC
3765	脊	FCE5
3768	秎	FCE7
3769	勺	AEC8
3782	惠	AAFB
3793	巷	FCBE
3838	燕	FCE9
3839	北	FED4
3843	辟	FCD0
3851	翁	FCC0
3869	叕	FDD6
3888	㐭	FEC7
3889	乡	FEC8
3898	身	FCE0
3900	奂	ACEE
3935	或	FEC9
3940	旨	FECA
3967	綮	FCDF
3969	函	FECB
3970	尉	FECC
3979	飘	FDA6
3980	肌	FDA5
3995	卷	FEDB
4004	雁	FECD
4023	跋	FDD7
4034	弱	FCD5
4039	壘	FCFA
4040	丰	ACD6
4058	蚀	FED0
4060	朝	FDDD

编号	新造字符	区位码
4065	阑	FCC8
4070	赘	FEDD
4072	声	AFA4
4073	襄	FDA2
4078	韻	FEE2
4279	妥	FEF1
4480	芒	FEEE
4500	凡	FEF0
4505	佾	FEF2
4514	丞	FDF2
4546	炬	FEF3
4604	丞	FEED
4716	匆	FEF9
4731	啷	FDDB
4826	乍	FEF4
4839	育	FEF5
5104	条	FEF6
5162	钅	FEFC
5164	毛	FEFA
5166	每	FEFE
5217	彶	FEE5
5343	耵	FEF7
5478	年	FEFB
5480	卮	FEFD
5520	医	FEEF
5638	㓁	FEE6
5739	岩	FEEA
5749	句	FEE9
5778	录	FEE8
5787	灰	FEE7
5845	牀	FCBC
5855	暴	FEE3
5860	盗	FECF
5880	跳	FDAF
5915	膏	FCBA
5917	睾	FEEB

编号	新造字符	区位码
5926	厚	FCC1
5932	匏	FCDC
5937	剞	FCF2
6026	畐	FEE4
6082	巻	FCE3
6084	娄	FCE4
6110	氘	FDAA
6112	维	FDAC
6141	胬	FEDA
6178	緣	FCF3
6179	丝	FDA3
6194	反	FCD9
6210	索	FCD1
6219	茜	FDD4
6227	伞	FDE8
6315	摭	FDD8
6335	血	FCEE
6360	奇	FCCA
6392	瘖	FCBD
6459	斳	FCAD
6487	雇	FCAA
6540	肩	FBFE
6543	岂	FBFB
6570	糌	FBE3
6582	替	FBE1
6601	偻	FBBC
6611	线	FBAD
6627	仐	FAF6
6632	素	FAF0
6636	鴃	F9F4
6640	殚	F9F1
6658	觳	AACD
6659	書	ABC6
6661	砉	ACB6
6671	炏	FCC4
6711	罠	F9E8

编号	新造字符	区位码
6712	镨	F9D6
6724	餡	F9CC
6767	膷	F9BD
6770	载	F9BA
6809	膏	F8D1
6814	至	F8BA
6826	盄	FDA1
6854	鞀	F8F9
6856	腳	F8F1
6875	箔	F8E6
6884	畾	FCC6
6891	皿	F8C4
6909	爀	F8FA
6926	冢	F8AC
6932	佘	FCC7
6950	帕	F8A9
6958	朋	AFFE
6985	罘	AFF4
6996	弊	AFEE
6997	粽	AFEF
7005	萷	AEC2
7012	盉	ADF3
7036	搯	ADCD
7049	朋	FDA7
7050	燁	F8C1
7072	留	F8AE
7083	紊	ACFB
7085	鳳	ABF3
7104	鼐	ACDD
7111	羘	ADBE
7142	銓	ABB1
7146	縣	ACAC
7147	县	ABF9
7154	樊	ABDC
7155	炏	ABD7
7157	枚	FCDE

编号	新造字符	区位码
7158	瓺	FCC9
7159	尌	ADBA
7160	讦	ADA7
7196	沥	AAA1
7200	讫	AAA2
7201	纠	AAA3
7208	坂	AAA4
7212	坨	AAA5
7224	苈	AAA6
7234	轨	AAA7
7240	岖	AAA8
7261	浿	AAA9
7268	诐	AAAA
7275	弬	AAAC
7285	驭	AAAE
7288	驮	AAAF
7303	苋	AAB0
7315	轹	AAB1
7316	玮	AAB2
7317	觇	AAB3
7332	钛	AAA4
7345	庑	AAA5
7355	仐	AAB7
7373	诇	AAB8
7374	诶	AAB9
7375	郚	AABA
7378	岦	AABB
7381	陷	AABD
7383	陈	AABF
7388	妪	AAC0
7390	驱	AAC1
7392	驷	AAC2
7395	弦	AAC3
7403	珠	AAC4
7410	坩	AAC5
7418	垟	AAC7

编号	新造字符	区位码
7424	垵	AAC8
7427	岁	AAC9
7436	苘	AACA
7439	韮	AACB
7465	睍	AACC
7482	岫	AACE
7487	𫓧	AACF
7489	𫓴	AAD0
7490	䥺	AAD1
7491	铪	AAD3
7507	刣	AAD4
7553	垕	AAD5
7563	细	AAD6
7564	骁	AAD7
7565	綎	AAD8
7566	綖	AAD9
7568	驹	AADB
7575	勣	AADC
7580	玥	AADD
7584	琍	AADE
7601	梜	AADF
7609	颒	AAE0
7618	铳	AAE2
7621	狢	AAE3
7637	郿	AAE4
7641	崶	AAE5
7642	牮	AAE6
7647	钵	AAE8
7649	铲	AAE9
7650	钟	AAEA
7651	铝	AAEB
7652	铒	AAEC
7661	倂	AAEE
7670	囱	AAEF
7679	岙	AAF0
7682	馃	AAF1
7695	焗	AAF3
7712	岩	AAF4
7733	骀	AAF5
7734	绨	AAF8
7737	绽	AAF9
7754	埠	AAFA
7786	础	AAFC
7792	豹	AAFD
7801	颃	AAFE
7806	蛛	ABA1
7817	硅	ABA2
7818	铁	ABA3
7820	铋	ABA4
7860	惪	ABA5
7868	舫	ABA6
7875	涸	ABA7
7882	邃	ABA8
7890	谭	ABAA
7891	诚	ABAB
7895	谡	ABAC
7896	谀	ABAD
7901	陨	ABAF
7914	绩	ABB2
7915	绑	ABB3
7916	骓	ABB4
7917	驹	ABB5
7919	综	ABB8
7920	绰	ABB9
7922	驿	ABBA
7941	塿	ABBC
7942	塥	ABBD
7950	戚	ABBE
7972	锐	ABBF
7973	楯	ABC3
7980	龄	ABC4
7987	鹕	ABC5
8000	罕	ABC7
8004	嵴	ABC8
8010	颤	ABC9
8017	镂	ABCC
8019	锹	ABCD
8021	铼	ABCE
8022	铜	ABCF
8026	闹	ABD0
8027	铉	ABD1
8041	畚	ABD3
8046	频	ABD4
8052	颌	ABD5
8055	鹜	ABD6
8061	廞	ABD8
8068	氮	ABD9
8069	阃	ABDA
8071	焯	ABDB
8091	宓	ABDD
8104	骕	ABDE
8105	骎	ABDF
8149	酞	ABE0
8152	硝	ABE1
8158	辎	ABE2
8159	辏	ABE3
8164	嘿	ABE4
8174	镇	ABE6
8179	镩	ABE7
8182	镦	ABEA
8186	箦	ABEB
8206	鲍	ABEC
8207	鲩	ABED
8213	縢	ABEE
8225	阑	ABEF
8238	汶	ABF0
8243	窖	ABF2
8244	舌	ABF4

编号	新造字符	区位码
8250	⿰衤责	ABF5
8258	⿰耒页	ABF6
8266	⿰马原	ABF7
8267	⿰马奚	ABFA
8270	⿰王满	ABFB
8286	⿰土翏	ABFC
8301	⿰區鸟	ABFE
8308	⿰石虎	ACA2
8314	⿱此虫	ACA3
8324	⿱亼面	ACA4
8325	⿰钅咎	ACA5
8329	⿰钅侯	ACA6
8348	⿰鱼师	ACA7
8350	鲗	ACA9
8353	⿰鱼兆	ACAA
8354	⿰鱼危	ACAB
8355	𩽾	ACAD
8360	⿱戈鸟	ACAE
8365	⿱来土	ACAF
8386	⿰讠惠	ACB0
8396	缤	ACB1
8401	⿸厂永	ACB2
8412	⿱覀灬	ACB3
8418	⿰耒犬	ACB4
8421	⿱艹具	ACB5
8435	⿵冂丨	ACB7
8444	⿰钅翁	ACB8
8453	⿰鱼免	ACB9
8478	⿱塞鸟	ACBA
8480	⿰衤希	ACBB
8482	⿱罒羽	ACBC
8483	⿰讠睘	ACBD
8486	⿰马粦	ACBE
8497	⿱艹颓	ACBF
8510	⿰钅遂	ACC1
8511	⿰齿奇	ACC2
8512	⿰齿兒	ACC4
8521	⿰足路	ACC5
8526	⿰口献	ACC6
8527	⿰山詹	ACC7
8528	⿰钅售	ACC9
8529	⿰钅黄	ACCA
8530	⿰钅敫	ACCB
8541	⿱癶金	ACCC
8549	⿰饣亶	ACCD
8553	鹜	ACCE
8575	⿰纟意	ACCF
8577	⿰王献	ACD0
8597	⿰钅喜	ACD2
8599	镖	ACD3
8600	⿰钅番	ACD4
8603	⿰钅粦	ACD5
8604	⿰钅尊	ACD7
8605	⿰钅遂	ACD8
8606	⿰钅矞	ACD9
8618	鹨	ACDA
8621	⿰鱼剌	ACDB
8623	⿰鱼柬	ACDC
8634	⿱殹金	ACDE
8640	缥	ACDF
8649	⿱艹鹝	ACE0
8658	⿰石喿	ACE1
8683	翻	ACE2
8685	⿺辶篓	ACE3
8688	⿰留羽	ACE4
8694	⿰纟墨	ACE5
8698	⿱癶叉	ACE6
8707	⿰鱼祭	ACE8
8708	⿰鱼兼	ACE9
8714	⿰月風	ACEA
8723	⿸虍鬲	ACEB
8724	鄲	ACEC
8727	⿸虍豆	ACED
8732	⿰鱼喜	ACEF
8733	⿱叕金	ACF0
8744	⿰纟襄	ACF1
8747	⿰王夔	ACF2
8751	⿰齿差	ACF3
8756	鳣	ACF4
8773	⿰鱼巤	ACF5
8780	⿰虫夔	ACF6

注：①编号，为数据库“Chaifen”表中编号。

② 445“冃”与“冃”mào 不同。“冃”mào 今日作“帽”，其字形最后两笔“横”的笔形与第一笔“竖”、第二笔“横折钩”都是相离关系；而“冃”字形最后两笔“横”的笔形与第一笔“竖”、第二笔“横折钩”都是非封闭相接关系。

附录三　通用规范汉字部件表

类型	字表	成字部件	非成字部件
基础部件	一级字表	一乙二十丁厂七卜八人入儿匕几九刁了刀力乃又三干于工土士才下寸大丈与万上小口山巾千川夕久么勺凡丸及广亡门丫义之尸己巳弓子也女刃习叉马乡丰王开井夫无专丐木五不犬太尤车巨牙屯戈互瓦止少曰日中贝内水见牛手气毛壬升夭长片斤爪今乏月氏勿丹乌方火为户心尺引丑巴孔予玉未末甘世本术石戊龙平东业目且甲申电田由史央冉皿凹生失乍禾丘白斥瓜乎令用印乐匆册卯主立半必永司民弗出皮发矛母丝耳臣吏西戌在存而死成夹夷至虫曲肉朱丢臼自血向舟兆争产亥羊米州农买严求甫更束豆两酉丽来里串我身谷龟免卵系言良局武其直或雨妻非具果典垂卑兔单肃隶甚革柬面重鬼禹兼兜象庸鹿鼎黑鼠熏个已卫飞扎币书幻轧凸旧甩礼压年竹乒乓伞乱事秉乳承舆	𠂉亻厶卄匚𠂇⺊冂⺁川凵㔾𠂊勹冫几亠纟忄讠阝卩刂龶扌丂廾⺋丁丬⺊刂彐丩囗阝豕夂饣丷氵宀卂辶纟耂乇丸豖冖冃戈⺌牛攵正朩⺈丬小⺍肀夊巛声龶𤣩龰尸彡⺊少刂宀⺳鸟疒巿尣厷衤艮㳄丞龹衣犮东灬业朿虍罒钅韦冂夂巨夬关目良彐氺覀屮卌儿覀夊罒⺕⺝隹丰手⺮⺪亻关自卬产䒑并氏冊龴死癶丿⺌镸肙⺚丷冂丰㒸遂聿乌亜曲豕弟釆㐅夕产疋冖耳夆戊申叀𠂔𦥯𠂤彑豕㡀豕臣無夾勿惪奂丰肃礻
	二级字表	乂兀弋幺韦廿丏卞尹夬爿毋卮氐耒戍曳聿艮丞豖豸奂羌臾虱禺曷鬲蚩堇戠乜孑孓卅札乩丮虬彧睿盥	囙耴亯皿巛素害畏戜肅叡罘𡿧精鐵毚𦥯䖒県
	三级字表	亍尢彳卬毌戋尨隹叚隺疐粛氕钆乩甪芈	攴卤鲁莫門憂
	合计	351	198
合成部件	一级字表	亏乞天元云艺支区历歹友匹比切冈午化反介父从仑凶分公仓欠风匀勾六文亢斗冗队办以允双示击巧正卉去艾古节可丙左厉右布卡北占卢归旦号只兄叩另囚四矢付代尔句处冬鸟务包市玄兰汇头宁穴它写尼弘奴召加边圣对台幼邦式刑戎动寺吉扣考老巩执共芒亚过厌百有页夸灰达列轨邪尧毕此贞师尖光当早吁吕同吊因吆岁回岂则先廷舌迁乔休伏伐延仲任华伊后行全会杀合朵危旬旨负匈名各多色壮庄亦刘齐交衣次充问并关江汤兴守宅安军许寻那尽孙阴如好羽红约寿弄麦进戒走贡赤折孝坎均壳志声把却劫芬劳克杜杉巫吾医辰否连步卤坚肖旱呈时吴助县呆围足男困员邑别告利秃秀每兵何你位皂囱余希坐妥含狂犹角条岛亩库序辛闰闲间闷兑弟沐沛沙沃快完宏穷罕君灵即尿尾忌阿矣纯奉青责表规卦拔者拍拉幸拨择取昔若苗英苟林析松画刺卖郁奈奔奇顷转斩到叔肯齿卓虎虏尚昆国昌明易固帖罗制知季委的质欣舍金肴采受念朋肥服周昏鱼忽备京享店夜府疟卒庚育郑卷炎河沮泊波学宗定宜审官空宛郎肩建录帚居刷屈弥孟孤函姑参贯契贰奏春毒封某荐巷带茶荒荣故胡南相查勃要咸威厘皆韭背虐览尝是显冒星昭畏胃贵思虽品炭贱骨钦卸拜香秋科复段便保皇泉侯追俊盾衍律须叙食盆狱急弯将哀亭度亲音帝施阁差美迷娄前首兹总活派洽洛恒恬觉宣突客冠扁退既屋屏费眉除盈癸蚤柔艳泰秦素匿匪捕袁都聂莽莫荷晋恶莹真索哥栗贾辱夏原毙虑监党晃恩罢钱造乘笔倍臭射息股般拿爹舀爱翁逢鸵留衰高郭席疾脊效离唐部旁旅畜羞恙益浦海流浪害宽家宾窄容宰朗诸扇冥谁展屑弱通能难预桑焉赦教勘著勒黄乾萧婪曹票戚雪虚堂常野曼累患崔崩崇婴移敏徙得斜敛悉脱猪祭庶麻康章竟商族旋率着断剪焊渠淫梁惟寇寅宿密逮敢尉隋隆隐维巢斑替越喜彭壹斯散葛董敬朝惠粟棘厨雁敞掌最景稍答牌焦奥番禽鲁然就敦斌童善普尊遂曾温窜犀属强粥疏登缘瑟鼓蒙献禁楚赖感雷零频路跤遣署蜀魁微解禀廉新意数满塞殿辟聚需管鼻貌鲜疑豪漂察磊暴墨靠黎摩潘燕薛薄颠翰霍冀赞衡磨澡霜魏繁爵攀靡霸赣囊	𠀎帀𠮛双𡯁产厷业虍声艮芦𧘇冈𠁣亼穴参奉奄夗画赤凶卤同叩厈𠂋㓁斥歪𠀐吉𠀆布𠮦攸众𠔽𠂇疋彐屌夆丞籴韧式戋乞井𣶒余㐬汇劦加闲羊产𠂎罕缶状𠂆坚虫训幽㠯爹亚曼夋爻沃冬𡿨高庐美𦍌前𠙽沈辰卣冠劢厶丛珏系圤呈肙弃吴𤞞百泉尚音夆麦兴𦘒𠁁𠫓𡈼𠮷𡚬吳𤯔号匋𦥔自𦣞叒贞罙匊卓陊畐𡿧要粤厓则走导癶台矣足朋宏𠀎洰崩𡍮令沵支𨑙办枼尿育隋追珏扶隶荅匽専壴亟𠀎背𦫳怱尌隹𡱝取冉旧散拜𥁕然龟𦍌並彖昷斿孚劳寒共尿弱泉录耳𡿺易𡿺粤示家𡋬尘𠩺早曹匋皇夐攸肖山卷𦍌㚒敄亩矣𥼶翏屏启宜廛商𠔹𦣝敕管尞皃矣𧾷箕泰佘扁宣亘攴卉毛敝𠮧㳄心甹砉恭昝𥝢畺畕息𧰨复桌韭北辟翁朋異𡿧步兟𦥯参公身辞或𠂤粦𡿺𠂆𣍘𠀎𠊊肌𢍏雁楙𢼸𦧟彭𡎺殸藋蜀朝阑𠫊𡪞亶遁

类型	字表	成字部件	非成字部件
合成部件	二级字表	仄厄兮爻邛叵匝丕仕刍弁匡圭亘缶囟舛牟纣苋孛忒岑攸佘佥孚狄亨闵甬忝耶杳奄昊畀黾沓罔佰帛阜昝妾宕宓戾亟甾珀贲贯荃剌奎殄眇昱叟俞爰匍訇昝彦闾酋胥陟敖耆盍莆晏罡倩隼隽臬皋釜奚桀栾痂衮恣朔剡彗舂萑萦啬敕戛雩猗斛孰敝谒琵辇颉覃厥毳黍舄翕舜阑焱孱巽蒿餍粲睢筮敫詹亶雍溥骞縠蔺臧麽阚鲞翟耦爽瞢樊滕廛磬遽嬴羲橱龠燮襄縻瞿颢醮矍纂	妟阞芒凡肻厽丞医匇仌乍肴哥夅皃夲帇毛每彶壯覀乍危毉皅巫欻岦竘彔戾昊炏淋暴要盗弄敄皉昏壴辱皰蒴剆畾巻娄巟维圂脊菁䜌丝废署索芇伞搋瞀夸虖瘖恖貀斬雈龚肅皇習朁瓜徙戋斡仝鼪殑㜆鼓碧猋炦豦蔓隻舶脁豊臺至盍殹豩鹖胭笊筦晶畾侖皿㯈僕冡尒舶目弊糕盎靁搢脁盤皿庶紊鼻羊貍銓縣號
	三级字表	殳仝氿汜孖坒呙冏囷於泙叕砉奓昫耑弇彖恝莔翛虒竘烝羕皕粥矞缊楙蒱耤鹔畾	棼亥枚㤅尌厇仐坮岁刞垄骋牵丑冉舫奭戚介罕秝闬牪翁冤忈汝窨舌欧畚坙慝斥凞耖翳遠畬蚕豢適熱執篴㢟㸚脁膚戲虘雔冀瞢虘樢
	合计	968	478

附录四　基础部件构字能力表

编号	部件	构字数	编号	部件	构字数	编号	部件	构字数
93	口	1406	191	止	184	335	疒	104
1	一	753	42	冖	177	34	勹	103
72	廾	612	152	纟	174	183	车	98
196	日	583	160	王	171	138	子	97
124	氵	525	43	讠	167	95	巾	96
172	木	510	35	匕	158	52	刀	93
68	土	410	129	辶	158	94	囗	91
25	人	400	125	忄	154	92	业	90
4	十	373	280	石	149	105	犭	90
37	亠	351	20	𠂉	148	19	冂	89
21	亻	337	250	心	145	150	马	89
27	八	325	336	立	144	148	习	88
69	扌	308	74	寸	140	159	王	88
300	田	298	109	夂	138	154	幺	84
55	又	284	294	目	137	7	𠂇	82
127	宀	282	316	禾	134	103	彡	82
311	钅	271	392	⺮	134	48	凵	81
78	大	268	16	刂	131	226	爫	81
143	女	263	216	攵	128	243	方	80
204	贝	232	41	丷	127	439	酉	78
33	𠂊	216	112	夕	123	120	门	77
229	月	207	487	隹	123	8	丆	76
46	阝	202	51	力	119	32	𠂉	75
91	小	199	133	尸	119	71	工	75
3	二	198	9	厂	116	121	龷	71
58	厶	197	319	白	113	307	皿	71
96	山	197	118	广	112	65	干	70
383	虫	192	416	米	107	475	雨	70
199	月	189	29	几	106	14	⺊	68
24	乂	188	238	鸟	106	306	罒	66
244	火	186	36	儿	105	13	匚	65

编号	部件	构字数
233	𧘇	65
339	衤	65
61	㔾	64
192	𤴓	60
102	彳	59
167	耂	59
361	耳	59
12	𠤎	58
224	斤	57
158	龶	56
437	豆	56
246	灬	55
23	川	54
11	丂	53
414	羊	53
130	彐	52
325	用	52
247	户	51
364	覀	51
6	丁	50
38	冫	50
208	牛	50
116	饣	47
179	犬	47
156	丰	46
248	礻	46
291	业	46
40	⺀	44
442	豕	44
70	士	43
80	兀	42
97	千	41
187	戈	41
500	革	41
372	而	40
405	舟	40
22	厂	39
137	弓	39
213	⺧	39
381	虍	39
260	巴	38
270	龷	38
173	朩	37
206	见	37
395	白	37
295	且	36
444	里	36
479	非	36
134	巳	35
432	甫	35
54	廴	33
460	言	33
126	⺍	32
211	毛	32
147	𠄌	31
162	开	31
397	自	31
5	丁	30
293	氺	30
202	内	29
221	⺗	29
268	𡗗	29
464	良	29
76	井	28
136	己	28
163	夫	28
227	今	28
324	令	28
356	矛	28
378	至	28
119	亡	27
214	壬	27
299	由	27
178	不	26
200	中	26
357	母	26
412	产	26
422	艮	26
435	束	26
470	直	26
84	𠂒	25
352	皮	25
469	其	25
508	鬼	25
18	卜	24
193	少	24
301	冊	24
315	乍	24
415	龹	24
10	七	23
53	乃	23
174	五	23
310	冎	23
359	耒	23
452	采	23
488	卑	23
2	乙	22
15	刂	22
165	韦	22
205	水	22
212	气	22
232	勿	22

编号	部件	构字数
283	龙	22
28	九	21
30	八	21
57	㇇	21
64	丰	21
87	弋	21
282	戊	21
481	果	21
492	单	21
528	鹿	21
88	上	20
144	豖	20
209	手	20
217	夭	20
298	电	20
312	生	20
349	疋	20
355	癶	20
417	屰	20
428	镸	20
506	曷	20
85	戈	19
186	屯	19
341	必	19
350	出	19
406	兆	19
453	谷	19
533	黑	19
67	亍	18
185	牙	18
274	甘	18
318	丘	18
322	瓜	18
354	圣	18

编号	部件	构字数
413	亥	18
421	聿	18
101	儿	17
114	勺	17
269	玉	17
376	夹	17
111	凡	16
142	也	16
170	廿	16
237	夕	16
275	世	16
281	癶	16
304	目	16
328	氐	16
344	艮	16
519	兼	16
31	冂	15
108	丸	15
181	尤	15
190	瓦	15
252	尹	15
273	戋	15
305	冉	15
360	耒	15
433	更	15
454	豸	15
473	页	15
499	甚	15
515	鬲	15
45	卩	14
47	了	14
66	于	14
81	夂	14
184	巨	14

编号	部件	构字数
207	内	14
222	臼	14
254	夬	14
262	予	14
285	平	14
296	申	14
303	央	14
333	卯	14
450	甶	14
493	凶	14
56	ㄑ	13
117	丬	13
155	巛	13
257	丑	13
258	尸	13
297	甲	13
337	半	13
347	弟	13
388	朱	13
425	买	13
63	三	12
86	万	12
89	才	12
98	乇	12
99	亻	12
110	及	12
131	彐	12
151	彑	12
230	氏	12
242	丷	12
284	发	12
334	主	12
348	弗	12
367	西	12

编号	部件	构字数
409	争	12
438	两	12
448	我	12
457	免	12
463	㡀	12
502	柬	12
505	禺	12
522	堇	12
535	睘	12
157	耂	11
218	长	11
346	民	11
408	豕	11
411	亣	11
443	来	11
149	叉	10
188	旡	10
255	尺	10
313	失	10
332	卯	10
338	⺍	10
466	矣	10
495	隶	10
17	刂	9
90	少	9
100	川	9
153	乡	9
182	厷	9
220	𤴓	9
259	爿	9
271	未	9
329	乐	9
399	白	9
419	良	9

编号	部件	构字数
434	冓	9
451	身	9
484	垂	9
503	面	9
512	叚	9
536	鼠	9
146	刃	8
161	井	8
164	无	8
251	丰	8
287	东	8
342	永	8
345	司	8
375	成	8
431	求	8
440	丽	8
465	耳	8
494	肃	8
509	禹	8
73	才	7
166	专	7
180	太	7
194	⺌	7
198	冃	7
219	片	7
249	冘	7
272	末	7
279	业	7
317	𠂤	7
323	乎	7
353	发	7
365	束	7
384	曲	7
410	产	7

编号	部件	构字数
420	农	7
436	亩	7
446	串	7
468	武	7
472	或	7
476	豖	7
510	㐫	7
83	与	6
113	久	6
245	为	6
276	本	6
277	术	6
331	册	6
362	臣	6
377	夷	6
379	𠂔	6
401	血	6
402	向	6
430	𦣞	6
456	奂	6
471	亩	6
486	臾	6
527	庸	6
541	熏	6
59	卜	5
79	尢	5
123	义	5
175	市	5
228	乏	5
234	氏	5
235	丹	5
239	乌	5
240	印	5
241	卞	5

编号	部件	构字数
253	肀	5
256	引	5
320	斥	5
385	肉	5
424	丞	5
480	具	5
482	典	5
491	兔	5
507	重	5
545	巤	5
49	卩	4
50	丩	4
75	下	4
106	勺	4
115	么	4
132	卂	4
171	卅	4
195	冊	4
210	手	4
225	爪	4
236	夂	4
263	毌	4
289	戊	4
369	戌	4
373	成	4
374	死	4
477	疌	4
478	妻	4
511	夅	4
520	隺	4
521	耑	4
525	象	4
26	入	3
44	刁	3

编号	部件	构字数
77	丈	3
82	乇	3
176	丏	3
215	升	3
231	朩	3
261	孔	3
288	东	3
327	印	3
330	匆	3
343	夬	3
358	丝	3
371	存	3
396	汖	3
418	州	3
429	严	3
441	龙	3
459	系	3
462	䜌	3
467	局	3
517	戠	3
524	兜	3
531	鼎	3
544	黽	3
549	龜	3
39	丬	2
107	丸	2
122	丫	2
128	之	2
168	丐	2
189	互	2
197	曰	2
265	毋	2
267	丰	2
302	史	2

编号	部件	构字数
308	凹	2
363	吏	2
370	在	2
382	曳	2
389	韦	2
390	丢	2
404	月	2
447	乍	2
455	龟	2
458	卵	2
461	羌	2
497	虱	2
513	背	2
518	奂	2
532	戢	2
537	疐	2
540	暴	2
548	韱	2
60	乜	1
62	巜	1
104	个	1
135	已	1
139	孑	1
140	孓	1
141	卫	1
145	飞	1
169	扎	1
177	卅	1
201	罒	1
203	門	1
223	币	1
264	书	1
266	幻	1
278	札	1

编号	部件	构字数
286	轧	1
290	凸	1
292	旧	1
309	囙	1
314	氕	1
321	卮	1
326	甩	1
340	礼	1
351	支	1
366	覀	1
368	压	1
380	乩	1
386	钆	1
387	年	1
391	竹	1
393	乒	1
394	乓	1
398	乢	1
400	血	1
403	甪	1
407	伞	1
423	丟	1
426	丵	1
427	耴	1
445	虬	1
449	乱	1
474	事	1
483	無	1
485	秉	1
489	乳	1
490	凶	1
496	承	1
498	亭	1
501	害	1
504	县	1
514	彧	1
516	眔	1
523	莫	1
526	畣	1
529	索	1
530	惠	1
534	肅	1
538	睿	1
539	叡	1
542	與	1
543	憂	1
546	盥	1
547	疏	1
548	鐵	1
549	㲋	1
合计	—	24297

附录五　基础部件的直接组合部件表

编号	基件	直接组合部件	
		分布位置	字符形体
1	一	上	⺍亟宀不廿从非人日山田罒中
		下	疋画白大火巾丂口内冉豕夕业止
		围外	鸟门
2	乙	上	𠂉卄穴
		左	亻钅忄
3	二	上	⺮此
		下	川𠄌儿女厶小
		左	亻
		围外	弋
		穿插内	⺍日
4	十	上	自宏卣双𠂉八匕比大化立日音隹
		下	闸卄豆廾买冖又早口
		左	亻钅讠氵口
		右	办尃
		围外	厂
		穿插内	丶戈
5	丁	左	王火钅亻耳扌口目氵田讠酉土
		右	页
		上	高宀
		围外	厂疒
6	丁	围内	口
7	𠂇	围内	月工火巾口又
		围外	戈
8	丆	下	贝目
9	厂	上	𠂊
		围内	尌𡨄辰隹泉𠃊丁车干圭既欶里力龙女犬人斯水万则相夏昔剡
10	七	上	白
		左	齿亻口氵
		右	刀
11	丂	上	匋八口一由
		左	工木
		围外	𠬤

编号	基件	直接组合部件	
		分布位置	字符形体
12	⺊	右	匕页
13	匚	左	氵
		围内	儿扁轨贵合非甲巾夹斤久口若矢王也晏乂
14	⺊	下	㐫贝口日尸夕回又
15	刂	右	缶⺈又
16	刂	左	圣冃月韦 屌包半贝仓册乘巢鼻丑干戈冈朿束亥弟畐朵呙豆非荅歹居害钅会焦戋厥蒦禾开另录夸萠票文舌杀齐并肖佥音勿岁岂奇宛讠至炎易乂叕鱼
		围外	克
17	刂	右	彐巾市
18	卜	上	上
		左	圭臣钅木口扌亻土夕礻讠
		围外	走夂
19	冂	围内	一㐅羊芒口台乂
20	⺈	下	𠂢 刍㐬大丹市巾力毛母其尼奇日生十矢遂疋也乙兆子
21	亻	右	矣畏 夂辱㝵叟 旡夙凡妥肙厇敖白百半卑奔责本比必辟扁鹿表宾卜朁仓毚昌长尝再刍垂次忽隹寸呆单旦党到氐丁冬多皃尔耳二方非分奉尃弗孚府戈更共古谷故官圭鬼果曷隺会火及吉几祭加夹叚见建畺交焦皆介京敬九就居句具卷亢可空夸来老畾里力立吏丽利栗良两尞列令翏娄吕仑么每门面牟木乃难尼牛农旁丕甹音菐七齐奇乞契千佥乔青顷求区屈全犬夋壬刃若三山尚舌申甚失十士寿叔司思寺素粟它台泰田廷亭同童瓦为韦委畏我屋吴五午希昔奚喜先襄象肖心需玄巽牙严言炎奄匽羊印尧耶也衣乙以矣义弋亦尹甬用尤有又右俞禺则责曾乍宅詹丈兆贞支直至中周朱诸主专隹卓子宗足尊左宀
22	厂	围内	𠂢 曰虎十又
23	川	上	田关大二人文夭
		围外	气
		穿插内	米
24	乂	上	八卄六亠乂
		下	布木有乂
		左	乂
		右	刂乂
		围外	白几匚门凵口走
25	人	上	⺈棘人
		下	冫川亚壶巳小匕从斗干工离良木彡舌示氺王一羽云止人
		左	卩阝讠人
		右	人
		围外	厂门凵口
		穿插外	冫丷

编号	基件	直接组合部件	
		分布位置	字符形体
26	入	下	米水
27	八	上	丗丠亚冖宀丘亠直口
		下	丂冃面十厶土言乂夂刀口
		左	扌⻊ 木口
		穿插内	力刀
28	九	上	穴廿宀日
		下	朩日
		左	鼻亻氵车犭
		右	鸟虎
		围内	力首言日
		围外	尸
29	几	上	山亠禾登冖亠吅任
		下	又口木
		左	𤣩 虫亻 岂石饣讠 月口木
		围外	鸟虍鹿
30	八	围内	歹皇又市乂
31	冂	围内	吉
32	𠂉	下	人小
33	𠂊	下	亩巴贝厂彐臼用
34	勹	围内	灬冫 虫缶畐甫口米日厶巳田凶言
35	匕	上	囟宀人匕
		下	禾火日十矢水匕
		左	丬⺊ 牛止
		围外	耂鹿尸是
36	儿	上	尚𠂀凹白二古臼口音厶音生
		围外	口匚
		穿插内	�
37	亠	下	攸尒衣維八从回几巾口厶田亹凶幺乂允
38	冫	右	禀东工夬互京栗列夌令马妻欠水斯松台先咸兄疑争中周佳奏
		围外	勹弓
39	丿	穿插外	辡玨
40	⺀	上	寒尺東免人夂
		穿插外	大十
41	丷	下	亩干开口三豕天王亚酉

编号	基件	直接组合部件	
		分布位置	字符形体
42	冖	上	廾彐罒十士卌⺍古业苗
		下	冠幂八车豕斗几牛且兔与旲至
43	讠	右	睘罙龜畱监参扁辩卜暨叕成斥出刍豖川寸党刂氏帝商丁兑咢方非风干告艮工公古夬圭果亥曷后化荒灰惠吉几己戋兼柬剪焦皆戒斤堇京井同巨军可匡狂阑未翏仑卖曼每迷莫某内念虐旁皮平普乞遣且青区取全犬人刃若山上舌射甚十式是殳司寺叟台覃同危韦委胃巫吴吾午先韱咸舀献享肖凶秀胥旬卂牙延炎彦羊枼宜义益垔音甬于臾俞羽矞爰乍宅詹召者争正只旨周朱隹卒亡
44	刁	左	口氵
45	卩	左	艮 鉏 口去
		围内	又
46	阝	左	良 肀 丞北畐必弁丙呈赤出刍单氐咢耳番分丰孚干甘高告工共谷关广圭嶲合会交堇晋聚瞿军君开豊丽林雷令鹿眉黾莫丕妻丘若善礻寺台唐堂屯亡乌吾希享寻旬牙焉炎匽业庸由又于雩禹赞曾召者支至卑方夹有俞章朱
		右	夆圣 酉㒸 育坴㬎奥百坒步产车垂东而皃反付鬲艮鬼贵亥皇击急夅介井可力夌龙呈皮音齐岂千佥且取人日示遂它匋完畏臽益垔道余禺元员月乍占走卑方夹有俞章朱
47	了	上	亠口
		左	钅
		围外	辶疒凵
		穿插外	冫叹
48	凵	上	丰午
		围内	豕丬了人水田乂
49	卩	上	卄父
		围外	疒
50	丩	左	口纟
		右	攵
		围外	走
51	力	上	艹𠂉大莫奴少田穴甬执夂口
		下	加
		左	孛亻革工亥吉堇京句厉翏冒孟面木且去甚贯万幺又员月云责召圣阝口力
		右	口力
		围外	厂辶虍九免
		穿插外	八
52	刀	上	关辟前八
		下	牛口
		左	丰七忄礻鱼舟口
		穿插外	八

编号	基件	直接组合部件	
		分布位置	字符形体
53	乃	上	艹禾隹
		下	子小鼎
		左	亻扌女
		围内	又
		围外	气
54	廴	围内	㐱壬聿
55	又	上	⺊申獄𠈌亖几十瞿罒亦隹
		下	丰双土
		左	赤亻夕口马刂女木氵余耳又
		右	寸戈艮见力鸟欠阝又隹
		围外	卩乃ナ厂几庐耳
56	ㄡ	左	夕
57	マ	下	疋用
58	厶	上	八二且亠土大
		下	月夊儿廾口厸牛矢大
		左	弓禾厶
		右	厶
		围外	勹
59	卪	右	人
61	㔾	上	龹丞人
		左	犭氵夕
		围外	厂产
62	巜	左	粦
63	三	上	癸丷
		左	亻
		围外	门
		穿插内	畕
64	丰	上	兴又龹
		下	凵
65	干	上	穴竹丷人日
		左	王鼻车虫犭革禾木女氵石扌讠酉月日
		右	阝阝页
		围外	厂走
		穿插下	艹
		穿插外	行

编号	基件	直接组合部件	
		分布位置	字符形体
66	亍	上	卄宀⺮
		下	皿
		左	口土纟目讠日
		右	阝
		围外	辶
67	亍	左	彳
68	土	上	瞉叡寒㕚䒑龸䒜龹保比辟卄代队随伐分封艮黑即夹朗厶龙莫 其升孰朔覀小斜刑亚野雍又斩执八土
		下	朩止夋羊坐址寸口日厶土
		左	火钅牛木口礻月土
		右	昜卤䍃罗安卑贝扁卜不步成呈斥川垂春达荅丹单旦当氏丁段敦朵番反方孚甫阜 甘罡鬲各亘更固瓜夬光呙亥旱豪曷侯后或及己夆角斤堇竟同勘康亢可空夸亏里 历立隶良粱夌令翏娄卢哥仑曼尼念旁朋丕皮平音業奇乞岂千乾欠且区奭啬善商 尚申甚时是巳它唐同土兔屯乇弯完文乌犀襄向虚序厓焉延奄匽羊要也桒矣易亜 庸甬幼于聿育员原云匀曾宅占者真直止至帚隹自土亚艮广
		围外	广弓
		穿插内	从
69	扌	右	东睘昜夅夆㞋散㫃奄䍃丸㐱安八巴发罢白般半包卑鼻比敝卞别 宾并卜不参仓臿查茶察差辰丞斥春丑出垂窜崔毳达荅单亶旦当 岛到氐商店丁斗耑厄恩发番反非分奉夫尃弗甫付干敢感斡高戈 阁工共夬贯广圭癸国过旱合曷户奂汇霍吉彐夹甲肩兼皆疌颉斤 京匊居句巨隽觉厥矍军君卡亢考空口夸困兰览劳雷累离立戾尞 令另留龙娄虏鲁哥虑率署仑门免苗民末莫母那乃奈难囊辇念呈 聂宁旁皮票平屏音齐奇咠契千佥妾钦禽秋区屈全柔弱散桑少舌 申罙甚石氏式是適受殳庶数双朔虒斯寺叟台唐匋忝廷童象屯乇 为屋无吾昔先臽襄肖欣畜寻巽乞炎奄匽印尧耶曳夜以矣邑婴甬 用尤由幼予俞雩员爰肙匝赞蚤喿乍宅翟展占掌召兆争郑支止旨 主爪专隹卓叕奏足卒纂最尊坐
70	士	左	丬亻爿
		下	尸口冖冗示心
71	工	上	臼人穴
		下	贝口水
		左	⺩虫豆缶纟冫木氵石扌讠月
		右	凡阝攵页丂力
		围外	羊弋ナ
		穿插内	从

编号	基件	直接组合部件	
		分布位置	字符形体
72	卄	上	十
		下	頁卩圣殖鼪臣靳愿佘阘弈隡辟匏剑威奥巴拔办包保卑倍本比必毕敝辟扁卞麃并波孛捕不部采仓昌长充虫出纯此次刺从怱存达宕的狄氏帝兜厄咢恩耳番凡繁氾方非分封逢夫市弗伏孚服甫付甘高亘艮弓姑孤古骨官冠癸鬼贵呙亥函焊合何河曷衡红胡户化巟回会惠霍及疾戢耤己祭加夹叚兼监见江将交焦醮皆解介今斤尽同九匊沮句巨遽厥君俊开坎可孔寇来朗浪老雷畾离黎历利连敛良两夌令翏龙娄录路吕律罗洛买曼汒毛矛卯貌每靡冖民名明冥摩磨末目内那乃奈南念鸟宁耦肥派潘旁泙朋丕匹漂票频平音匍浦溥妻齐其奇耆咠契千佥欠倩强乔且秦青穷秋屈渠竘全囷冉熱任容如媷毲弱啬沙勺甚时氏仕殳叔疏署庶数衰朔欶思死罒松肃宿祘孙惢台昊臺覃汤匋滕田帖廷亭同突土兔妥丸完宛亡威微为韦委位尉温文问翁我无勿戊西析徙鲜咸臽乡相襄畾劦心辛新行秀需畜宣穴熏寻旬牙焉炎央尧谒一夷疑乙以乂意鹝因阴狱印雍攸犹右于余臾预元遠夗约云缊在臧早澡择占召者烝之支隻止只仲重纣朱隹卓卒族最坐亠厵
73	才	下	鼎
		左	木贝豸
		围外	门口
74	寸	上	大旦甫彐宀酋巳土夕罒 辰
		左	艮 鬲 豆而圭木亻 日身纟忄讠礻酉又月壴
		围外	尹辶元辰
75	下	下	心
		左	虫口
76	廾	上	粦管厷莽敝合臼去犬十厶巳王亦羽
		围外	戈
77	丈	左	木亻
78	大	上	𠂉岁羊冖而楙米轫酋日小幺一亦壯厶
		下	川罕镸川寸电多耳圭卉火可亏力糸区十示田者车厶
		左	马木车
		围外	广口辶
		穿插内	氵㸚皕
79	九	围内	监介勺王
80	兀	上	戈㐅髟
		左	木革山车
		围内	虫
81	𠂉	下	罒
		左	刂

编号	基件	直接组合部件	
		分布位置	字符形体
82	乇	围外	虍疒
83	与	上	冖
		左	王 山
		右	欠
84	⺧	上	夂
		左	夕
85	戈	下	兀
86	万	下	虫足
		左	氵
		右	力
		围外	疒厂辶
87	弋	下	鸟
		左	钅木亻
		围内	二工心
88	上	下	卜小心
		左	讠
89	丬	右	匕
90	𣥂	上	止
91	小	上	⺈亠二白尖乃日上幺
		下	彔大彡土隹
		左	子
92	⺌	下	月贝彐冋冖兀
93	口	上	夂厶士立壴⺊盖䜌单生⺌八不处次刀帝丰父工丷几今弗千亠土亡文五一折隹亼天木八十口
		下	止月冊儿疋虫电儿耳巾内丂王夕吅巴贝力天木八十口
		左	禾女扌矢力口
		围外	冂囗丁𠂇戋勹辰匚户门尸尹
		穿插外	衣北
		右	贠辰阿艾爱敖奥邦筮包卑贲崩比必毕辟波孛卜仓曹查察差昌朝蚩齿赤臭出豖垂此达荅单得登商刁爹丁定冬都耑多朵厄恶恩非分奉夫甫付皋鬲葛各亘艮更共贡古瓜光圭海亥害蒿豪合曷盍荷黑亨侯乎忽虎华奂皇灰会蒦霍及即加戛甲交焦皆卩斤禁丩康厥爵卡阚亢可客肯孔匡奎拉剌郎劳勤厘里历戾寮列林令龙娄鲁罗麻马麦米密苗牟母那南囊尼鸟聂宁牛农弄奴拍彭丕票粪七戚耆乞欠且妾秦禽秋区犬癸嚷若塞桑少舍申属刷水朔欶丝斯叟肃素岁索台太堂匋通同童象屯乇未畏胃翁我乌屋无吾勿西希喜下夏咸向孝肖心休虚需宣巽丫牙亚言炎奄央羊幺尧枼伊壹夷矣艺益意因音引婴永又幼于俞禺育约允匝皂枲责曾乍宅者真支至疐周转叕兹鬳自卒族最尊坐吅口力十巴贝

编号	基件	直接组合部件	
		分布位置	字符形体
94	口	围内	畏男畲才大冬嵩儿甫古禾卷口令仑木女青人豕屯韦吾勿幸乂有玉元员
95	巾	上	产昌曲尚𠂉邦口莫奴旲亠穴一白
		左	刂
		右	并长兑番凡畐国晃曼冒蒙皮票菐失寿童韦屋责占章贞只隹白
		围外	𠂇匚产尸
96	山	上	𭕄敖巴丑代分宓品丘日夭亦尤
		下	欺牵颠东而风封冈高固归鬼厈灰及己今金就坎可良列卯朋钦石思松威魏夕咸匡一疑佳俞斩宗卒巴
		左	亻火讠氵舟米山
		右	夆查差毚乘带登冬粤番夆亘古谷函脊夹甲见交居句巨开空来历粦夌令娄眉蒙民臬奇乞佥乔且区曲屈癸荣山甚司寺同危我吾兀習戲献享肖旬牙奄尧肴要由詹禺与曾乍章争支兹尊山
		围外	鸟气疒辶
		穿插内	幽豩
97	千	上	卄
		下	口
		左	歹亻木忄纟钅扌土阝
		围外	辶
		穿插内	北
		穿插下	白
98	乇	上	亭宀
		左	口扌土
		围外	广
99	亻	右	矣爹备条夆攵
100	川	上	大
		左	讠马土钅纟
		右	页
		围外	气
101	儿	上	厶口亡
102	彳	右	惠𢀖㝵番走亍盾方非复艮皇回来娄皮奇切且尚殳寺卸旬羊余聿正支主走攵
103	彡	上	夂人小夂
		左	采镸丹而钅景开木衤章壴
		右	页
		围外	产虎
105	犭	右	番讼𠯑包贝㘝查昌虫丑嵩皃尔弗干艮骨瓜藋广侯胡虎会火夹甲交解京竟九句厥矍赖里利良寮罗马蒙孟弥苗宁丕奇契佥且青犬夋戎柔舍师守孙王畏胃昔星熏言尤余俞袁肙允章者争卒㔾
106	勹	左	禾

编号	基件	直接组合部件	
		分布位置	字符形体
107	丸	上	卄
108	丸	左	奎扌纟享
109	夂	上	耂日鲁八
		下	丶牛口力月彡木田犬丰贡
		围外	凵
		围内	卜
110	及	上	卄竹山
		左	革口木亻氵纟土足
111	凡	上	卄林
		左	工巾钅石月
112	夕	上	卜罒穴一巛山林夕
		下	口寸寅夕
		左	氵丬
		右	牛巳卜食
113	久	上	羊
		下	火
		左	王
		围外	匚疒
114	勺	上	卄
		左	王白火钅木女氵纟酉豸足
		围外	九
115	么	左	亻
		围外	麻
116	饣	右	彑牙夅布包并孛查虫出亶耳反各骨官贵果合盍几戋交堇昆留曼莫囊气欠壬散束司叟台屯妥我臽向羞巽夭尧衣
117	丬	右	各旻女犬士夕
118	广	左	扌日石土犭纟
		右	阝
		围内	业昔隹夫敖包卑比禀车大氏发付鬼郭户兼解堇郎里隶林夌翏龙木廿钦顷寺叟廷乇无休奄羊異由予臾占支坐土
119	亡	上	亠卄
		下	月儿口目女心
		左	忄牛虫氵木
		右	阝民月

编号	基件	直接组合部件	
		分布位置	字符形体
120	门	左	亻扌钅
		围内	翕才昌虫达单兑皃耳伐敢各厷圭龟癸亥盍昏活或甲柬狊欮开亢口困良吕马木臬 岂人日三市受王韦文臽心言奄一垔於者真隹
121	䒑	下	丝刖夫亡自
		穿插上	干羊
122	丫	左	口
123	义	左	虫亻讠舟
124	氵	右	圣睘 昜替孱 𠮠旻 夅 敝 茜 㡿 㲋 坙 㒳 㐬 办 翕 峇 奥 霸 白 拜 半 包 暴 贝 赍 鼻 比 笔 必 畀 辟 卞 麃宾兵并並孛勃步参仓曹岑叉查差孱廛产朝蚩充虫崇臭除楚豖此朿崔荅带亶登 氐弟商典刁丁定度耑耳发乏番匚肥分糞丰风夆尃市弗伏孚甫釜父干甘敢告鬲各 亘更工共勾古谷骨觳固官藋光圭贵衮呙郭国含函翰豪昊颢合曷盍弘忽虖胡户奂 患皇黄晃回会昬图蒦及吉急既祭劂加夹戋间监贱夅交敫教皆解斤金尽晋井冋九 句巨豦瞿厥军开亢考可夸匡亏昆来赖婪阑劳防乐絫离里豊历立利栗连廉敛良尞 列林粦零令刘留翏龙隆娄扁卢鲁录鹿路虑栾仑卖曼莽卯眉每美米丏免黾面眇民 名冥末莫木目内难尼呈聂宁农女琶旁盆朋彭皮票频粤平音攵僕普七桼齐其乞气 前切且秦青秋囚区去夋日荣容冗如闰弱散山尚稍勺少舌罙甚师十世是寿殳叔术 戍朿尌刷朔欶斯巳四松叟睢索它台太覃唐匋替田恬忝条亭同童屯弯完宛万亡王 危为韦围维胃昷文翁我屋无吾夕西希析奚舄先显相襄享巷萧孝肖效写盭心凶脩 胥需许叙宣玄旋血寻旬卂厓焉延炎奄弇艳央羊羡夭尧肴舀也夜枼伊猗矣邑益異 因垔殷尤寅莹萦羸雍永甬攸由斿有酉又余於鱼俞聿育预 矞元员爰原肙曰龠云允甾宰蚤枲则责翟詹斩占张章召兆折者贞真止州朱猪主隹 卓兹自宗足卒㔾
		穿插外	行
125	忄	右	夅 育 卤 罗 匽 奥 白 赍 卞 禀 孛 不 布 参 仓 长 丑 刍 楚 寸 单 旦 刀 登 弟 店 董 动 耑 兑 咢 非 弗 复 感各亘艮公古夬贯光鬼贵旱合忽荒皇灰昏季既坚兼交焦解戒斤堇京景具军康困 赖里良尞夌令曼每瞢面闵尼聂平耆岂气千欠青秋区去夋尚舌生圣术朿寺素台同 童屯宛亡罔昷无吾午西昔享肖星幸需宣血旬炎厌央舀乙邑易音尢庸尤俞造则曾 乍詹斩召真正支中周隹卓叕宗卒
126	罒	下	冖一
		穿插外	二
127	宀	下	目 卄 貝 睘 臣 疋 書 共 迡 㝵 眛 㾢 八 佰 匕 必 兵 臣 辰 成 寸 丁 畐 各 亘 厷 谷 火祭疌九尞翏龙吕莫木牛女奇且申石豖示叔头乇先苋肖心辛旻 一由有于禺玉元夗至子
128	之	上	卄
129	辶	围内	圣 家 自 翟 𠂉 畓 育 𠭥 彖 翕 敖 白 辟 扁 并 不 曹 车 呈 尺 巛 寸 大 狄 弟 帝 商 豆耑盾尔反夆畐甫告艮冓关官贵曷后皇加叚夅敫斤井冋豦狂力 丽隶了巤粦留坴录罗貌米屰乞千求酋夋山舌失豖首术朿庶孙台 兔万韦委文午西先肖秀卂牙印亦甬由有于余俞禺矞元袁云乍召 兆折尊
130	彐	上	𠂊 ⺌ 丰丰 雨
		下	寸火冖
		左	刂女扌
131	⺕	下	氺

编号	基件	直接组合部件	
		分布位置	字符形体
132	卂	上	龷
		左	氵讠
		围外	辶
133	尸	上	⺊
		右	鸟
		围内	徲茛彶阿贝匕比并出復共古巿九口娄毛米鼻世示水氺徙肖由雨 禹云者至孨
134	巳	上	共
		下	寸廾
		左	衤土氵臣巳
		右	巳
		围外	勹
136	己	上	卄山
		下	心
		左	⺩ 木女纟土讠酉鱼
		右	攵
		围外	走
137	弓	上	亦卄穴奴
		左	身弓
		右	发长单尔耳瓜京朋区厶虽玄也召弓
		围内	冫土
138	子	上	古⺍声𠂉宀禾木乃奴日薛亦罒兹
		下	皿孖
		左	亻女米耒虫子
		右	小瓜亥攵包需子
		围外	见耂
142	也	上	髟𠂉
		左	女亻土氵酉弓马
		围内	母
		围外	匚

编号	基件	直接组合部件	
		分布位置	字符形体
143	女	上	羊赆类韧辟波次而二禾立林米宀日沙亡敄覀须亦罒取
		左	丬氵钅
		右	圣睘臣 朿孱匏 噩阿爱犮卑比便表宾并册昌常辰蚩敕丑单亶旦弟帝商方干亘茾古官圭呙合后虏户画皇昏吉疾己彐加兼交疌今卷开口夸昆老累里良尞令翏马曼眉美免麽莫某母那乃南尼票粤奇乔且青区壬戎奭若啬勺少审生是叔霜叟台亭宛危为尾未昷我无吴息喜鐵闲幸胥需亚焉燕夭尧也夷以愿因英甬由又予元爰原肙云宅翟章兆支周朱子取
		围外	戌口厂
		穿插外	肌
144	𠃓	上	𠂉
		左	王 火钅木日申饣石扌氵 土月
		围外	疒风
146	刃	下	心止
		左	车亻纟韦讠
147	𡿨	上	亠由二艹
148	习	左	习
		右	习
149	叉	下	虫
		左	钅木氵衤
150	马	上	𥫗类寒敖加莫奴吅敄陟
		下	羽
		左	虫犭革口冫木王 女石礻马
		右	曼圣扁并参孱刍各川恖大非付夬癸果亥户华冀冋句聚累丽粦留录丕票粤其奇佥乔且区癹日扇史是霜四肃它台匋文奚先襄辛砉玄爻尧也因又余原蚤主隹马
		围外	门
151	彑	下	弊豕彘
152	纟	右	迷 孱座圣丸东圣睘犮半邦比扁辡宾帛巢充丑出刍川从寸弟帝定冬段方非分逢専弗甘冈高革各更工厷谷官广合侯会昏及吉己戋兼夅畺交敫颉晋京冋丩咎卷夸昆览累离尞林翏娄录仑卖曼黾面眇墨内朋票奇乞咠千遣且青泉壬刃戎色善尚勺少申氏世是受衰纟思宿台匋田条廷象屯妥完韦昷文希咸相襄享肖行秀需熏旬延尧益意因冘寅引婴于予爰肙云甾赞枭责曾召者真只至周隹追卓叕宗亡
153	乡	上	卄
		右	食隹
154	幺	上	亠大
		下	月小
		左	口幺
		右	力幺

编号	基件	直接组合部件	
		分布位置	字符形体
155	巛	下	果田夕凶邑
		围外	辶
156	丰	上	夂
		下	口石
		左	⺩ 虫氵 丰
		右	刀色阝 丰
157	龵	围内	寸
158	龶	下	月𧘇贝糸母毋夂
159	王	上	玥山丷白口人
		下	廾
		左	⺩ 犭木日氵 王
		右	王
		穿插内	朤
160	⺩	右	𠃓𡿺 贞 䍃 满 㐬 参 爰 敖 白 比 必 不 粲 仓 册 差 成 呈 充 豕 春 此 恩 崔 代 亶 当 登 帝 丁 定 耑 段 耳 番 非 分 丰 奉 夫 孚 干 各 艮 工 共 夬 官 藋 光 圭 鬼 含 胡 虎 皇 黄 几 己 加 叚 柬 见 敫 介 堇 进 晋 京 景 敬 久 居 豦 军 君 可 昆 劳 乐 离 里 连 良 林 粦 令 翏 龙 录 路 马 卯 冒 眉 民 皮 平 菐 其 奇 秦 求 去 泉 容 瑟 勺 申 罙 是 叔 遂 唐 廷 彖 宛 王 韦 文 吾 武 献 襄 向 劦 邪 燮 星 行 秀 需 宣 玄 旋 寻 旬 牙 炎 页 英 婴 有 俞 雩 与 羽 禹 玉 聿 元 爰 肙 月 赞 喿 占 章 召 兆 真 争 朱 隹 宗 攵
161	井	左	耒氵 讠 月阝
		围外	辶
162	开	上	丷⺮艹
		左	⻊ 钅 木女氵 山石
		右	彡 刂阝
		围外	门
163	夫	上	艹⺌
		左	⻊ ⺩ 虫钅 口麦石扌月夫
		右	见夫
164	无	上	艹
		左	口女扌氵 忄
		围外	广
165	韦	上	艹
		左	⺩ 火巾亻 日礻氵 纟讠 衤卓
		右	犮刃昷舀
		围外	辶口门是

编号	基件	直接组合部件	
		分布位置	字符形体
166	专	左	车亻石扌月
167	孝	围内	匕句丂日子
168	丐	左	钅
170	廿	下	壯
		围外	广
171	卌	下	冖
172	木	上	岁芦卣尝沕穴氿攸类砉安般辟舛此非芬甘氿蒿几加敬巨郎利矛品叒世朔台覀薛焱亦斩罒猪追自口日
		下	旦灬口日示子
		左	亻氵木
		围外	鸟戈广门口
		右	东昜佘㐬昜罗每焣八巴白半邦包卑比便宾丙禀并並孛帛薄卜不才仓曹册岑叉查察差长呈斥丑厨豕垂春从毳寸大亶当党登氏弟
			冬段对兑盾隋反方匪风奉尃孚干敢冈皋高告各亘艮更工公勾古官光圭鬼果亥号隺斛华黄会惠或及吉己既夹甲贾戋监柬见建交焦角敫皆节解戒斤堇京区臼居举句洰卷隽厥开亢丂考可匡魁昆来兰览朗老乐雷黎力历隶连良尞林灵夌令留龙娄卢鲁闾吕罗马卖卯眉每蒙宀莫木目内南宁旁朋平音戚其奇耆岂㫃契千佥乔亲秦禽秋区去全夋容啬沙彡杉勺少舌射甚圣施石市式寿叔衰思隼它堂廷同童土象宛亡王危昷吾午兀兮西昔犀享象肖屑辛行兄宣旬亚延炎羊尧耶枼弋尤婴盈永甬由又予余俞雩羽矞缘越乍窄詹章丈召兆者贞支卮直只至志质周朱诸主庄隹卓宗尊攵木
173	朩	上	寒九立人乂夂厶
174	五	下	口
		左	亻
175	市	上	卄𠂉
		左	氵月
176	丏	左	目氵
178	不	上	罒卄
		下	好口一用正
		左	王忄木钅扌土血
		围外	辶
179	犬	上	敫目吅穴夂自
		下	炏廾
		左	夕黑口来南酉犭亻田讠丬犬
		右	犬
		围外	厂户
		穿插外	𠁤

编号	基件	直接组合部件	
		分布位置	字符形体
180	太	下	心
		左	钅口氵酉月
181	尤	下	山旨
		左	京犭亻扌忄鱼
		围外	疒
182	厷	上	宀乂
		左	纟立月
		右	隹羽
		围外	门
183	车	上	声芷麸非冖大
		下	双
		左	阝石
		右	圣敢耴多厄皃畐甫干各古光害乎交斤京九可昆乐两粦卢鹿仑聂 欠乔酉全刃柔失氏式遂罔昷兀由俞袁甾展召只至舟专叕奏大
		围外	戋厂广辶
		穿插外	丝
184	巨	上	艹
		左	禾火钅木山矢扌氵讠𧾷
185	牙	上	丗艹穴
		左	王虫亻山石讠
		右	合鸟隹阝
		围外	辶
186	屯	上	穴
		左	火纟钅口目氵饣石忄扌土鱼月
		右	阝页
		围外	口
187	戈	上	百
		左	卓虚仓癸晋翏爿亻甚扌星寅盈又翟占
		右	刂
		围内	𠂇臣廾十
		穿插上	丝
188	旡	左	皀旡
		右	旡
189	互	左	冫

编号	基件	直接组合部件	
		分布位置	字符形体
190	瓦	上	声次公彭辟
		左	甗并令音区瓦希亜曾
191	止	上	卄口人刃一
		下	少月凶龰
		左	耳𧾷礻扌氵土
		右	匕支
192	龰	上	口土一止
193	少	下	力目
		左	禾火钅口耒木女石扌氵纟目
194	⺌	上	共莫人天
195	曰	穿插外	衣
196	日	上	曹曾炔卜𠂉艹觅奏禾水匕处老民莫氏亚鱼斩折知並日九立木
		下	疋恭叟取皿安比弁丙辰成大火咎军六卯女山升十天土文襄小旧印业羽爱云仄兆者隹子一日干京勿九立木
		左	马氵阝日
		右	勿敢莫参爱暴寸典敦反方甫亘光广癸亥含恒户华叚柬见斤句良令龙每免冥尼青夋生失署童王韦未吾午西希析羲喜向宣玄旋熏炎央尧音于月匀乍翟章召至卓日京勿干
		围外	勹耂门永九
		穿插外	二
197	曰	左	氵
198	冃	下	目免吁
199	月	上	四炎収厷八北辟殿口林旅厶田亡疋幺由夂止左业丰井
		右	刂
		围外	广雁户
200	中	下	皿心一
		左	氵禾钅亻忄羽月舟
		穿插外	衣
201	冂	上	𠂉
202	内	上	廿一口
		左	虫钅木氵纟讠礻月口
203	冎	上	崔

编号	基件	直接组合部件	
		分布位置	字符形体
204	贝	上	虫卬⺊冖寒臤尚卉离⺈业耂敖斌此次代分弗工册化加今来任毓世覀执口
		下	赑
		左	犭钅口氵 土贝
		右	才长辰乏反専各勾亥戋兼尽卖冒音求戎佘台武兄炎易有曾詹占者周庄 刂攵宀贝
		围外	斥式庚尸戊雁
		穿插外	肌
205	水	上	氺艹白工匕入石
		下	日口林
		左	氵水
		右	水
		围外	厂凵尸
206	见	上	⺌吠罒⺮艹
		左	王 虫夫冓堇卖木目岂青亻日山石礻巫虚又俞占舟
		围内	子
207	内	上	卤
208	牛	上	艹冖宀雔代刀利强厶
		下	犇
		左	亻口牛
		右	匕扁方高告古建具卖龙毛奇生寺土亡吾勿西攵牛
		围外	尿
209	手	上	寒尚关切樊合敬莫辟沙亦执制
		左	手
		围外	麻
210	手	右	手手
		围内	目
211	毛	上	高⺮𠂉彡敞艹老
		下	毳
		左	参虫耒目牛瞿俞毛
		右	毛
		围内	建鲁牟普炎占
		围外	麻尸
212	气	左	饣氵忄
		围内	圣川安川冬分弗亥克录乃青山昷亚炎羊因

编号	基件	直接组合部件	
		分布位置	字符形体
213	𠂉	下	儿口
214	壬	上	罒
		左	女亻饣纟衤
		围外	廴
215	升	上	日
		下	土
216	攵	左	青 敞 聑 王 亻 身 肯 贝 彳 赤 刍 方 分 旉 工 苟 古 户 己 交 丩 娄 矛 每 米 民 木 牛 享 佥 求 尚 舌 柬 氵 田 未 吾 享 孝 学 育 正 至 子
217	夭	上	⺮
		下	川山
		左	女饣氵衤𧾷
218	长	上	艹
		左	贝弓巾钅木亻忄月
219	片	右	扁卑反卖枼
220	疋	围外	廴
221	小	上	亠土
222	臼	围内	米乂夂
224	斤	上	艹父
		左	𨸏 车 齿 单 革 户 火 钅 口 木 其 亲 日 石 衤 扌 氵 土 忄 讠
		右	欠蜀页
		围外	辶匚
225	爪	上	⺮
		左	扌
		围内	巴
226	爫	下	奚寸缶见臼冖木女冉壬罒一子
227	今	上	玨艹林山
		下	贝心衣酉口
		左	黑钅矛女衤口
228	乏	左	贝目石氵
229	月	左	良 王 卓 革 古 钅 屰 日 阝 其 亡 月
		右	丞 昜 桊 娄 艮 𠃊 亩 眷 絭 仒 鲞 参 安 巴 发 办 半 包 卑 表 宾 并 孛 长 出 寸 亶 刂 氏 弟 典 定 东 耑 兑 盾 咢 贰 凡 方 非 夫 尃 市 孚 甫 府 复 干 鬲 各 工 厷 鼓 瓜 关 光 呙 国 亥 会 几 甲 建 交 井 居 句 豢 卡 亢 空 夸 亏 力 粦 龙 娄 卢 寽 蒙 米 面 莫 内 南 尿 农 旁 彭 丕 票 桼 齐 佥 欠 强 青 去 泉 却 囷 杀 善 申 生 豖 示 殳 思 台 太 堂 同 土 退 屯 完 宛 危 昷 昔 鲞 星 匋 需 奄 要 夜 夷 意 因 雍 永 臾 俞 月 赞 枭 乍 兆 支 旨 中 专 庄 宗 奏 坐 月

编号	基件	直接组合部件	
		分布位置	字符形体
230	氏	上	卄
		下	日
		左	车舌礻扌纟
231	𠂔	上	⺮
		左	禾女
232	勿	上	卄⺮日
		下	心
		左	口牛日
		右	刂
		围外	口
233	𧘇	上	罜吉龶亠
234	㔾	上	⺈
		围外	厂
235	丹	上	⺈
		左	土
		右	彡
236	攵	左	亻
237	夕	右	⺈犬
		下	火
238	鸟	围内	几木山衣一
239	乌	左	钅口土
		右	阝
240	卬	上	日
		左	亻扌
		围外	辶
241	卞	上	卄
		左	扌氵忄
242	丷	穿插内	了人玄
243	方	上	产白卄甫罒雨
		左	彳亻 虫钅 木纟 牛女日礻 土讠 鱼月舟阝 方
		右	奇㐬 也矢其子民疋毛巿尼毋兖遂生令攵阝 方
		围外	户

编号	基件	直接组合部件	
		分布位置	字符形体
244	火	上	芈夕宀保匕豕大彐久林日台汤尉一火
		下	炏火
		左	亻耳犭禾钅火
		右	东圣 昜奥包暴扁丙仓虫悤单旦丁耑段番夆高各亘共夬藋含旱乎胡户华奂皇会霍焦斤介尽冋局巨爵亢考靠可奎昆兰乐良尞留闷某票音欠区夋然容山扇商勺少甚石遂廷通同土退屯完韦畏胃昷文吾希息翕羲習臽享星宣玄寻延羊尧页因用有昱矞肙侖喿乍只主卓火
		围外	疒
245	为	上	艹
		左	女亻扌氵
246	灬	上	炊燕敍羊敖罴丞亨列木能前寿孰喜昫熙埶酉占昭者执隹
		围外	庶勹鹿
247	户	上	艹
		左	火女日扌氵马
		右	斤攵
		围内	冃冊斗多方非甫同口犬炎衣邑羽占隹
		围外	广
248	礻	右	曼弱犮必单氏帝尔方畐阝羔古呙果见斤夌录马其且去申石氏是寿殳司巳土象韦喜襄兄羊天亜右乍兆贞真止
249	冘	左	耳木目氵纟忄
		右	鸟
250	心	上	叀舀凸羊欶轫备敝采廾刍串卤次从匆对而非分敢赣艮巩圭彗或己今壳楙宀敃亩你匿奴其秋刃任如若上士台太田亡尉文勿喜下咸县相亚衍医亦因音甬攸余俞禺原夗乍征中兹自满
		下	吣
		左	氵亻口心
		右	心
		围外	虍门弋
251	丯	下	口
252	尹	上	⺮
		左	亻
		围内	口
253	肙	右	阝
254	夬	左	王冫缶火角马石扌土忄讠礻
255	尺	下	氵旦
		围内	只
		围外	庶辶

编号	基件	直接组合部件	
		分布位置	字符形体
256	引	左	虫口矢纟
257	丑	下	山
		左	钅木女犭扌纟忄血
		右	刂
		围外	羊
258	尸	上	士
		围内	目
259	爿	右	戠戈可士未吾羊
260	巴	上	⺮玨⺈艹父口山
		下	山
		左	白虫革钅耒米木扌羊鱼月舟口
		围外	疒爪
261	孔	上	艹
		左	口
262	予	左	纟里木女舍扌
		右	象页
		围外	广
263	毌	下	贝
265	毋	上	龶
267	手	左	龵
268	𡗗	下	丰禾白日氺天
269	玉	上	興苎宀尔流辟汤
		左	王钅
		围外	口
270	井	上	吅
		下	八冉
271	未	左	口女爿日
		右	攵
		围外	鬼
272	末	上	艹
		左	革禾扌氵衤
273	戋	上	⺮
		下	皿
		左	贝歹钅木饣氵纟讠⻊
		右	刂

编号	基件	直接组合部件	
		分布位置	字符形体
274	甘	上	艹浛
		下	木
		左	虫钅舌氵纟土酉木
		右	阝欠
		围外	疒
275	世	下	贝木
		左	氵纟
		围外	尸
276	本	上	⺮艹
		左	钅亻石
277	术	左	禾钅氵忄
		围外	辶
279	业	下	回㔾
280	石	上	声⺍韧般宀丰龙奴珀殸山
		下	砳水
		左	⻊火木礻扌鼠石
		右	圣𠃓旱亢艾卑本比扁並薄参曹查差车出达单登氏帝典定毒敦咢乏番凡风夫干各皀更工共央广圭衮曷盍昏几祭夹兼见畺焦角桀斤开勘肯空览乐雷厉立粦录马芒蒙旁朋皮平音乞岂契欠乔切且青渠去桑少申霜它覃炭仝同屯宛危畏我西昔咸肖囟刑宜牙尧页枼匝喿责乍奓展占周主专隹兹卒石
		围外	麻
281	亦	下	录
282	戊	上	艹
		围内	冂贝赤
283	龙	上	⺮宀艹合
		下	耳共石天土言衣
		左	口王日阝木目扌氵月
		围外	广
284	犮	左	䒑钅女礻扌纟韦鱼月⻊
		围外	鬼
285	平	上	艹
		左	王虫禾木石扌氵土忄讠鱼
287	东	上	山
		左	冫虫阝月木
		右	鸟

编号	基件	直接组合部件	
		分布位置	字符形体
288	东	左	火扌纟
289	戊	左	钅
		围外	鬼走
291	业	上	声日一
		下	凿美㡀
		右	阝
		围外	虍
293	氺	上	⺕共人夫关
		围外	尸
294	目	上	罒亠萬关⺮敝卄鼓少生叔亡敄殁穴
		下	犬
		左	钅氵木目
		右	莔卑采垂此登弟丁多皃乏分敢艮圭癸害盍见焦疌匡来尞粦龙娄坴毛米丏苗民冥 牟票佥青秋区夋属舜叟台覃堂童屯希肖玄厓尢 于匀詹兆者真争隹目
		围外	尸⺕斤羊
295	且	上	鬳亠卄冖宀
		下	厶
		左	𤣩夂齿彳虫歹阝禾口马米女犭山石礻氵纟土讠
		右	力隹
		围外	疒虍走
296	申	上	宀
		左	𤣩钅口亻石礻扌纟土月
		右	㔾
297	甲	左	钅口木犭山扌月
		右	鸟羽
		围外	匚门厌
298	电	上	大口
299	由	上	宀⺮
		下	月丂
		左	采车虫钅木女山扌鼠氵衤鱼舟
		右	阝页
		围外	辶广尸

编号	基件	直接组合部件	
		分布位置	字符形体
300	田	上	㕯㠯𠀎采卄巛大林佘亠玄余雨夂田
		下	畾夋冃各共介力田心一糸
		左	亻纟钅氵
		右	半比丁反攵各瓜圭翏奇犬癸寿寺童宛参
		围外	戕凵勹
301	冊	上	口亼
		围外	户
302	史	左	马
303	央	上	卄
		下	皿鸟
		左	歹革禾口日氵忄
304	目	上	虫宀
		左	耒
305	冉	上	髟卄丗一罒
		左	虫耳
		右	羽
306	罒	上	𥫗卄罒
		下	橱鞨讪甸不方非古留南去惟言奄又羽曾夕者正直卓
307	皿	上	𥫗䒑㐬𠮷𦍌必成虫次分励禾合灰戋明圤去日畲央右于中舟子
308	凹	下	儿
309	曰	上	⺊
310	冎	下	冃
311	钅	围外	行
		右	睘昜㕣贞㬅㝵夆㐬闲阿哀安巴犮白贝奔本崩必敝鹿宾波帛卜不叉臿察毚产长成呈充丑川垂窜达荅旦当党刂登弟啇吊丁定丢斗杜度段兑敦咢耳发番凡反方费夆夫尃甫丂甘冈高告鬲各艮共勾古固圭呙果合黑宏侯忽华皇黄彗火蒦夹家甲戋坚间建将交皆今斤竟居局巨卷隽厥开亢考昆来阑劳老乐雷里连廉良了尞鼠粦令留翏娄卢鲁吕寽仑罗麦曼卯眉美门孟苗名莫母目拿内尼聂臬女旁皮票叵音粪普其奇岂契千欠强青秋求全容如若色杀彡勺少申失十市寿蜀术思叟遂它太覃汤堂忒田廷同土屯翁我乌吾昔喜先襄享肖邪辛欣刑秀玄炎尧衣乙弋易益意因英庸由有玉矞爰肙月戉匀甾则占召兆者真争正至质中重朱助著隹兹族尊坐
312	生	上	𥫗𠂉日
		下	目
		左	牛女忄月生
		右	男生
		围外	更豕

编号	基件	直接组合部件	
		分布位置	字符形体
313	失	左	𧾷车亻禾钅巾日
		围外	辶瓜
315	乍	上	⺮穴
		下	心
		左	虫阝火口木亻日山石礻扌忄讠酉鱼月舟
		围外	疒辶
316	禾	上	𡕒夫匕
		下	余几皿乃女日子
		左	酉鱼龠
		右	勹𢀖耆㚇凸卑比必参叕呈刂斗兑多尔孚干高果惠火吉急祭家巨口良坴吕末念农平粪且啬少失术厶岁遂童希襄肖央舀余真直只中周隹
		围外	鹿口
		穿插内	北
317	𠂤	右	殳
318	丘	下	八山
		左	虫
		右	阝
319	白	上	比析一羽
		下	帕乡夲儿方仑七水王小巾
		左	王亻钅米木氵忄扌鱼舟巾白
		右	巴番反皋告光鬼交敫爵岂勺完白
		围外	辶
320	斥	左	木扌土讠
321	卮	左	木
322	瓜	上	穴
		左	犭弓角口夸票田土襄月子瓜
		右	瓜
		围内	失
		穿插外	辡
323	乎	左	车火口
		围外	虍
324	令	上	艹雨
		左	王冫齿虫耳钅口木亻日山扌氵土忄羊舟女
		右	鸟瓦页羽阝
		围外	囗

编号	基件	直接组合部件	
		分布位置	字符形体
325	用	上	宀⺈マ不
		左	火亻扌
		围外	疒
327	印	上	艹
		左	鱼
328	氐	上	艹
		左	骨木亻石礻扌氵土讠羊月
		右	阝鸟
		围外	广
329	乐	左	王车火钅木石氵⻊
330	匆	下	心
331	册	左	王木女⻊
		右	刂
332	卯	上	艹日山
		左	王耳钅木氵
		穿插内	艮
333	卬	下	贝田
334	主	左	彳虫火马木亻石扌氵
		围外	疒鹿
335	疒	围内	卩⺋⺀圣夕⿱夕良 塞参巴般斑包畀辟丙参仓差豕此从荅单旦颠殿丁冬豆非风否甘艮固 侯奂黄火脊祭加恝叚介久瞿可剌赖劳雷累历利了留翏隆娄莫难皮票乞且全沙山 矢殳寺叟万委昷吾鲜闲玄炎畐羊夷意隐婴甬用尤於臾蚤乍章正知至志主卒坐
336	立	上	䒑⺮日羽
		下	豕十口里女木日
		左	亻氵石扌土米
		右	风厷曷句青夋束羽占争耑
337	半	左	革木亻扌氵纟田血衤月
		右	刂反
338	䒑	下	皿
339	衤	右	辱曷参半包保卑背扁表卜叉呈寸荅旦当刀发伏各艮谷卦夬果合 曷间监今禁居军君库阑连娄末内攀皮契佥强去壬彡爽虒遂退韦 席習需夭易由俞责詹者叕
341	必	上	宀珏比艹
		下	皿
		左	王禾钅口亻礻氵香
		右	阝

编号	基件	直接组合部件	
		分布位置	字符形体
342	永	上	𦍌
		左	口木氵月
		围内	日
343	𦍌	围外	广
344	艮	右	寸旡卩
		穿插外	卯
345	司	上	⺮
		左	扁亻山饣礻讠
346	民	上	艹
		下	日
		左	王目山扌氵亡
		右	攵
347	弔	上	⺮丷
348	弗	上	艹
		下	贝
		左	犭亻扌氵纟忄
		右	色
		围外	气
349	疋	上	𠂉マ林
		下	月虫旦
350	出	上	艹
		下	米示
		左	黑口饣石扌纟讠月
		右	阝
		围外	尸
351	叏	左	弓
352	皮	左	王彳刍阝革巾钅军其癹石扌氵土讠衤鱼𧾷
		右	页
		围外	疒
353	发	左	钅扌氵衤酉
		围外	广

编号	基件	直接组合部件	
		分布位置	字符形体
354	丞	上	廾
		左	车彳阝火女石氵纟羊月
		右	炏 刂力页
		围外	疒辶气
355	癶	下	豆天
356	矛	上	廾
		下	冏木䖵
		右	攵今
		穿插外	林衣
357	母	上	𠂉圭
		左	钅口女扌𧾷
		围外	也
358	丝	左	口
		下	鸟
359	耒	左	讠
		右	目厚巴萁合井劳娄毛磨旁尚少昔憂禺云子
360	𤇾	右	攵
361	耳	上	敖廾从大口龙
		下	双
		左	王亻弓钅饣氵口
		右	丁阝关贵火令卯宁粤冉舌冘止只总又
		围内	又
		围外	门
362	臣	上	宀
		右	卜
		围外	卌戈
363	吏	左	亻
364	覀	下	贝復米木女示土早
365	束	上	⺮
		下	冫
		左	氵束
		右	刂束

编号	基件	直接组合部件	
		分布位置	字符形体
366	襾	左	阝
367	西	上	艹
		左	口米木牛日石氵忄舟
		围外	辶
369	戍	围内	女
370	在	上	艹
371	存	上	艹
372	而	上	山文雨
		下	大女心
		左	阝鱼
		右	寸鸟彡
373	戌	上	[illegible]
		左	氵
374	死	上	比[illegible]廿
375	成	上	宀日
		下	皿
		左	王钅土讠
376	夹	上	艹
		下	土
		左	虫钅木犭亻山石扌氵阝
		右	页阝
		围外	匚
377	夷	上	艹
		左	口女月
		围外	疒
378	至	上	冖宀穴老
		左	车虫钅口木亻日纟土
		右	刂攵阝秦
		围外	疒尸
379	与	上	正
381	虍	围内	乇豆鬲乎几力且豕文吴心业
382	曳	左	扌

编号	基件	直接组合部件	
		分布位置	字符形体
383	虫	上	艹关敖廿叉非巩解口宓赦天万尉敄疋亦折执
		下	皿
		左	犭鬲火角氵圣饣虫
		右	菵巴卑比扁丙曹春带单东斗兑番方丰夆夫孚畐复干甘工公古圭咼国果合曷胡皇黄回惠或蒦几夹见交劫介卷矍科奎刺郎累离厉利廉令娄率马莽毛蒙孟黾冥莫牟内南旁彭票平齐其乞羌且青丘酋曲冉荣善舌师蜀叟它覃唐堂廷宛亡文我吴昔析息悉下萧肖需牙延筵匽羊尧枼义易益引甬由斿幼余俞原肙乍詹章知至周朱主子虫
		围外	勹辰门庶兀
		穿插外	肌
384	曲	左	虫山
		下	豆
385	肉	上	奴亦
		围外	府痂
388	朱	上	廾
		左	王虫歹钅木女亻氵讠
		右	阝
389	𠂒	右	刂
390	丢	左	钅
392	⺮	下	弔擂𢎘鼦医玻插巴把本毕畀边扁泊簪束单旦当兜断二伐匪逢付干高告更巩贡菁官圭贵合侯皇黄及耤加戋间监见句均开空扣快匡赖勒肋离立栗良寮林龙娄录鹿吕罗马毛皿目奴牌叵溥其金前钱青邛全若生师寿欶司虒罒寺肃台覃廷同象完宛巫勿先咸相肖延夭移尹攸由于员龠造择责乍召者争爪族
395	臼	上	罒⺈夫
		下	匌儿工廾男
		左	木
		穿插上	千
		穿插外	衣
396	𥝌	上	取
397	自	上	䒑
		下	畀犬木心
		左	口舌氵土
399	𠂤	下	十
		右	辛
		围外	辶

编号	基件	直接组合部件	
		分布位置	字符形体
400	血	下	幸
401	血	左	氵忄
		右	半不丑
402	向	左	⺩口日饣土
404	月	右	殳
405	舟	下	皿
		左	车
		右	㕣巴白比仓曹刀方皇见亢可令卢蒙孟鸟山首殳叟它廷童尾西肖玄义由余乍中
406	兆	上	𠂉日穴
		下	鼓
		左	⺩钅木目女亻礻扌氵鱼月⻊
		右	页
		围外	辶
408	豕	上	彑立
409	争	上	⺮
		左	⺩冫钅立目青犭山扌讠
410	产	左	阝钅氵
		围内	彡
411	产	围内	台古
412	亠	下	方巾
413	亥	上	艹
		左	贝阝骨口马木日土讠月子
		右	刂力页
		围外	气门
414	羊	下	羊羊
		左	彳虫火君口木爿亻礻氵土讠羊
		右	夋圣巴氐曷令殳炭羽原
		围内	丑工目鱼
		围外	疒气广
		穿插下	䒑
		穿插外	肌
415	龹	下	虫刀马糸木目女豕手氺土言鱼㔾

编号	基件	直接组合部件	
		分布位置	字符形体
416	米	上	㸚沙覀出次入薛
		下	舛大共女異
		左	口目氵月
		右	青巴白参曹查臭斗分羔更果侯胡康厉立良糸攵强且青柔山唐西胥需咎造占兹子宗卒
		围外	囗辶勹鹿麻尸
		穿插外	儿弓
417	屰	右	欠月
		围外	辶
418	州	左	氵酉
419	良	右	阝月
420	农	左	禾口亻氵酉月
421	聿	上	敄
		左	王镸髟彳氵土
		围外	廴
422	艮	上	艹
		下	心土
		左	王齿彳阝钅口木目犭石忄讠衤又𧾷土
		围外	疒辶
		穿插外	篮
424	丞	下	灬巳
		左	扌
425	买	上	艹十
427	耴	左	车
428	镸	上	大
		右	共彡聿
429	严	左	亻酉
430	臣	上	艹宀
		左	女
		右	巳页责
431	求	下	衣
		左	王贝钅亻
		右	攵
		围外	辶

编号	基件	直接组合部件	
		分布位置	字符形体
432	甫	上	艹
		下	寸方
		左	丵车钅口日扌氵土酉月
		右	鸟
		围外	勹户辶囗
		穿插外	箙
433	更	上	⺮
		左	口米木亻石氵纟土鱼
		围内	生
434	冓	下	日
435	束	左	角立饣氵忄辛
		右	刂攵负欠
		围外	辶
436	覀	下	襄石
437	豆	上	壴癶曲十
		左	矢
		右	寸刂工宛支
		围外	虍疒辶
438	两	上	艹
		左	车亻
		围外	鬼
439	酉	上	丬丷今
		下	灬
		左	氵
		右	盍㿽呈寸丁发分甫干甘告各古禾胡己焦康昆离豊丽良翏寽每迷糜名农音黄荃夋勺是它太同昔先享孝星凶胥熏严也余云乍旨州卒
440	丽	左	亻马酉鱼
		右	阝鸟
		围外	辶
441	龙	左	牛
		围外	厂

编号	基件	直接组合部件	
		分布位置	字符形体
442	豖	上	丷宀一亠类
		左	月豖
		右	赍希豖
		围内	生
		围外	辶虍囗
443	来	上	艹
		下	贝
		左	彳钅木目亻山氵
		右	犬
444	里	上	旦立
		左	王钅口女犭亻氵土忄鱼豸
		右	予
		围外	厂广
446	串	上	穴
		下	心
447	乍	右	卩
448	我	上	艹
		左	虫钅口女亻山饣石氵
		右	鸟
450	申	下	又
451	身	右	寸朵弓区尚
452	釆	下	田心
		右	夆由
453	谷	上	宀
		左	害亻山氵纟奚衤
		右	阝共鸟欠
454	豸	右	皀百才各亘里皃莫区勺休召
455	龟	围外	门
456	奂	左	火口扌氵
		围外	疒
457	免	上	罒
		下	⺀
		左	革女日扌氵鱼
		围内	力

编号	基件	直接组合部件	
		分布位置	字符形体
458	卵	右	孚
459	系	左	䍃
460	言	上	寒罒类八辟此敬龙兴雨折
		左	犭亻口
		围外	门勹九
		穿插外	炏
461	羌	左	虫
462	𠃛	左	纟
		右	斤
463	㡀	上	业
		右	攵
464	良	上	⺮艹人山
		左	王 禾火钅米木女犭亻日氵土忄酉⻊
		围外	门
465	[illegible]	右	攵
466	矦	左	亻亻
467	局	左	火钅
468	武	左	王 贝文
		右	鸟
469	其	上	⺮𠂉艹
		下	糸土心
		左	王 虫钅鹿马木礻氵
		右	斤皮欠鱼月
470	直	上	罒
		下	矗八
		左	歹禾木亻土直
		右	直
471	叀	下	心
472	或	下	心
		左	虫木首土
		围外	门
473	贯	上	艹宀

编号	基件	直接组合部件	
		分布位置	字符形体
475	雨	下	皿䩞包辟辰而皃方非彐叚亏貍历林令路每沛齐妾散田廷尉文务相肖言谒淫隹
		围外	尸
476	豖	上	冖
		左	王口木氵讠
		围外	疒
477	疌	上	宀
		左	目女扌
478	妻	上	艹
		左	冫
		右	阝
479	非	上	艹告罒雨
		下	车虫木文心一衣羽
		左	王彳口马亻扌纟忄讠鱼月
		右	刂
		围外	疒匚户麻
480	具	左	牛亻忄
		围外	风
481	果	上	巛穴
		左	虫骨禾钅马米木亻饣礻衤𧾷讠
		右	页多
		穿插外	衣
482	典	左	日石氵月
483	無	下	舛
484	垂	左	阝钅口木目亻扌土
486	臾	上	艹
		左	讠月
		围外	广疒
487	隹	上	皕艹日山小羽雨
		下	灬乃十又口木
		左	王冫刍此各厷禾巾钅句马目且亻石矢扌氵纟土乡忄牙讠周口木隹又
		右	谁隹
		围外	门戋户鬼

编号	基件	直接组合部件	
		分布位置	字符形体
488	卑	上	卄鼓频
		左	虫骨禾口木目女片亻石扌土礻月阝
		右	鸟阝
		围外	广
490	囟	下	匕
491	免	上	冖卄
		左	土
		围外	辶
492	单	上	⺮
		左	虫歹弓火角口女亻石礻扌土享忄
		右	阝展斤
		围外	门疒
493	𡿺	下	日
494	肃	上	卄⺮
		左	口马
		右	鸟
495	隶	左	木土
		围外	辶广
497	虱	左	鱼
498	青	右	殳
499	甚	上	卄
		左	火木亻山扌氵土讠
		右	斗戈力
500	革	左	纟
		右	葡安巴半便达荅旦干蕣圭曷匋化及建荐斤匊拉力马免末皮乔酋柔是兀肖央幼月詹
501	害	右	殳
502	柬	左	王木日讠鱼
		围外	门
503	面	上	八
		左	亻氵纟忄月
		右	力
		围外	厌
504	县	右	糸

编号	基件	直接组合部件	
		分布位置	字符形体
505	禺	上	宀
		下	心
		左	骨口耒亻阝山
		右	页
		围外	辶
506	曷	上	艹
		左	虫革口立亻石扌氵土讠羊衤
		右	欠鸟
		围外	辶
507	重	上	艹
		左	钅𧾷
508	鬼	上	山艹
		左	王白亻木委忄云阝
		围内	犮离斗两罔未肖戊隹
		围外	广麻厌
509	禹	左	王齿𧾷
		右	阝
		围外	尸
510	奭	下	大
511	夆	左	阝
512	叚	上	艹雨
		左	王古亻日
		围外	辶疒
513	精	左	革米
515	鬲	上	规粥
		左	阝钅口氵土月
		右	殳虫鸟羽
		围外	虍
516	罘	左	鱼
517	羲	上	羊
518	鱼	穿插外	行
519	兼	上	艹
		左	贝女石扌纟忄讠鱼
		右	鸟欠
		围外	广

编号	基件	直接组合部件	
		分布位置	字符形体
520	雈	左	木亻
		右	鸟
521	蚩	左	口女氵
522	堇	左	王 歹木饣土忄讠
		右	阝见力
		围外	广
523	莫	左	日
524	兜	上	艹⺮
525	象	左	木亻 予
526	备	下	夂
527	庸	左	阝 钅土忄 鱼
528	鹿	上	林⺮
		左	车氵
		右	阝 粦其
		围内	匕灬皃禾几金京米射主
529	素	右	殳
530	悳	左	彳
531	鼎	上	才乃
532	戢	上	艹
533	黑	上	利代
		下	土
		左	钅口
		右	参出多吉今京卖犬癸音幼
		围外	厌
534	膏	右	殳
535	睘	上	髟宀
		左	钅女亻 扌氵纟讠
		右	鸟羽
		围外	口
536	鼠	右	分句青石吾奚晏由
537	寋	左	口
539	叡	下	土
540	綦	左	阝

编号	基件	直接组合部件	
		分布位置	字符形体
541	熏	上	艹
		左	犭日纟酉
543	憂	左	耒
544	爾	下	禁且玉
545	巤	上	髟
		左	钅鱼𧾷
		围外	辶
547	疏	下	爻
548	韱	左	女讠
549	毚	左	钅亻山

附录六 基础部件的直接组合部件数量降序排列表

基件编号	基件	直件数量	基件编号	基件	直件数量	基件编号	基件	直件数量
124	氵	474	339	衤	65	138	子	30
72	艹	392	16	刂	64	361	耳	30
93	口	354	127	宀	64	1	一	29
172	木	346	416	米	60	71	工	29
69	扌	283	439	酉	60	38	冫	28
311	钅	267	120	门	56	479	非	28
21	亻	255	118	广	53	9	厂	27
68	土	217	51	力	49	65	干	27
143	女	174	300	田	48	199	冃	27
383	虫	170	116	饣	47	206	见	27
160	王	167	248	礻	46	224	斤	27
152	纟	165	78	大	45	246	灬	27
229	月	161	216	攵	45	247	户	26
43	讠	160	95	巾	44	307	皿	26
46	阝	155	487	隹	44	324	令	26
125	忄	150	243	方	41	336	立	26
96	山	143	55	又	40	306	罒	25
280	石	143	319	白	40	211	毛	24
196	日	142	500	革	36	20	𠂉	23
244	火	134	405	舟	35	27	八	23
392	⺮	126	25	人	34	42	冖	23
129	辶	111	133	尸	34	179	犬	23
335	疒	101	208	牛	34	187	戈	23
150	马	88	475	雨	34	29	几	22
294	目	86	414	羊	33	137	弓	22
250	心	84	4	十	32	299	由	22
105	犭	79	102	彳	32	315	乍	22
204	贝	77	74	寸	31	508	鬼	22
316	禾	73	295	且	31	212	气	21
183	车	66	94	囗	30	260	巴	21

基件编号	基件	直件数量
283	龙	21
422	艮	21
165	韦	20
352	皮	20
464	良	20
488	卑	20
492	单	20
5	丁	19
13	匚	19
359	耒	19
378	至	19
432	甫	19
469	其	19
35	匕	18
58	厶	18
103	乡	18
354	圣	18
406	兆	18
460	言	18
481	果	18
37	亠	17
109	夂	17
112	夕	17
159	王	17
186	屯	17
191	止	17
413	亥	17
528	鹿	17
533	黑	17
24	乂	16
28	九	16
76	廾	16
119	亡	16
444	里	16

基件编号	基件	直件数量
506	曷	16
36	儿	15
91	小	15
144	𠃓	15
178	不	15
185	牙	15
205	水	15
209	手	15
322	瓜	15
328	氏	15
18	卜	14
34	勹	14
97	千	14
162	开	14
190	瓦	14
227	今	14
341	必	14
376	夹	14
415	龹	14
114	勺	13
136	己	13
163	夫	13
193	少	13
226	罒	13
274	甘	13
350	出	13
437	豆	13
442	豕	13
515	鬲	13
3	二	12
52	刀	12
66	于	12
200	中	12
254	夬	12

基件编号	基件	直件数量
273	戋	12
285	平	12
296	申	12
297	甲	12
312	生	12
337	半	12
381	虍	12
453	谷	12
454	豸	12
499	甚	12
519	兼	12
535	睘	12
41	丷	11
53	乃	11
110	及	11
142	也	11
184	巨	11
202	内	11
257	丑	11
284	犮	11
334	主	11
367	西	11
372	而	11
388	朱	11
395	臼	11
409	争	11
433	更	11
435	東	11
448	我	11
522	堇	11
130	彐	10
156	丰	10
269	玉	10
303	央	10

基件编号	基件	直件数量
348	弗	10
443	来	10
505	禺	10
23	川	9
48	凵	9
70	士	9
134	巳	9
181	尤	9
218	长	9
262	予	9
313	失	9
332	卯	9
346	民	9
397	自	9
457	免	9
470	直	9
11	丂	8
14	⺊	8
40	⺀	8
61	巳	8
80	兀	8
100	川	8
182	厷	8
217	夭	8
232	勿	8
291	业	8
305	冉	8
325	用	8
329	乐	8
356	矛	8
357	母	8
364	覀	8
421	聿	8
484	垂	8

基件编号	基件	直件数量
503	面	8
512	叚	8
536	鼠	8
7	𠂇	7
19	冂	7
33	𠂊	7
47	了	7
86	万	7
87	弋	7
111	凡	7
121	龷	7
146	刃	7
154	幺	7
158	龶	7
164	无	7
173	朩	7
214	壬	7
230	氏	7
249	冘	7
259	爿	7
287	东	7
345	司	7
375	成	7
431	求	7
440	丽	7
476	豖	7
2	乙	6
10	七	6
73	才	6
92	⺌	6
98	乇	6
99	亻	6
117	丬	6
155	巛	6

基件编号	基件	直件数量
161	井	6
180	太	6
268	耒	6
271	未	6
272	末	6
293	氺	6
342	永	6
349	疋	6
353	发	6
420	农	6
430	臣	6
472	或	6
502	柬	6
22	厂	5
30	八	5
45	卩	5
63	三	5
113	久	5
149	叉	5
166	专	5
167	耂	5
219	片	5
238	鸟	5
245	为	5
255	尺	5
275	世	5
276	本	5
277	术	5
331	册	5
365	束	5
377	夷	5
401	血	5
402	向	5
451	身	5

基件编号	基件	直件数量
456	奂	5
486	臾	5
494	肃	5
509	禹	5
527	庸	5
541	熏	5
545	巤	5
50	丩	4
64	丰	4
79	九	4
83	与	4
88	上	4
108	丸	4
123	义	4
132	卂	4
147	𠄌	4
175	市	4
192	龰	4
194	小	4
228	乏	4
233	𧘇	4
239	乌	4
240	印	4
241	卞	4
256	引	4
282	戊	4
318	丘	4
320	斥	4
323	乎	4
344	艮	4
362	臣	4
385	肉	4
410	产	4
428	镸	4

基件编号	基件	直件数量
438	两	4
452	采	4
468	武	4
477	𦘒	4
480	具	4
482	典	4
491	兔	4
495	隶	4
15	〢	3
17	刂	3
49	卩	3
54	廴	3
75	下	3
101	儿	3
126	⺍	3
151	彑	3
153	乡	3
198	冃	3
210	龵	3
222	臼	3
225	爪	3
231	朱	3
235	丹	3
237	夕	3
242	丷	3
252	尹	3
270	龷	3
288	东	3
289	戉	3
301	冊	3
304	目	3
373	成	3
374	死	3
384	曲	3

基件编号	基件	直件数量
399	自	3
417	屰	3
424	丞	3
478	妻	3
507	重	3
520	隺	3
521	蚩	3
525	象	3
544	𦥯	3
549	龜	3
8	冖	2
12	𠤎	2
26	入	2
32	𠂊	2
39	丿	2
44	刁	2
57	龴	2
77	丈	2
81	𠂉	2
82	乇	2
84	⺧	2
115	么	2
170	廿	2
174	五	2
176	丏	2
188	旡	2
213	𠂒	2
215	升	2
221	少	2
234	氏	2
258	尸	2
261	孔	2
279	业	2
298	电	2

基件编号	基件	直件数量
327	印	2
333	㓛	2
347	弔	2
355	癶	2
358	丝	2
408	豕	2
411	产	2
412	产	2
418	州	2
419	良	2
425	买	2
429	严	2
436	声	2
441	龙	2
446	串	2
459	系	2
462	迷	2
463	尚	2
466	矣	2
467	局	2
473	更	2
513	着	2
524	兜	2
531	鼎	2
548	戳	2
6	丁	1
31	冂	1
56	㇋	1
59	卩	1
62	巛	1
67	亍	1
85	戈	1
89	丬	1
90	少	1

基件编号	基件	直件数量
106	勺	1
107	丸	1
122	丫	1
128	之	1
131	彐	1
148	习	1
157	尹	1
168	丐	1
171	卌	1
189	互	1
195	甘	1
197	曰	1
201	皿	1
203	門	1
207	内	1
220	正	1
236	夂	1
251	丰	1
253	用	1
263	田	1
265	毋	1
267	手	1
281	亦	1
302	史	1
308	凹	1
309	臼	1
310	血	1
317	阝	1
321	卮	1
330	匆	1
338	光	1
343	夷	1
351	支	1
360	聿	1

基件编号	基件	直件数量
363	吏	1
366	西	1
369	戌	1
370	在	1
371	存	1
379	乌	1
382	曳	1
389	缶	1
390	丢	1
396	汞	1
400	血	1
404	肙	1
427	耴	1
434	曲	1
447	隹	1
450	电	1
455	龟	1
458	卵	1
461	羌	1
465	耳	1
471	束	1
483	無	1
490	囪	1
493	凶	1
497	虱	1
498	青	1
501	害	1
504	县	1
510	禺	1
511	夆	1
516	罘	1
517	载	1
518	奂	1
523	莫	1

基件编号	基件	直件数量
526	鲁	1
529	索	1
530	恖	1
532	戢	1
534	肃	1
537	疐	1
539	叡	1
540	㬎	1
543	憂	1
547	巤	1
合计	——	10045

附录七　合体字基础部件分布位置表

基础部件分布位置类型		基础部件	倾向性分布位置
1种位置	左	𠤎丬刂亻讠卩扌扌忄彳犭饣丬忄纟王 片衤 刖爿镸 衤 怖月 良青 钅 身豸卵耳 亭曺县索膏鼠	左
	右	刁ㄨ巛亍丈勿丸丫义专丐丏互曰攵乏 攵冘夬引手东 史斥卮乐册攴吏 酉曳丢向州农耴严系羌矣局典垂虱 夆犕罘蚩莫象庸 惠雸縣憂韱彘	右
	上	亠卜𠂉入𠂊𠂊亠丷マ戈⺌宀⺕彑龶卌⺕生罒聿毌夫业亦 凹𠂒匆叨关癶覀⺮血产类曲声申重無囟尚陶詹興巤叡	上
	下	少儿丸之㇀朩止⺗冖冂内小衣毋电皿回弔在存死与 豕豕买页戟兜鼎戢	下
	围内	乇正夷戍龟	围内
	围外	丁冂厂几冂勹廴九囗辶声 尹 白鸟疒虍产	围外
	穿插内	丬 卄 奂	穿插内
	穿插外	丷	穿插外
2种位置	左/右	月耒血㶲革	左
		阝 旡乌半武隺	右
		习	左/右
	左/上	夕	左
		釆	上
	左/下	尚乡镸	左
	左/围内	冫 手 钅 屰	左
	左/穿插内	氵 艮	左
	右/上	下⺈刃太少丝	右
		士上叉五曲丞	上
	右/下	乙丰市及凡巨瓦长 疒卞为末本平司争恚熏	右
		内目戍	下
		孔印重	右/下
	右/围内	刂井发失主发奂具	右
		么戉隶柬	围内
		乎龙	右/围内

基础部件分布位置类型		基础部件	倾向性分布位置
2种位置	右/围外	卩术	右
		匚门气	围外
		产	右/围外
	上/下	卄罒	上
		冖丰龷疋串	下
		升	上/下
	上/围内	巛雨	上
		廿	围内
	上/穿插下	䒑	上
	上/穿插内	⺍	穿插内
	下/围内	廾灬氺卩	下
		冊氐	围内
		肉	下/围内
	下/围外	厂凵尸戊	下
	下/穿插内	⺀	下
	围内/围外	𠂇	围外
3种位置	左/右/上	丘	上
		舟	左
	左/右/下	臣	左
		七夫东申民朱我甚	右
		开丹冉肃	下
		与谷	右/下
		妻	左/右/下
	左/右/围内	朿	左
		予未甲丽堇皮	右
		禹	右/围内
	左/右/围外	丩	右
		广	围外
	左/上/围内	自	左
	左/下/围内	冃	下
		臣	围内
	左/下/围外	尸	围外
	右/上/下	夭今自	上
		小彐	下
		央成	右
		氏	右/上

基础部件 分布位置类型		基础部件	倾向性 分布位置
3种位置	右/上/围内	才尤或	右
		世	上
	右/上/围外	弋	右
	右/上/穿插内	中	上
	右/下/围内	卜川勺卂 昜无卬西夷良豕叚巤	右
		㔾丂寸毛手玉用母两兔	下
		了壬聿	围内
		臾	右/围内
	右/下/围外	见永更	右
		兀	下
		尹	围外
		爪	右/下/围外
	右/下/穿插外	卯	右
	上/下/围内	一	下
	上/围内/围外	尺	上
	下/围内/穿插外	川儿	下
4种位置	左/右/上/下	丰束酉其	左
		戋来	右
		亡幺立直	上
		夕止而	下
		必	右/下
	左/右/上/围内	丑求	右
		万	围内
	左/右/下/围内	方	左
		韦牙屯斤令氐𢀖至亥果卑单面曷鬲兼睘	右
		巾乡豆里	下
		丁厷	右/下
	左/右/下/围外	弓	左
		鹿	围外
	左/上/下/围内	业	下
	右/上/下/围内	匕巳龙乍	右
		几不	上
		巴	下
		久	围内

基础部件分布位置类型		基础部件	倾向性分布位置
4种位置	右/上/下/围外	免	右
	右/上/下/穿插内	刀	上/下
	左/上/下/穿插内	矛	上
	右/上/下/穿插外	八	下
	右/下/围内/围外	也	右
		鬼	右/围外
	右/下/围内/穿插内	言	下
	右/下/围内/穿插外	三	下
	上/下/围内/围外	夂	上
5种位置	左/右/上/下/围内	马木火石目黑	左
		于己甘且由弗出兆夹禺隹	右
		田白	上
		又厶子水牛勿心生	下
		乂	围内
		非	右/上
	左/右/下/围内/围外	豕	下
		户	围外
	左/右/下/围内/穿插内	女	左
	左/右/下/围外/穿插下	戈	右
	左/右/下/围外/穿插内	瓜	右
	右/上/下/围内/围外	乃	下
	右/上/下/围内/穿插内	艮	右
	右/上/下/围内/穿插外	二	上
		大	下
	右/上/下/穿插下/穿插内	臼	下
6种位置	左/右/上/下/围内/围外	禾耳	左
		九毛	右
	左/右/上/下/围内/穿插内	口车虫	左
		力犬	右
		人日米甫	上
		贝	下

<table>
<tr><th colspan="2">基础部件
分布位置类型</th><th>基础部件</th><th>倾向性
分布位置</th></tr>
<tr><td rowspan="6">6种位置</td><td rowspan="4">左/右/上/下/围内/穿插外</td><td>土</td><td>左</td></tr>
<tr><td>十山</td><td>上</td></tr>
<tr><td>王</td><td>下</td></tr>
<tr><td>工</td><td>围内</td></tr>
<tr><td>左/右/下/围内/穿插上/穿插内</td><td>干</td><td>下</td></tr>
<tr><td>右/上/下/围内/穿插外/穿插上</td><td>千</td><td>上</td></tr>
<tr><td>7种分位置</td><td>左/右/上/围内/围外/穿插上/穿插内</td><td>羊</td><td>右</td></tr>
</table>

附录八　合体字基础部件的形变情况表①

序号	基件	形变类型	形变位置	形变规律	例外
1	一	合成部件“丕鱼鸟亶”	左	横变提	——
2	二	合成部件“佥”	左	最后一横变提	——
3	丁	合成部件“可”	上	竖钩变竖	——
4	七	七	左	竖弯钩变竖提	——
		七	右	横变撇	柒
5	乂	乂	左、上和围内	捺变点	——
		合成部件“文交齐”	左、围内和穿插内	捺变点	——
		整字“爽樊攀襻”（下边的乂）“网”（右边的乂）	——	捺变点	——
6	人	人	左和围内	捺变点	——
		合成部件“脊佥舍会余合俞黍翏翕荅龠厥金”	左	捺变点	——
		合成部件“次欮”	围内	捺变点	——
		合成部件“赍”（右边的人）	——	捺变点	——
		整字“坐巫卒以”及其构字的（右边的人）	——	捺变点	——
		整字“粢”	避重捺	捺变点	众饕鑫
7	八	合成部件“公分翁”	左	捺变点	
		合成部件“⺧坐”	——	捺变点	——
		整字和合成部件“父冏商詹廛圖衮棨只”	——	捺变点	——
8	九	九	左	横折弯钩变横折提	——
9	几	几	上	横折弯钩变横折弯	——
		合成部件“亢秃𠕁虒虎”	左和围内	横折弯钩变横折提	——
10	匕	合成部件“昆北此”	左	竖弯钩变竖提	——
11	儿	儿	全包围围内	竖弯钩变竖弯	——
		合成部件“元克先”	左	竖弯钩变竖提	——
12	凵	合成部件“缶齿畐”	左	竖折变竖提	——

① 这里的字形均以《通用规范汉字表》的字形为标准。

序号	基件	形变类型	形变位置	形变规律	例外
13	又	又	左和围内	捺变点	——
		合成部件“反叟支取受”	“几乃辶风元走门”围内	捺变点	——
		合成部件“聚餐粲叕叒”	避重捺	捺变点	——
		整字“聚餐粲馨槃叕(第二个又)”	避重捺	捺变点	——
		合成部件“支蒦聂（最后一个又）叕（最后一个又）”	左	捺变点	——
		整字和合成部件“亟桑（最后一个又）”	——	捺变点	——
14	㔾	合成部件“厄危宛”	左	竖弯钩变竖提	创戗鸧
15	土	土（最后一横）	“弓”围内和左	横变提	——
		合成部件“圭垔堂坴”（最后一横）	左	横变提	——
16	工	工（最后一横）	“弋”围内和左	横变提	——
		合成部件“巫𡈼江”（最后一横）	左	横变提	——
17	大	大	“辶口匚”围内		
		合成部件“矢关𠤕矣莫参奚奄夸皋”	左和穿插内	捺变点	——
		合成部件“关矢”	“辶口匚”围内	捺变点	——
		整字和合成部件“奇牵”	——	捺变点	——
		整字和合成部件“奏癸”	避重捺	捺变点	——
18	与	与（最后一横）	左	横变提	——
19	小	小	上	竖钩变竖	畬慰熨螱玺您
		合成部件“叔”	上	竖钩变竖	——
20	山	山	左	竖折变竖提	——
21	千	整字和合成部件“舍”	——	撇变横	——
22	夂	合成部件“各客麦”	左	捺变点	——
		合成部件“夋”	围内	捺变点	——
23	久	久	上和围内	捺变点	——
24	亡	亡	左	竖折变竖提	氓邙
25	䒑	合成部件“金”	左	横变提	——
26	己	己	左	竖弯钩变竖提	——
		合成部件“岂”	左	竖弯钩变竖提	——
27	子	子	左	横变提	
		合成部件“孝孛享学”	左	横变提	——

序号	基件	形变类型	形变位置	形变规律	例外
28	女	女	左	第二笔撇与第三笔横由非封闭相接变为封闭相接关系	—
		女	穿插内		
		女	“戌”围内		
		合成部件“委娄”	左		
		整字“郾鷗”	—		
29	习	合成部件“羽”	上	横折钩变横折	—
30	马	马	左	横变提	—
31	丰	丰	“阝”左	竖变撇	—
32	王	合成部件“呈”	左	横变提	—
33	夫	夫	左	捺变点	—
34	木	木	“戈门口”围内和左	捺变点	—
		合成部件“桑休采朵”	左	捺变点	—
		整字和合成部件“楚樊糜”(第二个木)	避重捺	捺变点	—
		整字“褒焚僰爨棨梦棼”	避重捺	捺变点	森
35	犬	犬	左	捺变点	—
		合成部件“猋（第一个犬）臭”	左	捺变点	—
		整字“倏餍”	避重捺	捺变点	猋
		整字“阒”	—	捺变点	—
36	车	车	“戈”围内和左	横变提	—
		合成部件“军韦”	左	横变提	—
37	屯	屯	左	竖弯钩变竖提	—
38	无	无	左	竖弯钩变竖提	—
39	止	止	左	横变提	—
		合成部件“正⻊”	左	横变提	—
40	水	水	“凵”围内和左	捺变点	淼氽①
41	牛	牛	左	横变提	—
42	毛	毛	左	竖弯钩变竖提	—
43	攵	合成部件“敢敖敫”	“门辶”围内	捺变点	—
		整字“檠獒鳌鼇鳖赘”	避重捺	捺变点	—

① 基础部件“水”构成的整字中“淼氽”也是违背形变规律的字。它们违背了“避重捺”规律。“淼”上部件“水”包含“捺”笔，下部件右位置的“水”也包含“捺”笔，根据“避重捺”规律，这两个“水”中的“捺”笔，其中一个要形变为“点”，但是“淼”的印刷体中没有发生这种形变，违背了“避重捺”规律。同理“氽”也违背了“避重捺”规律。

序号	基件	形变类型	形变位置	形变规律	例外
44	夭	整字“鋈”	避重捺	捺变点	——
45	亦	合成部件“亦”	上	竖钩变竖	弈奕螯
46	衣	合成部件“衣衰”	围内	捺变点	衾褰蹇
		合成部件“襄”	左	捺变点	——
		整字“蓑”	——	竖提变竖	——
47	乌	乌	左	横变提	——
48	火	火	左和上	捺变点	——
		合成部件“灰炎”	左	捺变点	——
		合成部件“炎”	“毛气”围内	捺变点	——
		整字“燧”	——	捺变点	——
		整字和合成部件“燮”	避重捺	捺变点	焱
		整字“燊爨”	避重捺	捺变点	——
49	户	整字“所”	——	点变撇	——
50	尢	尢	左	竖弯钩变竖提	——
51	丑	丑	左	横变提	——
52	未	未	左	捺变点	——
53	术	术	围内	捺变点	——
54	欠	合成部件“寮”	左	捺变点	——
55	犮	犮	围内	捺变点	——
56	业	业	左	横变提	——
		合成部件“虚”	左	横变提	——
57	且	且	左	横变提	——
58	电	合成部件“奄黾”	左	竖弯钩变竖提	——
59	皿	合成部件“益盈”	左	横变提	——
60	生	生（最后一横）	左	横变提	——
		合成部件“星”（最后一横）	左	横变提	——
61	失	失	围内	捺变点	——
62	禾	禾	左、下和“冂辶”围内	捺变点	——
		合成部件“秃委香”	左	捺变点	——
		合成部件“委”	“冂辶”围内	捺变点	——
		整字和合成部件“黍秦”	避重捺	捺变点	——
63	丘	丘	左	横变提	——
64	瓜	瓜	左	捺变点	——
65	令	令	左	捺变点	——

序号	基件	形变类型	形变位置	形变规律	例外
66	用	用	“マ龱”下	撇变竖	——
		合成部件“甬”	上	横折钩变横折	蟹恿[①]
67	立	立	左	横变提	——
68	半	半	左	竖变撇	——
69	肀	合成部件“庚”	左	捺变点	——
70	出	出（第二个竖折）	左	竖折变竖提	——
71	皮	皮	左	捺变点	——
72	圣	圣	左	横变提	——
73	癶	合成部件“癸”	左和围内	捺变点	——
74	母	合成部件“敏”	上	横折钩变横折	纛
75	耒	耒	左	捺变点	——
76	耳	耳	左和围外	横变提	——
77	朿	朿	左	捺变点	——
		棘（第二个朿）	避重捺	捺变点	——
78	夹	夹	左和围内	捺变点	——
79	至	至	左	横变提	——
80	朱	朱	左	捺变点	——
81	釆	合成部件“聚”	左	捺变点	——
82	血	血	左	横变提	——
83	舟	舟	左	第三笔横折钩与第五笔横由相交变为相接关系	——
84	兆	兆	左	竖弯钩变竖提	——
85	豕	合成部件“家”	左	捺变点	——
86	羊	羊	左和围外	竖变撇	——
87	米	米	左、穿插内和“勹辶口”围内	捺变点	——
		合成部件“粦娄”	左	捺变点	——
		整字“类”	避重捺	捺变点	粂
88	艮	整字和合成部件“退”	——	捺变点	——
89	求	求	左和围内	捺变点	——
		裘	——	竖钩变竖	
		裘	避重捺	捺变点	——

① 《通用规范汉字表》中“恿”的标准字形“横折钩”没有形变为“横折”，但是“恿”在 GBK 中“宋体”字形已经发生形变，“横折钩”变为“横折”。我们在确定印刷体的标准字形时主要参照《通用规范汉字表》的字形，所以我们认为“恿”是违背形变规律的字。

序号	基件	形变类型	形变位置	形变规律	例外
90	甫	甫	上	横折钩变横折	
		甫	穿插内	横折钩变横折	——
91	束	束	左和围内	捺变点	——
92	豆	豆	左	横变提	——
		合成部件“豈壹豊虛”	左	横变提	——
93	豕	豕	左和围内	捺变点	
		合成部件“蒙”	左	捺变点	——
		合成部件“豢 冢”	围内	捺变点	——
		整字“燹豢”	避重捺	捺变点	——
94	来	来	左	捺变点	——
95	里	里	左	横变提	——
		合成部件“童”	左	横变提	——
96	身	身	左	第三笔横折钩与第七笔撇由相交变为相接关系	——
97	釆	釆	左	捺变点	——
		合成部件“番”	左	捺变点	——
98	谷	谷	左	捺变点	——
99	㡀	合成部件“敝”	上	横折钩变横折	弊憋瞥
100	良	良	围内	捺变点	——
		整字和合成部件“食”	避重捺	捺变点	——
101	其	其	上	点变捺	——
102	直	直	左	横变提	——
103	雨	雨	上	横折钩变横折	——
104	果	果	左和穿插内	捺变点	——
		合成部件“巢”	左	捺变点	——
105	隶	整字和合成部件“逮”	——	捺变点	——
		⿰土康	——	捺变点	——
106	柬	柬	围内	捺变点	——
107	兼	兼	左	捺变点	——
108	堇	堇	左	横变提	——
109	鹿	鹿	左	竖弯钩变竖提	——
110	黑	黑（最后一横）	左	横变提	——
111	睘	睘	左和围内	捺变点	——

注：这里的形变位置指的是形变部件与其直接组合部件组合时的分布位置。

附录九　基础部件笔画、笔顺特征表

编号	基件	笔画数	笔顺特征
1	一	1	1
2	乙	1	5q
3	二	2	11
4	十	2	1C2
5	丁	2	1Bkm2g
6	亅	2	1Bkr2g
7	𠂇	2	1Cm3sx
8	𠂉	2	1Bkm3sy
9	厂	2	1Bfl3sx
10	七	2	1C5p
11	丂	2	1Bk5q
12	𠤎	2	1yBk5o
13	匚	2	1xBf5o
14	⺊	2	21
15	〢	2	22
16	刂	2	22g
17	丿丿	2	23s
18	卜	2	24
19	冂	2	25p
20	𠂉	2	3s1
21	亻	2	3sBk2
22	𠂆	2	3h3s
23	川	2	3sA2
24	乂	2	3sxC4nx
25	人	2	3sxBk4ny
26	入	2	3syBk4nx
27	八	2	3sxA4nx
28	九	2	3sxC5q
29	几	2	3sxBf5q
30	几	2	3sxBf（5p）r
31	冂	2	3sxBf（5p）l
32	𠂊	2	3syBk5ox

编号	基件	笔画数	笔顺特征
33	⺈	2	3syBk5oy
34	勹	2	3syBk5p
35	匕	2	3sxBk5p
36	儿	2	3sxA5p
37	亠	2	41
38	冫	2	41t
39	丬	2	43sx
40	⺀	2	44
41	丷	2	43sy
42	冖	2	4Bf5o
43	讠	2	4A5p
44	刁	2	5p1t
45	卩	2	5pBf2
46	阝	2	5qBf2
47	了	2	5oBf2g
48	凵	2	5oBf2
49	卪	2	5pBk2
50	丩	2	5oBk2
51	力	2	5pC3s
52	刀	2	5pBk3s
53	乃	2	5wBk3s
54	廴	2	5qC4n
55	又	2	5oC4n
56	⺋	2	5oBf4n
57	㇇	2	*5oBkd4
58	厶	2	*5oBkr4
59	⺊	2	5oA4
60	乜	2	5pC5p
61	巳	2	5pBf5p
62	巛	2	5oA5o
63	三	3	111
64	丰	3	（11）C2
65	干	3	11C2
66	于	3	11C2g
67	亍	3	11Bk2g
68	土	3	1yC2Bk1x

编号	基件	笔画数	笔顺特征
69	扌	3	1C2gC1t
70	士	3	1xC2Bk1y
71	工	3	1Bk2Bk1
72	卄	3	122
73	才	3	12g3s
74	寸	3	1C2gA4
75	下	3	1Bk2Bk4
76	廾	3	13s2
77	丈	3	13sC4n
78	大	3	13sBk4n
79	九	3	1C3s5p
80	兀	3	1Bk（3s5p）
81	𠂉	3	3s14
82	𠂇	3	1Bf5oC1
83	与	3	1Bk5qA1
84	丰	3	15o2
85	戈	3	1C5oC3s
86	万	3	1A5pBk3s
87	弋	3	15o4
88	上	3	211
89	彐	3	211t
90	⺌	3	23s3s
91	小	3	2g3s4
92	⺍	3	243s
93	口	3	（25o1）y
94	囗	3	（25o1）x
95	巾	3	2Bf5pC2
96	山	3	2Bk5oBf2
97	千	3	3h12
98	乇	3	3h15p
99	亻	3	3sBk2x2y
100	川	3	3sA2y2x
101	儿	3	3s25p
102	彳	3	3s3s2
103	彡	3	3s3s3s
104	个	3	3s4n2

编号	基件	笔画数	笔顺特征
105	犭	3	3sC5o3s
106	勹	3	3sBk5p3s
107	丸	3	3sxC5qC4
108	丸	3	3sxC5pC4
109	夂	3	3syBk5oC4n
110	及	3	3sxBk5qC4n
111	凡	3	（3sxBf5q）A4
112	夕	3	（3syBk5o）Bk4
113	久	3	3syBk5oBk4n
114	勺	3	3syBk5pA4
115	么	3	3syA5oBk4
116	饣	3	3s5o5o
117	丬	3	41t2
118	广	3	413s
119	亡	3	415o
120	门	3	425p
121	丷	3	43s1
122	丫	3	43s2
123	义	3	43s4n
124	氵	3	441t
125	忄	3	442
126	⺍	3	443s
127	宀	3	445o
128	之	3	45o4n
129	辶	3	45q4n
130	彐	3	（5o1）Bf1
131	⺕	3	（5o1）Bk1
132	卂	3	5p12
133	尸	3	5o13s
134	巳	3	（5o1）Bf5p
135	已	3	5o1Bk5p
136	己	3	5o1Bf5p
137	弓	3	5o1Bf5q
138	子	3	5oBf2gC1
139	孑	3	5oBf2gC1t
140	孓	3	5o2g4n

编号	基件	笔画数	笔顺特征
141	卫	3	5pBk2Bk1
142	也	3	5p25p
143	女	3	5o3s1
144	[illegible]THREE	3	5w3s3s
145	飞	3	5pBk3syBf4
146	刃	3	5pBk3sxA4
147	𠂉	3	5oA3syBk4n
148	习	3	5p41t
149	叉	3	5o44n
150	马	3	5oA5qC1
151	彑	3	5oBk5oBk1
152	纟	3	5oBk5oC1t
153	乡	3	5o5o3s
154	幺	3	5o5o4
155	巛	3	5o5o5o
156	丰	4	1112
157	声	4	1113s
158	丰	4	（1A1）21
159	王	4	1Bk（12）1
160	𤣩	4	1Bk（12）1t
161	井	4	（1A1）C（3s2）
162	开	4	1Bk（1C（3s2））
163	夫	4	113s4n
164	无	4	113s5p
165	韦	4	115p2
166	专	4	115p4
167	耂	4	1213s
168	丏	4	1Bk2Bk1Bk5q
169	扎	4	1C2gC1tA5p
170	廿	4	1221
171	卌	4	1222
172	木	4	123s4n
173	朩	4	12g3s4
174	五	4	125o1
175	市	4	125p2
176	丏	4	125p5o

编号	基件	笔画数	笔顺特征
177	卅	4	13s22
178	不	4	13s24
179	犬	4	（13s4n）A4ru
180	太	4	（13s4n）A4md
181	尤	4	13s5pA4
182	厷	4	13s5oBk4
183	车	4	15o12
184	巨	4	15o15o
185	牙	4	15o2g3s
186	屯	4	15o25p
187	戈	4	15o3s4
188	旡	4	15o3s5p
189	互	4	15o5o1
190	瓦	4	15o5q4
191	止	4	2121
192	𣥂	4	213s4n
193	少	4	23s43s
194	⺌	4	2g444
195	𠂤	4	（2yBf5o）C11
196	日	4	2xBf5oxBk11
197	曰	4	2yBf5oyA11
198	冃	4	（2Bf5o）yA（11）
199	月	4	（2Bf5p）xBk（11）
200	中	4	25o12
201	罒	4	25o21
202	内	4	2Bf5pC3sxBk4
203	冂	4	25p25p
204	贝	4	2Bf5oA3sxA4
205	水	4	2gBk5oA3syBk4n
206	见	4	25o3s5p
207	禸	4	25p5o4
208	牛	4	3sBk（11）2
209	手	4	3hA（11）2g
210	龵	4	3h113s
211	毛	4	3h11C5p
212	气	4	3s11A5p

编号	基件	笔画数	笔顺特征
213	𠂉	4	3s1y21x
214	壬	4	3h1x21y
215	升	4	3h13s2
216	攵	4	3sBk1Bk3sC4n
217	夭	4	3hA1C3sBk4n
218	长	4	3s15o4n
219	片	4	3sA21A5o
220	𤴓	4	3hBk21A5o
221	少	4	3s2g3s4
222	𠂤	4	3s25o1
223	币	4	3h2o5p2
224	斤	4	3h3s12
225	爪	4	3h3s24n
226	爫	4	3h443s
227	今	4	3s4n45o
228	乏	4	3h45o4n
229	月	4	3s5p11
230	氏	4	3h5o15o
231	𠂒	4	3h5q23s
232	勿	4	3s5p3s3s
233	𧘇	4	3sBk5o3s4n
234	𠂂	4	3hBf5o3s4n
235	丹	4	3s5p41
236	夂	4	3s5oC44n
237	夕	4	3s5oBk44
238	鸟	4	3s5p45q
239	乌	4	3s5p5q1
240	卬	4	3h5o5p2
241	卞	4	4124
242	丷	4	41t3h4
243	方	4	415p3s
244	火	4	43s3s4n
245	为	4	43s5p4
246	灬	4	4444
247	户	4	45o13s
248	礻	4	45o24

编号	基件	笔画数	笔顺特征
249	尢	4	45o3s5p
250	心	4	45p44
251	肀	4	5o112
252	尹	4	5oC113s
253	肀	4	5pBk113s
254	夬	4	（5oBk1）C3sBk4n
255	尺	4	（5oBf1）Bf3sA4n
256	引	4	5o15q2
257	丑	4	5o211
258	尸	4	（5p21）Bf3sx
259	爿	4	5p21Bk3sy
260	巴	4	（5pBk2Bk1）Bf5p
261	孔	4	5pBf2gC1tA5p
262	予	4	5o45o2g
263	毌	4	5o5o21
264	书	4	5o5p24
265	毋	4	5o5p3s1
266	幻	4	5o5o45p
267	手	5	11112
268	耒	5	1113s4n
269	玉	5	11214
270	井	5	11221
271	未	5	（1y1x）23s4n
272	末	5	（1x1y）23s4n
273	戋	5	115o3s4h
274	甘	5	12211
275	世	5	12215o
276	本	5	123s4n1
277	术	5	123s4n4
278	札	5	123s45p
279	业	5	1243s1
280	石	5	13s25o1
281	宂	5	13s443s
282	戊	5	1Bf3s5o3s4
283	龙	5	1C3s5p3s4
284	犮	5	13s5o4n4

编号	基件	笔画数	笔顺特征
285	平	5	143s12
286	轧	5	15o21t5p
287	东	5	15o2g3s4
288	东	5	15o5p3s4
289	戊	5	15o5o3s4
290	凸	5	2125q1
291	业	5	2243s1
292	旧	5	225o11
293	氺	5	2g41t3s4
294	目	5	（25o11）Bf1
295	且	5	（25o11）Bk1
296	申	5	2（5p11）C2
297	甲	5	25p（11）C2
298	电	5	25o115p
299	由	5	2（5o1）C21
300	田	5	2（5o1）BK2
301	冊	5	25p122
302	史	5	（25p）Bf13sC4n
303	央	5	（25p）Bk13sB4n
304	目	5	25o15o1
305	冉	5	25p211
306	罒	5	（25p22）yBf1
307	皿	5	（25p22）xBk1
308	凹	5	25p25o1
309	曰	5	25o5o11
310	𠕁	5	25o5o45o
311	钅	5	3s1115o
312	生	5	3s1121
313	失	5	3s113s4n
314	气	5	3s115p3s
315	乍	5	3s1211
316	禾	5	3h123s4n
317	𤇾	5	3s2111t
318	丘	5	3h2121
319	白	5	3s25o11
320	斥	5	3h3s124

编号	基件	笔画数	笔顺特征
321	卮	5	3h3s15p5p
322	瓜	5	3h3s5o44n
323	乎	5	3h43s12g
324	令	5	3s4n45o4
325	用	5	3s5p112
326	甩	5	3s5p115p
327	印	5	3h5o15p2
328	氐	5	3h5o15o4
329	乐	5	3h5o2g3s4
330	匆	5	3s5p3s3s4n
331	册	5	3s5p3s5p1
332	卯	5	3h5o3s5p2
333	卬	5	3h5o45p3s
334	主	5	41121
335	疒	5	413s41
336	立	5	4143s1
337	半	5	43s112
338	䒑	5	43s13s4
339	衤	5	45o23s4
340	礼	5	45o245p
341	必	5	45p43s4
342	永	5	45p5o3s4n
343	夬	5	5o113s4n
344	艮	5	5o115o4
345	司	5	5p125o1
346	民	5	5o15o15o
347	弔	5	5o15q23s
348	弗	5	5o15q3s2
349	疋	5	5o213s4n
350	出	5	5o225o2
351	㞢	5	5o225o4n
352	皮	5	5o3s25o4n
353	发	5	5o3s5o4n4
354	圣	5	5o4121
355	癶	5	5o43s3s4n
356	矛	5	5o45o2g3s

编号	基件	笔画数	笔顺特征
357	母	5	5o5p414
358	丝	5	5o5o5o5o1
359	耒	6	11123s4n
360	耂	6	11215o3s
361	耳	6	122111t
362	臣	6	125o125o
363	吏	6	125o13s4n
364	覀	6	125o221
365	束	6	125p23s4n
366	覀	6	125o3s45o
367	西	6	125o3s5o1
368	压	6	13s1214
369	戌	6	13s15o3s4
370	在	6	13s2121
371	存	6	13s25o2g1
372	而	6	13s25p22
373	戌	6	13s45o3s4
374	死	6	13s5o43s5p
375	成	6	13s5p5o3s4
376	夹	6	143s13s4n
377	夷	6	15o15q3s4n
378	至	6	15o4121
379	与	6	15q4444
380	乩	6	2125o15p
381	虍	6	215o3s15p
382	曳	6	25o115o3s
383	虫	6	25o1214
384	曲	6	25o1221
385	肉	6	25p3s43s4
386	钆	6	3s1115o5p
387	年	6	3s11212
388	朱	6	3s1123s4n
389	韦	6	3s1125p2
390	丢	6	3h1215o4
391	竹	6	3s123s12g
392	⺮	6	3s143s14

编号	基件	笔画数	笔顺特征
393	乒	6	3h21213s
394	乓	6	3h21214
395	臼	6	3h215o11
396	豕	6	3h23s3s3s4
397	自	6	3s25o111
398	乱	6	3s25o115p
399	自	6	3s25o15o1
400	血	6	3sy（2y5o（2y2y））Bf1
401	血	6	3sy（2x5o（2x2x））Bk1
402	向	6	3s25p25o1
403	角	6	3s3s5p112
404	肙	6	3h3s5o115p
405	舟	6	3s3s5p414
406	兆	6	3s41t5p3s4
407	伞	6	3s4n43s12
408	豸	6	3s5o3s3s3s4
409	争	6	3s5o5o112g
410	产	6	4143s13s
411	产	6	4143s25p
412	产	6	4143s45o
413	亥	6	415o3s3s4
414	羊	6	43s1112
415	兴	6	43s113s4n
416	米	6	43s123s4n
417	并	6	43s15o23s
418	州	6	43s4242
419	良	6	45o115o4
420	农	6	45o3s5o3s4n
421	聿	6	5o11112
422	艮	6	5o115o3s4n
423	丑	6	5p1215o4
424	丞	6	5o2g5o3s4n1
425	买	6	5o4413s4
426	非	7	1221112
427	耴	7	122111t5p
428	镸	7	121115o4

编号	基件	笔画数	笔顺特征
429	严	7	12243s13s
430	臣	7	1225o125o
431	求	7	12g41t3s4n4
432	甫	7	125p1124
433	更	7	125o113s4n
434	曲	7	125o1221
435	束	7	125o123s4n
436	叀	7	125o1245o
437	豆	7	125o143s1
438	两	7	125p3s43s4
439	酉	7	125o3s5o11
440	丽	7	125p425p4
441	龙	7	13s5p3s3s3s4
442	豕	7	13s5o3s3s3s4n
443	来	7	143s123s4n
444	里	7	25o11211
445	虬	7	25o121t45p
446	串	7	25o125o12
447	乍	7	3s112121t
448	我	7	3h12g1t5o3s4
449	乱	7	3h1225o15p
450	申	7	3h215o112
451	身	7	3s25p1113s
452	釆	7	3h43s123s4n
453	谷	7	3s43s4n25o1
454	豸	7	3h443s5o3s3s
455	龟	7	3s5o25o115p
456	奂	7	3s5o25o13s4n
457	免	7	3s5o25o13s5p
458	卵	7	3h5o43s5p24
459	系	7	3h5o5o423s4
460	言	7	411125o1
461	羌	7	43s1113s5p
462	㒸	7	43s123s45o
463	尚	7	43s25p23s4
464	良	7	45o115o3s4n

编号	基件	笔画数	笔顺特征
465	𦘒	7	5o122111t
466	[illegible]	7	5o13s113s4n
467	局	7	5o13s5p25o1
468	武	8	112121t5o4
469	其	8	1221113s4
470	直	8	1225o1111
471	叀	8	125o11214
472	或	8	125o11t5o3s4
473	叓	8	125o1213s4
474	事	8	125o15o112g
475	雨	8	125p24444
476	豖	8	13s5o3s3s43s4
477	疌	8	15o11213s4
478	妻	8	15o1125o3s1
479	非	8	21112111
480	具	8	25o11113s4
481	果	8	25o11123s4n
482	典	8	25o12213s4
483	[illegible]	8	3s1122221
484	垂	8	3h1212211
485	秉	8	3h15o1123s4n
486	臾	8	3h215o113s4n
487	隹	8	3s2411121
488	卑	8	3s25o113s12
489	乳	8	3h443s5o2g1t5p
490	囪	8	3s444445o2
491	兔	8	3s5o25o13s5p4
492	单	8	43s25o1112
493	[illegible]	8	43s25o243s1
494	肃	8	5o1123s23s4
495	隶	8	5o112g41t3s4n
496	承	8	5o2g1115o3sh4n
497	虱	8	5p3h25o1214
498	亭	9	12145o15o15q
499	甚	9	1221113s45o
500	革	9	122125o112

编号	基件	笔画数	笔顺特征
501	叀	9	125o11125o2
502	柬	9	125o43s123s4n
503	面	9	13s25o22111
504	県	9	25o11112g3s4
505	禺	9	25o1125p21t4
506	曷	9	25o113s5p3s45o
507	重	9	3h125o11211
508	鬼	9	3s25o113s5p5o4
509	禹	9	3h25o125p21t4
510	㒳	9	3s25o43s123s4n
511	夆	9	3s5o4n13s1121
512	叚	9	5o12115o15o4n
513	青	10	12213s25p112
514	彧	10	125o11t5o3s3s3s4
515	鬲	10	125o125p43s12
516	罘	10	25o22123s3s44
517	戠	10	3h123s415q5o3s4
518	奂	10	3s5o25o12113s4
519	兼	10	43s15o11223s4
520	隺	10	45o3s2411121
521	蚩	10	5o22125o1214
522	堇	11	122125o11121
523	莫	11	122125o1113s4n
524	兜	11	3h25o113s5o5o13s5p
525	象	11	3s5o25o13h5o3s3s3s4n
526	鲁	11	3s5o25o3s425o111
527	庸	11	413s5o1125p112
528	鹿	11	413s5o22115o3s5p
529	素	12	12145o15o5o42g3s4
530	惠	12	1225o221145o44
531	鼎	12	25o1115p13s2125o
532	戢	12	25o1122111t5o3s4
533	黑	12	25o43s12114444
534	膏	13	12145o13s5o3s5p112
535	睘	13	25o221125o13s5p3s4
536	鼠	13	3h215o115o445o445o

编号	基件	笔画数	笔顺特征
537	疐	14	1245o25o1215o213s4
538	睿	14	2145o13s43s425o111
539	叡	14	2145o13s43s425o15o4n
540	㬎	14	25o115o5o45o5o44444
541	熏	14	3h125o43s12114444
542	與	14	3h21115o125o1113s4
543	憂	15	13s25o1145o45o443s5o4n
544	[illegible]	15	3h21125o125o15o1145o
545	巤	15	5o5o5o25o3s415o445o445o
546	盥	16	3h2112g5o3s45o1125o221
547	[illegible]	16	43s12121t3s25o1115o15p
548	韱	17	3s43s41211121111t5o3s4
549	毚	17	3s5o25o115o3s5o3s5o25o13s5p4

说明：1．笔画间拓扑关系表示符号：相离关系用“A”记录，相接关系的封闭相接用“Bf”记录，非封闭相接用“Bk”记录，相交关系用“C”记录。

2．笔形表示符号：“提”用 t 记录，“竖钩”用 g 记录，“横撇”用 h 记录，“竖撇”用 s 记录，“捺”用 n 记录，“1 折”用 o 记录，“2 折”用 p 记录，“3 折”用 q 记录，“4 折”用 w 记录。

3．“（）”表示笔画组。

后　记

本书是在笔者博士学位论文的基础上修改而成的。从最初选题到最后成书，一路走来离不开诸多师长的关心、支持与帮助。

三年前我进入华中师范大学语言研究所攻读语言学及应用语言学专业的博士学位。基于攻读博士学位前的工作经历，我已经对现代汉字的字形问题有了两年多的关注与思考，经过和导师的沟通准备，决定以现代汉字的字形问题作为研究课题。但由于自身研究能力相当稚嫩，一直找不到有关汉字字形问题研究的合适切入点，在经历一段时间的苦闷与彷徨后我打算放弃对现代汉字字形的研究。在我迷茫、彷徨的时候，我的导师汪国胜教授不仅原谅了我的懵懂与浮躁，还对我循循善诱，引导我从现代汉字的实际应用中去发现问题、思考问题。正是这种科学研究要为实际应用服务的意识促动着我明确了研究的课题、确定了研究的思路、完成了学位论文的撰写。如果没有先生的因材施教、循循善诱、悉心教导，我这个愚钝的弟子仅凭个人努力是无论如何也无法完成博士学位论文的撰写，更谈不上学术专著的出版。而且先生还不辞辛苦，在百忙之中为拙作写了序言，给了我莫大的鼓励与支持。作为先生的弟子，任何言辞都无法准确传达我对恩师感激之情的万分之一，我只有继续努力，争取在学术道路上走得更远一些，以此来回报先生的辛勤培育。

在博士论文盲评中，盲评专家在对学位论文肯定的同时也提出了一些中肯的修改意见。在博士学位论文答辩过程中，邢福义教授、骆小所教授、徐杰教授也都提出了指导性的修改意见。在本书的修改过程中，河南科技学院的王新宇副教授、冯文贺博士也提出了很好的修改意见。这些意见或建议不仅为我指点了迷津，而且对本书的修改也给予了极大的帮助。感谢这些我无比尊敬的师长的无私赐教与指正。他们在学术道路上一丝不苟、严谨治学、精益求精的精神将时刻鞭策着我，让我不断努力前行。

最后，本书能够顺利出版还要感谢科学出版社责任编辑张达老师默默的辛勤付出。感谢国家语委和河南科技学院的科研资助。

谨以此书献给所有关心、帮助我的师长与朋友。

侯冬梅

2017 年 8 月 3 日于河南科技学院